国家社科基金后期资助项目(19FSSB005)研究成果

教育部人文社科重点研究基地山东师范大学齐鲁文化研究院重点项目

戚继光军事思想对万历朝鲜战争的影响

任晓礼　刘晓东　著

山东大学出版社

SHANDONG UNIVERSITY PRESS

·济南·

图书在版编目(CIP)数据

戚继光军事思想对万历朝鲜战争的影响/任晓礼,
刘晓东著.—济南:山东大学出版社,2023.5
ISBN 978-7-5607-7768-9

Ⅰ.①戚⋯ Ⅱ.①任⋯ ②刘⋯ Ⅲ.①戚继光(
1528-1587)－军事思想－影响－中日关系－国际关系史－
研究－明代 Ⅳ.①D829.313

中国国家版本馆 CIP 数据核字(2023)第 017938 号

责任编辑 肖淑辉
封面设计 王秋忆

戚继光军事思想对万历朝鲜战争的影响
QIJIGUANG JUNSHI SIXIANG DUI WANLI CHAOXIAN
ZHANZHENG DE YINGXIANG

出版发行	山东大学出版社	
社　　址	山东省济南市山大南路 20 号	
邮政编码	250100	
发行热线	(0531)88363008	
经　　销	新华书店	
印　　刷	济南乾丰云印刷科技有限公司	
规　　格	720 毫米×1000 毫米　1/16	
	21.5 印张　6 插页　388 千字	
版　　次	2023 年 5 月第 1 版	
印　　次	2023 年 5 月第 1 次印刷	
定　　价	88.00 元	

国家社科基金后期资助项目
出版说明

后期资助项目是国家社科基金设立的一类重要项目，旨在鼓励广大社科研究者潜心治学，支持基础研究多出优秀成果。它是经过严格评审，从接近完成的科研成果中遴选立项的。为扩大后期资助项目的影响，更好地推动学术发展，促进成果转化，全国哲学社会科学工作办公室按照"统一设计、统一标识、统一版式、形成系列"的总体要求，组织出版国家社科基金后期资助项目成果。

全国哲学社会科学工作办公室

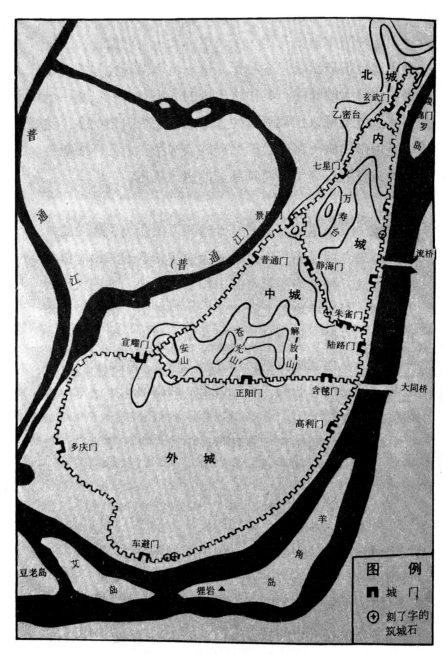

平壤城图

（《见〔朝鲜〕方晥柱：《平壤概观》，朝鲜平壤：朝鲜外文出版社，1990 年，第 28 页）

平壤城南门图

（《见〔朝鲜〕方晥柱：《平壤概观》，朝鲜平壤：朝鲜外文出版社，1990年，第31页）

平壤城普通门图

（《见〔朝鲜〕方晥柱：《平壤概观》，朝鲜平壤：朝鲜外文出版社，1990年，第90页）

收复平壤城战斗场面图

（摄自韩国国立晋州博物馆）

蔚山岛山城战斗场面

（摄自韩国国立晋州博物馆）

佛郎机与虎蹲炮

（摄自韩国国立晋州博物馆）

鸟铳

（摄自韩国国立晋州博物馆）

韩国东关王庙内景

关羽画像

（摄自韩国国立晋州博物馆）

关羽塑像

（现存韩国全州关圣庙,韩国全北
中国文化院宋幸根院长提供）

《唐将书帖》书影（一）

（韩国国立图书馆藏）

《唐将书帖》书影（二）

（韩国国立图书馆藏）

《纪效新书节要》书影（一）

（见韩国数码藏书阁）

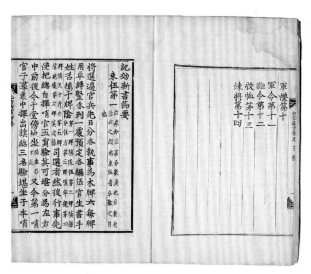

《纪效新书节要》书影（二）

（见韩国数码藏书阁）

《御定武艺通志》书影（一）

（见韩国数码藏书阁）

《御定武艺通志》书影（二）

（见韩国数码藏书阁）

序

戚继光是我国著名的民族英雄、杰出的军事家。他的军事思想核心是通过训练士兵、培养将领、改善武器装备，建设一支守纪律、听指挥、武艺强、战术精、上下同心、能征善战的节制之师。在练兵方面，他主张"四严"，即严选兵、严编伍、严训练、严赏罚。在练将方面，他强调优秀的将官应该德、才、识、艺兼备，而读书和实践是培养德才兼备将领的有效途径。在改善武器装备方面，他倡导因地制宜地改良武器，重视火器的研制和使用，讲究各种性能武器之间的配合，以及使用人与武器的正确结合。

戚继光军事思想来自其实战经验的总结，反过来又是实战的指南，具有很强的实用性，对我国兵学理论和军事实践产生了巨大的影响。戚继光的军事思想主要收录在他的著作之中，所以《纪效新书》《练兵实纪》一经问世，即引起了广泛的关注，被用兵者奉为"金针""圭臬"。对此，学界已有丰硕的研究成果。笔者认为，时至今日，戚继光军事思想仍然有其借鉴意义。

历时七年的万历朝鲜战争，是一场爆发于十六世纪末、大明与朝鲜联合抗击日本侵略的国际战争。在这一特定的历史背景下，戚继光的军事思想也随着援朝浙兵铿锵的脚步，跨过了鸭绿江，传到了朝鲜半岛，对朝鲜王朝的军队与国防建设产生了重大而深远的影响。二十世纪末，韩国学者首开《纪效新书》在朝鲜半岛影响研究的先河，主要集中在《纪效新书》的传入、普及和演变方面。二十一世纪初，国内的戚继光研究专家开始关注戚继光军事思想在朝鲜半岛的影响。近几年来，该领域关注热度持续上升，出现了一批对《纪效新书》在朝鲜王朝时期练兵和军制改革方面所发挥的作用和产生的影响进行考证的高水平研究成果。然而，目前国内外还没有一本全面系统论述戚继光军事思想对朝鲜半岛影响的专著。

本书采用文献研究法，通过梳理中韩历史文献，对戚继光军事思想传入朝鲜半岛的背景、时间、途径及其在军制改革、练兵、练将、武器装

1

备、城防建设、阵法等方面所产生的重大影响进行考证，得出了令人信服的结论。笔者认为，本书是一部关于戚继光军事思想影响研究开拓性的著作，是一部资料搜集广泛翔实的力作。

之所以说这是一部开拓性的著作，是因为自从戚继光军事著作问世一直到近代，国内直到今日从未有人撰写过一部专著来谈戚继光军事思想在朝鲜半岛的影响，本著作开了研究戚继光军事思想在朝鲜半岛影响的先河。

本书用大量事实告诉读者，戚继光军事思想在朝鲜半岛的影响是何等的巨大。一是改变了朝鲜王朝时期的兵役制度，使当时的朝鲜从寓兵于农的制度变成了募兵制。这是一个很大的改变，从而形成了朝鲜的常备军，提高了军队的战斗力。二是改变了朝鲜的武器装备和城防设施。朝鲜方面根据戚继光的军事思想，增加了火器，在城墙上建立炮台，这就大大增强了军队战斗力和城防能力。三是改变了朝鲜军队的训练方式。在戚继光军事思想指导下，在戚继光旧部的直接指导下，朝鲜军队既练兵又练将，真正成为一支兵强将勇、训练有素的常备军。

之所以说本书是一部资料搜集广泛翔实的力作，是因为笔者在《明代军事史》一书中曾写过一章《援朝抗日战争》，看过一些有关这方面的资料，但本书所搜集的资料有很多是笔者所未见的。本书作者任晓礼、刘晓东两位博士，均在韩国学习、工作、生活了十余年，精通韩语，可以直接查阅最原始的韩国文献资料，吸收和借鉴韩国学界的相关研究成果，这就拓宽了史料范围和研究思路，从而使研究更加客观、更具说服力。尤其难能可贵的是，为了对万历朝鲜战争能有更为直观感性的认知，他们还实地探访了诸如首尔、晋州、釜山、蔚山、南原、大邱、龙仁等万历朝鲜战争的一些节点城市，踏查了"晋州城""蔚山西生浦倭城"等战争遗迹，参观了东关王庙、国立晋州博物馆等文化设施，收集了数量可观的相关遗址、碑刻、书帖、武器、绘画等图片资料。两位作者用心将这些资料进行提炼、梳理，紧紧围绕戚继光军事思想对万历朝朝鲜战争的影响展开，中心突出，不能不令人信服。这对宣扬戚继光军事思想、继承我国优秀的兵学文化是一大贡献。

两位作者在搜集资料方面是下了功夫的，所搜集的资料是广泛翔实的。他们用这些广泛翔实的资料来说明戚继光军事思想在万历朝鲜战争时期对朝鲜的影响，就显得更确切、更有说服力。正如本书所提到的，两场胜负迥异的攻城战使当时的朝鲜上层深深体会到，运用戚继光军事思想练出的部队就能对占据平壤的倭寇战而胜之，而没用戚继光军事思想训练的部队在攻打平壤时则一败涂地。

本书还具有一定的启迪作用。它使一些有志于研究戚继光的人，能够进一步深入地发掘有关记载。我相信，将会有更多研究戚继光军事思想及其影响的专著面世。

总之，本书观点明确、材料翔实、论证充分，是一部值得一读的精品力作。期待两位后学才俊扬己之长、克己之短，在戚继光研究领域持续发力、深究细探，有更多的研究成果问世。

是为序。

范中义

2021 年 1 月 5 日

目　录

引　言

戚继光（1528～1588），字元敬，号南塘，晚号孟诸，山东蓬莱人，中国历史上杰出的军事家、著名的抗倭民族英雄、诗人和书法家。

戚继光出身将门世家，良好的家风培育了他的爱国主义情怀，自幼学文习武、立志报国，年仅十七岁便袭职登州卫金事，担负起防御倭寇的重任。在此期间，他写下“封侯非我意，但愿海波平”的豪迈诗句，以抒发荡平倭寇、保家卫民的豪情壮志。在此后四十余载峥嵘岁月里，他初心不改、矢志不渝、横戈马上、驰骋疆场，以实际行动践行了铮铮誓言。戚继光在中国东南沿海抗倭十余年，基本肃清了为害多年的倭患。他镇守北边十余年，彻底镇服了反复无常的蒙古部族，确保北部疆域数十年狼烟不起。

戚继光率领戚家军经常以极小的代价全歼倭寇，其制胜的法宝便是基于实战的需要不断创新。他招募彪悍的矿工与乡野老实之人，以机动灵活的队、旗、哨、营的新编制，进行编伍训练，同时加以“保国卫民”的思想教育，将“戚家军”打造成一支攻无不克、战无不胜、令倭寇闻风丧胆的精锐之师。在此过程中，戚继光根据东南沿海地区多丘陵沟壑、道路狭窄等地形特点，创立了长短互补、灵活多变的战斗队形“鸳鸯阵”；针对倭寇善使长刀，改良制作出“狼筅”和“戚家刀”；为适应山地、水田等战斗环境，发明了轻便易携的“虎蹲炮”。镇守蓟镇期间，他又根据北方边塞地形特点，创造性地在长城之上修建了千余座“空心敌台”，并在城垛中设置“悬眼”，用以观察城下敌人动静。戚继光从实际出发、因地制宜，通过军事制度改革与军事技术创新，大大提高了军队的战斗力。

最难能可贵的是，戚继光于戎马倥偬之余，在总结抗倭、御房期间的练兵与实战经验的基础上，“对治军中人和武器、练兵和练将、将德和将才、练胆和练艺等等诸因素的关系作了科学的阐述”[1]，为后世留下了理

---

[1]　范中义：《戚继光传》，北京：中华书局，2003 年，“前言”第 40～41 页。

论与实践相结合的典范——《纪效新书》和《练兵实纪》，这两部光耀千秋的著名兵书，集中体现了戚继光军事思想。

戚继光的军事思想内涵十分丰富，包括练兵治军思想、军事法治思想、军事伦理思想、军事教育思想、武学思想、作战指导思想等，但大致可概括为治军思想与作战指导思想两大方面。戚继光治军思想的核心是通过练兵、练将和改善武器装备，建设一支技术强、战术精、守纪律、听指挥、能征善战的节制之师。在练兵上，他主张精选兵，严编伍，重在练，严赏罚。在练将上，他认为练将是军队建设的根本，将领应该具备将德、将才、将识、将艺，强调研读兵书，指出在"实境"中锻炼是培养将领的最佳途径。在武器装备上，他重视火器等先进武器的研制和使用，注重改善和合理运用武器装备，根据士卒年龄、体格、素质等不同条件，授习不同的武器。在作战指导思想方面，他提出"算定战"，从实际情况出发，战守结合，密切协同，集中兵力打歼灭战等一系列作战指导原则。

戚继光的军事思想来自实践，经过了实践的检验，具有很强的可行性与实用性，相关著述一经问世，就引起了广泛的关注。承载着戚继光军事思想的《纪效新书》和《练兵实纪》在当时就有很大的影响，时至今日，仍然有着极其重要的军事价值。不仅如此，戚继光军事著作及其军事思想在国外也有着一定的影响力，特别是在朝鲜半岛，曾对朝鲜王朝的军队建设产生过长达三百年的深远影响。

万历二十年（1592），因倭军大举入侵朝鲜而爆发了万历朝鲜战争。明东征军中"浙兵"将士在平壤大捷中的亮眼表现，引起了朝鲜王室的高度关注，开始全面引进《纪效新书》用以指导朝鲜的军制改革，并从"浙兵"中聘请熟悉《纪效新书》的将士为"教官"来教练朝鲜军队。抗倭援朝期间的"浙兵"将领，特别是戚继光当年的部属吴惟忠、骆尚志、戚金等，也以实际行动传承了"戚家军"的优良传统，传播了戚继光的军事思想，赢得了朝鲜官员及百姓的广泛赞誉。戚继光的《纪效新书》对朝鲜宣祖朝的军制改革和士兵训练产生过重大影响，既是朝鲜王朝的兵学指南，也是士兵训练、城防建设和新式武器制造的教科书，对提高朝鲜王朝军队的战斗力发挥了决定性作用。此外，戚继光及其军事思想也是万历朝鲜战争期间以及战争结束之后中朝文化交流的重要内容。

戚继光凭借《纪效新书》和《练兵实纪》两部力作，不仅将其军事思想装进了国人的脑袋里，而且还将其成功地装进了朝鲜王朝君臣的脑袋里。纵观历史长河，还没有几个人的军事思想能像戚继光的军事思想那样，对本国以外的某个国家产生如此广泛而深刻的影响。仅就这一点而言，戚继光的军事思想及其域外传播就值得我们狠下功夫深入研究。

国内对戚继光军事著作及其军事思想影响的研究成果颇丰，特别是改革开放以来，有大量的研究论文发表，也有多本研究专著出版，但主要集中在国内的影响上，很少涉及其在国外的影响，直到 21 世纪初，始有专家开始关注戚继光在国外的影响情况。中国人民解放军军事科学院研究员范中义在《戚继光评传》（南京大学出版社，2004 年）一书中提到了戚继光军事思想在朝鲜半岛和日本影响的情况，但一部 32 万字的书稿，有关"国外影响"的内容只有 1000 多字；中国社科院历史研究所研究员杨海英在《朝鲜王朝军队的中国训练师》（《中国史研究》2013 年第 3 期）一文中对万历朝鲜战争期间明军协助朝鲜训练士兵的情况作了较为详细的介绍，虽说其中也谈到了《纪效新书》在训练朝鲜士兵中所发挥的作用，但并非作者论述的重点；南开大学历史学院教授孙卫国在《〈纪效新书〉与朝鲜王朝军制改革》[《南开学报》（哲学社会科学版）2018 年第 4 期]一文中只是谈了《纪效新书》对军制改革的影响，并未涉及戚继光军事思想在其他方面的影响；本成果的参与者、山东师范大学齐鲁文化研究中心特聘研究员、鲁东大学胶东文化研究员祁山（本名刘凤鸣）在《山东半岛与古代中韩关系》（中华书局，2010 年）专著中提到过戚继光军事思想在朝鲜半岛的影响情况，但涉及的相关内容也不足 1000 字；祁山还发表过《〈纪效新书〉传入朝鲜半岛的背景及影响》（《山东青年政治学院学报》2013 年第 5 期）一文，介绍《纪效新书》在万历朝鲜战争期间传入朝鲜半岛的情况，但对《纪效新书》在朝鲜半岛的影响也没有展开论述。

韩国学界对戚继光及其《纪效新书》的关注与研究始于中韩建交之后。20 世纪末，首尔大学韩国文化研究所研究员卢永九接连发表了数篇有关《纪效新书》的学术论文——《宣祖代〈纪效新书〉普及和阵法研究》（1997 年）、《朝鲜增刊本〈纪效新书〉的体制和内容》（1998 年）等，对《纪效新书》传入朝鲜的历史背景、《纪效新书》的体制和内容进行了考察，首开韩国《纪效新书》研究之先河。此后，涉及戚继光阵法和《纪效新书》的论文零星可见，如徐致祥的《〈纪效新书〉导入不久之后新的城制探索》（2008 年）、洪乙杓的《朝鲜后期对戚继光战法的论争》等，但这些成果仅仅局限于某个侧面的探究，并没有就戚继光军事思想对朝鲜的重大影响展开全面而系统的考察研究。

总而言之，目前还没有一本全面系统论述戚继光军事思想对万历朝鲜战争影响的专著，而本研究成果填补了这方面的空白。我们认为，戚继光军事思想对朝鲜的影响主要体现在军制改革和军队与国防建设上，其作用力有两个来源：一个是朝鲜内部，确切地说就是朝鲜王室对"戚氏之法"的认识发生转变，从最初的漠然置之转而积极主动地学习、借鉴和吸收；而另一个就是明援军中戚继光的旧部，通过帮助朝鲜练兵，将戚家军的武艺技能无私地传授给朝鲜军人，通过日常严于律己、在战场上的英勇表现以及对朝鲜百姓的同情与救恤，将戚继光的练兵治军思想和戚家军的优良传统广泛地传播到朝鲜半岛。这一内一外两种作用力相互影响，形成了一股强大的合力，使戚继光的军事思想在异域他乡绽放出灿烂的光芒。正是基于这样的认识，按照两种作用力的思路，本研究设定了五大部分。

第一章"赵宪上书——戚继光事迹传至朝鲜半岛"，主要论述了万历二年（1574），即戚继光尚在世时，其抗倭御房及严于治军等事迹就已传至朝鲜半岛。标志性事件是出使明朝的赵宪回国后向宣祖国王上呈"八条疏"，其中介绍了戚继光的治军理念，也涉及了戚继光忠君爱民、忧国忘私的优秀品德，但遗憾的是并没有引起朝鲜王室的重视。

第二章"《纪效新书》——朝鲜军队与城防建设的教科书"，是全书的重点，主要论述了戚继光的《纪效新书》及其军事思想在万历朝鲜战争期间是如何成为朝鲜王朝军队建设的教科书和指导思想的。具体涉及两个方面的内容：一方面，交代了《纪效新书》传入朝鲜半岛的背景。明军先后发起两次平壤攻城战而结局迥异，引起了朝鲜王室的关注，当了解到在第二次平壤攻城战中发挥主导作用的"浙兵"是一支曾经由戚继光带领和训练出来的抗倭劲旅，而明军正是运用了《纪效新书》中的"御倭之法"才大获全胜这一事实后，朝鲜王室决定引进《纪效新书》，将其作为军队建设的兵学指南。另一方面，以较大篇幅介绍万历朝鲜战争期间朝鲜王室是如何用《纪效新书》来指导军队建设的。朝鲜成立了由领议政担纲的兼具军事训练机构与中央直属特种部队双重性质的"训练都监"，招募新兵，组建经过系统训练的职业军队。朝鲜军制改革由此拉开了序幕，改变了过去平时务农驻防、战时为兵打仗的旧军队体制。将《纪效新书》作为士兵训练和军队建设的教科书，无论是中央直属部队还是地方守军，均依照《纪效新书》所定标准招募和训练士兵，极大地提升了本土军队的战斗力。从当年跟随戚继光南征北战、熟悉《纪效新书》的浙兵将士中聘请教官，或将招募的新兵放到南兵阵营中，与南兵"三同"，从而最大限度地确保了练兵成效。按照《纪效新书》的要求为军队配置各种新式火器，并加快训练配套炮手。按照《纪效新书》的标准加强城防建设，在城墙上增设炮楼等。此外，万历朝鲜战争后期，邢玠大力推介《纪效新书》和《练兵实纪》，为朝鲜全面了解戚继光军事思想提供了便利，进一步扩大和加深了戚继光军事思想在朝鲜半岛的影响。

第三章"'浙兵'教官——戚继光练兵思想的践行者",主要介绍了闻愈、邵应忠、陈良玑、叶大潮、朱文彩、胡大受、许国威等人作为"浙兵"出身的明军教官帮助朝鲜练兵的情况。这些担负训练朝鲜军队重任的浙兵教官均曾接受过严格的训练,熟悉《纪效新书》的内容,深得戚继光练兵思想精髓,在指导朝鲜练兵的过程中,很好地贯彻了戚继光的练兵原则,同时也传播了戚继光的军事思想,并取得了突出成效,在提高朝鲜军队战斗力方面功不可没。

第四章"'浙兵'将领——戚继光军事思想的传承者",具体介绍了浙兵将领吴惟忠、骆尚志、戚金、王必迪、黄应阳、叶鲦、茅国器、叶邦荣等人在抗倭援朝期间所做出的突出贡献,以及朝鲜君臣百姓对他们的评价。这些戚继光当年的老部属或受过其直接影响的浙兵将领,无论是在战场上冲锋陷阵,还是在行军、驻守期间爱护朝鲜百姓,无论是依照《纪效新书》指导朝鲜军队建设,还是按照戚继光的治军思想约束自己,与士卒同甘共苦,都很好地传承了"戚家军"的优良品德,传播了戚继光的军事思想。这一部分内容,虽说介绍的是浙兵将领在抗倭援朝期间的表现,但由于紧扣了戚继光军事思想对万历朝鲜战争的影响这一主题,因而也是本书的主要内容之一。

第五章"咏戚继光诗——戚继光军事思想的深远影响",解读了不同时期朝鲜官员创作的十首咏戚继光诗。这些诗歌的作者虽然大多没有亲历万历朝鲜战争,但他们对戚继光的认知、创作素材的提炼却大多来自戚继光的军事著作及其军事思想对万历朝鲜战争的影响。因此,从中同样可以看出戚继光的军事著作及其军事思想对万历朝鲜战争和朝鲜半岛所产生的重大影响。由于所选诗作作者均是朝鲜王朝举足轻重、颇有影响的文臣,他们对戚继光的讴歌和颂扬,也进一步扩大了戚继光及其军事思想在朝鲜半岛的影响。鉴于此,本书将其纳入其中,作为本书主题的一个补充和延伸。

第一章　赵宪上书——戚继光事迹传至朝鲜半岛

　　明朝万历二十年（1592），倭军大举入寇朝鲜，势如破竹，连克王京、开城、平壤等重地，占领了朝鲜大部分国土。在朝鲜面临亡国灭种的危急关头，应朝鲜国王的请求，作为宗主国的明朝伸出援助之手，派出援军入朝参战。在第二次平壤攻城战中，戚继光曾带领并训练过的"浙兵"舍生忘死、冲锋陷阵，抢先把明军的战旗插上了平壤城头。"浙兵"，亦称"南兵"，入朝参战的"浙兵"多是当年戚继光亲自训练出来的。"浙兵"在抗倭援朝中的突出表现，引起了朝鲜王室的关注。宣祖下令将戚继光的《纪效新书》作为训练朝鲜军队的兵学指南，并成立了新兵训练机构兼"特种部队""训练都监"①，由领议政（首相）兼任"训练都监"总负责人，同时邀请"浙兵"将领和教官指导训练朝鲜军队。依照《纪效新书》训练出来的朝鲜军队，在反击侵略、保家卫国的斗争中发挥了重要作用，并成为朝鲜王室倚重的主要武装力量。此后，直到朝鲜王朝终结，近三百年的时间里，《纪效新书》一直都是朝鲜王朝军事训练的教科书。

　　其实，戚继光尚在世时，其抗倭御虏的英勇事迹及军事思想就已传至朝鲜半岛。万历二年（1574），出使明朝的朝鲜官员目睹了戚家军训练有素、纪律严明的武德风貌。质正官赵宪回国后上书宣祖国王，建议用戚继光的军事思想改造军队，以加强军队建设和国防力量。但这些关乎王朝生死存亡的金玉之言，当时并未引起朝鲜王室的足够重视。万历二十年倭军大肆入侵时，各地守军不堪一击，短短的两个月内，三京相继沦陷，八道丧失殆尽。直到明援军入朝，当年经过戚继光训练的"浙兵"将士在"平壤大捷"中的突出表现，才引起宣祖国王对戚继光的军事著作及其军事思想的关注。

---

　　① 朝鲜王朝史料多记为"训炼都监"，为了便于广大读者理解，本书一律采用"训练都监"。同样的道理，相关史料中出现的"炼兵""炼将""训炼"等词语中的"炼"字，均按照现代汉语的规范要求直接标记为"练"字。

第一节　赞誉戚继光"真间世名将也"

明朝万历二年五月，朝鲜向大明派出了以朴希立为正使、许箬为书状官、赵宪为质正官的圣节使团。圣节使团出使明朝期间，书状官许箬写有《朝天记》，而质正官赵宪则留下了《朝天日记》，记载了沿途的一些见闻，其中提到了戚继光及其所部驻守长城一带的情况。正使朴希立（1523～1576），字养伯，出使前为官刑曹参判，从二品官阶。许箬（1551～1588），字美叔，号荷谷，出使前为礼曹佐郎，正六品官员。赵宪（1544～1592），字汝式，号后栗、陶原，晚年号重峰，出使前为校书馆著作郎，正八品官员。赵宪虽然官位低微，但颇受重用。《宣祖实录》① 就曾记载："校书馆中唯赵宪可校书。"② "书状官"，朝鲜使团的主要成员之一，主要负责撰写外交文书，记录行使经过。"质正官"，主要职责是就特定问题向中国方面提出疑问、解释说明或是请教，通常由精通汉语的文官担任。朝鲜圣节使团一行越过山海关，于七月二十二日经抚宁县（今河北省秦皇岛市抚宁区）进入永平府城（今河北省秦皇岛市卢龙县）。书状官许箬在《朝天记》中记载：

> 七月二十二日，儌于南门外秀才朱大宝家。……主人之子景晦，点茶来待余等。
>
> 二十三日，朱景晦示戚总兵《止止堂稿》三帖，一帖录祭文，一帖录杂著，一帖录诗歌。祭文中有别阵亡将士文，祭纛文，祭旧部曲游击将军陈公文。言辞激烈，忠义凛然，使人有兴起之心。斯人殊不可多得也，其名继光，今为右都督蓟镇总兵官，山东登州卫人也。③

---

① 《朝鲜王朝实录》系朝鲜王朝(1392～1910)历代王室编撰的国王实录，为官修编年体史书，是研究明清时期朝鲜半岛历史的重要典籍，具有极高的史料价值。其中，《宣祖实录》正式名称为《宣祖昭敬大王实录》，记载了朝鲜第十四代王宣祖在位期间(1567 年 7 月至 1608 年 1 月)的国政历史，对万历朝鲜战争期间重大事件的记载占很大比重。《宣祖修正实录》成书于朝鲜孝宗八年(1657)，对《宣祖实录》的部分内容进行了修订和补充，其中就包括对柳成龙的不实记载。

② 《宣祖实录》卷八，七年十二月一日第一条，《朝鲜王朝实录》(21)，第 316 页。

③ 〔朝〕许箬：《荷谷集·朝天记(中)》，《韩国文集丛刊》(58)，1990 年，第 439 页。

"戚总兵"，此指戚继光，时任蓟镇总兵官①。《止止堂稿》，指的是戚继光的诗文集《止止堂集》，包括《横槊稿》三卷（上、中、下）和《愚愚稿》二卷（上、下）。《止止堂集》为戚继光于万历十年（1582）九月率部驻守蓟州时所编，"止止堂"为戚继光在蓟州总理署中的三间书房，也兼办公之用。"三帖"，指《止止堂集》中的三部分内容，即记载中提到的"祭文""杂著"和"诗歌"。《止止堂集》在戚继光生前已刊行，朝鲜使臣见到的《止止堂稿》应是已刊行的《止止堂集》。"蓟镇"，又名"蓟州镇"。"蓟州"，今天津市蓟州区，位于天津市最北部。明代蓟州，领玉田、遵化、丰润、平谷四县，为明代九边重镇之一。

关于戚继光及其文帖，质正官赵宪在其《朝天日记》中亦有记载：

> 七月二十二日，（宿永平府），汉之右北平，城峻濠深。（城门南朱大宝家，）朱是士人也，有子景晦。
> 二十三日……（见戚总兵文帖，）景晦以府总兵官戚继光三文帖来示，出师时祭海岳隍纛等神文，及祭战亡将士及曾为麾下而立功之人之文，及记其师临难善处之辞也。忠诚甚笃，文字兼美，真间世名将也。山东登州人。蓟州人曰："戚公曾任南方边帅，时适有倭寇，与战之时，戚公以其子为偏将而失律，仗义斩之。卒胜于敌，与岳公无异。今镇北方，善谋善御，有急必援，虏不敢近。"②

"三文帖"，即上引许筬所言"三帖"，指三种文体册："祭文"册、"杂著"册、"诗歌"册。"间世"，为"隔代"之意，意即戚继光是不可多得的一代名将。"岳公"，指南宋时期著名军事家、抗金英雄岳飞。以上两位朝鲜使臣的记载，清楚地交代了得见《止止堂集》的经过，并对文集和作者赞不绝口，我们从中至少可以了解到以下这样一些信息。

首先，戚继光的诗文集《止止堂集》所录诗文，不仅文字优美，而且忠义凛然，流露出作者对国家和人民的一片赤诚之心。两处记载还特别提到戚继光所写的开赴战场前的誓词，敬海神、山神、城隍、军旗的祭文，悼念阵亡将士的祭文等，反映出戚继光对麾下将士的深情厚谊和对英烈们

---

① 明军官阶依次为总兵、副总兵、参将、游击将军、守备、千总。"总兵"，明军中高级将领，官阶无定制。"副总兵"，次于总兵一级，从二品武官。"参将"，总兵之下设参将分守各地，次于副将一级，正三品武官。"游击将军"简称"游击"，明嘉靖年间在镇守边关的军中设置，职位在参将之下、守备之上，其职责是带领游兵在战事中往来防御。援朝明军中的"游击将军"一般统辖一千至三千左右的士兵。"千总"，多率领一千左右的士兵。

② 〔朝〕赵宪：《重峰集》卷十，《韩国文集丛刊》(54)，1990年，第365～366页。

的深切怀念。《止止堂集》收录誓词、祭文共四十篇，每一篇都抒发着作者忠君爱民、保家卫国的高尚情怀。正是被这种高尚赤诚的情怀深深地打动，朝鲜使臣才给予了戚继光如此高的评价。

其次，戚继光治军严厉，在军纪面前不徇私情。即便是他自己的儿子出战失利，也被其依律处斩、大义灭亲。戚继光治军素以赏罚分明著称，也确有不少这方面的真实事例。但朝鲜使臣记载的戚继光为严肃军纪，问斩身为"偏将"的儿子之说，在《明史》及其家乡的族谱等可信的史料中均没有记录。"戚继光斩子"的故事，曾广泛流传于福建、浙江一带。在福建莆田，这一传说被改编成闽剧，使得这一悲壮感人的故事在民间广为流传、经久不衰。万历二年，朝鲜使团路经永平府城时，戚继光正率部镇守在蓟州、永平、山海关一带，"练强兵而动鬼神，威已振于夷夏"①。戚继光因战功卓绝升任左都督，威望正盛。他从南方带来的部分将士，自然会将闽、浙一带广为流传的"戚继光斩子"的故事带到北疆，进而传到路经此地的朝鲜使臣的耳朵里。这样的故事生动地诠释了戚继光严于治军，在军法面前一视同仁的治军之道。正如他在《练兵实纪》中所强调的："如犯军令，便是亲子侄，亦要依法施行，决不许报施恩仇。有此者，以其所报之罪坐之。"② 这样一些论述，更使得人们对"戚继光斩子"的故事深信不疑，进而影响了朝鲜使臣。

最后，戚继光在南方御倭，"卒胜于敌，与岳公无异"；在北方守边，"善谋善御，有急必援，虏不敢近"，"真间世名将也"。朝鲜使官的这些评价，或许来自"蓟州人"的介绍。蓟州所辖丰润县与永平府相邻，也是朝鲜使节进入北京的必经之地。朝鲜使臣所掌握的这些有关戚继光的信息，具体来说应来自蓟州的官员或驻守蓟州的戚继光部属，普通老百姓对于戚继光御倭防虏事迹不会了解得如此详细。另据《明史·戚继光传》记载，戚继光在浙江、福建剿灭倭寇的战斗中，"为将号令严，赏罚信，士无敢不用命。……飚发电举，屡摧大寇"，"戚家军名闻天下"③。戚继光为总兵官镇守蓟州、永平、山海诸处时，"节制精明，器械犀利，蓟门军

---

① （明）刘应节：《为荐举专阃大将以重边防事疏》，转引自（明）戚祚国汇纂：《戚少保年谱耆编》，北京：中华书局，2003年，第369页。
② （明）戚继光撰，邱心田校释：《练兵实纪》卷二《练胆气·公赏罚》，北京：中华书局，2001年，第54页。
③ （清）张廷玉等撰：《明史》卷二百一十二《戚继光传》，北京：中华书局，2000年，第3741～3743页。

容遂为诸边冠。……继光更历南北，并著声。在南方战功特盛，北则专主守"①。可见戚继光的事迹在当时已是广为流传，尤其是在其战斗过的地方可谓名声大振。朝鲜使臣路经蓟州一带，捕捉到这方面的一些信息，对戚继光肃然起敬、大加赞誉。

第二节　感叹戚继光所部"军不掠途人，驴不饲田禾"

朝鲜圣节使团一行路经蓟州一带时的所见所闻，在质正官赵宪的《朝天日记》中多有记载：

> 九月初九日庚辰，晴。……憩于白涧铺南村。见兵车数十，车上有楼可容四人者二，有数而悬鼓者二，一面板隔如防牌者数十。盖将例于水口城绝之处，以防胡也，俱驾于驴或骡也。步卒数千，担荷军器以行。问之则曰："达子四十万，弥漫于石门寨长城之外。故戚总兵，中军将倪善，将二万众以赴之。"军不掠途人，驴不饲田禾。非中国政令之严，曷臻是哉？（宿于蓟州莫违忠家）②

"胡"，这里指当时北边的蒙古族等。"达子"，指当时的蒙古朵颜部落。朵颜部落在明隆庆年间（1567～1572）不断骚扰和侵犯明朝的北部边界。

《朝天日记》九月初九日的记载，主要是说戚继光的军队在开赴前线途中，"军不掠途人，驴不饲田禾"。赵宪认为这得力于戚继光治军"政令之严"，否则是不会达到如此效果的。此外，戚继光所部之所以能爱护百姓的庄稼、不扰民，还与其治军思想有关。戚继光在《纪效新书》中写道："凡你们本为立功名报效而集，兵是杀贼的东西，贼是杀百姓的东西，百姓们岂不是要你们去杀贼？设使你们果肯杀贼，守军法，不扰害他，如何不奉承你们？""凡古人驭军，曾有兵因天雨取民间一笠以遮铠（即甲也）者，亦斩首示众。况砍伐人树株，作践人田产，烧毁人房屋，奸淫作盗……甚至妄杀平民充贼级，天理不容，王法不宥者，有犯，决以军法从

---

① （清）张廷玉等撰：《明史》卷二百一十二《戚继光传》，北京：中华书局，2000 年，第 3741～3743 页。

② 〔朝〕赵宪：《重峰集》卷十一，《韩国文集丛刊》(54)，1990 年，第 388～389 页。

事抵命。"① 在戚继光看来，当兵的是为了百姓去杀贼，只要不扰害百姓，就会得到百姓的拥护。反之，凡侵害百姓利益，就要受到军法的严惩，情节恶劣的甚至要被杀头。也正是有着当兵为谁打仗的教育，加之严格的军纪，才能带出"军不掠途人，驴不饲田禾"、兵不扰民的队伍。戚继光在《纪效新书》中还写道："凡你们当兵之日，虽刮风下雨，袖手高坐，也少不得你一日三分（钱）。这银分毫都是官府征派你地方百姓办纳来的。你在家那（应为'哪'）个不是耕种的百姓，你肯思量在家种田时办纳的苦楚艰难，即当思量今日食银容易，又不用你耕种担作。养了一年，不过指望你一二阵杀胜。你不肯杀贼保障他，养你何用？就是军法漏网，天也假手于人杀你。"② 戚继光从人情、天理入手，讲得亲切动情，把严肃的军纪和"为谁当兵、为谁打仗"的思想教育结合在一起，既达到了严肃军纪的目的，又提高了士气和战斗力，使得戚家军能够更加自觉地维护百姓利益。

戚继光带领的军队大规模开赴前线，将士们随时都有战死疆场的可能。大战之前也是将士们各种情绪最容易爆发的时候，如何掌控好将士们的情绪，使其严守军纪，正是对军中主帅的最大考验。所以当朝鲜使臣见到戚继光带领的军队能"军不掠途人，驴不饲田禾"时，震惊之余对戚继光肃然起敬。赵宪赞叹戚继光"真间世名将也"，既具体描述戚继光带领的军队在行进途中的表现，也是对自己评价戚继光的佐证和进一步的强调。此外，朝鲜官员之所以对戚家军的操行感到如此惊奇，是因为戚家军与其本国朝鲜军队所形成的鲜明对比。这一点，后文还会提到。

记载提到的"达子四十万，弥漫于石门寨长城之外"，指的是蒙古朵颜部落酋长董狐狸和其侄子长昂率军在塞外大肆抢劫一事。万历元年（1573）四月，戚继光指挥大军击败入侵者，并凭此战功晋升左都督。万历二年，董狐狸和长昂率部再次侵犯界岭，戚继光随即率军迎击。"将二万众以赴之"，指的就是这次军事行动。此次军事行动更是大获全胜，万历三年（1575）正月，不仅彻底打垮了朵颜军，还活捉了身为主将的长昂之弟长秃，三月，董狐狸和长昂被迫扣关求降。万历三年发生的事情，万历二年出使明朝的朝鲜官员当然不可能知道，但他们了解戚继光之前的战绩，又目睹了戚家军的军容军纪，相信他们一定预见到了战争的结局。

---

① （明）戚继光撰，曹文明、吕颖慧校释：《纪效新书》（十八卷本）卷四，北京：中华书局，2001年，第81～82页。

② （明）戚继光撰，曹文明、吕颖慧校释：《纪效新书》（十八卷本）卷四，北京：中华书局，2001年，第84～85页。

朝鲜圣节使团一行路经蓟州所辖玉田县一带时，书状官许篈在《朝天记》中记载：

> 九月十一日，朝发玉田，白元凯逢戚总兵家人，五六向丰润。与之言，问边事。答曰："闻达子四十万骑来屯墙下，而其魁二人未至，故候其来。将以今月二十日间入寇，不由石门寨，则欲向关外宁远前屯等处抢掠。戚总兵官拣兵马，率游击将军六人驻扎三屯营，其地距七家岭一百二十里。顷在隆庆元年，达子由北边界岭口以入，故今则一里例设二楼，楼上贮火炮兵器，抽精军五十名守之。虏骑若逾此险，至于平地则彼众我寡，难与争锋。而如不得逾则彼未能成列，必作长蛇阵而来。是则我之所以御之者易矣云云。"①

"白元凯"，朝鲜使团译官。"其魁二人"，指蒙古朵颜部落酋长董狐狸与其侄子长昂。前面提到，二人自万历元年春就率部在塞外大肆抢劫。

《朝天记》九月十一日的记载，主要交代了从戚继光家人那里了解到的戚家军的布防情况。《明史·戚继光传》中提到，戚继光在南方用兵是"飚发电举"，对倭寇主动出击；而在塞北用兵，因为蒙古朵颜部落人多势众，又多为骑兵，则是"边备修饬"，"专主守"。记载所言"平地则彼众我寡，难与争锋"，揭示了戚继光"专主守"的原因。此外，记载还提到戚继光修长城的一些情况："一里例设二楼，楼上贮火炮兵器，抽精军五十名守之。"戚继光加固旧长城，创建了一千三百多座既能发射火炮，又便于瞭望、联络的空心敌台，有效地阻挡了敌人的来犯。改造加固旧长城，并不意味着被动防守，一旦时机成熟，明军还是会主动出击的。记载提到的"其魁二人未至，故候其来"，就是在等待用兵的有利时机。第二年正月，长昂之弟长秃率朵颜军队进犯蓟镇董家口时，遭到戚家军的迎头痛击，最后被生擒活捉。这次活捉长秃，迫使董狐狸、长昂率部向明军投降。直到戚继光离开蓟镇，蒙古朵颜部落再也不敢冒犯明朝，反而被迫与明朝议和，恢复了友好往来。万历二年的朝鲜使臣虽未目睹此况，但戚继光的用兵方略和严于治军所带来的成效已经给他们留下了深刻的印象。

---

　　① 〔朝〕许篈:《荷谷集·朝天记(下)》,《韩国文集丛刊》(58),1990年,第469页。

第三节　建议以戚继光的治军思想改造军队

朝鲜使臣回国后，将其在中国的一些见闻汇报给了宣祖国王，特别是将戚继光治军效果与朝鲜军队的现状相比较，建议依照戚继光的治军思想来改造朝鲜军队。这些建议在朝鲜引起了震动，为朝鲜后来的军事变革和全面引进戚继光的治军思想奠定了基础。

据《宣祖修正实录》七年十一月一日第二条记载："质正官赵宪，还自京师。宪谛视中朝文物之盛，意欲施措于东方。及其还也，草疏两章，切于事务者八条，关于根本者十六条。"① "东方"，这里指朝鲜，因其位于中国东面，因而朝鲜常自称"东国"。赵宪上奏的《时务八条疏》中的第八条是"军师纪律之严"，其中这样写道：

> 臣于蓟州之路，见步卒数千，荷兵粮以行，不敢恃众而掠人之物。又以骡驴驾兵车数十辆，憩于田旁，不敢取田禾一束，以秣其驴。臣奇其师行有律而问之，则曰："北虏寇边，蓟镇总兵官戚继光，令中军将倪善领畿县军三万以赴之。"盖以主将威信之素著，故军畏其令，而不敢扰民也。臣因此而窃闻西海坪伐谷之举，平安内地之军，一无统辖。而所经所止之地，恣取民田之禾，以饲其马。前秋失收，今夏又旱，才付晚种，以待西成者，一被师毒，便为赤地。绕田冤号之状，有不可忍见。是则不待伐彼之谷，而先害吾民之谷也。……今则先无号令，后无节制，如驱狼羊，略无统纪，不待交兵，而狼狈之势已形。故岁动关西兵马，一不得伸威于一部落之羸胡，脱遇劲敌，则土崩瓦解，定在须臾之间矣。其视戚总兵只以五万军分守长城，而八倍獭贼，不敢犯塞。虽彼以其酋长之死退去，而闻其备御之略，戚公之威，能使诸镇截然，而彼不敢犯矣。……臣闻中朝养将之制，既置武学生，教之读书，而又于科举之际，试以备边三策，然后乃拔而用之。故虽为备御、守堡之职者，亦多知书谙事，而思尽其职者。其中如戚总兵继光者，虽是袭职，而亦尝受学于梁玠，以长许多知见。臣于道路，闻其为人，秉公持正，忧国忘私。顷尝备倭于南方也，始勤募练，变弱为强。子犯军令，收而斩之曰："尔不用命，孰

肯畏我。"自是三军股慄，遂无懈玩之习，莫不以死力战，而方张之
虏，乃溃而散。江南沿海之所以迄无大警者，盖缘戚公之所以严军法
而振士气。屹有名将之风，故穆宗皇帝移置蓟门，倚为锁钥。顷临大
敌，申饬关防，以明备御方略。而又于内地，大书约束之文，周揭于
城门。其在平日，抚养士卒，虽极其至，而及其犯法，则不少容贷。
虽参将以下，亲决四十以上。……使一军之人知有主将，而不知有辕
子。是以勍寇当前，而人不动摇。关（山海）内之人，咸曰："戚为
总兵，杨为总督（杨总督名兆，曾为顺天巡抚而有声者），边鄙之人，
赖以少忧云。"臣以是而观其所为文三帖，其战亡士卒，莫不为文以
祭之。其行师戒涂，莫不虔诚以告神。漳州门记之作，则思以礼义养
士。……其他寻常所吟咏者，无非所以许国而报主者。其忠诚恳切，
而品式备具，虽古之良将，无以过此。……如戚公之文可以为法于斯
人，故臣谨具三帖以进。伏愿圣明以杨兆、戚继光之事，命儒臣作
传，而并印其文，广布于中外将士。使倚命自画之徒，有感慕而兴
起，则彼知当今之世，果有如许名将。虽垂翅回溪之人，终能奋翼于
渑池矣。①

赵宪的奏疏中赞扬戚继光治军之严，军不扰民，"严军法而振士气"，"秉
公持正，忧国忘私"，"许国而报主"，同时也评价戚继光"其忠诚恳切，
而品式备具，虽古之良将，无以过此"。赵宪还建议朝鲜国王"命儒臣作
传，而并印其文，广布于中外将士"，以便让朝鲜臣民了解戚继光的事迹，
让朝鲜将士知道真有如此名将，从而"感慕而兴起"，奋发图强，保家
卫国。

为了能使自己的建议得到重视，赵宪在上疏中还将其亲眼所见的戚家
军和朝鲜军队的现状相比较，鞭辟入里地分析了造成两者巨大差距的原因
所在。戚家军行军途中"憩于田傍，不敢取田禾一束，以秣其驴"，之所
以如此守纪，是因为"军畏其令，而不敢扰民也"。如此自律的戚家军虽
"以五万军分守长城"，便可抵御八倍于己的来犯之敌，是其强大的威慑力
使敌人不敢来犯。而当时的朝鲜军队"所经所止之地，恣取民田之禾，以
饲其马"。之所以出现这样的状况，是因为朝鲜军队"一无统辖"，"先无
号令，后无节制。如驱狼羊，略无统纪"。这样的朝鲜军队对内滋扰百姓
令其"绕田冤号"，未上战场已失民心；对外则毫无战斗力，即使上了战

　　① 〔朝〕赵宪：《重峰集》卷三，《韩国文集丛刊》(54)，1990年，第196～197页。

场，不等交战已呈"狼狈之势"，一旦遇到劲敌，立马望风而逃，瞬间溃败。

赵宪在上疏中还分析，戚继光之所以能带出这样纪律严明之师，是因为他深受儒家文化熏陶，深知所肩负的忠君报国的重大责任与使命。戚继光早年从师于儒学大师梁玠。梁玠（1505～1576），蓬莱秀才，戚继光的启蒙老师，后被吏部所选，历任沧州儒学训导、榆次县学教谕等。任沧州儒学训导时，在辖区周围十六县考核评举中，名列同行之首。戚继光能够"秉公持正，忧国忘私"，离不开启蒙老师的教诲。赵宪的上疏还提到，戚继光能够带出如此出色的军队，还与其严管厚爱、宽严相济的领导艺术有关。戚继光"以礼义养士"，平日里给予士卒慈父般的关心与呵护，而一旦士卒触犯军纪，哪怕是他的部下和亲属，也一视同仁、严惩不贷。戚家军经过刻苦训练与意志磨练，变弱为强，迅速成长为一支抗倭劲旅。正因为如此，戚继光得到了明穆宗的认可，当北部边境受到蒙古部族的严重威胁时，即被派驻蓟镇，为大明把守北方关门。

由此，赵宪得出结论："盖兵之强弱，在于主将之材劣，而不在众之多寡。"赵宪认识到，军队战斗力的强弱，不在于士兵的多少，而在于有没有良将，朝鲜缺的正是戚继光这样的良将。"卒如悍马，而军威不立，边如决堤"，再多的士卒，如果没有军威，没有像戚继光这样的将帅去统领，一旦遭遇外敌入侵，边境防御体系将如同溃坝决堤般瞬间崩塌。赵宪进而发出警告：如果不选拔重用像戚继光这样的将帅，一旦遇有"可虞之事"，国家将无人可用。

此外，还有一点值得注意。赵宪在上疏的同时，将戚继光的《止止堂集》一并呈给了宣祖国王。这是宣祖最早接触到的戚继光的著述，比《纪效新书》早了近二十年。然而，赵宪的八条疏并没有引起宣祖的重视。他批示道："千百里风俗不同，若不揆风气、习俗之殊，而强欲效行之，则徒为警骇之归，而事有所不谐矣。"① 宣祖以明鲜国情和风俗不同为托词，拒绝引进戚继光的治军理念和方法来治理朝鲜的军队。

由于朝鲜王室对当时国家所面临的危机缺乏清醒的认识，没有采纳赵宪的合理建议，所以赵宪原打算后续上呈的《十六条疏》只能被束之高阁。《十六条疏》中提到了戚继光在中国东南沿海抗击倭寇入侵的一些情况，"闻戚继光之备倭于南方也，沿海筑墙，间设烟台，自淮东至于广西，无不如是。而守备甚固，倭寇以此不敢下陆云。"② 赵宪意在提醒王室要

① 《宣祖修正实录》卷八，七年十一月一日第二条，《朝鲜王朝实录》(25)，第 450 页。
② 〔朝〕赵宪：《重峰集》卷四，《韩国文集丛刊》(54)，1990 年，第 218 页。

效仿戚继光，加强海防建设，严密防守，以防倭寇登陆入侵。

万历三年三月十六日，已升任礼曹佐郎（正六品）的赵宪再次上疏：
"蓟将戚元（敬）之为人，公勤却敌，乞以文下于备边司，广抄而颁
之。"① 赵宪建议刊印戚继光的《止止堂集》书稿，并让备边司抄录编写
下示各相关机构。"备边司"，亦称"备局""筹司"，初设于中宗十二年
（1517）六月，是当时朝鲜主管军国机务的中央文武合议机构，为正一品
衙门，由"议政""判书""五军门"指挥官等国家主要机关负责人和国家
重臣构成，朝鲜的国防、外交、产业、交通、通信等军国大政都要由它讨
论决策，常设三人担任"有司堂上"，行使领导职责。"有司堂上"多由
"议政"等高官重臣兼任。② 但赵宪的建议，依然没有引起国王的重视。
朝鲜王室没有采纳赵宪的建议，从而失去了朝鲜军队改造的良机。

第四节　组织抗倭武装以身报国

赵宪对日本妄图鲸吞朝鲜的狼子野心有着清醒的认识，所以多次上
疏，强烈呼吁朝廷对此提高警惕。据朝鲜王朝史料《赵宪年谱》记载：万
历十五年（1587）十一月，"上疏请绝倭使"，同年十二月，"又裁一疏，
徒步诣阙，并前二疏以进"，结果惹怒了宣祖国王，"命焚其疏"，同时将
赵宪罢官流放；万历十七年（1589）四月，赵宪"在谪上疏，请勿遣通信
使"，十月"又上疏请勿遣信使，并进前疏"；万历十九年（1591）三月，
"持斧上疏，请斩倭使以奏天朝"。"先生待命于政院门外，三日而不报，
仍叩首石础，血流被面。观者如堵，或讥其自苦。先生曰：'明年窜山谷，
必思吾言矣。'"③ 赵宪一直坚定地认为，日本必定会侵略朝鲜，朝鲜应
当对日本保持警惕，并与之绝交。但安于现状、不思进取的宣祖国王，却
忽视了朝鲜所面临的重大危机，对赵宪的谏言始终不予理会。最后赵宪竟
"持斧上疏"，在宫门外跪了三天，头都磕破了，也没能打动宣祖国王，还

---

① 《宣祖实录》卷九，八年三月十六日第一条，《朝鲜王朝实录》(21)，第 329 页。
② "明宗乙卯，置备边司，一名筹司，掌总领中外军国机务。都提调，以时、原任议政例兼；提
调，以宰臣知边事者兼差，无定额，又以吏、户、礼、兵四曹判书及江华留守例兼。有司堂上
三员，以提调之知军务者启差；郎厅十二员，三员文臣，一员兵曹武备司郎厅兼，八员武臣。
宣祖壬辰，始置副提调，以通政中谙练兵者启差。李廷龟、朴东亮首先为之，后以训练大
将例兼提调。"〔朝〕徐荣辅：《万机要览·军政篇（一）·备边司》，韩国古典翻译院，https://
www.itkc.or.kr。
③ 〔朝〕赵宪：《重峰集·附录》卷一，《韩国文集丛刊》(54)，1990 年，第 456 页。

遭人讥笑为自找苦吃。赵宪虽痛心不已，但仍泣血呐喊，提醒人们倭寇即将来犯，再不采取应对措施就来不及了。

赵宪对国家民族前途命运的担忧，很快就变成了现实。就在其"持斧上疏"的第二年，即万历二十年，朝鲜便遭到十数万倭军大举入侵，而各地守军望风披靡，朝鲜几至亡国。面对如此惨痛的局面，赵宪没有抱怨，更没有消沉，而是招募训练乡兵，奔赴沙场奋勇杀敌，迎头痛击侵略者，誓死捍卫家园。据《赵宪年谱》记载：

> （万历二十年）四月日本大举入寇。二十日下陆，攻陷釜山、东莱，列邑望风瓦解。
>
> 五月初三日，先生（指赵宪）自清州还，与门人金节、金钥、朴忠俭等募得乡兵数百人。闻贼方自报恩逾车岭，遂率兵数遮截。猝遇贼兵，几为所乘。先生大呼杀入，门徒及军人等力战却之。由是贼不敢由是路而西。
>
> 六月，又传檄起义（文见文集）。时升平日久，民不识兵革，闻帅邑宰，望风奔溃……遂与门人李瑀、金敬伯、全承业谋起义兵，乃移檄于八路，既建义号，义士云集。……皆慕先生之义，相率而来。招募其不籍于官军者，远近坌集，得千有六百余人。建旗分部，巡抚定山、温阳等地。以声势控制，人心大安。
>
> 七月初五日，犒军而誓。辞曰：毋喧哗，毋懈怠，毋失伍，毋离次；勿侵人物，勿畏敌兵；惟思国难，惟思进击，惟杀大贼；勿贪小利，一乃心力，终克有勋，心力不一，有罚有悔；惟一义字，终始念之。
>
> 八月初一日，破贼于清州。……先生起兵凡数月，爱养士卒，出于至诚。士卒仰戴先生，如赤子之于慈母，惟命是从，所至肃然整而无扰。[1]

面对日本的大举侵略，朝鲜官军"望风瓦解""望风奔溃"，让入侵者"如入无人之境"。朝鲜军队如此不堪的现状，正如赵宪当年所言："不待交兵，而狼狈之势已形。……脱遇劲敌，则土崩瓦解，定在须臾之间矣。""他日或有可虞之事，而定无人收拾矣。"面对来势汹汹、穷凶极恶的倭军，赵宪勇担匹夫之责，招募义军，"传檄起义"。其"爱养士卒，出于至

诚"，颇有当年戚继光治军的影子。"勿侵人物，勿畏敌兵"，"心力不一，有罚有悔"，也与戚继光当年练兵时"严于治军"方略如出一辙。

赵宪曾极力称赞戚继光"忧国忘私""许国而报主"的忠君报国思想，很好地体现在国难当头之际自身的行动中。万历二十年八月十八日，赵宪率众在锦山（今韩国忠清南道东南部锦山郡）一带主动出击时反遭倭军围困，虽竭尽全力战至弹尽粮绝，但"众寡不敌，全军尽没"，赵宪也以身殉国杀身成仁。赵宪牺牲后，"巷哭相闻，阵亡之家，不致私怨，而惟以先生之死为悲"①。当年赵宪的建议并没有被宣祖采纳，后来赵宪又多次上疏，提醒要警惕日本，断绝与日本的外交关系。万历十九年三月十五日，赵宪在《请斩倭使疏》中还附有其替朝鲜王室草拟的《拟赐谕日本诸岛豪杰遗民父老等书》，其中写道："近有戚将军掌舟师于两浙，艨艟千里，雷炮镝天。"② 赵宪告谕身在日本的朝鲜遗民，扰害中国东南沿海的倭寇遭到了戚继光率领的戚家军的沉重打击，为的是给在日朝鲜人打气，号召他们通过暗杀丰臣族类，来"为旧主尽节""为亲族报怨"。同月十八日，赵宪再上《请斩倭使二疏》，但都没有引起朝鲜王室应有的重视和警觉。直到第二年大部国土沦丧、大难来临之际，朝鲜王室才幡然醒悟，后悔没有采纳赵宪等人加强军队建设的建议。赵宪牺牲的当年，朝鲜王室即对其加以褒奖，并"赠嘉善大夫吏曹参判兼同知经筵春秋馆义禁府事"③。

综上所述，戚继光及其人格魅力、英雄事迹和军事思想传入朝鲜半岛，明万历二年应该是一个起始点，其标志性事件便是出使明朝的质正官赵宪回国后上呈宣祖的《时务八条疏》。虽然《时务八条疏》重点介绍的是戚继光的治军之严，但其中也涉及了戚继光忠君爱民、忧国忘私的优秀品德和治军理念。虽然当时并没有引起宣祖的重视，但戚继光的优秀品德和人格魅力已经深深影响了朝鲜使臣。在国难当头之际，这些深受其影响的朝鲜官员不仅能用戚继光的治军方略动员和组织抗倭武装，而且自身也以戚继光为榜样，忧国忘私，许国而报主，将一腔热血抛洒在抗倭救国的战场上，以鲜血和生命唤醒了执迷不悟的宣祖国王，促使其开始关注戚继光的抗倭事迹及其治军思想，为后来痛下决心以戚继光的军事思想改造朝鲜军队做了很好的铺垫。

---

① 〔朝〕赵宪：《重峰集·附录》卷一，《韩国文集丛刊》(54)，1990年，第462页。
② 〔朝〕赵宪：《重峰集》卷八，《韩国文集丛刊》(54)，1990年，第307页。
③ 〔朝〕赵宪：《重峰集·附录》卷一，《韩国文集丛刊》(54)，1990年，第463页。

第二章　《纪效新书》——朝鲜军队与城防建设的教科书

2014 年 7 月 4 日，习近平主席在韩国国立首尔大学演讲中提道："历史上，每当面对危难时，中韩两国人民都相濡以沫、患难相助。400 多年前，朝鲜半岛爆发壬辰倭乱，两国军民同仇敌忾、并肩作战。"①

万历二十年四月十三日，日本"倾国出师"，发兵十六万，"大举入寇"朝鲜。而朝鲜"升平二百年，民不知兵，郡县望风奔溃"②。五月初三日，"贼陷京城"，六月十五日，"平壤失守"③。《明史》对此有如下记载和评论："时朝鲜承平久，兵不习战，昖又湎酒，弛备，猝岛夷作难，望风皆溃。昖弃王城，令次子珲摄国事，奔平壤。……时倭已入王京，毁坟墓，劫王子、陪臣，剽府库，八道几尽没。……倭业抵平壤，朝鲜君臣益急，出避爱州。"④ "昖"，指当时的朝鲜国王李昖，即朝鲜王朝第十四代君主宣祖昭敬大王，1567～1608 年在位。"岛夷"，这里指日本。"王京"，亦即朝鲜京都汉城。"珲"，指朝鲜王朝第十五代君主光海君李珲，时为朝鲜世子。当时的朝鲜是明朝的附属国，因而朝鲜的大臣亦称"陪臣"。"道"，朝鲜王室直接管辖的地方政权。当时朝鲜下设八个道，故而"八道"代指朝鲜的全部领土。短短两个多月的时间，朝鲜的京都汉城和北部重镇平壤相继失守。倭军长驱直入，直逼中朝边境鸭绿江，朝鲜国土沦陷殆尽。因万历二十年是壬辰年，故此次倭军侵朝事件朝鲜史称"壬辰倭乱"。而由此引发的明鲜联军与倭军之间的战争，前后两个时期，长达七年之久。因为这次战争发生于万历年间，故而中国史书多称之为"万历朝鲜战争"。鉴于此，本书采用"万历朝鲜战争"这一名称。

---

① 习近平：《共创中韩合作未来　同襄亚洲振兴繁荣——在韩国国立首尔大学的演讲》，《人民日报》2014 年 7 月 5 日。
② 《宣祖实录》卷二十六，二十五年四月十三日第一条，《朝鲜王朝实录》(21)，第 483 页。
③ 《宣祖实录》卷二十七，二十五年六月二十日第二条，《朝鲜王朝实录》(21)，第 501 页。
④ （清）张廷玉等撰：《明史》卷三百二十《朝鲜传》，北京：中华书局，2000 年，第 5551～5552 页。　19

应朝鲜宣祖国王的请求，明朝先后两次派东征军赴朝参战，与朝鲜军民共同反击日本侵略。在万历年间的抗倭援朝战争中，接受过系统训练、有着戚家军光荣传统的"浙兵"在攻城略地与自律守德等方面均有突出表现，给朝鲜君臣百姓留下了极好的印象。在得知这些有着严明纪律与超强战斗力的"浙兵"正是依照戚继光的《纪效新书》训练出来的这一事实后，朝鲜王室决定以《纪效新书》为教科书练兵自强，为此，特设"训练都监"，推行一系列军制改革，以契合组建"都监军"的要求。为了收到最佳训练效果，还从援朝"浙兵"中聘请专职或兼职教官。多措并举之下，"都监军"快速成型、不断壮大，成为朝鲜王朝可依赖的主要武装力量。

第一节　平壤大捷与《纪效新书》传入朝鲜半岛

在面临亡国灭族的危急时刻，走投无路的朝鲜国王李昖多次[①]遣使向明朝紧急求援，"生灵将尽，请速发兵"[②]，迫切希望明朝能派援军救急。明朝先是就近从辽东调遣了一支三千人的特遣部队前往朝鲜护驾。这支辽东铁骑于万历二十年六月中旬渡过鸭绿江进入朝鲜。

一、首战平壤，北兵铩羽而归

1. 首批入朝的特遣部队

由辽兵组成的这支明军特遣部队分三批次，接踵渡过鸭绿江进入朝鲜。据《宣祖实录》二十五年六月十七日第四条记载："本月十五日，天朝兵马，自早朝渡江，未时毕到。督战参将戴朝弁、先锋游击史儒所率军一千二十九名，马一千九十三匹，手下执旗、千总、把总并十员，答应以下，又有员数。"[③] 另据六月二十日第四条记载："调度使洪世恭驰启曰：广宁游击王守官、原任参将郭梦征等，领兵五百六名，马七百七十九匹，本月十七日越江，副总兵祖承训，领军一千三百十九名，马一千五百二十九匹，昨日继到。"[④] 由上述记载可知，最先渡江入朝的是戴朝弁、史儒

---

① "壬辰五月,宣庙驾次平壤,移咨辽东告急乞师;六月驾到义州,续遣使辽东告急。"〔朝〕申钦:《象村稿》卷五十六《天朝先后出兵来援志》,《韩国文集丛刊》(72),1991年,第257页。

② 《宣祖实录》卷二十七,二十五年六月二十四日第二条,《朝鲜王朝实录》(21),第503页。

③ 《宣祖实录》卷二十七,二十五年六月十七日第四条,《朝鲜王朝实录》(21),第501页。

④ 《宣祖实录》卷二十七,二十五年六月二十日第四条,《朝鲜王朝实录》(21),第502页。

所部，人员一千零二十九名；其次是王守官、郭梦征所部，人员五百零六名；最后是特遣部队的总指挥副总兵祖承训所率主力部队，人员一千三百一十九名。三支作战部队于六月十五日、十七日、十九日，分别间隔两天相继而至，总计两千八百五十四人、战马三千四百零一匹。

由祖承训挂帅的这支特遣部队，是闻名遐迩的"辽东铁骑"的一部分。战马数多于将士数，是因为在实战中，战马减损往往快于战斗减员，为确保每个战士都有马骑，就必须多备战马。分批而渡，主要是出于渡运能力不足和朝方粮草供应困难的考虑。将近三千名战士，加上三千四百多匹战马，还有军械、被服等辎重，难以同时渡江。

祖承训率部进入朝鲜后，闻知朝鲜国王正从定州向义州而来，情势已不甚危急，加之朝方粮草供应不支，只好留下先锋游击史儒所部在义州协防，本人则率主力暂时退驻辽东凤凰城。① "义州"，指当时的朝鲜义州府，位于今朝鲜新义州东北部，现在的新义州市与中国丹东市隔江相望。七月初九日，祖承训与辽东总兵杨绍勋会于汤站②，接到明廷出兵指令，遂于初十日再次渡江入朝。③

2. 首次平壤攻城战

祖承训率部重渡鸭绿江，与史儒部汇合后，便日夜兼程向平壤进发，本想给倭军一个措手不及，结果铩羽而归。关于明军首战平壤的情况，《明史》的记载十分简略，几乎是一笔带过："游击史儒等率师至平壤，战死。副总兵祖承训统兵渡鸭绿江援之，仅以身免。中朝震动。"④《明史》的记载将史儒之死和祖承训之败割裂开来，当作是前后两次战斗的结果。这是与史实不符的。另外，只是言及战斗结果及其影响，既没有过程叙述，也没有原因分析。相比之下，《宣祖实录》的记载要全面得多："先是，副总兵祖承训，游击将军史儒、王守官等，进至平壤，以十七日黎明，进迫平壤，炮城斩关，分道以入，奋跃督战，史儒身先士卒，与千总马、张二官，手斩贼累十级，儒及马、张二人中丸而死。诸军退溃。承训一日之内，疾驰到大定江，将全军回去。"⑤ 这段记载交代了进攻时间和

---

① 七月三日，朝鲜请援使李德馨从辽东返回义州，向宣祖汇报奔赴辽东请援的情况时就提道："臣预书呈文，欲呈于杨总兵，而适路逢祖总兵呈之……祖总兵曰：'粮刍不及支供，故来待于凤凰城。国王若在定州，吾欲入攻平壤，而已离定州，则吾不得已退兵。归语国王安心留义州。则史游击亦在，若闻声息则吾一日当驰到江上，急救之。'"《宣祖实录》卷二十八，二十五年七月三日第五条，《朝鲜王朝实录》(21)，第512页。

② 汤站，明置，属辽右卫，即今辽宁凤城市东南汤山城镇。

③ 参见《宣祖实录》卷二十八，二十五年七月九日第四条，《朝鲜王朝实录》(21)，第515页。

④ (清)张廷玉等撰：《明史》卷三百二十《朝鲜传》，北京：中华书局，2000年，第5552页。

⑤ 《宣祖实录》卷二十八，二十五年七月二十日第四条，《朝鲜王朝实录》(21)，第517页。

攻城战术，记叙了史儒身先士卒、英勇杀敌、壮烈牺牲的英雄事迹，还提
到了祖承训快速撤军回辽的事实，但对溃败的原因同样是只字未提。而后
来《宣祖修正实录》的记载则较为详细，内容也丰满了许多：

> 辽镇遣总兵祖承训，参将郭梦征，游击史儒、王守臣、戴朝弁
> 等，攻平壤不克，史儒死，退屯嘉山。辽镇先遣承训等，领马兵三千
> 来，只为接救国王一行，而非大举也。以尹根寿为接伴。承训，本勇
> 将，惯与虏战，意轻倭贼，又闻平壤屯贼数少，谓必全胜取功。至嘉
> 山，问知平壤倭贼犹在，举酒祝天曰："贼犹不退，天赞我成功乎？"
> 是日自顺安，三更打发，直薄平壤城外，都元帅遣将领三千兵从行。
> 不意兵至，倭人不及城守，惟于城内，据险伏兵以待。两将纵兵直入
> 七星门，贼左右发丸齐射。适大雨泥泞，汉兵马陷，史儒先中丸死。
> 承训遽退，后军多被杀伤，戴朝弁与千总张国忠、马世隆等，亦皆中
> 丸死。朝弁军令甚肃，民间便之，闻其死，人尤痛惜。承训引余兵，
> 驰过顺安、肃川，夜半至安州城外，立马呼城中译官曰："吾今日多
> 杀贼，不幸史儒伤死，天时又不利，不能歼贼。当添兵更进，语汝宰
> 相毋动。"仍驰渡两江，至嘉山，阻雨留二日，退还辽东。我军随汉
> 兵亦退，贼不复追击，金命元等仍屯顺安。承训诬告辽镇"方战时，
> 鲜兵一阵投降贼阵，故战不利"云。上遣使伸辨。[①]

对照柳成龙的《惩毖录》可知，《宣祖修正实录》的这条记载基本上是以
《惩毖录》为脚本，在此基础上增加了"非大举"、"诬告辽镇"、戴朝弁
"军令甚肃"和从行朝军的情况等内容，从而显得更加详尽与丰满。如果
说《宣祖实录》的记载只是做了客观叙述的话，那么《宣祖修正实录》的
记载则带有主观判断成分，或多或少地流露出一些感情色彩。

通过上述三段史料，我们可以对首次平壤攻城战有一个大致的了解。
辽东副总兵祖承训虽长于与中国北部边疆的部族作战，却对倭军这个新对
手知之甚少，故而在攻打平壤城时轻敌冒进，贸然进入地形复杂的平壤城
内，遭到倭军"左右发丸齐射"伏击，又适逢大雨，明军战马陷于泥泞之
中，根本发挥不出"铁骑"的威力。冲锋在前的游击将军史儒中弹身亡，
紧接着祖承训率军仓促撤退时又被倭军追杀，结果游击将军戴朝弁、千总
张国忠、马世隆等也被倭军的火绳枪（鸟铳）射杀。而锐气尽失、疲于奔

---

① 《宣祖修正实录》卷二十六，二十五年七月一日第十四条，《朝鲜王朝实录》(25)，第623页。

命的祖承训，如同惊弓之鸟，率残部连夜驰渡大定、清川两江，在嘉山避雨两日后退回辽东。至此，明朝派出的抗倭援朝特遣部队以失败的结局草草结束了使命。

平壤攻城战惨败消息的传来，朝鲜"上下丧胆，相聚顿足"①，继而"请援于辽广者冠盖相望"②。而大明亦是"朝议震动，请止登莱、天津、旅顺、淮阳，所在添募设防"③。本来朝鲜方面对这次平壤攻城战是满怀期待的，战前三天，宣祖国王就下达了准备庆祝胜利的指示："天兵胜捷，则慰宴论赏等事，预为措备，俾无临时颠倒。"④"天兵"，这里指明军，意为明朝的皇帝即天子派来的军队。战斗尚未打响，就预先筹备庆祝之事，一方面说明在当时的情况下，朝鲜为了紧紧抓住明援军这棵救命稻草，在战时物资十分匮乏的情况下不得不早做准备，以免有怠慢明军之嫌；另一方面说明朝鲜王室对这次平壤攻城战是十分看好和期待的。结果事与愿违，兵败也就罢了，可不曾想祖承训竟率残部退回了辽东。这让刚看到一丝希望的朝鲜王室陷入了更大的恐慌之中，只得接二连三地向辽东和广宁派出请援使节。

鉴于这次平壤攻城战影响重大，有必要弄清以下几个问题。

首先，《明史》将史儒战死和承训兵败记载为前后两次相关联的军事行动结果，这与史实不符。事实上，发生于万历二十年七月十七日的这场平壤攻城战是明朝特遣部队的一次全员军事行动，当时兵分四路，史儒为先锋。

其次，中朝双方参战人数各是多少？前面提到，由辽东副总兵祖承训统率的这支明军先遣部队第一次渡江入朝时共计两千八百五十四人。由于朝方粮草供应不足，祖承训不得已率主力撤回凤凰城以待战机。第二次越江入朝前一天，辽东总兵杨绍勋前来汤站为祖承训所部誓师壮行时，"杨总兵麾下千总所率家丁鞑子五百名"⑤奉命前来合势。因此，首次平壤攻城战，明军实际参战人数应为三千三百五十名左右。由于明援军初来乍到不熟悉朝鲜的地理形势，需要朝方军队做前导。而前引中有"都元帅遣将

---

① 〔朝〕朴东亮：《寄斋史草下》《壬辰日录（三）》七月条，韩国古典综合 DB，https://db.itkc.or.kr，第 46 页。
② 〔朝〕申钦：《象村稿》卷五十六《天朝先后出兵来援志》，《韩国文集丛刊》（72），1991 年，第 257 页。
③ 《皇明二祖十四宗增补标题评断实纪》卷二十，转引自〔韩〕李炯锡：《壬辰倭乱史（别卷）》，韩国壬辰倭乱史刊行委员会，1974 年，第 1472 页。
④ 《宣祖实录》卷二十八，二十五年七月十四日第四条，《朝鲜王朝实录》（21），第 516 页。
⑤ 《宣祖实录》卷二十八，二十五年七月九日第四条，《朝鲜王朝实录》（21），第 515 页。

领三千兵从行"之句,意为当时朝鲜都元帅金命元派将领率三千朝鲜将士听从祖承训统一指挥。然而,关于朝方参战人数,《宣祖实录》的另一条记载却提供了不同的版本。首次平壤攻城战惨败两年后的一天,宣祖国王在谈到巡边使李薲时说道:"前日,误祖承勋(应为'训'),而杀史儒者,李薲也。其所率军,仅五百云,虽猎獐、鹿,止用五百乎?"① 宣祖不经意间说出的这句话,却包含着非常重要的信息:当年随明军进击平壤的朝鲜军兵其实仅有区区的五百人。由此看来,《宣祖修正实录》所主张的"三千人"之说不实,有夸大其词之嫌。如此算来,参加首次平壤攻城战的明鲜联军总数约为三千八百五十人,不会超过四千人。

此外,关于明军在首次平壤攻城战中的人员伤亡情况,明鲜双方的说法也大相径庭。前面提到,《明史》所载为祖承训"仅以身免"。然而,宣祖国王对明朝"辽兵三千渡江,无一还者"的说法却大不以为然,进而批评:"中原,亦多虚言矣。"对此,礼曹判书尹根寿(1537~1616)接言道:"败归时,天将点兵于控江亭,则马失千匹,人亡三百,而追来者亦多,岂至于如是之多乎?"② 尹根寿的主张显然有据可依,应该更接近史实。

3. 首战平壤失利的诸多因素

应该说,导致首次平壤攻城战惨败的因素很多,有客观方面的,也有主观方面的。古时打仗讲究天时、地利、人和,而这次平壤攻城战,对明军来说却是一条都不占。当时正是朝鲜半岛的梅雨季节,连日阴雨霏霏,攻城之日更是大雨滂沱、道路泥泞。平壤城中多僻陋曲折的小巷,不便于骑马通行。由于语言不通,明鲜军队之间沟通不畅,协调不力,甚至互生猜忌,可谓是人和尽失。对于客观不利因素的认识,明鲜双方基本上是一致的,然而对于主观因素的认识,双方却各执一词。从上引《宣祖修正实录》的记载中可以看出,朝鲜方面认为导致本次攻城战失败的主要原因有二:一是贪功冒进,二是听信误报。特别是通过"举酒祝天"的描述,将祖承训"轻敌贪功"的形象刻画得栩栩如生。为了坐实祖承训"轻敌贪功"的罪名,《宣祖修正实录》甚至提出明军三千兵马"只为接救国王一行,而非大举"的论点。

其实祖承训率领的这支辽东铁骑就是一支临时调拨的别动队,对于这一点,只要考察一下其诞生的背景即可明了。六月十六日,宣祖国王一路向西逃到定州,立马派吏曹判书李德馨为请援使赶赴辽东求援。据闵仁伯

---

① 《宣祖实录》卷五十六,二十七年十月十一日第五条,《朝鲜王朝实录》(22),第370页。

② 《宣祖实录》卷三十三,二十五年十二月二十三日第三条,《朝鲜王朝实录》(21),第591页。

的《苔泉集》记载："时郝杰为辽东巡抚。德馨至巡抚帐下，乞出援兵，立庭痛哭，辞气慷慨，终日不退。郝杰为之改容，未及上奏，便宜调发本镇兵马五千余人及辽东广宁马兵合一千八百，以副总兵祖承训领之，以游击史儒副之。七月，先渡江来救。"[①] 辽东巡抚郝杰为李德馨的慷慨陈词和忠君真情所打动，是在来不及上奏朝廷的情况下，自作主张调发本镇兵马入朝救急的。据此可知，初次渡江入朝的这支辽东铁骑的使命就是协助救援朝鲜国王，而不是主动攻击倭军。正因为如此，当得知宣祖一行已离开定州继续西向义州而来，暂时没有太大的危险时，祖承训出于粮草供应的考虑，只留下史儒一支在义州护卫宣祖，本人则率主力回撤到辽东凤凰城静观其变。

然而，第二次渡江入朝时，这支辽东铁骑的性质则悄然发生了变化。七月十日，礼曹判书尹根寿代表宣祖国王到汤站，向辽东总兵杨绍勋表达谢意。杨绍勋答曰："况有天子明命，敢不尽心。但候旨动兵，迟延时月，我兵甲精利，又遣祖副将督兵，必得成功，保无虞也。"可见祖承训第二次渡江是得到了明廷许可的。至此，这支辽东铁骑的任务已由单一的协助朝方勤王变成了同时与倭军全面对抗了，其性质也由"特遣部队"变成了"先遣部队"。如此说来，《宣祖修正实录》中"只为接救国王一行，而非大举"的主张不够全面，有意无意间忽视了这一变化过程。那么，攻打平壤城是否真的是祖承训建功心切、一时头脑发热做出的决定呢？七月二日，祖承训在凤凰城时还对请援使李德馨说："贼锋渐近，上司军马添发，然后可以及救之。"[②] 此时的祖承训头脑还是很清醒的，他知道：对付人多势众的倭军，仅靠其手中不到三千的兵力，是远远不够的。然而几天后，祖承训的态度却发生了一百八十度的转变。笔者认为，应该是来自朝鲜方面的请托起到了关键的作用。下面这段七月四日宣祖与辅臣们的对话很能说明问题。

上曰："贼在平壤时进攻，与待其西向后攻之，孰愈？"根（承旨柳根）曰："分散则可畏，必于在平壤时，乘其未备而攻之可也。"上曰："虽无天兵，势可战则进攻可也。"元翼（平安监司李元翼）曰："或不利则恐朝廷以为，不待天兵而轻为之战也。"根曰："危然后安。但虑将士不能忘身也。"上曰："大概入城中则不便于驰马，为之奈

---

① 〔朝〕闵仁伯：《苔泉集》卷三《龙蛇追录》，《韩国文集丛刊》(59)，1990年，第48页。
② 《宣祖实录》卷二十八，二十五年七月三日第五条，《朝鲜王朝实录》(21)，第512页。

何?"元翼曰:"乘夜放火,使贼惊乱,然后攻之则可矣。"①

朝鲜方面认为,与其等平壤的倭军追来时再被动抵抗,不如乘其不备进攻平壤,这样胜算更大。但进攻平壤须以明军为主,这样即便失利也好向明朝交代。而恰在此时,一条"平壤屯贼数少"的情报适时而至。关于"平壤屯贼数少"这一情报的来源,时任兵曹(相当于明朝的兵部)佐郎的朴东亮在《寄斋史草》中交代得十分清楚:"时我军斥候将顺安郡守黄瑗,驰报于金命元曰:'倭贼尽向京城,居留者极少,被掳女人于城上屡呼官军,乘此机攻城,可得成功。'祖总兵见此报,以为信曰:'我军中亦有善占者,言十七日城可破,正与此报相符。'遂下令军中曰:'明晓进城,破贼后当食。'"② 黄瑗作为朝鲜方面的斥候,专门负责侦探敌情。一般来讲,他提供的情报应该有很高的可信度。况且黄瑗说得有鼻子有眼,不由得祖承训不信。朝鲜都元帅(最高司令)金命元将黄瑗的情报转达给祖承训,其意图很明显,就是希望祖承训能抓住时机,一举收复平壤。其实,这也正是宣祖国王翘首以盼的。

如此看来,《宣祖修正实录》只说祖承训偏信情报,而不言朝方提供的情报有误,将失败的责任一股脑儿地推到祖承训身上是有失公允的。

此外,时任朝鲜礼曹判书、负责与明军联络的接伴使尹根寿在向宣祖汇报中谈道:"前日狃于轻敌致败矣。臣闻平壤之役,天将意欲破贼而后会食,故炊饭之具,俱载战马而行,及其败也,皆弃于道路矣……且马兵多置,惟在杨总兵之分付耳。"③ 尹根寿认为,除了明军轻敌之外,辽东总兵杨绍勋派马兵(骑兵)攻打平壤城这一战术上的失误也脱不了干系。"接伴使",朝鲜负责接待陪伴明军高层将领的官员,多由二品以上的高官兼任。

起初,驻守辽东九连城的明总兵杨绍勋,将平壤攻城战的失败归咎于朝鲜方面。他先是对前来请求让祖承训留驻义州的兵曹参知沈喜寿(1548~1622,字伯惧,号一松)责问道:"尔国将官,不此之思,管兵管粮管船诸臣,皆落后不肯上阵,独驱吾兵犯贼。且贼中多有善射者,不曾说吾,是何等意思也?"④ 后又对前来辩诬的朝鲜左议政尹斗寿(1533~1601,

---

① 《宣祖实录》卷二十八,二十五年七月四日第十二条,《朝鲜王朝实录》(21),第513页。
② 〔朝〕朴东亮:《寄斋史草下》《壬辰日录(三)》七月条,韩国古典综合 DB,https://db.itkc.or.kr,第46页。
③ 《宣祖实录》卷二十八,二十五年七月二十六日第四条,《朝鲜王朝实录》(21),第520页。
④ 《宣祖实录》卷二十八,二十五年七月二十日第四条,《朝鲜王朝实录》(21),第517页。

字子仰，号梧阴，宣祖朝名臣）抱怨说："暑月出师，连日下雨，弓箭破尽，道路泥淖，人马难行，加以尔国人民，奔溃不战，是天时地利人和并失之也。"杨绍勋认为，除了天时地利等客观因素外，导致失败的原因还有两点：一是朝方负责军务的各方大员推诿不前，二是朝方提供的情报有误，没有告知倭军中"多有善射者"。这里指明军骑兵入城后，除了倭军鸟铳的猛烈射击外，还遭到雨点般的片箭袭击，造成惨重伤亡一事。后经朝方辩解及多方了解，杨总兵最终转变了看法，坦承主要责任在于明军将领："史游击阵亡，虽是轻敌所致，法令不严，将士不谨，以致战败失利，皆将官之罪。"① 杨总兵认识到，"法令不严，将士不谨"才是招致惨败的根本原因。

祖承训所部确实存在军纪涣散的问题，给朝鲜君臣百姓留下了极其不好的印象。据《宣祖实录》二十五年六月二十日第四条记载，调度使洪世恭驰启曰："广宁游击王守官原任参将郭梦征等，领兵五百六名，马七百七十九匹，本月十七日越江，副总兵祖承训，领军一千三百十九名，马一千五百二十九匹，昨日继到。前日戴参将等，号令严明，军无扰害矣。后来之将，纪律不严，且令军马，拦入民家，人民骇散，城中一空。"② 另据六月二十二日第一条记载："上发龙川，次义州，御于牧使衙舍。时，州人闻平壤被围，汹汹危惧，及天兵渡江，入城抢掠，人民皆避入山谷，城中空虚。"③ "戴参将"，即战死平壤的督战参将戴朝弁。综合上述记载可知，最先入朝的戴朝弁、史儒所部号令严明，没有侵扰朝鲜百姓，但后到的祖承训等明军将领，却下令将军马拦到百姓家中，甚至还有士兵"入城抢掠"，吓得城中百姓纷纷避入山谷，结果义州成了一座空城。祖承训作为这支明军先遣部队的最高统帅，并没有认识到严明军纪的重要性，从而为平壤攻城战埋下了失败的隐患。

据前引《宣祖修正实录》记载，祖承训自平壤一路退至安州城外，吩咐译官转告柳成龙："不幸史儒伤死，天时又不利，不能歼贼，当添兵更进。"祖承训提到三大败因：一是先锋史儒战死，二是天降大雨不利作战，三是兵力严重不足。祖承训所强调的这些客观因素确实存在，但并不足以成为其执意回撤辽东的理由。祖承训身经百战、出生入死，并非贪生怕死之人，其在第二次平壤收复战中的英勇表现，也充分证明他是一位有胆识、有担当的将领。而他统领的这支队伍又是当年李成梁组建的辽东铁骑

---

① 《宣祖实录》卷二十八，二十五年七月二十日第七条，《朝鲜王朝实录》(21)，第 517 页。
② 《宣祖实录》卷二十七，二十五年六月二十日第四条，《朝鲜王朝实录》(21)，第 502 页。
③ 《宣祖实录》卷二十七，二十五年六月二十二日第一条，《朝鲜王朝实录》(21)，第 503 页。

的一部分，拥有辉煌的战绩。胜败乃兵家常事，况且远未到山穷水尽走投无路之境，按理说完全可重整旗鼓以图再战，可祖承训却不顾朝方苦苦挽留，执意回撤辽东。祖承训退军后，曾向总兵杨绍勋报告说，平壤攻城战失败，是因为有一股朝军与倭军内通。明朝兵部接报后，遣锦衣都指挥使黄应阳等前去朝鲜查证。同行的徐一贯向朝鲜官员提到过祖承训所言退军辽东的真实原因："且探其回来之意，则此贼非南方炮手不可制，欲调炮手及各样器械，先到于此矣，待南兵一时前进云。"① 由此可知，祖承训作为一线指挥，通过与倭军短兵相接，痛切地感受到倭军火绳枪（即鸟铳）的厉害，认识到没有南兵的参与，没有南兵所惯用的各式火器的压制是难以取胜的，这是战略战术层面的问题，不是一味勇敢拼杀就能解决的。我们认为，正是看透了这一点，祖承训才决意撤兵以图后为。

平壤之战惨败在中朝两国引起了强烈震动，产生了重大影响，其中占主导的自然是损兵折将、锐气大伤等不利影响，但同时也有积极的一面，主要体现在明朝方面。首先，觉得作为泱泱大国败于区区"岛夷"有失尊严，因此就连朝中的反对派也转而支持参战，从而促使明廷痛下决心出兵东征。其次，对侵朝倭军的战斗力有了一定的了解，明廷认识到要想战胜倭军，须拥有火炮重器、长于抗倭的南兵出战。最后，通过与辽东铁骑直接交手，倭军先锋小西行长见识了明军不俗的战斗力，因而未能乘胜追击，更不敢贸然西进②，客观上给了朝鲜王室喘息的机会。

二、再战平壤，浙兵勇立头功

明援军首战平壤失利后，万历皇帝任命兵部侍郎宋应昌经略朝鲜、蓟辽等处军务，掌管抗倭援朝的军政事务，陕西总兵官李如松为东征提督、防海御倭总兵官，担任入朝参战的明军最高长官。万历二十年十二月二十五日，李如松统帅四万大军渡过鸭绿江，马不停蹄地直奔前线，亲自督战再攻平壤，取得了收复平壤的重大胜利，一举扭转了朝鲜战局，极大地鼓舞了中朝两国军民反击日本侵略者的斗志和信心。而在这次平壤攻城战中，立得头功的是来自中国南方的"浙兵"，这是一支当年由戚继光训练出来的抗倭劲旅"戚家军"的血脉。

据《宣祖实录》记载，万历二十一年正月初六日拂晓，李如松率大军到达平壤城下，分兵布置，将平壤城围了个水泄不通。

① 《宣祖实录》卷二十八，二十五年七月二十二日第八条，《朝鲜王朝实录》(21)，第518页。
② "而贼亦见天兵形势，为之敛避不出焉。"〔朝〕金鑢：《寒皋观外史》卷六十四，韩国数码藏书阁，http://jsg.aks.ac.kr，第64页。

初八日……提督领亲兵百余骑，进薄城下，指挥将士。俄而发大炮一号，各阵继而齐发……吴惟忠中丸伤胸，策战益力。骆尚志从含球门城，持长戟负麻牌，纵身攀堞。贼投巨石，撞伤其足。尚志冒而直上，诸军鼓噪随之，贼不敢抵当。浙兵先登，拔贼帜，立天兵旗麾。……是日天兵当阵斩获一千二百八十五级，生擒二名……夺马二千九百八十五匹，救出本国被掳男、妇一千二百二十五名。初九日，提督率诸军入城，先酹阵亡将卒，身自痛苦，慰问孤寡。……是战也，南兵轻勇敢战，故得捷赖此辈，而天兵死伤者亦多，呼饥流血，相继于道。①

上述记载说明，明军再次攻打平壤之所以能够取得完胜，靠的是南兵的出色发挥："浙兵"赴汤蹈火、冲锋陷阵，抢先登上了城墙，拔掉倭军旗帜，把明军的战旗高高地插在了平壤城头，从而夺得头功；而统领"浙兵"的将领们更是表现抢眼："吴惟忠中丸伤胸，策战益力"，骆尚志被"贼投巨石撞伤其足"，仍然"冒而直上"。正是由于将领们冲锋在前、身负重伤不下火线，"浙兵"才能"鼓噪随之"，抢先攻上平壤城头。明军提督李如松麾下，不乏戚继光的部属及其亲自训练过的"浙兵"，或是驻守蓟镇的官兵。如"统领浙直调兵神机营左参将都指挥使骆尚志领步兵三千名"，"统领浙兵游击将军都指挥使吴惟忠领步兵三千名"，"统领南兵游击将军王必迪领步兵一千五百名"，"统领浙兵游击将军叶邦荣领马步兵一千五百名"，"统领山东秋班经略标下御倭防海游击将军钱世祯领马兵一千名"，"统领嘉湖苏松调兵游击将军戚金领步兵一千余名"，"统领保定、蓟镇调兵原任副总兵王维贞领马兵一千名"，"统领蓟镇遵化参将李芳春领马兵一千名"②，等等。"浙兵"，嘉靖御倭之前原指"浙江卫所兵"，后来逐渐成为"戚家军"的代名词。隆庆年间，在戚继光的建议下，抽调部分浙兵北戍蓟镇，这部分戍守蓟镇的浙兵亦被称为"南兵"。故而朝鲜史料中所谓的"南兵"事实上等同于"浙兵"。正如时任朝鲜领议政的柳成龙所说："胜平壤，皆是南兵之力也。所谓南兵者，乃浙江地方之兵也，其兵勇锐无比，不骑马，皆步斗，善用火箭、大炮、刀枪之技，皆胜于倭。头戴白帕巾，身以赤白青黄为衣，而皆作半臂，略与本国罗将之衣相近，真皆敢死之兵。而平壤胜敌后，论功等第，反下于北人。"③ 柳成龙也认为"胜平

① 《宣祖实录》卷三十四，二十六年一月十一日第十三条，《朝鲜王朝实录》(21)，第601页。
② 《宣祖实录》卷三十四，二十六年一月十一日第十五条，《朝鲜王朝实录》(21)，第602页。
③ 〔朝〕柳成龙：《西厓集》卷十《答金士纯书》，《韩国文集丛刊》(52)，1990年，第207页。

壤，皆是南兵之力"，因而还为"浙兵"事后叙功没有得到应有的奖赏而鸣不平。这里之所以提到山东的御倭明军，是因为戚继光曾任"都指挥佥事，备倭山东"，总督山东沿海的备倭事务，山东沿海御倭军队是他带领和训练出来的，后因山东倭乱基本平息，戚继光才被调任"浙江都司"。而之所以提到吴惟忠、骆尚志、戚金、王必迪等，是因为这些明军将领当年都是戚继光一手培养起来的得力干将，且都在平壤攻城战中立下了赫赫战功。吴惟忠、骆尚志、戚金、王必迪等人在抗倭援朝期间不仅以实际行动传承了戚继光的优良品质，而且还将戚继光的军事著作和军事思想传到了朝鲜半岛，为朝鲜王朝的军队改革与建设做出了重要贡献。这些浙兵将领在万历抗倭援朝中的具体表现将在下面辟专章论及，这里暂不展开。之所以提到保定、蓟镇的明军，是因为当时守卫蓟镇的军队也是当年戚继光统领和训练过的。戚继光奉命北上蓟州，因当地士兵"未娴山战、林战、谷战之道也，惟浙兵能之"，故上书朝廷请调浙兵三千人归自己统辖。"浙兵三千至，陈郊外。天大雨，自朝至日昃，植立不动。边军大骇，自是始知军令。""浙兵"严明的军纪，令敌人胆寒，"寇不敢犯蓟门"①。上述提到的这些与戚继光有关联的"浙兵"，大多接受过戚继光的训练。浙兵将领吴惟忠就曾对宣祖国王说："吾所领浙江、福建兵，当初戚总兵所练，而吾其门生也。"② 这说明，入朝参战的浙兵多是当年戚继光亲自训练出来的，而多数浙兵将领都曾是戚继光的部属，是戚继光言传身教带出来的浙兵骨干，这在后文会具体谈到。

　　除上述《宣祖实录》记载中提到的吴惟忠、骆尚志等浙兵将领在平壤攻城战中的突出表现外，戚继光当年的其他部属，如戚金、王必迪等也均有亮眼的表现。当时明朝经略朝鲜、蓟辽等处军务的宋应昌在《与中军都督杨元书》中就曾言及，"门下与戚将军等冒险先登，功居第一"③，认为戚金在平壤攻城战中冒着生命危险最先登上城头。戚金自己也曾说过："攻平壤时，吾从小西门先登。"④ 据《宣祖实录》记载："初八日早朝，提督焚香卜日，传食三军讫，与三营将领，分统各该军兵，环城外西、北面。游击将军吴惟忠、原任副总兵查大受攻牧丹峰，中军杨元、右协都督张世爵攻七星门，左协都督李如柏、参将李芳春攻普通门，副总兵祖承

① （清）张廷玉等撰：《明史》卷二百一十二《戚继光传》，北京：中华书局，2000 年，第 3742～3743 页。

② 《宣祖实录》卷八十九，三十年六月十四日第一条，《朝鲜王朝实录》(23)，第 245 页。

③ （明）宋应昌撰：《经略复国要编》卷六《与中军都督杨元书(初二日)》，杭州：浙江大学出版社，2020 年，第 170 页。

④ 〔朝〕郑琢：《药圃集》卷六《龙湾闻见录》，《韩国文集丛刊》(39)，1989 年，第 527 页。

训、游击骆尚志，与本国兵使李镒、防御使金应瑞等攻含球门。"① 可见，当时吴惟忠、骆尚志、戚金是各自率领浙兵从不同地方向平壤城发起进攻的。吴惟忠负责攻击盘踞在北部要塞牡丹峰上的倭军精锐，骆尚志负责进攻位于内城东南的"含球门"，而戚金则率部从"小西门"攻城。"小西门"指位于平壤内城北门七星门和西门普通门中间的景昌门。除此之外，柳成龙曾盛赞王必迪在平壤之战中"异绩尤著，表表在人耳目"②，战绩突出、十分抢眼。这都说明，在平壤攻城战中，浙兵将领们发扬了当年戚家军不畏生死、敢打敢拼的精神，为收复平壤做出了突出贡献。

参加平壤光复战中来自驻保定、蓟镇的明军，是戚继光于十余年前倾心打造的铁血之军，其中就有被戚继光带到北方的"南兵"；而"浙兵"入朝参战之时虽说距戚继光离开浙江已有二十多年，但他当年所训练和培养的"浙兵"骨干仍在军中，有的还成为独当一面的大将。如游击将军都指挥使吴惟忠、游击将军王必迪和叶邦荣就是当年戚继光在义乌招募的兵员，他们跟随戚继光转战南北、久经沙场，一步步成长起来，同时也把戚继光的练兵经验和军事思想传承下来。不得不说，"浙兵"之所以能够在平壤攻城战中夺取头功，是因为他们多年来深受戚继光言传身教的影响，血脉中已植入"戚家军"纪律严明、英勇善战的基因。

三、《纪效新书》传入朝鲜之始

明军前后两次平壤攻城战的迥异结局，引起了宣祖国王的极大关注。据《宣祖修正实录》记载：

> 初，平壤之复也，上诣谢都督李如松，问天兵前后胜败之异。都督曰："前来北方之将，恒习防胡战法，故战不利。今来所用，乃戚将军《纪效新书》，乃御倭之法，所以全胜也。"上请见戚书，都督秘之不出，上密令译官，购得于都督麾下人。上在海州，以示柳成龙曰："予观天下书多矣，此书实难晓。卿为我讲解，使可效法。"成龙与从事官李时发等讨论，又得儒生韩峤为郎，专掌质问于天将衙门。③

"天将"，指明军的将领。"海州"，今朝鲜黄海南道首府海州市。据上述记

---

① 《宣祖实录》卷三十八，二十六年一月十一日第十三条，《朝鲜王朝实录》(21)，第610页。
② 〔朝〕柳成龙：《西厓集》卷九《答王游击必迪书》，《韩国文集丛刊》(52)，1990年，第190页。
③ 《宣祖修正实录》卷二十八，二十七年二月一日第三条，《朝鲜王朝实录》(25)，第646页。

载可知，朝鲜宣祖国王向明军提督李如松叩问两次平壤攻城战"前后胜败之异"的原因所在，李如松认为，第二次平壤攻城战之所以能取得完胜，是因为运用了戚继光《纪效新书》中的"御倭之法"。这里所说的"御倭之法"主要指"浙兵"所擅长的火箭火炮、鸳鸯阵法与刀枪之技。戚家军旧部之所以还保持着如此强大的战斗力，是因为他们接受过以《纪效新书》为教材的严格训练，而《纪效新书》所载所言，均是关乎与倭寇作战的战术战法。李如松的回答，引起了宣祖国王及辅臣们对戚继光和《纪效新书》的极大兴趣，朝鲜王室开始构想并逐步实施引进《纪效新书》训练朝鲜军队等一系列重大举措。

上述记载还提到，听说《纪效新书》亦即"御倭之法"，宣祖国王当即表示欲观其美，但李如松却并未痛痛快快地拿出来。好奇心被勾起的宣祖自然不会轻易放弃，遂指示译官从李如松部下处秘密购买了一套，因看不太明白，便让柳成龙为其讲解，以便能效法运用。柳成龙为了透彻地理解《纪效新书》的内容，不仅与属下认真研讨，还安排汉学功底深厚的儒生韩峤专门负责向明军将领直接请教解疑。

《纪效新书》是嘉靖年间戚继光在浙闽沿海一带平倭期间练兵和治军经验的总结。他在《自序》中写道："数年间，予承乏浙东……于是乃集所练士卒条目，自选田野民丁，以至号令、战法、行营、武艺、守哨、水战，一一择其实用有效者，分别教练，先后次第之，各为一卷，以诲诸三军，俾习焉。顾苦于缮写之难也，爰授梓人。客为题曰：《纪效新书》。夫曰'纪效'，所以明非口耳空言；曰'新书'，所以明其出于法而不泥于法，合时措之宜也。"[①] 这就告诉我们，《纪效新书》出自实战而非纸上谈兵，讲究的是练兵的方法、实战的技法和排兵布阵的兵法，而又不拘泥于传统的技法与兵法。

万历朝鲜战争期间，朝鲜方面通过不同渠道得到了多种版本的《纪效新书》。除了前述从李如松部下处购买了一套之外，时任兵曹判书的李德馨还从戚继光的侄子、入朝参战的浙兵将领戚金处获赠过另一个版本的《纪效新书》。其实，这两种途径在时间上有先后，并不矛盾，戚继光的《纪效新书》有两个版本，即上面提到的十八卷本和十四卷本，宣祖国王密令译官从李如松手下购买的是十八卷本的《纪效新书》，而李德馨从戚金处获赠的则是十四卷本的《纪效新书》，这一点在本书第四章第三节"副总兵戚金"中有较为详细的论证，故此处不再赘述。

---

① （明）戚继光撰，范中义校释：《纪效新书·自叙》（十四卷本），北京：中华书局，2001年，第6～7页。

《纪效新书》原本为十八卷本，除卷首一卷外，正文十八卷，分别为：束伍篇第一，操令篇第二，阵令篇第三，谕兵篇第四，法禁篇第五，比校篇第六，行营篇第七，操练篇第八，出征篇第九，长兵篇第十，牌筅篇第十一，短兵篇第十二，射法篇第十三，拳经篇第十四，诸器篇第十五，旌旗篇第十六，守哨篇第十七，水兵篇第十八。十四卷本系戚继光于万历十二年（1584）在广东任总兵官时，"复取《纪效新书》雠校，梓于军中"①的，即戚继光五十七岁那年亲自校对、修改的版本。十四卷本卷前有明末著名文学家、史学家王世贞撰写的《戚将军〈纪效新书〉序》，正文部分则将戚继光本人在镇守蓟镇时撰写的《练兵实纪》的相关内容纳入其中。所以说，十四卷本的《纪效新书》包含着《练兵实纪》的核心内容，是在十八卷本和《练兵实纪》二书的基础上"雠校""删定"而成。② 十四卷本各卷篇目如下：束伍篇第一，耳目篇第二，手足篇第三，手足篇第四，手足篇马附第五，比校篇第六，营阵篇第七，行营篇第八，野营篇第九，实战篇第十，胆气篇第十一，舟师篇第十二，守哨篇第十三，练将篇第十四。

前面提到，万历二年出使明朝的质正官赵宪曾多次谏言朝鲜王室依照戚继光的治军思想来改造军队，但都被宣祖国王拒绝了，甚至还因此遭到罢官流放。然而，平壤大捷之后，宣祖却迫不及待地想得到戚继光的《纪效新书》，用其中的"御倭之法"来训练朝鲜军队。这不能不说是"浙兵"及其将领在平壤大捷中的表现深深地触动了朝鲜王室，使宣祖国王的态度有所转变：从对戚继光治军思想不屑一顾，到奉为圭臬，直至把《纪效新书》当作朝鲜军队建设的不二法宝。

另据《宣祖实录》记载："判中枢府事尹根寿，以经略远接使来自安州。上命引见。……根寿曰：'华人最誉戚继光矣。'上曰：'观其兵法，甚奇矣。'"③ 判中枢府事尹根寿，当时兼任明援军总指挥宋应昌的接伴官，他到安州（今朝鲜平安南道西北部的安州市）慰问明军后返回平壤，在向宣祖国王汇报时提到，中国人最崇敬戚继光。宣祖国王听后说，读了戚继光的兵法，感到确实很神奇。这说明，万历二十一年五月朝鲜国王已经对《纪效新书》有了较深的了解，并被其中奇妙的兵法理论深深折服。

---

① （明）戚祚国汇纂：《戚少保年谱耆编》卷十二《孝思词祝文》，北京：中华书局，2003年，第418页。

② 参见葛业文：《〈纪效新书〉十八卷本与十四卷本的相互关系》，《滨州学院学报》2014年第4期。

③ 《宣祖实录》卷三十八，二十六年五月二十七日第十条，《朝鲜王朝实录》(21)，第712页。

综上所述，可以得出这样的结论：万历二十年，入朝参战的明军把戚继光的《纪效新书》带到了朝鲜，明军提督李如松与游击将军戚金都随身携带着《纪效新书》，以便随时用以指导作战。宣祖国王命人从李如松手下处购得了《纪效新书》，戚金亦将携来的《纪效新书》赠予朝鲜兵曹判书李德馨。万历二十一年正月平壤大捷后，戚继光当年训练的浙兵和他当年的部属在平壤之战中冲锋在前、斩获头功，使得朝鲜王室充分认识到《纪效新书》对于指导朝鲜军队建设的作用和价值，也正式翻开了《纪效新书》作为朝鲜军队建设教科书的历史性一页。

四、邢玠推介《纪效新书》与《练兵实纪》

万历二十五年（1597）五月，明军第二次大规模入朝参战的总指挥是邢玠，由于当时朝鲜的军队也受明军调遣，实际上邢玠也是明鲜联军的总指挥。邢玠（1540～1613），字式如，山东青州府益都县（今青州市）人，明隆庆五年（1571）进士，历任山西布政使、左金都御史、大同巡抚、右都御史兼兵部左侍郎等职。万历二十五年三月，加尚书衔的邢玠以蓟辽总督经略朝鲜抗倭。

万历二十五年六月，倭军依仗十七万兵力的压倒优势，再次攻占了朝鲜多座城池，"倭数千艘泊釜山"。"七月，倭夺梁山、三浪，遂入庆州。"釜山与庆州均是朝鲜东南部的重要城镇和战略要地。八月，来势凶猛的倭军先后攻占南原、全州、公州，直逼王京。汉城屏障尽失，危在旦夕。城中百姓纷纷逃离，驻守汉城的备倭大将军总兵官麻贵也以"我兵单弱"，"请于（邢）玠，欲弃王京退守鸭绿江"，遭到邢玠断然拒绝。因为弃守朝鲜京都汉城，将明军撤回到鸭绿江边，等同于置朝鲜于死地而不顾，主动放弃朝鲜半岛。在此危急存亡的关键时刻，邢玠挺身进驻汉城，稳定了朝鲜民心，鼓舞了明鲜联军的斗志。正如《明史·朝鲜传》所言："玠既身赴王京，人心始定。"①

在邢玠的正确指挥下，朝鲜战场的形势发生了根本性转变，明鲜联军由被动防守转为主动进攻，倭军则由大肆进攻变为步步退缩，最后不得不退出朝鲜半岛。万历二十七年（1599）闰四月，邢玠率明军主力班师回国。由于邢玠在抗倭援朝中做出了重大贡献，因而在朝鲜半岛享有崇高的威望："朝鲜君臣焚香泣送，为邢玠建祠塑像，铸铜柱纪功釜山。"② 邢玠离开朝鲜之前，宣祖国王"以'再造藩邦'四字"，"书以赆之"。"再造藩

---

① （清）张廷玉等撰：《明史》卷三百二十《朝鲜传》，北京：中华书局，2000 年，第 5554～5555 页。

② 邢其典：《邢玠生平纪略·附录·邢玠大事年表》，济南：山东人民出版社，2009 年，第 215 页。

邦"虽只有四个字，但所蕴含的历史意义却十分深远。朝鲜大匡辅国崇禄大夫、中枢府判事郑琢（1526～1605）指出："此四字足以画天地之大恩，摹日月之至明，发扬雷霆之威，包含雨露之泽，其所以赞扬帝德，恪谨侯度之义，昭扬日星，辉映宇宙，巍乎大哉，蔑以加矣。"①

我们认为，虽说"再造藩邦"是宣祖国王为表达对大明朝廷在壬辰倭乱中拯救朝鲜的感恩之情而题写的，但也是赠送给抗倭援朝明军全体将士的。邢玠作为当时明军前线的总指挥，能代表全体抗倭援朝将士接受这份荣誉，足以证明其在朝鲜人民心目中的地位之高和影响之大。

邢玠统率大军胜利归国之时，朝鲜负责与邢玠联络的接伴使卢稷（1545～1618）向邢玠赠送《凯旋赠行诗文》，其中有"提封依旧三千里，社稷重新二百年"②诗句，盛赞邢玠帮助朝鲜驱逐日寇，使有二百年历史的朝鲜王朝得以保全和发展。万历朝鲜战争的硝烟飘散多年之后，明天启三年（1623），出使明朝的朝鲜奏闻使书状官李民宬（1570～1629）路经邢玠家乡山东青州时还赋诗："藩邦蒙再造，总督旧专征。文武推英略，勋庸保令名。"③称颂邢玠在朝鲜生死存亡的危急关头发挥了至关重要的作用。其文韬武略对朝鲜有"再造"之恩。天启六年（1626），出使明朝的朝鲜圣节兼陈奏使一行路过青州时，正使金尚宪（1570～1652）亦作诗称颂道："溢世勋名归屏树，报恩祠宇有传神。今朝海岱经过地，谁识三韩万感人。"④感慨邢玠的功勋及其影响已经深深植根于朝鲜人民心中，至今朝鲜人们还在怀念他、纪念他。

邢玠在万历二十五年冬，即率明军入朝参战的那一年冬天，为新刻印的《纪效新书》作序，是为《重刻纪效新书序》，内容如下：

> 《纪效新书》者，前大将军孟诸公所著也，后更推演为《练兵实纪》。余令檀时，适公镇蓟，犹及与公周旋，每从公行间，睹壁垒旗帜，无不曲中有法，退未尝不三叹，服公真有古名将风。其二书凿凿行之，非空言无事实者而会。是时，虏酋慑公军，新受款，十年之内靡敢以一矢相加遗，公缓带凭轼以观诸军之超距为戏，而无所见斩卤

① 〔朝〕郑琢：《药圃集》卷三《安东府摹刊御笔屏风后跋》，《韩国文集丛刊》（39），1989 年，第 481 页。

② 转引自刘凤鸣：《山东半岛与古代中韩关系》，北京：中华书局，2010 年，第 396 页。

③ 〔朝〕李民宬：《燕槎唱酬集·过邢军门玠第》，林基中编：《燕行录全集》第 14 册，韩国首尔：东国大学出版部，2001 年，第 243 页。

④ 〔朝〕金尚宪：《朝天录·过青州有怀邢尚书》，林基中编：《燕行录全集》第 13 册，韩国首尔：东国大学出版部，2001 年，第 295～296 页。

功。用是世之称戚将军者，皆盛推其功在南，而不知其功在北；皆言其善用南兵，而不知其妙在能以南法练北卒。今观《新书》，自"练伍"至"水兵"凡十八篇，皆行之闽者也。《实纪》自"练伍"以至"练将"，凡九卷，皆行之蓟者也。夫兵何常，善用者，市人可战，女人可吏，何有于南北？浙兵未始有名，浙兵之有名，自公帅闽始。北地未尝用南兵，三屯之参用南兵，亦自公帅蓟始。方倭之中闽也，拥万众摧坚城而据之，势张甚。诸将壁其旁者，相顾逡巡，莫敢击。公将卒仅数千赴之，佯止舍不进，诸将或请公疾击，公曰："徐之，我休士。"乃一夜发兵，复其城，倭大溃。诸军辟其旁者，咸惊为神兵。顾公所以得士力者，则不在战而在练也。迨后虏大入云中，破石州，西北日急，乃召公镇蓟。公上书言：虏阑入，数得志，弊在北兵不任战；兵不任战，弊在北将不练兵；将不练兵，弊在腴军以养外舍儿，徒务掩袭为功，而不讲于堂堂之阵。臣请以南兵为倡，简北人而日日讨以南法。当是时，南兵参伍，军容甚盛，冠于诸镇。虏谍知之，愈益慑不敢动。其后乃稽首请封，比外臣，固庄皇帝神灵威武所化哉，而公实奢之矣。

顾闽之功可迹而蓟之功不可迹，可迹者伐敌，不可迹者伐谋。用南以练南而南张，用南以练北而北劲；用练以战而战之功在一时，用练以不战而不战之功在百世。迄今闽粤浙直之间横海楼船之师雄于海上，渔阳上谷台堡之卒推为军锋，皆公之余烈也。藉令公而尚老廉颇之身，何忧倭虏？令继公者而不尽失穰苴之法，亦何忧倭虏？公虽没，公之规条虽湮废，而秉钺登坛者，苟按细柳之威仪，寻西宫之刁斗，收子仪之部曲，树光弼之旌旗，卤名王、馘大丑，而酹酒以吊公，公宁不许之哉！

余别公二十余年，而以属国之难，出督于兹土。巡行昔日从公周旋之地，低徊不能去。诸将士有及事公者，有不及事公者，咸思起公于九京。而余则谓能读公书，能用公法，公固在也。乃檄工为重梓二书，以授诸将士。余犹忆为令时，尝与公深言兵法，公亦壮余，掀髯为余论用兵要眇（"眇"，同"妙"），且笑曰："将兵者，余辈事。将将者，异日公等事。"今读公书，固不无山阳之感，亦不胜巨鹿之思矣。①

① 张德信、王熹合编：《戚继光研究资料粹编》（中），烟台：黄海数字出版社，2016年，第763～764页。

"孟诸公"，指戚继光，"孟诸"是戚继光的晚号。邢玠出生于1540年，而戚继光出生于1528年，邢玠比戚继光小十多岁。"令檀"，指邢玠任职檀州（今北京密云）县令。"镇蓟"，指隆庆二年（1568）至万历十年（1582）戚继光镇守蓟州这段时间。《新书》，指戚继光十八卷本的《纪效新书》，卷之一"束伍篇"，卷之十八"治水兵篇"。前面提到，十八卷本的《纪效新书》是戚继光在浙江、福建等地抗倭期间的练兵、实战经验总结，所以说"皆行之闽者也"。"闽"，本指福建，这里包括浙江、福建等地。《实纪》，指戚继光所撰《练兵实纪》，正文九卷，卷一"练伍法"，卷九"练将"。《练兵实纪》是戚继光镇守蓟州时练兵条令汇编和经验总结，所以说"皆行之蓟者也"。"外舍儿"，家丁。"山阳之感"，应是套用了成语"山阳闻笛"的意思，即怀念故友，表达了邢玠对老朋友戚继光的思念之情。"巨鹿"，秦代县名，在今邢台市平乡县，据《史记·项羽本纪》记载，项羽在这里大破秦军。邢玠在《纪效新书》序言最后注明自己的职务是"赐进士资政大夫，奉敕总督蓟辽保定等处军务兼理粮饷，经略御倭，兵部尚书兼都察院右副都御史"①，写序的时间是"万历丁酉仲冬朔日吉旦"，即万历二十五年十一月初一日，当时官拜兵部尚书，"经略御倭"，全权负责在朝鲜战场抵御倭军事宜。

上述摘取的第一段，邢玠先是交代了与戚继光交往的情况。邢玠在檀州任县令时，适逢戚继光镇守蓟州，常因公务与戚继光打交道，所以目睹了戚继光的治军之严，"壁垒旗帜，无不曲中有法"，非常敬佩戚继光，"服公真有古名将风"。邢玠还赞誉戚继光不仅"善用兵"，更善于"练兵"，不仅练出了闻名天下的"浙兵"，而且"其妙在以南法练北卒"，用练"浙兵"的方法训练北方军队，遂有了戚继光训练浙兵的十八卷本的《纪效新书》和训练北兵的九卷《练兵实纪》。

上述引文第三段，邢玠写道："以属国之难，出督于兹土。"说明邢玠为《纪效新书》作序时正好在朝鲜前线指挥作战。前文提到，邢玠在朝鲜半岛危急时刻进驻朝鲜都城汉城，重新部署抗敌战略，从而稳定了人心，扭转了战局。当时倭军正"乘胜长驱，进兵京畿"，行至稷山，明军"乘贼未及成列，纵突骑击之。贼披靡而走，死者甚多"②。稷山大捷，倭军遭到重创，王京之围随之得解，同时也扭转了明军第二次入朝参战初期的被动局面。"十一月，玠征兵大集，帝发帑金犒军，赐玠尚方剑。"③ 十一

① 张德信、王熹合编：《戚继光研究资料粹编》（中），烟台：黄海数字出版社，2016年，第764页。
② 《宣祖修正实录》卷三十一，三十年九月一日第二条，《朝鲜王朝实录》（25），第663页。
③ （清）张廷玉等撰：《明史》卷三百二十《朝鲜传》，北京：中华书局，2000年，第5555页。

月份，邢玠提议令从全国各地抽调的明军到达朝鲜，邢玠本人也得到了神宗皇帝的充分信任和大力支持。十二月，邢玠指挥明鲜联军对倭军发起战略性反击，经过一年的节节胜利，于第二年十一月将倭军赶出了朝鲜半岛，"诸倭扬帆尽归"①。

邢玠在序言中披露："重梓二书，以授诸将士。""二书"，指戚继光的《纪效新书》和《练兵实纪》。说明新刻印的《纪效新书》和《练兵实纪》是给在朝鲜一线作战的将领的。因为当时邢玠是明鲜联军的总指挥，因此自然也包括朝军将领。也就是说，新刻印的《纪效新书》和《练兵实纪》极有可能也分发到了朝军将领手中，这无疑推动了《纪效新书》和《练兵实纪》在朝鲜军队的传播。

邢玠在序言中还回忆了他与戚继光交往的一些片段：邢玠在担任檀州县令时，曾与戚继光面对面深入探讨过"兵法"；戚继光称赞邢玠不仅能像自己一样带好兵，而且将来还能担当更大的职责，带领和指挥更多的将领。邢玠感叹道："而余则谓能读公书，能用公法，公固在也。"虽说阔别将军有二十多年了，但是可以读将军的兵书，可以用将军的兵法，如同将军就在身边。后来邢玠指挥明鲜联军连胜倭军，并最终取得了抗倭援朝的胜利，离不开他对戚继光《纪效新书》《练兵实纪》"二书"和用兵之法的学习。邢玠与戚继光的交往以及戚继光对邢玠的高度评价，加之邢玠当时的身份和指挥明鲜联军在朝鲜战场上夺取决定性胜利所形成的崇高威望，无疑都对《纪效新书》和《练兵实纪》在朝鲜半岛的传播起到了极大的推动作用。

第二节　以《纪效新书》为依托推行军制改革

一、创设训练都监，打造新型的中央常备军

所谓"都监"，是朝鲜时代为应对突发的重大事件而临时设置的官衙，"有事则置，无事则罢"，存续时间可长可短，随具体情况而定。"都监"所置官员分为都提调、提调、都厅、郎厅、监造官、正使、副使、传教官等多个等级，其中"都提调"和"提调"一般由有司堂上或六曹判书等高官重臣兼任。朝鲜历史上曾设置过"山陵""迁陵""营造"等十多个各色

---

　　① （清）张廷玉等撰：《明史》卷三百二十《朝鲜传》，北京：中华书局，2000年，第5556页。

都监，其中"训练都监"于宣祖二十六年（1593）始置、高宗十九年（1882）废止，存续了近三百年，历史最为悠久。

1. 设置背景

朝鲜王朝前期主要通过派遣"通信使"，了解日本国内的政局动态，以便及时做出应对。后来随着日本进入混乱的战国时期，自 1443 年至 1590 年，在长达近一个半世纪的时期内，朝鲜以"一则畏风涛之险，一则虑海贼之患"①为由，中断了向日本派遣国使。这期间，只能从定居在朝鲜南部海岸几处倭馆的日本商人那里零星地获取一些似是而非的情报。

万历十八年（1590）三月，在对马岛第十八代岛主平义智假传秀吉之邀、再三胁迫威逼之下，朝鲜王朝派出了以黄允吉为上使、金诚一为副使、许筬为书状官的"通信使"。然而，滞留日本近一年，历经种种慢待与羞辱，九死一生返回朝鲜的两位通信使，却给出了截然相反的结论。属于"西人"一派的黄允吉断言日本必定来犯，而隶属"东人"的金诚一则坚称来犯之说为无稽之谈。而实际上，金诚一之所以故意与黄允吉唱反调，是因为他怨恨黄允吉在日期间多次迫于秀吉淫威而做出了有失国体的举动。②仅仅是出于党派利益和个人好恶，便置国家安危于不顾，朝鲜王朝的党争之烈已到了无以复加的地步。

其实，在通信使带回的日本国书里，丰臣秀吉的狼子野心已暴露无遗："不屑国家之远、山河之隔，欲一超直入大明国，欲易吾朝风俗于四百余州，施帝都政化于亿万斯年者，在方寸中。"③此外，就在日本大举入寇的前一年，长期定居釜山浦倭馆里的日本商人突然陆续撤回，到最后倭馆竟至空无一人。如此反常的举动，竟然未引起朝鲜方面足够的重视。

一方面，朝鲜王朝儒教传统深厚，存在文化优越感，瞧不起岛国日本。另一方面，过惯了安逸生活的朝鲜王室，自欺欺人地认为，有强大的明朝作为倚仗，日本不敢轻举妄动，所谓的"假道入明"不过是一种恐吓手段罢了。最后朝鲜王室竟以怕引起百姓不安为由，并未积极组织备战。事实证明，这样的误判是致命的。当倭军先锋部队从釜山登陆之时，釜山镇金节制使郑拨（1553～1592）正在绝影岛上率众狩猎取乐，得到急报后仓皇返城应战，很快便城陷身死。

---

① 《宣祖实录》卷二十三，二十二年十二月三日第二条，《朝鲜王朝实录》(21)，第 466 页。
② 参见《宣祖修正实录》卷二十五，二十四年三月一日第三条，《朝鲜王朝实录》(25)，第 601 页。
③ 《宣祖修正实录》卷二十五，二十四年三月一日第四条，《朝鲜王朝实录》(25)，第 601 页。

　　此外，朝鲜王室对日本国内局势变化缺乏敏锐的洞察力，特别是对日本的侵略野心缺乏应有的警惕和预见，甚至没有在第一时间将丰臣秀吉"假道入明"的企图通报明朝，以致明廷对朝鲜的"事大"之心产生了怀疑，纠结于是否该出手相救，迟迟下不了出兵的决心。

　　万历二十年十二月二十五日，李如松率军跨过了鸭绿江，救援朝鲜。见到翘首以盼的天朝救兵，宣祖国王那颗提到嗓子眼的心终于可以放下了。喘息之机正是反思之时。可思前想后，宣祖国王还是难以接受如此狼狈不堪的现实，就在李如松率大军向平壤进发之际，在与廷臣们议论如何收复平壤时，他禁不住提问："自古战争，势虽不敌，互有胜负，而今与倭奴，每战必败者，何也？"左议政尹斗寿答曰："倭奴则操练之兵，而我军则无纪律，所以每战辄败也。"礼曹判书尹根寿也附和道："我国平日不养兵，有急则驱市民而战之，何能御敌？"二人都把失败的原因归咎于军队缺少训练。而大司宪金应南（1546～1598）对此则持不同的看法："我国兵马，古称精强，若得良将，则岂如此乎？"他认为屡战屡败的原因主要是缺少良将。然而，金应南的说法立刻遭到了兵曹判书李恒福的反驳："虽有良将，亦未可仓卒而训练也。"① 其实，在十天前，当宣祖国王要求注意学习明军演练的阵法，而判尹李德馨援引观看过明军阵法的武官的话，称赞明军"围包、变阵等法"很是奇妙时，李恒福就曾指出："中原则兵农异制，兵卒则常习戎事，而我国则名付军案，而不素练习，故如是矣。"李恒福的此番话一针见血地指出了朝鲜军队"不素练习"的根源在于朝鲜的兵制，即长期以来的"兵农合一"军事制度。户曹判书李诚中（1539～1593）则认为："事定之后，当改定兵制。"② 柳成龙在《惩毖录》中所举一例，更是揭示了朝鲜军队平时缺少训练、战时无兵可用的尴尬局面。得知釜山城陷，"李镒欲率京中精兵三百名去，取兵曹选兵案视之，皆闾阎市井白徒胥吏，儒生居半，临时点阅，儒生具冠服、持试卷，吏戴平顶巾，自诉求免者，充满于庭，无可遣者。镒受命三日不发。不得已，令镒先行，使别将俞沃随后领去"③。偌大的京城，足足三天的时间，竟然连三百名堪用之兵都组织不起来。所谓的"京中精兵"竟是这番模样，同样是疏于训练的地方武装的战斗力就更可想而知了。

　　万历二十一年二月二日，宣祖就"练兵"和"备倭"之事对备边司下达指示："我国是无兵之国。其以各道入防军卒为之兵乎？以此而敌强倭，

---

① 《宣祖实录》卷三十四，二十六年一月五日第二条，《朝鲜王朝实录》(21)，第596页。
② 《宣祖实录》卷三十四，二十五年十二月二十三日第三条，《朝鲜王朝实录》(21)，第591页。
③ 〔朝〕柳成龙：《惩毖录》卷一，韩国数码藏书阁，http://jsg.aks.ac.kr，第11～12页。

是犹蚊蚋而敌鹰鹯。天将见顺安军，无不笑之云。今宜深思讲究，别立其制。"① 宣祖认为朝鲜是"无兵之国"，也就是说朝鲜当时所拥有的军事力量不足以称其为"军队"，因缺乏训练，故毫无战斗力，以朝鲜各道现有的防御力量来抵抗倭军侵攻，无异于螳臂当车，当务之急是经过深思熟虑的研判，确立新军制以打造新型战斗部队。如此看来，受到《纪效新书》中诸如"募兵制""束伍法"等军制的启发，宣祖国王此时已经有了"军制改革"的构想。

一方面，在第二次平壤攻城战中，明军将士奋不顾身的英勇表现和各式火炮的强大威力给宣祖国王留下了深刻的印象，尤其是训练有素的明军所表现出来的顽强战斗力与疏于训练、望风而逃的朝鲜军队所形成的鲜明对比，对其触动很大，使其逐渐萌生了改革军制、打造一支像"浙兵"那样所向无敌的精兵劲旅的想法。此后，在讨论军国大计时，廷臣们多次言及练兵的重要性，特别是提到戚继光当年在中国东南沿海一带通过练兵使军队由弱变强的事例，使宣祖国王对练兵强军的信心大增。万历二十一年二月二十日，时任平安道监司的李元翼就曾对宣祖说："三技兵，亦可学。浙江，以诗书文物为事，而不习武备，故累为倭寇所侵，嘉靖杀掠之后，武备一事，常常为习，故如是之能耳。"接伴使李德馨补充道："教士十年，横行天下。苟为习之，则何事不为之乎？"② 廷臣们的这些言论，促使宣祖愈发下定决心以"浙江兵法"练兵自强。

另一方面，明援军指挥部也多次呼吁朝鲜练兵强军。万历二十一年二月，明援军最高统帅宋应昌在给宣祖国王的回信中，就透彻地分析了明军撤离之后朝鲜将面临"自守图存"的严峻形势。宋应昌建议，为防备倭寇再次来犯，朝鲜必须"号召八道英雄，整练士卒"，努力做到"以文兼武，转弱为强，兵力有余，人心已奋"。③ 同年七月，提督李如松寄书宣祖国王，提出防守固本的六条建议："召募豪杰、整练军兵、修理器械、积聚粮草、把截险厄、摆拨哨探"④，亦将"招贤练兵"放在了首要位置。同年八月，在议和氛围渐浓、撤兵已成定局之际，宋应昌致函宣祖，再次敦促其练兵自强："亟行全罗、庆尚、京畿等道，令陪臣募选膂力精壮军人，以多为善，即使陪臣管辖，尽发副将刘铤、吴惟忠、骆尚志等营……令其所服衣甲与南兵同，所执器械与南兵同，令各营教师训练起伏、击刺之法

---

① 《宣祖实录》卷三十四，二十六年二月二日第三条，《朝鲜王朝实录》(21)，第 622 页。
② 《宣祖实录》卷三十五，二十六年二月二十日第二条，《朝鲜王朝实录》(21)，第 639 页。
③ 《宣祖实录》卷三十五，二十六年二月十七日第十六条，《朝鲜王朝实录》(22)，第 636 页。
④ 《宣祖实录》卷四十，二十六年七月十九日第五条，《朝鲜王朝实录》(22)，第 44 页。

与南兵同，不数月间，自与南兵无二。倭来则助我兵以与战守，由此渐渐增加，渐渐熟练。"① 如果说之前宋应昌只是泛泛地指出必须"整练士卒"的话，那么这一次他则给出了切实可行的实施操作方案：将募选出的朝鲜"精壮军人"投放到吴惟忠、骆尚志等浙兵将领的军营，与南兵（浙兵）共同训练。宋应昌为朝鲜练兵献计献策，可谓是诚心可鉴。而在朝鲜设立"训练都监"之前，他就提出了由熟悉《纪效新书》的浙兵将领帮助训练朝鲜军队的建议。宋应昌和李如松练兵自强的建议与宣祖的想法不谋而合，从而更加坚定了其成立"训练都监"的决心。

此外，身为赞画经略军务的刘黄裳曾指责朝鲜面对军队严重减员的困境却不实施招募。为此，宣祖国王要求备边司安排得力人员"尽心招募"，以缓解庆尚、全罗、忠清等南部诸道兵微将寡的局面。然而，备边司却感到非常棘手，认为在此山河破碎、国家财政难以为继的状况下，一般意义上的招募实难奏效："若召募，则当事变之初，终日购募，无一人来应者。况今兵乱已久，民困于战征，必无肯募者。且近来募兵、募粟等官，尝试者非一二，而以贻弊无益，乍作乍辍。"② 朝鲜备边司说的也是实情，要想打破这种局面，就不能墨守成规、因循守旧，必须拿出足够的勇气，进行体制改革，从根源上解决问题。《纪效新书》中戚继光所倡导的"募兵制"正是朝鲜王朝当时所需要的。从选兵到操练，从练兵到练将，从束伍到结营，从阵法到城防，有关练兵的诸多环节，《纪效新书》里应有尽有，简直就是一部练兵百科全书。在国家与民族处于生死攸关的历史时刻，宣祖国王毅然决然地设立"训练都监"，进而全面推行《纪效新书》所载军事体制，以提升军队的战斗力。

2. 设置时间

万历二十一年八月十九日，宣祖明确提出要成立"训练都监"："今日，贼势有万可虞。备边司自前处事弛缓，经贼二年，未尝练一兵、修一械，只望天兵，惟俟贼退，无乃不可乎？……予意，别设训练都监，差出可合人员，抄发丁壮，日日或习射，或放炮。凡百武艺，无不教训事，议处。"③ 战争爆发以来，朝鲜军队减员严重，战斗力丧失殆尽，而负责军国机务的备边司在练兵和军械制造等方面却毫无作为。鉴于此，宣祖提出设立"训练都监"，借鉴当年戚继光在中国东南沿海抗倭之法，招募优质

---

① （明）宋应昌撰：《经略复国要编》卷十《移朝鲜国王咨（初四日）》，杭州：浙江大学出版社，2020 年，第 292 页。
② 《宣祖实录》卷四十，二十六年七月二十六日第二条，《朝鲜王朝实录》(22)，第 52 页。
③ 《宣祖实录》卷四十一，二十六年八月十九日第五条，《朝鲜王朝实录》(22)，第 78 页。

兵员，教习新式武器，训习各种武艺。三天后，他还就训练都监的训练项目和训练方法提出了具体的指导意见：

> 以训练都监事目，传曰："练习火炮，固当为之，然火药未敷，不必偏习火炮，如骑射、步射，或踊跃击刺，或追逐超走，皆可为之，惟在教之者，诚心尽力；而习之者，日日不怠，时加赏格，以激劝之而已。昔戚继光之教士，其法非一，而囊沙悬于足，使之习走，渐加其重，以为常，故临战趫捷无比，即其一也。盖人性各有所长，训练士卒，宜多方以教之。且不必武士，如本官人，抄出丁壮数百，除其身役，教训试之如何？并斟酌施行。"①

宣祖指出，鉴于朝鲜火药严重不足，所以不能只偏重火炮，骑射步射、跳跃击刺、负重超走等技巧和体能方面的训练同样不可或缺，重要的是教授者要尽心尽力，而学习者则要持之以恒。他还举当年戚继光让士兵脚绑沙袋练习脚力一事为例，强调要因材施教，训练方式要灵活多样，同时还要建立奖励机制，按照事先确定的标准给予勤学苦练者以奖赏。此外，宣祖还提出在选兵方面不必拘泥于武士，可以从本地人中挑选出健壮者，免除其徭役。总之，从兵员的身份、数量，到训练内容与原则，再到奖励机制，宣祖都一一进行了指导，可谓是为"训练都监"量身定做了一整套模板。这再次说明，成立训练都监，是宣祖国王在认真学习和借鉴《纪效新书》的基础上，经过深思熟虑而提出的重大举措。此外，对戚继光用多种方法训练士兵之事信手拈来。可见，通过对《纪效新书》的学习和钻研，宣祖已对戚继光的练兵事迹和练兵思想有了较为全面而深刻的认识。

　　同年九月八日，宣祖国王就打破身份制禁锢及其他条条框框，不拘一格招募天下人才，抓住明援军尚滞留国内这一良机尽快组织练兵，并下达了具体指示："四方勇武精锐之士何限？而搜括无路，亦难以威驱之，徒付之悠悠。时事如此，不可守常。今宜下令勇力武艺之士，皆许自诣行在，仍试其才，即不待斩级，或除显职，或除禁军，或许通，或免赋，或免罪，或免役，各随其人之贵贱而施之，仍起送于军前，使之立功重赏，此即古者募兵之意。所谓才不必射矢，或以力，或以走，或以趫捷，或以超石，或以判勇，各随其能而试云耳。……操练一事，一刻为急。我国之技，不过控弦射矢而已。须及唐将在时，多抄年少可合之人，必学传精

锐,日日练习。若一朝撤还,追之无及,更难不举。此一事,似为视之悠悠,宜各别用意程督。"① 显而易见,宣祖国王此时对如何募兵、请何人教练,心中已有预案。总而言之,宣祖当机立断特设"训练都监",以及围绕练兵所作出的一系列指示,都是为了落实依照《纪效新书》组建新式军队并进行严格训练的,由此也改革朝鲜军队的积弊。

从上述记载看,"训练都监"似乎在万历二十一年八月就已经成立了,其实那只不过是宣祖对设立"训练都监"的一些构想而已。关于"训练都监"的成立时间,柳成龙在《训练都监》一文中是这样记叙的:"癸巳十月,车驾还都。……时命设都监练兵,以余为都提调。"②"还都",这里指宣祖国王时隔十六个月重返京都汉城。万历二十年四月三十日,宣祖弃京城北奔平壤,汉城遂被倭军占领。在取得平壤大捷之后,明援军乘胜南下进逼汉城,迫使倭军于万历二十一年四月十八日撤离。宣祖国王却迟迟不前,直到十月初一才回驾汉城。此外,《汉阴先生年谱》中对此亦有言及:"二十一年癸巳,公三十三岁,设训练都监。承命与西厓公,董领其事。上在肃川时,募兵教练卫扈帐前。还都(即十月初一日)后,命设训练都监。"③"公",这里指时任朝鲜兵曹判书、兼任训练都监有司堂上的李德馨。"西厓公",指柳成龙,万历二十年任兵曹判书,翌年升任领议政,死后谥号"文忠",故后人亦称其为"柳文忠成龙"。"肃川",当时的朝鲜都护府所在地。综合上述记载可知,"训练都监"是于万历二十一年十月宣祖回驾汉城后下令成立的,由领议政柳成龙兼任"训练都监"都提调。《宣祖实录》二十六年十月初六日第十一条,首次记录了以"训练都监提调"④ 名义上奏国王的奏文。据此可以推断出,最晚在十月初六日,"训练都监"业已正式成立。⑤ 因此,确切地说,"训练都监"成立于万历二十一年十月初。

3. 组织特点

基于宣祖及廷臣们对练兵重要性的认识而设立的训练都监,从它诞生的那一刻起就被赋予了特殊历史使命。据《宣祖修正实录》记载:

---

① 《宣祖实录》卷四十二,二十六年九月八日第五条,《朝鲜王朝实录》(22),第96页。
② 〔朝〕柳成龙:《西厓集》卷十六《训练都监》,《韩国文集丛刊》(52),1990年,第325页。
③ 〔朝〕李德馨:《汉阴文稿附录》卷一《汉阴先生年谱》,《韩国文集丛刊》(65),1991年,第427页。
④ 《宣祖实录》卷四十三,二十六年十月初六日第十一条,《朝鲜王朝实录》(22),第108页。
⑤ 关于训练都监成立的时间,不同的朝鲜史料所载有些出入。例如,《国朝宝鉴》载:"上还都,命设训练都监。"而《万机要览·军政篇2》"训练都监""设置沿革"条下载:"宣祖甲午,置。"

及上还都，命设训练都监，成龙为都提调，武宰臣赵儆为大将，兵曹判书李德馨为有司堂上，文臣辛庆晋、李弘胄为郎属，募饥民为兵，应者颇集，赵儆设法以限之，能举一巨石，能超越一丈墙者入格。饥民疲困，虽壮士不能举重奋身，或应募伺候，而死于门外，入格者十仅一二。旬日得数千人，教之戚氏三手练技之法，置把总、哨官，部分演习，实如戚制，数月而成军容。上亲临习阵，此后督监军，常宿卫扈从，国家赖之。①

"都提调"，朝鲜王朝时期在六曹衙门或军营设置的正一品官职。"有司堂上"，朝鲜王朝时期，主管宗亲府、备边司、耆老所等事务的堂上官。有关训练都监的由来和人员配置情况，申厚载（1636～1699）在其《兵政论》中记载得更加详细："丰原柳相公建策，聚子遗无食之民而廪给之，束以行伍，教以炮射，名之曰训练都监。都提调一员，大臣领之；粮饷提调一员，户曹判书兼之；军色提调一员，兵曹判书兼之；大将则专管练习，以武臣习兵者为之。"②"丰原柳相公"，即柳成龙，曾受封丰原府院君。训练都监成立初期，各级军官和随员配备情况如下：

训练都监掌教练长从京兵，大将一人，从二品；中军一人，正三品；从事官二人，正五品；把总，从六品；哨官，从九品。把总、哨官，随兵数定员。每兵百人一哨官，每五哨一把总。若兵逾数千以外，则把总之上，又置营将，秩以从三品，可也。书吏九人，皂隶三十人，小史六人。把总、哨官以下随从则以其伺候、轮立。把总每三人，哨官，每二人。旗牌官四人。③

在具体运营过程中，出于日常训练和管理的实际需要，训练都监的组织编制和人员配置越来越健全。由于上下一心、刻苦训练，成立不到半年，训练都监就取得了令人刮目相看的成绩。经宣祖提议，朝鲜兵曹牵头拟定了一份论赏名单。通过这份名单，再结合上引两段史料，不难看出，训练都监实际上由两大部门构成：一个是由训练大将赵儆领衔的训练部，包括中军吴应鼎、千总林仲樑、多位把总和数十位哨官；另一个是由有司堂上兵曹判书李德馨挂帅的军需部，包括一名都厅和五位郎厅。都厅相当

① 《宣祖修正实录》卷二十八，二十七年二月一日第三条，《朝鲜王朝实录》(25)，第 646 页。
② 〔朝〕申厚载：《葵亭集》卷七《兵政论》，《韩国文集丛刊(续)》(42)，2007 年，第 371 页。
③ 〔朝〕柳馨远：《磻溪随录》卷十五《职官之制·京官职》，韩国首尔：明文堂，1994 年，第 15 页。

于现在的秘书长，而郎厅则相当于各处室负责人。五位郎厅的具体分工如下：郎厅韩峤负责向明军教官请教《纪效新书》的难解之处；郎厅申睍担任杀手军色，全面负责杀手相关事宜；郎厅李自海任炮手军色，兼管鸟铳装饰与制造事宜；郎厅崔德峋的职责是监造枪刃；郎厅郑士荣则专管火药制造。

由上述所引可以看出，训练都监具有规格高、配置全、分工明确的特点。由领议政担任总顾问，兵曹判书主管全面工作，武宰臣主抓训练事务，户曹判书负责粮饷供应。此外，还有负责具体事务的各级官员。如此高规格的全套配置，充分显示出宣祖国王对训练都监的高度重视和殷切期望。

4. 双重性质

单从字面上看，"训练都监"好像就是专门负责军事训练的官厅衙门，实则不然。朝鲜当时有专门负责军事训练的机构——训练院，如果只是单纯地练兵，似乎没有必要新设机构。如果说，由于长期疏于训练所带来的弊端已是积重难返，朝鲜亟须打造一支有战斗力的新式队伍，设置训练都监是为了操练新兵，倒是有些道理。上引《宣祖修正实录》的记载中，"都监军"的提法值得注意，因为它明白无误地告诉我们训练都监所训对象是一支军队。如此说来，训练都监本身就是一座军营。

柳成龙《年谱》对柳成龙请设训练都监是这样记载的："十月，扈驾还都，请设训练都监。时兵燹之余，重以饥馑，盗贼蜂起。先生请设都监，练习军士，以卫京师。"[1] 作者认为，设立训练都监的目的在于应对当时经历战火之后"盗贼蜂起"的混乱局面，训练士兵以保卫京师。而《万机要览》的主编徐荣辅更是直截了当地指出，"都监实为辇下亲兵"[2]，认为"都监军"实际上是国王亲兵。总之，两者都将训练都监定性为"京都卫戍部队"，这倒与"都监军"的提法一脉相承。

笔者认为"京都卫戍部队"的定性较为片面，没有认识到宣祖国王设置训练都监的初心与深意所在。从其功能来看，训练都监确实担当了京城禁卫军的职责，负责保卫京城安全和扈从国王巡行，但除了这两大职责外，训练都监还有"外备征战"的功能。譬如，万历二十四年七月，李梦鹤在忠清道定山发动暴乱，数日之间，众至数千，连克鸿山、林川、定山、青阳等地。急报传来，王廷震动。危急时刻，训练都监大将赵儆主动请缨，率领所操京兵八百人前往镇压，行至振威县，得报叛军已被地方武

---

① 〔朝〕柳成龙：《西厓集·年谱》卷一，《韩国文集丛刊》(52)，1990年，第512页。

② 〔朝〕徐荣辅：《竹石馆遗集》册二《送人序》，《韩国文集丛刊》(269)，2001年，第364页。

装力量击溃，随后受命班师。① 万历二十五年五月，因得遇丰年，粮食短缺问题得到缓解，为数不多的"月粮"失去了原有的吸引力，都监军中市井出身之人多有逃亡。宣祖国王对此十分着急，严厉批评训练都监负责人柳成龙不积极选募充员："领相为体察及都监堂上，脱若有难，则当率都监军出征，何可缓也？"可见，除了担负着京城防守职责外，出师地方救急，甚至出征御敌，也是都监军不可推卸的责任。

其实，正如其名称所昭示的那样，训练都监的另一大功能便是练兵。训练都监自身的军兵自不必说，地方束伍军的操练也由训练都监总负责。训练都监不仅时常派遣优秀炮手或杀手指导地方练兵②，而且还负责解读《纪效新书》，并"删烦抄要，誊书下送"③，即摘取整理《纪效新书》的核心内容，誊写成书，下发到地方，以助地方训练军兵。此外，还负责对地方练兵进行督察。据《宣祖实录》二十七年五月十七日第一条记载："传曰：边应星率僧军，练习于龙津云。或遣郎厅，或堂上自往，试才论赏，一以有所劝，一以视其勤慢事，言于训练都监。"④ 在此之前，有黄海道僧军百余人，来到训练都监欲练习技艺，领议政柳成龙启请以边应星为京畿防御使，率领出屯龙津。⑤ 宣祖国王便命训练都监派遣大员前往"试才论赏"，一方面能起到劝励作用，另一方面也可对操练情况进行考评。

综上所述，我们认为，训练都监具有双重身份：一个是军事训练机构，另一个是中央直属"特种部队"。

二、设置束伍军，构建官兵一体的地方武装体系

当初具规模的都监军在明军教官的指导下依照《纪效新书》进行"三手"训练并取得一定成效时，领议政柳成龙开始着手整顿地方军队。

1. 恢复镇管制

万历二十二年三月末，柳成龙奏请恢复朝鲜初期曾施行的"镇管制"。

祖宗之制，八道各官，皆有镇管，谓之兵马节制使，立法本意，实非徒然。平时则镇管之邑为主镇，而检饬其属邑，一应操兵训练军

---

① 参见〔朝〕尹国馨：《甲辰漫录》，韩国古典翻译院，https://www.itkc.or.kr，第4～5页。

② 参见《宣祖实录》卷五十二，二十七年六月二十七日第三条，《朝鲜王朝实录》(22)，第304页。

③ 《宣祖实录》卷四十九，二十七年三月二十日第二条，《朝鲜王朝实录》(22)，第240页。

④ 《宣祖实录》卷五十一，二十七年五月十七日第一条，《朝鲜王朝实录》(22)，第271页。

⑤ 参见〔朝〕柳成龙：《西厓集》卷十六《杂著·训练都监》，《韩国文集丛刊》(52)，1990年，第325页。

伍之事，皆可治之；有事则镇管，又各率其所属之军，鳞次整齐，以听主将约束，操纵伸缩，惟将之为。且一镇管之军，虽或奔溃，而他镇管，各以大兵，次第坚守，或扼其前，或蹑其后，或挠其左右，贼虽乘胜，不敢容易冲突，其势然也。……惟当先责镇管、守令，使董率其所属之邑，检饬练兵、火炮、器械等事，如所属之邑，不能训练，所造器械，不能精利，则许令镇管，报监、兵使治罪，观其属邑能否，有效多少，并其镇管守令赏罚，而朝廷时遣使臣，历阅试才，又随其能否，而并责监、兵使，期以时月之间，各尽心力，皆成训练之兵。万一因此，而天心悔祸，人谋与能，生灵庶或可保，而国家亦不至于危亡矣。如圣意允可，则请下臣此说于各道监司，一体施行。①

柳成龙认为，镇管体制下，镇管平时可以"操兵训练"，战时可率其所属之军听主将约束，各镇之间形成掎角之势，敌人不敢轻易横冲直撞。因此，首先，责令镇管自查所属各邑"练兵、火炮、器械"等事项。其次，朝廷下派使臣，根据现场视察和试才情况，作出赏罚处置。这样的话，"各尽心力，皆成训练之兵"。最后，柳成龙请求宣祖下谕各道监司，一律施行镇管制。宣祖国王认为柳成龙所奏言之有理，表示"当依此施行"。

同年八月，在明军教官胡汝和的建议下，朝鲜备边司提出了以镇管为中心"聚粮募人"、操练军兵的计划。

若于各道镇管之官，定都会聚粮募人，各处加得数百丁壮，而操练不息，成就有效，则不但得为强兵而已。大抵今日啸聚为盗者，皆是穷民之丁壮者，迫于饥馁，无所聊赖，作屯诸处，劫掠是事。苟能招抚此辈，属于炮手，得以资生而教阅之，兼治屯田，以其耕耘之多少，量数分给，使为妻子之俸，官收其余，补用军资，则村民之饥饿者，亦将争赴。一边练兵，一边治农，年年如是，作之不已，则田野日垦，粮饷自足，盗贼渐息，饥民得所，其为利益，岂浅浅哉？②

备边司举三大利好，强烈建议各道镇管募兵操练：一是可得强兵；二是可以招抚"啸聚为盗者"；三是可开垦荒地，练兵、治农兼得。备边司的合理化建议自然得到了宣祖国王的认可和支持。

---

① 《宣祖实录》卷四十九，二十七年三月二十九日第一条，《朝鲜王朝实录》(22)，第243页。

② 《宣祖实录》卷五十四，二十七年八月三日第三条，《朝鲜王朝实录》(23)，第176页。

2. 地方束伍军建设试点

其实，早在万历二十二年二月，宣祖国王就曾传令政院，让其向备边司了解黄海道练兵情况，并说当初设立黄海兵使的目的就在于让其留镇练兵，如若赵仁得不能练兵，则当择能为练兵之人。备边司答复说，因无合适接替人选，只能"下书责励，以观其效"①。在如此高压态势下，黄海道兵使赵仁得不敢怠慢，加大了选拔精勇加以训练的力度，取得了一定的成效。然而，同年八月，赵仁得还是因"累承练兵之教，而了无所为之事"而被撤换。十月二十一日，备边司就黄海道军士训练方案启奏宣祖国王：

> 闻黄海前兵使赵仁得之言，在本道时，抄择精勇之兵，其数满于四千。此军则缓急可以足用，而其中炮手成才者，亦数百云。……欲其军卒之不为溃散，则其最所紧要处，唯在于《束伍》。《纪效新书》中，所论将家之事，其说多矣。然其精神，尽在于《束伍》一篇。今人徒知多聚军卒，则可以御贼，而不知有《束伍》分部之法，故参差紊乱，不成头绪。……黄海道四千精兵，虽果骁健，而若但以名数，依前纷杂，不为《束伍》，则临时亦不可用矣。……请别为下书，以前日赵仁得已抄精兵四千名，各以所在一处及邻近之军，分为队伍，一依《纪效新书》，使队长统一队，使旗总统三队，使哨将统三旗，平时依法操练，考其成才，分等启闻，其队长旗总已上，皆以可堪统众者差定，成册上送，旗队总以下军人，亦依《纪效新书》腰牌之规，令各自佩持，使相识别，而不相混乱，何如？且《纪效新书》《束伍篇付卷》，今已印出二件，为先下送，而《束伍解》一款，则臣等颇为翻译，务令易晓，并为誊书下送，使之依仿行之。此意监司处，请并下书。答曰："依启。"②

备边司认为，经赵仁得操练的包括数百名成才炮手在内的四千余名精勇之兵，即便果真强健有力，如果不依照《纪效新书》中记载的束伍法加以编伍，到时候还是派不上用场。因而启请国王下令让黄海道观察使完全依照《纪效新书》"队→旗→哨"的编制进行编伍，平时依《纪效新书》之法进行操练，根据考核成绩分等上奏。凡是队长以上的军官，全部选拔有领导才能的人担任，旗、队总以下军人，要依《纪效新书》腰牌之规，

① 《宣祖实录》卷四十八，二十七年二月十一日第五条，《朝鲜王朝实录》(22)，第221页。
② 《宣祖实录》卷五十六，二十七年十月二十一日第八条，《朝鲜王朝实录》(22)，第382页。

佩带不同形状和颜色的腰牌，以便识别。备边司所定黄海道军士训练方案，从编伍成队、操练考核，到选拔将官，再到旗哨管理，都是以《纪效新书》为依归的。为了便于黄海道进行实际操作，备边司打算先将两份已印制好的《束伍篇付卷》下送，等《束伍解》译好后再誊写下送。备边司的一系列操作，一方面反映出对地方练兵的重视，另一方面也说明了此时备边司已有了以《纪效新书》指导地方练兵的计划与安排。

平安道与中国辽东接壤，对朝鲜来说，本就有着十分重要的战略地位，战争爆发后，更是成了大明军队与物资进入朝鲜、两国使臣往来的必经之地。据《李元翼年谱》记载，万历二十年四月，倭兵大举入寇，李元翼临危受命，任平安道都巡察使，往督关西①兵马；五月，宣祖弃平壤向义州，李元翼受命留守平壤；六月，拜平安道监司兼巡察使。万历二十一年十月，车驾还都，命李元翼留后关西。宣祖安排李元翼督察平安道兵马，显然有为西走义州做准备之意图，可见宣祖对王室出身的李元翼是深信不疑的。而"为人清谨，到处有声誉"的李元翼果然没让宣祖失望，他善于"治民练兵"，于万历二十二年秋，"选于列邑，练兵万余人"②。

备边司注意到平安道练兵颇有成效，便上报国王建议全国推广："李元翼久在关西，凡练兵、屯田措置节目，已成头绪，而一道人心，亦皆便之。……近日平安道所为练兵、分部、定将、演习等规，及元翼在道之时，详记为一册，藏诸本道，俾令遵行，勿使湮废。又以一件，上送备边司，则本司更加参详，或知委于各道方面分阃之臣，以广练兵之规，亦为便益。"③ 备边司认为，平安道在练兵、屯田方面已摸索出一套成熟的经验，值得认真总结，以便在此基础上制定"练兵之规"，然后推而广之。其时，李元翼已擢升右议政，但因等候与继任者尹承吉交接工作，尚未动身赴京。因此，备边司提出趁李元翼尚在本道，让其整理出一份有关练兵、分部、定将、演习等的规章制度，上送备边司。

万历二十三年七月，明军练兵游击将军胡大受奉孙矿之命赴朝操练八道军兵，在前往汉城的路上，沿途考察了平安道各地练兵情况。宣祖国王在接见胡大受时，特向其询问平壤炮手、杀手操练成效。胡大受答曰："一日习阵，试以武艺，刀、枪诸技，颇有成材者。若及时教训，则足以御敌矣。""李布政（李元翼）至诚训卒，故士有兴起之心，而国有爪牙之

---

① 关西，代指平安道，因位于摩天岭以西而得名。
② 〔朝〕李元翼：《梧里集·续集附录》卷一，《韩国文集丛刊》(56)，1990年，第508～509页。
③ 《宣祖实录》卷六十四，二十八年六月二日第二条，《朝鲜王朝实录》(22)，第503页。

卫矣。"① 宣祖国王此举分明是想通过专业人士的评价获取准确信息。练兵参将胡大受对平壤练兵和李元翼本人的充分肯定，无疑会抬高李元翼在宣祖心中的地位，同时也从一个侧面印证了李元翼主政的平安道的练兵工作确实取得了不俗的效果。

3. 束伍军组织框架

由于"束伍军"与"都监军"一样，均属临时性应急措施，且各地设立的时间前后不一，因此关于地方束伍军的设立时间并没有明确的史料记载。即便如此，我们从《宣祖修正实录》二十七年十二月一日第一条的记载中还是可以找到一些端倪："遣教师于各道，训习三手技法（炮、射、砍法），置哨军。时京城设训练都监，募兵训练，而外方亦置哨军，或束伍军，毋论良民、公私贱人，选壮充额，束以戚书之制，教练三手，分遣御史试阅，自是军额颇增益矣。"② 据此，我们认为，朝鲜各地设立束伍军的时间不会晚于万历二十二年十二月，只不过当时各地的束伍军名称不一、编制与规模亦尚未统一罢了。

万历二十三年十月，领议政柳成龙兼任京畿、黄海、平安、咸镜都体察使，一向对"制胜方略"颇有微词的他，在十二月十八日下达给京畿道巡察使的公文《移京畿巡察使文》中附有《编伍事目》，就束伍军的编伍原则和方法进行了详尽的阐述：

> 古人以乡井比闾出军，今依此意，各邑先求地面有某某里，一里有某某村，一村有某某家，各以其面、其里，分其阔狭，定为哨官，使之各出旗队总，抄民练习，此乃提纲挈领之法也。后日或抄军不精，或脱漏丁壮，或练习不勤，则哨官旗队总当受其罪，不可推他。
>
> 分军之法，依《纪效新书》而稍加增损，一营统五司，司有把总，一司统五哨，哨有哨官，一哨统三旗，旗有旗总，一旗统三队，队有队总，一队并火兵十一人，此其大纲也。然其间又有活法，不可拘泥，今从各里各村居民，附近团结为队，人多则三旗之外，虽四旗五旗皆可，三队之外，虽四队、五队皆可，军少则一队虽不具十一人，只六人、七人皆可，不可移此以就彼，离近以附远。③

---

① 《宣祖实录》卷六十五，二十八年七月二十五日第一条，《朝鲜王朝实录》(22)，第539页。
② 《宣祖修正实录》卷二十八，二十七年十二月一日第一条，《朝鲜王朝实录》(25)，第653页。
③ 〔朝〕柳成龙：《惩毖录》卷十五《移京畿巡察使文(乙未十二月十八日)》，韩国数码藏书阁，http://jsg.aks.ac.kr，第18～19页。

《编伍事目》可谓是朝鲜地方束伍军规范化、标准化的标志。显而易见，束伍军与都监军一样，采用的也是《纪效新书》束伍法所规定的"队（队总）→旗（旗总）→哨（哨官）→司（把总）→营（营将）"的五级编制，一队十一人，三队为一旗，三旗为一哨，五哨为一司，五司为一营，一营约二千五百人。柳成龙强调指出，这只是个大纲，在实际操作中完全可以根据情况灵活处置：人员多的地方，四队、五队皆可，四旗、五旗也无妨；人员少的地方，一队六人、七人也行，但原则上不可"移此以就彼，离近以附远"。柳成龙所强调的"活法"，即《纪效新书·束伍篇》"明活法"中所提倡的灵活多变的编伍方式，在实际操作中得到了较好的应用。

4. 上、下四道束伍军组建情况

万历二十三年十月十九日，都体察使柳成龙在《移平安道巡察节度使文》（以下简称《移文》）中写道："各道镇管数不过四、五，而本道则有六镇管。平壤所属有七，宁边所属有四，安州所属有四，义州所属有二，成川所属有十，龟城所属有二。当初分属多寡之数，皆有深意，实非偶然。……近日本道军兵已经训练，炮手之技颇为可观，苟使主将先定谋策、静镇不摇，而策应得宜，则可无偾事之患。……道内军兵之数，各镇管所属及哨官、旗队总，并以成册上送，以凭后考。"①

当时朝鲜原则上每道设置五个镇营，但军兵数多的道可设六个，军兵数少的道可设三到四个。而平安道当时设有六个镇管，分别是平壤、宁边、安州、义州、成川和龟城，平安道的炮手训练已取得了显著成效。在《移文》中，柳成龙要求将各镇管统辖的军兵数以及哨官、旗总和队总姓名制成花名册上报，以便作为考核的依据。同月二十九日，柳成龙又给平安道节度使发送公文，再度要求火速成册上报："六镇管练兵之数，炮手几名，杀手几名，哨官、旗队总某某人，一边成册，星火上送，以凭后考。"② 在柳成龙的催促下，平安道按照要求，以镇为单位分别编成《镇管官兵编伍册》后，再将两个镇的《编伍册》合成一卷，共计三卷，于第二年五月上报。除此之外，在万历二十三年十月十九日的《移京畿、黄海道军务文》中，柳成龙也提出了类似的要求，而在万历二十四年七月四日

---

① 〔朝〕柳成龙：《惩毖录》卷十五《移平安道巡察节度使文》，韩国数码藏书阁，http://jsg.aks. ac.kr，第 8 页。

② 〔朝〕柳成龙：《惩毖录》卷十五《移平安道节度使文》，韩国数码藏书阁，http://jsg.aks.ac. kr，第 12 页。

的《移咸镜道监兵营文》① 中，因咸镜道提交的《练兵队伍册》没有记载营将、哨官、旗总的姓名，柳成龙要求按照样本重新"改书上送"。由此可以确信，在都体察使柳成龙的主导下，与平安道一样，京畿、黄海、咸镜三道同样完成了"束伍军花名册"的制作。

据《镇管官兵编伍册残卷》② 的《凡例》记载，《镇管官兵编伍册》原为十一卷，现仅存两卷，《镇管官兵编伍册残卷（一）》为安州和宁边两镇管的《编伍册》合集，而《镇管官兵编伍册残卷（二）》则是龟城和义州两镇管的《编伍册》合集。

如果按每卷含两个镇管来计算，那么京畿、黄海、平安、咸镜四道应有二十二（至少二十一）个镇管，亦即二十二个束伍军营。除了上述平安道六个镇管外，黄海道亦有六个镇管，分别是黄州、海州、丰川、长渊、瓮津、康翎③；而京畿道时有四个镇管，分别是水原、广州、杨州和长湍④；由此可以推知，咸镜道当有五到六个镇管。此外，下四道忠清、全罗、庆尚和江原，由于位居半岛南部，离日本更近，应该设有比上四道更多的镇管。《镇管官兵编伍册残卷（一）》内有"万历二十四年五月安州镇管官兵编伍册"和"万历二十四年五月宁边府镇管官兵编伍册"字样，说明万历二十四年（1596）五月，京畿、黄海、平安、咸镜四道以镇管体制为中心的束伍军已组建完毕，并建立了编制构成与官兵名字等一一登记在册的《编伍册》。由下表 1 可知，平安道下辖的四个镇管的规模不一，其中安州与义州为三司，宁边与龟城为两司。即便司数相同，镇管的总人数也有较大的差异。各镇管营将的出身各色各样，既有中央下派的，也有当地官员转职而来的。官职与品阶也参差不齐，例如，郡守的品阶为从四品，军资主簿为从六品，而守门将则是从六品至从九品不等。此外，宁边府、龟城、义州三镇管的炮、杀手之和略多于射手数，而安州镇管的却远少于射手数，这与以炮、杀手为主干的都监军是有一定差距的。这些都反映出束伍军设置初期随意性较大的特点。

---

① 〔朝〕柳成龙：《惩毖录》卷十六《移咸镜道监兵营文》，韩国数码藏书阁，http://jsg.aks.ac.kr，第 10 页。
② 〔日〕朝鲜总督府朝鲜史编修会：《朝鲜史料丛刊（第十）·镇管官兵编伍册残卷》，1936 年。
③ "姑以黄海道言，黄州、海州、丰川、长渊、瓮津、康翎镇军，合三百四十名，今方尽属于兵营。"《宣祖实录》卷四十七，二十七年一月三十日第二条，《朝鲜王朝实录》（22），第 213 页。
④ 〔朝〕柳成龙：《惩毖录》卷十五《移京畿、黄海道军务文（乙未十月十九日）》，韩国数码藏书阁，http://jsg.aks.ac.kr，第 3 页。

表1　平安道四镇管编制及人员数量① 　　　　（单位：人）

镇管名	营将姓名及原官职	把总	哨官	旗总	炮手、杀手	射手	其他人员	总人数
安州（右营）	崔浚军资主簿	3	13	30	492	570	138	1247
宁边府（左营）	吉安仁守门将	2	7	20	366	330	88	814
龟城（后营）	文允弘龟城出身	2	6	18	331	324	69	751
义州（后别营）	裴志郡守	3	9	28	484	382	132	1039

相比之下，由李元翼担任都体察使的忠清、全罗、庆尚、江原四道的束伍军组建工作则进展缓慢。忠清道是朝鲜京畿门户，境内有秋风岭和鸟岭两大可赖以阻挡倭军北上的天然屏障，因而其战略地位十分重要。万历二十年四月，都巡边使申砬（1546～1592，朝鲜王朝中期武臣），就是因弃防鸟岭而招致朝鲜八千主力全军覆灭、国王被迫弃京城西走。为了推进该道的束伍军建设事业，朝鲜王室不得不采取一些非常之举。万历二十三年四月，时任李元翼从事官的李时发（1569～1626，字养久，号碧梧，官至刑曹判书）被任命为忠清道御史，专门负责该道束伍军组建与练兵事务。前面提到，早在两年前，作为柳成龙从事官的李时发，就曾逐字逐句地研读过《纪效新书》，熟知其中的编伍之法。李时发在忠清道组建了三千名束伍军，按照《纪效新书》编伍法进行编队训练，取得了一定的成效，得到了领议政柳成龙的认可。同年十月，柳成龙先是在宣祖面前信心十足地表示："闻李时发练兵、分军等事，极为精详。京畿、忠清，次第举行，得将授之，不患无兵。"② 认为京畿、忠清两道若能依李时发练兵之法募兵训练，就不用担心无兵可用了。接着他又向京畿、黄海两道推广李时发的成功经验："一从训练都监分付施行，故其哨官、旗队之法历历分明，一览可见。"③ 在这里，柳成龙特别强调指出，李时发所组建的束伍军之所以能组织分明，正是得力于听从了训练都监的指导，亦即《纪效新书》的编伍原则与方法。然而，同属下三道的庆尚道与全罗道却尚不得

---

① 据《镇管官兵编伍册残卷》整理而成。

② 《宣祖实录》卷六十八，二十八年十月十七日第一条，《朝鲜王朝实录》（22），第578页。

③ 〔朝〕柳成龙：《惩毖录》卷十五《移京畿、黄海道军务文（乙未十月十九日）》，韩国数码藏书阁，http://jsg.aks.ac.kr，第4页。

要领，直到第二年的四月，束伍练兵还是成效不大。备边司也发现了问题，向宣祖做了汇报："近日下三道操练之军，稍成头绪者，只有御史李时发所练忠清道军数千名而已。"① 鉴于李时发在忠清道练兵成效显著，备边司还曾委其纠检全罗道练兵事宜。

　　5. 束伍军的功能与意义

　　束伍军作为朝鲜王朝地方武装主干力量，创设于 1594 年，废止于 1895 年，存续了整整三百年之久，具有深远的历史意义。首先，引入"浙江兵法"，实施以居住地为中心的组织训练与防御战略，消除了从前"番上"或"留防"所带来的各种弊端，最大限度地提高了地方军队的战斗力。其次，通过建立严格的束伍军制度，将一向被视为奴隶主私有物的"私贱"编入束伍军，在扩充兵源的同时，减轻了良民的兵役负担；通过收编当地各路"义兵"②，将其改编为束伍军，使之官军化，如此朝鲜王朝对地方的管控能力便得到了加强和提升。再次，随着兵役制向贱民开放，贱民的与良人平等意识被唤醒。通过加入束伍军，贱民得到了更多的身份上升的机会。③ 最后，束伍军的"哨、旗、队"作为前所未有的地方军组织长期驻屯地方，自然而然地担负起剿灭土匪、维持社会秩序的责任。因而，束伍军在平定地方叛乱、维护辖区治安稳定方面也发挥了积极作用。

　　但是不管怎么说，成立束伍军的初衷还是为了抗击倭军侵略。经过几年的编伍操练，地方束伍军形成了较强的战斗力，在"丁酉再乱"时期，即万历朝鲜战争的第二阶段，发挥了应有作用。万历二十四年十一月九日，倭军再次蠢蠢欲动之际，备边司提出调遣忠清道"束伍之兵"分防鸟岭等要塞的方案，得到了宣祖的赞同。

　　　　政院以备边司言启曰："贼势缓急，虽不可预料，若出于湖南，则其势差缓，出于直路，则其势急。往时因鸟岭失险，而大事苍黄。今不可不虑意外之患也。忠清束伍之兵，几六千，而李时发曾领左营，兵使李时言领右营。今李时发还为领军，使时发此兵，鸟岭、竹岭要害之处，分布设伏，传通消息，李时言住兵清州、秋风、赤岩之路，以拟遮截，如有紧报，则时发、时言，皆以立走，传通消息，大则直闻到京，小则传报于京畿两防御使，毋留一刻，亦须远远体探于

① 《宣祖实录》卷七十四，二十九年四月十日第九条，《朝鲜王朝实录》(22)，第 679 页。

② 义兵，指万历朝鲜战争期间，自发组织起来抵抗倭寇入侵的朝鲜各地民间组织。

③ 参见〔韩〕徐台源：《朝鲜后期地方军制研究》，韩国首尔：慧眼出版社，1999 年，第 50～51 页。

岭外二三息程途，预知贼兵去来。若贼势专向一处，而我军小，则合势据险，剿击贼兵，散出他路，则分兵把截，务在先知贼情，而我得先据险地，出其不意，截杀首尾，以取胜捷事，别遣宣传官，下谕于忠清道巡察使及李时言、李时发何如？"传曰："依启。李时发今才还任，缓不及事，甚可虑也。"①

据上引史料可知，忠清道束伍军近六千人，分为左、右两营，分别由御史李时发和兵使李时言统领。万历二十四年七月，因应对李梦鹤叛乱有功，李时发升任"掌乐正"②。后来宣祖认识到应该让李时发重回忠清道统领其所练之兵，这样才能尽其所长，于是便在政院启奏的前一天，在《备忘记》中给政院下达了如下指示："李时发操练忠清之兵，与士卒相熟。当初轻改其任，予意则本以为未稳。未审今可自领其军，使当一面否？"③这便是政院启奏中"今李时发还为领军"一句的由来。备边司心领神会，于是制定出一套分防要塞关隘的方案：李时发所统一营在鸟岭和竹岭要塞处设伏防守，李时言所统另一营则分驻清州、秋风岭等处以遮截沿此路进犯的倭军。一方面，远设侦探，及时掌握敌人动向，遇有紧急情况，视事态轻重缓急，或直接上报朝廷，或立马报给京畿防御使。另一方面，如果敌人集中火力来攻，则"合势据险"，加以讨伐；如果敌人分兵几路，朝方则"分兵把截"，重要的是要事先摸准敌情，抢先占据险要之地，然后"出其不意，截杀首尾"。宣祖国王认可了该方案，但同时又担心李时发刚刚返回原任，来不及措置相关事宜，后悔当初不该轻易将其派作他用。通过这件事我们不难看出，宣祖对忠清御史李时发及其所练束伍军是十分器重的。

万历二十五年八月，当汉城再度遭到倭军主力围攻而危在旦夕之时，柳成龙承命发京畿、黄海、平安、咸镜等道束伍军入卫京师。"时贼势日急，人心震恐，城中居民及各司典仆，溃散殆尽。于是征先生所管四路兵入卫，至者数万人，以京畿兵分守上下江滩，以黄海等道兵分守城堞，至于禁卫守直，天兵支供，亦皆赖此成样。初先生约束四道，草练军兵，部伍整齐，法令明肃，临变征发，莫敢后先，既至，亦无一人逃躲者。"④在国家生死存亡的危急关头，都体察使柳成龙倾力打造的京畿、黄海、平

① 《宣祖实录》卷八十二，二十九年十一月九日第二条，《朝鲜王朝实录》(23)，第101页。
② 掌乐正，朝鲜时代掌管音律事务的掌乐院最高行政长官，官阶正三品。
③ 《宣祖实录》卷八十二，二十九年十一月八日第一条，《朝鲜王朝实录》(23)，第100页。
④ 〔朝〕柳成龙：《西厓先生年谱》卷二，《韩国文集丛刊》(52)，第521页。

安、咸镜的束伍军派上了用场，数万束伍军不仅负责分守江滩和城堞，而且还承担了"禁卫守直"和"天兵支供"等任务。这些"临变征发"的束伍军人，展现出昂扬的精神风貌，未尝不是《纪效新书》束伍之法的成效。

三、脱胎换骨的军制改革

朝鲜王朝建国之初，开国功臣郑道传（1342～1398）总揽兵权。为应对国内外复杂的形势，他在整顿军制的同时，把着力点放在军事训练上，参考中国古代兵书，先后创作了《五行出阵奇图》（1392年）、《讲武图》（1392年）、《阵法》（1396年）等兵法著作，用于指导军事训练。1398年，朝鲜太祖李成桂第五子李芳远发动"第一次王子之乱"（戊寅靖社），铲除权臣郑道传，登上了王位（即朝鲜太宗），但在之后的很长一段时间里，在军制上仍沿用郑道传的《阵法》体制。后来，为了解决《阵法》体制所存在的军队指挥体系与实战组织指挥相脱节等根源性问题，大提学卞季良（1369～1430）在太宗授意下于1421年（此时已让位于世宗）编撰了新的阵法书——《阵图之法》。世宗十五年（1433），判中枢院事河敬复（1377～1438）等又受命对《阵图之法》加以补充完善，编辑而成《癸丑阵说》。世宗三十二年（1450），对兵法研究与兵器制作有着浓厚兴趣的文宗继位，他在《阵图之法》的基础上，亲自撰写了《五卫阵法》，内容包括分数、形名、结阵式、用兵、军令、章标、大阅仪注等，从而确立了体现中央集权战略的"五卫体制"。[①] 此后，直到万历朝鲜战争爆发，在长达一百四十年的时间里，朝鲜王朝一直遵照《五卫阵法》组建和训练军队。

然而，随着万历朝鲜战争的爆发，在与有备而来、兵多将广的倭军对阵的过程中，以弓矢为长技的朝鲜军队战斗力低下等弊端暴露无遗。应该说，造成朝鲜军队战斗力薄弱的原因是多方面的。朝鲜建国后一直奉行"事大外交"，在大明的庇护下歌舞升平二百年，没有经历大规模的战火，"重文轻武"的风气日盛，军队缺乏严格的训练，在军事素养、武器装备、战术战法等方面均落后于倭军。其实深究之下不难发现，朝鲜军队战斗力低下的根源还是在其军事体制上。比如说，"良人为兵"的兵役制度所引起的兵额日缩问题，"兵农合一"导致军人素质低下问题，"制胜方略"造成"将不知兵、兵不识将"的被动局面等。

---

① 参见〔韩〕国防部战史编纂委员会:《兵将说·阵法》中"著作介绍"部分,1983年。

在本国军队不堪一击的现实面前，朝鲜王室逐渐认识到兵制方面存在的诸多问题，户曹判书李诚中更是发出了"事定之后，当改定兵制"的呐喊。因为改革传统兵制本来就是一件很棘手的事情，况且是处于战争状态，更是显得无从下手，所以只能寄希望于"事定之后"了。

然而，"平壤大捷"却在不经意间为朝鲜军制改革带来了千载难逢的机遇。在宣祖国王看来，《纪效新书》所载各种军事制度正是适用于朝鲜现状的军制范本，特别是在既有的"五卫"早已丧失其功能的情况下，组建一支精兵强将的新型中央直属部队便成了当务之急。于是，万历二十一年十月还都后，宣祖旋即设立"训练都监"，让其完全按照《纪效新书》中的束伍法进行编伍与训练，从而拉开了朝鲜军制改革的序幕。此后，与中央军"训练都监"相对应，在地方上设置了"束伍军"。这一系列举措，打破了延续了二百年之久的传统军制，在军队编制、兵役制度、军事指挥系统、营阵操练等诸多方面都进行了相应的变革，对朝鲜王朝后期军队与国防建设产生了重大而深远的积极影响。无怪乎朝鲜后期文臣、官至京畿道观察使的徐滢修（1749～1824）在《兵学通后序》中坦言："我朝兵制，实本戚继光之《纪效新书》。"①

1. 武装力量体制改革

朝鲜开国后，将中央军由高丽时期的"二军六卫"改组为八卫。太祖二年（1393），创设"义兴三军府"，之后将其一分为二——"义兴亲军左卫"和"义兴亲军右卫"，连同之前的八卫，中央军达到了"十卫"。次年，又将"十卫"改称"十司"。太宗十八年（1418）八月，太宗将王位禅让给世宗。为了护卫太宗的安全，世宗将中央军增编为十二司。世宗四年（1422），太宗去世，中央军暂时还原为十司。世宗二十七年（1445），重新增编至十二司。文宗元年（1451），将十二司改编成"义兴司""忠佐司""忠武司""龙骧司""虎贲司"五司，目的是使中央军编制与自高丽朝以来所惯用的"五军""五阵""五卫"战斗编制相一致，以便更有效地组织实战化训练与演练。世祖三年（1457），为了与《五卫阵法》接轨，更是将中央军"五司"改称"五卫"②。与此同时，对之前的"军翼道"体制加以完善和改进，在地方上一律推行"镇管体制"，即各道兵马节度使和水军节度使所在之地为"主镇"，在内陆军事要地分设多处"巨镇"，

---

① 〔朝〕徐滢修：《明皋全集》卷七《兵学通后序》，《韩国文集丛刊》（261），2001年，第139页。
② 〔韩〕郭洛铉：《朝鲜前期习阵和军事训练》，《东洋古典研究》第35辑，2009年，第381～382页。

使其统领周边各郡县。① 然后，再将全国地方军事力量划归五卫：汉城中部和京畿、江原、忠清、黄海道的镇管军队隶属"义兴卫"，汉城东部和庆尚道的隶属"龙骧卫"，汉城西部和平安道的隶属"虎贲卫"，汉城南部和全罗道的隶属"忠佐卫"，汉城北部和咸镜道的隶属"忠武卫"。

表面上看，朝鲜的五卫军制与明朝"寓兵于农、守屯结合"，由五军都督府划片管辖的卫所制度十分相似，但两者还是有本质区别的。明代的卫所军是职业军人，且军户为世袭制，其军人身份几乎是永久不变的，即便是屯田军人，也要定期操练。而朝鲜的情况则是，"五卫之法，仿府兵之制，兵寓于农，更番迭休，间有城戍之役，亦许纳布雇丁。征布之法，权兴于此"②。也就是说，朝鲜的士兵与农民是合而为一的，除了轮番上京守卫王宫以及战时隶属地方武装参与战斗外，其余时间则在家为农。宣祖国王对明鲜两国之间军制的区别曾有过透彻的论述："我国自平时不知养兵。中原，五丁抽一，养之有素，故与农夫异，唯事战斗，而我国贫残，不能预养，无异农夫。虽抄十万，何以当倭乎？"③

训练都监以营为建制，其组织编制完全照搬了戚家军当年的营兵制。据《宣祖实录》二十六年十一月二十二日第四条记载："备边司启曰：'当初训练都监炮手教诲事，欲以李镒、赵儆，分掌左右营，使之教诲。一营则军数已备，赵儆时方教诲；一营则军数未备，而依昨日引见时下教，又令李镒，专掌骑射之事。'上从之。"④ 由此可知，训练都监照搬了十四卷本《纪效新书·编伍篇》中的编制，其最高级编制为"营"，实行的是"营兵制"。

万历二十二年三月二十五日，兵曹启曰："训练都监练习之军，鸟铳左、右司各一哨，杀手左、右司各二哨，以此合为一营。"⑤ 由此可知，训练都监是以杀手和炮手为主编队成军的。同年六月，在汉城的训练都监炮、杀手人数合计约为八百人⑥。七月，兵曹以"部将、守门将、内禁卫、兼司仆等，元数繁冗，杂乱无统"为由，启请依《法典》所定之数为

---

① 就庆尚道而言，主镇设在大丘，庆州为左部巨镇，晋州为右部巨镇，镇海为前部巨镇，尚州、安东为后部巨镇，而每个巨镇又下辖十个左右的小镇，如安东巨镇下辖宁海、青松、醴泉、荣川、丰基、顺兴、义城、盈德、奉化、真宝、军威、比安、礼安、英阳、龙宫十五个小镇。

② 〔朝〕徐荣辅：《万机要览·财用编三·均役》，韩国古典综合 DB，https://db.itkc.or.kr，第 115 页。

③ 《宣祖实录》卷四十一，二十六年八月十日第七条《朝鲜王朝实录》(22)，第 67 页。

④ 《宣祖实录》卷四十四，二十六年十一月二十二日第四条，《朝鲜王朝实录》(22)，第 129 页。

⑤ 《宣祖实录》卷四十九，二十七年三月二十五日第三条，《朝鲜王朝实录》(22)，第 242 页。

⑥ 参见《宣祖实录》卷五十二，二十七年六月二十七日第三条，《朝鲜王朝实录》(22)，第 304 页。

准，将多余人员"送于训练都监，练习炮射等技"。这样一来，训练都监的人数大为增加，为后来的分营创造了条件。

鉴于汉城当时除都监军以外只有数十名捕盗军士，"巡绰虚疏"①，备边司曾于同年十一月启请将都监军分为五营，以协防京城。训练都监接到命令后，制定了分营与操练方案：

> 训练都监启曰："备边司启请设立五营，都监军士若数多，则各占方位，可以分营，旗帜服色，亦当分类，以便练习，以壮军容，而今之见在炮手，则七哨内别哨二哨，已出屯于东、西郊，以为明年农作之计，其在城中者，只五哨，合杀手四哨、射手二哨，为十一哨。以此姑为分营，炮、杀手各一哨，在南大门内为前营，在宗学近处为后营；在东大门内为左营；在西小门内为右营，而炮手一哨、射手一哨，作为中营于南别宫近处。逐日各在其营，哨官专掌操练，而中日及习阵时，则别会于都监及西郊为当。但炮、杀手所役甚多，若令日日齐会于各营，昼夜不得休息，则不无厌苦之心。各营军士，昼则炮、杀手各一旗六十人，轮回练习于营中；夜则炮、杀手各一队二十人，相递直宿于营中，次次排日轮定，毋得参差紊乱，而自都监专掌检饬。"传曰："依启。"②

按照备边司的建议，都监军一分为五，分别在南大门内等关隘要地设营，按照方位组建成前、后、左、右、中五个军营，自此"五军营"闪亮登场，是为朝鲜王朝中央军"五营制"的前身。

训练都监起初主要担当防卫京城、扈从国王的职责，后来逐步成为核心御倭军事衙门，其职责也随之扩大到边境防备。例如，万历二十三年六七月间，为应对来自北方女真族的侵扰，训练都监在汉江西岸济川亭后麓设置了"别营"③。

训练都监虽是应急之作，但它的设立"开启了朝鲜军队职业化道路"④，标志着朝鲜王朝"中央常备军"正式登上历史舞台。与五卫体制下的"番上兵制"最大的不同是，都监军由国家发放军饷，常年担负防卫京城和扈从国王的任务，正常情况下，地方军无须轮番上京戍卫。

---

① 《宣祖实录》卷五十七，二十七年十一月十九日第二条，《朝鲜王朝实录》(22)，第403页。
② 《宣祖实录》卷五十七，二十七年十一月十九日第三条，《朝鲜王朝实录》(22)，第403页。
③ 《宣祖实录》卷六十四，二十八年六月二十九日第五条，《朝鲜王朝实录》(22)，第520页。
④ 孙卫国：《〈纪效新书〉与朝鲜王朝军制改革》，《南开学报》(哲学社会科学版)2018年第4期。

　　如前所述，与中央都监军相对应，地方上则设置束伍军，推行营兵制，以提高地方军队的防御能力。自万历二十四年正月起，训练都监完全替代五卫功能，无论是中央还是地方的军事训练，都由其负责实施，即通过派遣教官、印发训练教材等方式，指导地方束伍军实施炮、杀、射三手技训练。①

　　2. 军队组织编制改革

　　《五卫阵法》在"分数"条目下对军队各级编制作出了明确规定：

> 　　大将有五卫，每卫各有五部，每部各有四统（共一百统。骑兵二统，一为战，一为驻。步兵二统，一为战，一为驻。兵少而一统人数虽不满队，四统之名不可缺。兵多而一统人数虽过队旅，四统之名不可加。五人为伍，二十五人为队，一百二十五人为旅。若欲使中卫之兵多于各卫，中部之兵多于各部，皆在一时将略。或骑兵多则骑统人数多，步兵多则步统人数多，不必均一。兵不可执一，卫部统实无定数，不可缺，不可加者，据战驻大法而言耳），每卫各有游军五领（大概以正军十分之三为游军。假如正军七千，则游军为三千。若以一队为统，则五卫之兵共二千五百人，而辎重仆从百执事之数不与焉，其游军则一千七十一，每卫二百一十四人，每领四十二、三人。若以一旅为统，则五卫之兵共一万二千五百人，其游军则五千三百五十六人，每卫一千七十一，每领二百一十四、五人。假令一队为统，则五卫之兵正、游军共三千五百七十一人，以三乘之，得一万七百十三，以十分之，得一千七十一人，为游军，反减正游军共数得二千五百人，为正军。余例同）。大将令卫将，卫将令部将，部将令统将，统将令旅帅，旅帅令队正，队正令伍长，伍长令其卒。②

五卫体制下的朝鲜军队编制共分六级，然而这六级并不是简单的垂直排列，而是分属高、低两大段（笔者划分）：高段由"统→部→卫"构成，一卫辖五个部，一部辖四个统，全军共五个卫，亦即一百个统；而低段则由"伍→队→旅"构成，一伍为伍人，一队有五个伍，为二十五人，一旅有五个队，为一百二十五人。低段三级的人数是固定不变的，而高段三级的人数则不定，原因是高低段之间有两种接合方式：一种是以一旅为一统，而另一种则是以一队为一统。如果以一旅为一统，那么全军就是一万

---

　　① 参见〔韩〕车文燮：《朝鲜时代军制研究》，韩国首尔：檀国大学校出版部，1977 年，第 165 页。
　　② 〔韩〕国防部战史编纂委员会：《兵将说·阵法·分数》，1983 年，第 344～345 页。

两千五百人；如果以一队为一统，那么全军则是两千五百人。按照韩国学者卢永九的说法，这种弹性编制方式，是同时考虑为应对国家层面战争而动员全国兵力组建大规模部队和为应对局部纷争而组建小规模部队两种情况而作出的安排。[①]

此外，每部四统里面，骑兵、步兵各为两统。虽然每统人数随着实际情况的变化而有所不同，但是据此可以作出推断：万历朝鲜战争爆发之前，朝鲜王朝陆军是以弓矢武装起来的、步骑参半独立编队的"步骑混合军团"。

然而，万历朝鲜战争爆发后，不管是新设立的训练都监还是束伍军，一律采用《纪效新书》所规定的"队→旗→哨→司→营"编制，将重点放在分数束伍上，从基于"多聚军卒则可以御贼"的大部队编制转变为"责任分明、哨队有伦"的部分演习的小部队编制。[②] 朝鲜正祖朝实学家丁若镛（1762～1836）在其《与犹堂全书》中，详细地记载了训练都监各级编制及其人员数量："旗队分署之法，凡十人为一队，三队为一旗，三旗为一哨，五哨为一司，五司为一营，五营为一军。虽哨司以上，随时变通，而其大数则本然也。凡一队并计队长、火兵则十二人也。则一旗三十六人，一哨一百八人，加旗总三人，则一百十一人也。于是五哨一司，为五百五十五人。五司一营，为二千七百七十五人。"[③] 由此可见，都监军编伍从各级名称到编制完全照搬了《纪效新书》束伍篇的规制，即百人为"哨"、五百人为"司"、三千人为"营"，这也正是当年戚家军的编制。

当然，上述记载是训练都监的正规编制。而训练都监设立之初的临时编制为"马军二哨，步军二十五哨"[④]。这里值得特别注意的是步军与马军的构成比，步军多达二十五哨，而马军只有二哨，说明都监军采用的是以炮手和杀手为主干的步兵体制，这与万历朝鲜战争爆发前步骑参半的"步骑混合军团"是大相径庭的。

3. 兵役制度改革

朝鲜传统的军制规定，只有良民才可入军籍，公私贱人是没有资格当兵的。据《宣祖修正实录》记载："本朝六军之法，只抄良民着籍，给保

---

① 参见〔韩〕卢永九：《朝鲜后期兵书和战法研究》，首尔大学博士学位论文，2002年，第16页。

② 参见〔韩〕车文燮：《朝鲜时代军制研究》，韩国首尔：檀国大学出版部，1977年，第160～161页。

③ 〔朝〕丁若镛：《与犹堂全书》第五集《政法集·都统营》，《韩国文集丛刊》（285），2002年，第29页。

④ 〔朝〕徐荣辅：《万机要览·军政编二·训练都监·军总》，韩国古典综合DB，https://db.itkc.or.kr，第66页。

三人，试艺而授军职。其技则弓矢，其阵法则用世祖大王所定阵书法。兵农不分，无事则上番京师，有事则属镇管，出征而已。然而贱人从母之法久行，良民日缩，军额大耗。至是，尽用公、私贱人入束伍。"① 如果用一句话来概括朝鲜王朝前期的兵役制度的话，那便是"良人皆兵、兵农一致"。

在探讨朝鲜兵役制度之前，有必要先了解一下朝鲜时代的身份制度。朝鲜王朝以朱子学为核心理念，制定了严格的身份制度。国民被分为"良人"和"贱人"两大类，其中"良人"又细分为"两班""中人"和"常民"。"两班"本是朝中"文武两班"的简称，后来演变成统治阶级的代名词；"中人"是两班与良妾所生的子女以及科举及第的常民或贱民；"常民"主要是农民，还包括少量的商人和手工业者；处于社会底层的是"贱人"，包括奴婢（官奴和私奴）、白丁、民间艺人、巫婆、娼妓等。朝鲜王朝的兵役制度规定：凡是具有良人身份的、十六岁到六十岁的男子，均有服兵役的义务。当然，正在学堂读书的学生、为国家做事的官吏以及为国家提供必需品的商人或手工业者可以免除兵役。

良人入军籍的制度本是可行的，可后来随着良人数量日益减少，确保军队员额遇到了挑战。《宣祖修正实录》将良人数量的减少归因于"贱人从母之法"，只是看到了问题的表象，而忽略了问题的实质。其实，造成朝鲜军队日朘月减的罪魁祸首是令人苦不堪言的军役制度。一旦入了军籍，要么作为"番上正兵"，以两个月为周期，八班倒轮番上京值守，要么作为县邑地方军成员，以一个月为周期，四班倒轮番在地方上服役。不管是上京值守还是在地方服役，都要自备铠甲、武器和粮食；轮番值守和地方服役期满，还要服其他各种杂役。而若逃避兵役和徭役，那么亲族和乡邻则要受到连坐。朝鲜历史上就曾出现过为免受株连而整个村子逃亡一空的事件。对此，赵宪曾一针见血地指出："及乎我朝，军役最苦，民不堪支。有子者不许山僧，则娶贱婢为妻；有女者嫁贱奴而受直，冀免一边一族之费。况如内需之奴，则国家特完其户，穷民之残破者，尤争投属。"② 朝鲜王朝的军役太重，压得老百姓喘不过气来。所以生了儿子，如果不允许进山为僧，就让其娶贱婢为妻，这样孙辈即可为"贱人"，就不用服兵役了；有女儿的人家则将女儿嫁给贱奴，既能得到钱财补偿，还不会因女婿逃避军役而受牵连。如果有幸做了"内需司"（管理王室财政的官衙）的奴婢，那么一家人还会受到国家的特别保护，因而穷困潦倒者

---

① 《宣祖修正实录》卷二十八，二十七年十二月一日第一条，《朝鲜王朝实录》(25)，第 653 页。
② 〔朝〕赵宪：《重峰集》卷四《拟上十六条疏》，《韩国文集丛刊》(54)，第 215 页。

更是人人争当"内需司"的奴婢。为了免受军役之苦，朝鲜王朝竟出现了争着抢着当贱奴的怪现象。

由于入军籍当兵需要承受超乎想象的痛苦，于是两班贵族及家道较为殷实的良人家子弟，便通过纳布等手段雇人代服或免除兵役，具体又分为"收布代立"和"放军收布"两种情况。所谓"收布代立"，指的是本该分番赴京守卫的"赴京正军"，为免受上京值守之辛劳，而出布雇用京城无业游民替代。主管部门官员坐收"代立价"而借此渔利，而兵曹也因担心管控过严会招致百姓怨恨而睁一只眼闭一只眼。于是乎，"收布代立"逐渐由隐而显、由暗而明，后来竟演变成一种得到政府默认的制度——代立制。起初，找人代己立番一般是每月给代立者一匹麻布或九斗米，后来，因"代立价"千差万别，朝廷竟出面将"代立价"统一定为"一人一个月九斗"①。而所谓"放军收布"，指的是本该防守地方的"留防正兵"，向所属镇、营指挥官交纳一定数量的麻布，以获免"立番"义务。十五世纪末，随着"收布代立"和"放军收布"得到政府默认而逐渐公开化，"良人义务制"受到巨大冲击，进而导致朝鲜王朝兵员素质每况愈下、军事力量日益减弱。

为了彻底改变这种状况，宣祖国王提出："予意庶孽许通，公私贱为良，则常人皆习武矣；试于生进，则两班皆习武矣。假使秀吉死，日本乃我国，与天地无穷之仇，此时岂可更拘前规乎？"②宣祖认为大敌当前，不可墨守成规，如果打破嫡庶壁垒、使公私贱人皆为良人的话，那么常人都将舞刀弄枪；如果在选拔生员、进士时加试武艺科目，那么两班贵族也都将乐于习武。另据《宣祖修正实录》二十七年十二月一日第一条记载：

> 遣教士于各道，训习三手技法（炮、射、砍法），置哨军。时，京城设训练都监，募兵训练，而外方亦置哨军，或束伍军，毋论良民、公、私贱人，选壮充额，束以戚书之制，教练三手，分遣御史试阅，自是军额颇增益矣。……京军则自官廪养，兵农已分；外军则既有本役，又入束伍，无给保，无廪食，被抄者怨苦，逃亡相继，为州县之弊矣。③

① 〔韩〕赵桢基：《西厓柳成龙的军政思想（上）》，西厓柳成龙先生逝世四百周年追慕事业准备委员会：《西厓柳成龙先生相关资料集》，2006年，第33页。
② 《宣祖实录》卷四十三，二十六年十月二十二日第一条，《朝鲜王朝实录》（22），第112页。
③ 《宣祖修正实录》卷二十八，二十七年十二月一日第一条，《朝鲜王朝实录》（25），第653页。

"公贱"，即"官奴"，指没入官府的奴仆。"私贱"，私家奴仆，指两班贵族家里的奴仆，为私人财产。上述记载说明，朝鲜的兵役制度改革是分两步走的，先是在京都汉城设训练都监，招募"丁壮勇锐"进行训练，组建朝鲜历史上前所未有的"兵农相分"的职业军队，由国家发放"料米"作为军饷。接着，在地方上设置"哨军"或"束伍军"，同样不分良民与公私贱人，一律按照《纪效新书》的办法，招募身强力壮之人以充军额，然后依《束伍篇》进行编队，教习三手技艺。由于在募兵、选兵上彻底打破了身份桎梏，朝鲜军队数量随之大增。

"募饥民为兵"打破了从前"良民从军"的传统。因遭受倭军残暴杀戮，朝鲜军队数量锐减，急需补充大量兵员以增强兵力，而在兵荒马乱之时，个体的身份难以确认，"良民从军"制度对扩充军队员额形成了阻碍。而更为重要的是，朝鲜王室此时已认准了《纪效新书》中的募兵制，希望通过采取打破身份限制等非常手段，招募身强力壮的军人，按照《纪效新书》的要求和规格严加训练，打造一支像"戚家军"那样所向披靡的精锐之师。总而言之，引进"募兵制"，意味着"职业军人"和"常备军"开始登上朝鲜的历史舞台。

"募饥民为兵"虽说是特定条件下的救急之策，但是真要改革延续了二百年之久的"良民从军"兵役制度、打破千百年来建立起来的身份制度，还是需要相当的勇气的，因为这不仅难辞不遵祖制之嫌，而且更重要的是损害到了特权阶层的利益。事实上，本次兵役制度改革也确实遇到了巨大的阻力与挑战。以炮手为核心的都监军兵员成分十分复杂，上有儒生、闲良、庶孽，下有公私贱人、僧侣及儿童，甚至还包括拥有各种特技的"降倭"（投降的日本人），但占大多数的还是良人和公私贱人。"私贱"大多是个人的私有财产，其主人的名字登记在册，如果表现突出被免贱，那么他的主人便可获得破格提拔的机会，或者得到免除赋税、杂役等优惠待遇，以此作为对征用个人私有财产的一种补偿。即便如此，当柳成龙提出"勿论公贱私贱，尽括为兵，然后可为也"时，宣祖国王还是担心日本撤军之后，如果"私贱"的主人找上门来要人，只怕是训练都监的号令也行不通。因为在其固有观念里，"既有奴主之分，其上典好为处置"①，意思是说既然已形成了奴仆和主人的关系，那么就应该遵守既定名分，好生对待私奴主。由此可见，宣祖国王作为统治集团的代表，其骨子里还是认可传统的身份制度。这也从另一个角度说明，朝鲜王朝本次"纳贱人为

---

① 《宣祖实录》卷四十八，二十七年二月二十七日第一条，《朝鲜王朝实录》(22)，第229页。

兵"的军役改革实属不易。

4. 军事指挥体制改革

朝鲜建国之初，为了加强中央集权，特设"义兴三军府"掌管兵权，两年后又作出了"罢私兵"①的决定。"私兵"，本指私人拥有的士兵，而这里所说的"私兵"实际上指的是"私兵制"。一般意义上的"私兵制"，是指由个人或者家族自主招募、训练、指挥的军事制度。而此处所言"私兵制"，是指为将者与手下士兵长期处于一种较为固定关系的军事制度。正如戚家军那样，虽然是由戚继光一手训练打造、亲自统率的，但却不为戚继光个人所有，而是明朝廷的军队。为了阐明万历朝鲜战争前后朝鲜王朝的中央军制变化，韩国学者金钟洙在《壬辰倭乱前后中央军制的变化》一文中，创制了一个与上述"私兵制"相对应的概念——公兵制，用来指称将领与士兵之间没有稳定的隶属关系、将领经常被调换的军事制度。②

新政权建立后，多推行"公兵制"，目的在于防范将领拥兵自重，对现行政权构成威胁。如前所述，朝鲜王朝前期中央实行"五卫制"，而地方实行"镇管制"，从而构建了全国国防力量一体化框架下的区域中心防御体系。然而，"乙卯倭乱"③之后，镇管制被所谓的"制胜方略"所替代，直到万历朝鲜战争爆发。其实，早在战争爆发前一年，时任左议政兼吏曹判书的柳成龙就上书《请修祖宗镇管之法》，犀利地指出作为"制胜方略"核心内容的"分军之法"的问题所在：

> 往在乙卯变后，始改为分军法，散属各邑于巡边使、防御使、助防将、都元帅及兵水使，名曰制胜方略。于是镇管之名虽存，而其实不相维系，一有警急，必将远近俱动，使无将之军，先聚原野，将不时至而贼锋已逼，则军心惊惧，此必溃之道也。大众既溃，难可复合，此时将帅虽至，谁与为战？不如更修祖宗镇管之制，平时易于训练，有事得以调集，且使前后相应，内外相倚，不至土崩瓦解，于事为便。④

柳成龙认为，镇管体制下，各道军兵分属镇管，遇有外侵等紧急情况

---

① 《定宗实录》卷四，二年四月六日第九条，《朝鲜王朝实录》(1)，第 169 页。

② 参见〔韩〕金钟洙：《壬辰倭乱前后中央军制的变化》，壬辰倭乱精神文化宣扬会：《壬辰倭乱研究丛书(3)》，韩国安东：岭南社，2013 年，第 277 页。

③ 朝鲜明宗十年(1555)五月十一日，七十余艘倭船入侵全罗道南部的灵岩、康津、珍岛和济州岛的历史事件，以此为契机，朝鲜备边司成了常设机构。

④ 〔朝〕柳成龙：《西厓集·年谱》卷一，《韩国文集丛刊》(52)，1990 年，第 504 页。

和重大事件，巨镇守令统领属邑之兵，听从主将号令。然而在制胜方略体制下，将原属镇管的各邑军兵分属于巡边使、防御使、助防将、都元帅及兵水使，遇到警情，各邑军兵分别到事先指定的场所集合待命，等待朝廷下派的巡边使、助防将等前来指挥。这期间如果将领不能及时赶到，而敌军先锋逼近，那么必然造成军心动摇。而军队一旦溃散，便再难聚合。此时即便上派将领赶到，已无可用之兵。鉴于此，柳成龙力主恢复"镇管之制"，这样平时便于组织训练，遇有战事，镇管可以统一调集兵力，而且镇管与镇管之间还可彼此呼应，断不至于瞬间土崩瓦解。

通过柳成龙的奏文不难看出，"制胜方略"体制下，一个地方的武装力量被切割成相互独立的几大块，分属不同的将领，其战斗力被大大削弱；且将领与士兵平时处于分离状态，指挥作战的将帅由中央军事机构临时紧急调派，并不负责日常的士兵训练，这样就造成了"兵不识将、将不识兵"的被动局面。对此，柳成龙痛叹道："卒然遇变，将出于朝，兵出于野，纷然无制，如驱群羊以当矢石之场，不败何待？"① 然而，柳成龙恢复镇管体制的建议竟因庆尚道监司金睟（1547~1615）提出的"制胜方略行之已久，不可猝变"的反对理由而不了了之。万历朝鲜战争爆发不久，柳成龙所担心之事便成了现实。接到倭军来犯急报，金睟火速依制胜方略分军备战，传令列邑守令各率其兵，于既定信地汇合。闻庆所属列邑守令皆领其军，汇聚大丘以待京将前来指挥作战，可等了几天，仍不见京将身影，而倭军却步步逼近，又适逢大雨，粮草不继，结果众军自乱阵脚，乘夜四散而逃。等到巡边使李镒自京城赶来，却不见一兵一卒，只好辗转至尚州，奔走呼号数日，只召集到数百名赤手空拳的流民，自然难免惨败的结局。② 此番遭遇竟与柳成龙所预见的毫无二致，说明柳成龙已洞悉制胜方略的致命缺陷。

万历二十二年二月，当宣祖国王感叹倭军"号令风生"而朝鲜举国竟无堪用之将才时，柳成龙进言："前朝高丽时，权臣持兵，而我朝则革去此弊，故无内患而有外虞矣。出战时，只有将帅，而无素属之兵矣。"③ 柳成龙将朝鲜军队的积弱成疾归因于"私兵制"被革除。他认为，将领手下没有平时所练之兵，将不知兵，兵不用命，这样的军队不会有战斗力。

---

① 〔朝〕柳成龙：《惩毖录》卷十五《移京畿、黄海道军务文（乙未十月十九日）》，韩国数码藏书阁，http://jsg.aks.ac.kr，第 4 页。

② 参见〔朝〕柳成龙：《惩毖录》卷一，韩国数码藏书阁，http://jsg.aks.ac.kr，第 14 页。

③ 《宣祖实录》卷四十八，二十七年二月二十七日第一条，《朝鲜王朝实录》(22)，第 229 页。

训练都监引入《纪效新书》营兵制和束伍法,在确立"大将→中军→别将→千总→把总→哨官→士兵"的完整指挥体系的同时,明确了将官和士兵之间相对固定的领属关系。万历二十二年四月,训练都监提出"搜访将来可堪统兵者,为训练部曲之任",建立"平日自练其兵,临战自用其军","所养即所用,所用皆所养"的新型官兵关系,得到了宣祖国王的盛赞。① 因为只有这样,才能实现戚继光所追求的"兵知将意,将识士情"②的理想状态。这样的官兵关系,一方面要求各级将领要亲自操练士兵,关心爱护士兵,与他们血肉相连、患难与共;另一方面要求士兵无条件服从长官的命令,在思想意识上树立亲上死长之义。而实际上,训练大将作为最高指挥官,不仅拥有对都监军的指挥权,而且兼有从中军(从二品)到哨官(从九品)等各级将官的任命权。指挥权与人事权同时在握,训练大将的政治影响力也随之大幅增强。训练大将既是国王的心腹,也是掌权势力的主体,不仅对建立与强化王权有着重大影响,而且对掌权势力的政治秩序安定也发挥着重要作用。因此,每当发生掌权势力更迭时,训练大将必定遭到撤换。③ 朝鲜仁祖朝多名训练大将兼任兵曹判书,而到了孝宗、肃宗朝,以训练大将身份拜兵曹判书几成惯例,足见训练大将举足轻重的政治地位。

而地方束伍军一律采用营将制,其最高单位为"营",以营为中心开展训练和防御,而营的最高长官为营将。营将平时负责操练,战时带兵打仗,这样就避免了"制胜方略"体制下临战换将的弊端。镇管体制下,守令拥有军事指挥权,但是守令多为文官出身,缺乏军事常识,因而临战更换指挥官的情况屡见不鲜,结果造成"将不知兵、兵不识将"的尴尬局面。而营将是由朝廷任命的专职指挥官,原则上堂上武臣才有资格担任,这就确保了营将的专业素养和能力。营将一般任期为两年,也就意味着在这期间,营将常驻镇营之中,平时主抓军队训练,与士兵同甘共苦,战时亲率营兵披挂上阵。唯有如此,士兵方能从令如流。前述宣祖曾安排李时发重返忠清道统领由其一手操练的束伍军,正是出于这样的考虑。

通过组建束伍军,将地方武装的指挥权从地方守令那里移交到营将手中,这就理顺了地方武装力量的领导指挥关系,体现了"平日自练其兵,

---

① 《宣祖实录》卷五十,二十七年四月十一日第三条,《朝鲜王朝实录》(22),第 250 页。

② (明)戚继光撰,张德信校释:《戚少保奏议·定庙谟以图安攘疏》,北京:中华书局,2001 年,第 44 页。

③ 参见〔韩〕金钟洙:《壬辰倭乱前后中央军制的变化》,壬辰倭乱精神文化宣扬会:《壬辰倭乱研究丛书(3)》,2013 年,第 282~283 页。

临战自用其军"的统兵原则，将军事训练与实战有机地结合起来，避免了致胜方略体制下临时选派指挥官的弊端。

以设立训练都监为契机，朝鲜王朝推行了一系列军事体制改革。仔细梳理后不难发现，这些改革不是孤立的，而是互相关联、相辅相成的。无论是中央军的性质由"番上兵"向"常备军"的转变，还是国家武装力量从以骑兵为主向以步兵为主的转换；无论是从"良民从军"到"募贱人为兵"的兵役制度改革，还是从"公兵制"到"私兵制"的新指挥体系确立，都与《纪效新书》的相关制度要求和内化其中的军事思想相契合，其目的就在于通过一系列军事制度改革，为全面引进《纪效新书》创造条件，以便有效地运用其理论和方法练兵练将、提高军队战斗力。

第三节　以《纪效新书》为教本开展练兵活动

一、重构《纪效新书》作为练兵教科书

宣祖朝进士、著名文臣、仁祖朝官至左议政的李廷龟（1564～1635），在其为宣祖所撰的《昭敬大王行状》中写道："王见戚继光所撰《纪效新书》，甚嘉其制，别设训练都监，命大臣一员以领之。择武弁重臣为大将，抄择丁壮勇锐，分属部伍，储养训练，颇有条理。"[1] 这段记载明确地告诉我们，宣祖国王看到了戚继光的《纪效新书》，对其中有关练兵、器械、营阵、守城等各种制度十分欣赏，于是特设训练都监，招募少壮勇悍者，组建成军，展开训练。也就是说，在朝鲜王朝设立训练都监之时，已经确定了《纪效新书》的教科书地位。宣祖国王在得到《纪效新书》后，偏偏让集军政大权于一身的柳成龙为其讲解艰深晦涩之处，极有可能此时宣祖心中已有依《纪效新书》练兵的构想，故特意让柳成龙提前熟悉《纪效新书》，以便为将来"训练都监"的有效运作打好铺垫。

《纪效新书》是明嘉靖年间戚继光在浙闽沿海一带平倭期间练兵与实战经验的总结，讲究的是练兵和实战的技法、排兵布阵的兵法，而又不拘泥于传统的技法与兵法。《纪效新书》有两个版本，即最初的十八卷本（1560年前后）和后来（1584年）由戚继光亲自校雠的十四卷本。那么，朝鲜王朝选用的是哪个版本？又是如何实际运用的呢？本节试图通过对比

---

① 〔朝〕李廷龟：《月沙集》卷五十《昭敬大王行状》，《韩国文集丛刊》(70)，1991年，第297页。

分析，考察朝鲜王朝在灵活运用《纪效新书》方面所做的诸多努力，以期更好地揭示《纪效新书》在指导朝鲜练兵强军方面所发挥的重大作用。

戚继光在编写《纪效新书》时，有意多用相对通俗的语言，甚至一些方言来表述，为的是让文化水平较低的士兵也能看得懂。然而这却给自幼接受正统汉文教育的朝鲜王朝君臣带来了理解上的困难，尤其是那些生疏的专业术语，更成了难以逾越的阅读障碍。为了便于官兵学习和运用，训练都监受宣祖之命，安排得力人员，对《纪效新书》进行了删节、摘编、改编和翻译。据《宣祖实录》二十七年三月二十日第二条记载：

> 抚军司状启："朝廷不用五阵之法，皆仿《纪效新书》之制，自此亦依此规，然后庶无两处抵捂之弊，而一行既无《（纪效）新书》，无所取，则《纪效新书》及枪手、剑手成才者，各二三人，急急下送事，启下备边司。"

> （备边司）回启曰："制敌之技，莫如炮手，所当急急操练。鸟铳虽未多得，三眼枪、胜字铳筒，相杂习放，枪、剑手，则虽有一二成才之人，而时未习熟，难于成阵训诲，更加成就然后，哨官一员，军人并起送。《纪效新书》则卷帙支繁，未易晓见，令训练都监，删烦抄要，誊书下送。"上从之。①

上述记载分别是抚军司和备边司给宣祖的呈文。"抚军司"，宣祖弃京都汉城北走之时，为王世子光海君另设行营"分备边司"以备不测，以左议政尹斗寿、左赞成郑琢、分户曹判书韩准、分兵曹判书李恒福等为辅佐之臣。万历二十一年闰十一月，"分备边司"改称"抚军司"，主要负责所在地方的财政税收、粮饷供应、军事训练、兵器制造、危路修整等事项。"抚军司"呈文的主要内容是恳请国王责令备边司下送《纪效新书》和已经成手的使枪舞剑者各数人，以便指导当地士兵训练。而备边司的回复包含了三层意思：其一，提示火炮是对付倭寇的最有力武器，须抓紧操练；其二，训练都监在训炮手、杀手中，虽有个别的已经成熟，但尚未达到精熟的地步，难以担纲教职，只得等更加精熟后再派送；其三，鉴于《纪效新书》"卷帙支繁，未易晓见"，令训练都监"删烦抄要"，一旦完成，当即抄写下发。由此可知，最晚至万历二十二年四月，训练都监已着手改编《纪效新书》。当时朝鲜已全面废弃传统的"五阵之法"，代之以"戚氏之

---

① 《宣祖实录》卷四十九，二十七年三月二十日第二条，《朝鲜王朝实录》(22)，第240页。

制”，但训练都监刚成立半年多，尚不具备印制《纪效新书》的条件，只得安排人力誊写《纪效新书》摘要内容，然后下送地方。

此外，《李德馨年谱》中也提到李德馨组织力量翻译、刊印《纪效新书》之事："时公以戚太师继光《纪效新书》教练。然其书多用方言，未易究竟，且多不备，公与西厓公，益加厘正，撰阵法以演习，谱武艺以翻译。更令训练金正韩峤，较勘为三卷，印颁中外。至是，公以为岭南濒倭，操练军卒，视他道尤急。而韩峤素练习有材力，启请带来专管是事，岭兵益精。时岭南伯李时发，又欲广布是书，与安东府使黄克中、洪履祥，重刊之。"① 因为《纪效新书》所用方言较多，不好理解，李德馨与领议政柳成龙一起对难懂的地方反复加以斟酌，还安排训练都监郎厅韩峤负责校勘，分三卷刊印并分发到朝鲜各地。岭南地区为了广泛推广，还重新刊印了删减后的《纪效新书》。这说明朝鲜各地都在按《纪效新书》的内容训练士兵，可见《纪效新书》在当时朝鲜的重大影响。这里的"岭南"意为"鸟岭以南"，指代庆尚道，包括目前韩国的庆尚北道、庆尚南道、釜山和大邱。庆尚道与日本隔海相望，也是万历朝鲜战争期间遭受倭军蹂躏最惨重的地区，仅晋州一城就有六万余军民惨遭屠戮。"安东府"，在庆尚道辖区内，今属韩国庆尚北道。

经过一年多的艰苦努力，再编工作取得了可喜成果。据《宣祖实录》二十八年六月十三日第二条记载：

> 训练都监（都提调柳成龙，提调李德馨、金睟、赵儆）启曰："都监方抄《纪效新书》，为撮要一卷，以便观览。又抄操练变阵之法，为一书。且逐条图画，使之一见了然，又别图各样器械，而详解行用势谱于其下，分为三卷。始出初草，而其间多有证正，讲究曲折，未得速完。今承上教，更加着力督成之意，敢启。"上曰："然则甚好。"②

据此可知，万历二十三年六月，训练都监同时推进的三个再编项目均已完成初稿，正在进一步完善之中。结合此后朝鲜王朝出刊的兵书内容，我们可以断定：这三个改编项目，分别是朝鲜王朝后期三大兵书的母本。"撮要一卷"应为《〈纪效新书〉节要》之母本，"抄操练变阵之法，为一书"应为《兵学指南》之母本，"别图各样器械，而详解行用势谱于其下"的

---

① 〔朝〕李德馨：《汉阴文稿·附录》卷二，《韩国文集丛刊》(65)，1991年，第503页。
② 《宣祖实录》卷六十四，二十八年六月十三日第二条，《朝鲜王朝实录》(22)，第510页。

应为《武艺诸谱》之母本。

1.《〈纪效新书〉节要》

关于朝鲜依《纪效新书》训练士兵的背景以及删减、翻译、印刷《纪效新书》的情况，宣祖朝大匡辅国崇禄大夫（正一品）、中枢府判事郑琢于万历三十年（1602）撰写的《〈纪效新书〉节要序》中均有详细记载：

> 夫炮杀之法，新行于中国，我朝鲜未之知也。岁壬辰夏，倭贼大举入寇，连陷三京。李提督如松，承帝命东征，而体府李相德馨，为接伴使，始得之，即戚侯继光御侮之法也。其法概本于倭，而戚以鸳鸯加之。远铳近剑，各适其宜。牌、筅、枪、钯、火箭、弓弩之用，迭为捍御。此戚侯妙运独智，校艺长短，以取必胜者也。前世中国苦倭患，入皇明尤甚，窟闽广，骚荆蛮。自出此法，如山压霆摧，海不复扬，戚侯之法神矣。仍为教卒，乃作此书。故多用方言，支蔓重复，未易究竟。且武艺有图无谱，阵法散出不备，上命训练都监删焉。时前首台柳公成龙，今体府为提调，撰阵法以演习，谱武艺以翻译，选韩峤勘较。及草本成，厘为三卷，遂楷书投进，命以为将士操练之规。乃用铸字，印数百本，颁中外矣。①

"三京"，指朝鲜当时的京都汉城、开京开城和西京平壤。② 汉城，又称"南京"。开城又称"松京"，曾是高丽王朝及朝鲜王朝初期的都城。平壤，相传在檀君时代就被定为都城。"三京"陷落，意味着朝鲜国土大部分被倭军占领。

"鸳鸯"，指鸳鸯阵，是戚继光根据中国东南沿海地区多丘陵沟壑、河渠纵横、道路窄小等实际情况在抗倭实战中创立的一种疏散的战斗队形，因形似鸳鸯雌雄相依而得名。该阵法以十二人为一队，最前为队长，长短兵器搭配，左右相互照应，不但能充分发挥各种兵器的优势，而且阵形变化灵活，在与倭寇作战中发挥了重要作用。"铳"，这里指当时明军使用的鸟铳，因可射落飞鸟而得名，又称"鸟嘴铳""火绳枪"。"牌筅"，即"藤牌""狼筅"，都是"鸳鸯阵"的标配武器，因戚家军而名声鹊起。"藤牌"，用藤条编制的盾牌。"狼筅"，其械首尖锐如枪头，械端有数层多刃形附枝，呈节密枝坚状。戚继光在《练兵实纪》中记之甚详："狼筅乃用

---

① 〔朝〕郑琢:《药圃集》卷三,《韩国文集丛刊》(39),1989 年,第 481 页。

② 关于"三京"还有另外一说:汉城(南京)、平壤(西京)、庆州(东京)。"庆州",今韩国庆尚北道庆州市,高丽时称庆州为东京。

大毛竹上截，连四旁附枝，节节枒杈，视之粗可二尺，长一丈五六尺，人用手势遮蔽全身，刀枪丛刺必不能入，故人胆自大，用为前列，乃南方杀倭利器。"① "火箭"，这里指戚继光在东南沿海抗倭时，创制的飞刀箭、飞枪箭、飞剑箭三种喷气火箭，统称"三飞箭"。戚继光在《练兵实纪》中亦有十分详尽的解析："三种飞器，不过一法，即一大火箭也。惟其两制不同，所以得名各异。造用径六七分荆木为柄，长可五尺，后杪三棱大翎，如箭矢，头用纸筒，实以火药，如火箭头，长可七寸，粗可二寸。……其镞长五寸，横阔八分，或如剑形，或如刀形，或三棱如火箭头，光莹芒利可玩，通计连身重二斤有余，北方所未见，燃火发之，可去三百步，中者人马皆倒，不独穿而已。……此器其声如雷，则马惊跳跃不敢前，又高飞深入，则后行皆不可避，使房未测所向也。"② "皇明"，指明朝。"闽广"，这里指福建、广东沿海一带。"荆蛮"，古代中原人对楚越或南人的称呼，这里指代中国南部。

首先，《〈纪效新书〉节要序》（以下简称《序》）交代了朝鲜获得《纪效新书》的路径。李德馨当年作为接伴使，从明军将领处得到了《纪效新书》。前文提到，万历朝鲜战争期间，李德馨任朝鲜兵曹判书，战争结束后，他出任领议政担纲朝政。郑琢撰写《〈纪效新书〉节要序》时，李德馨正在任上，所以称他为"李相德馨"。其次，《序》中简介并盛赞《纪效新书》所载"戚侯御侮之法"。为了反击倭寇的入侵，戚继光创制了"鸳鸯阵"等适合东南沿海一带地形的战法，并配置了与之相适应的各种兵器。《纪效新书》是戚继光在中国东南沿海一带清除倭患的方法总结，具有雷霆万钧之神力，在戚继光新法强有力的打击下，倭寇再也无法兴风作浪。最后，《序》中说明改编的原因、成果及运用情况。由于《纪效新书》多用方言，"武艺有图无谱"，不利于学习传授，故当时总领训练都监的领议政柳成龙和兵曹判书李德馨受王命参照《纪效新书》编撰阵法让士兵演练，翻译时附加图谱以便士兵掌握，并指示"用铸字，印数百本"，分发到中央和地方军队，作为指导士兵训练的教科书。

笔者有幸在韩国"数码藏书阁"网站查到并下载了日本大阪府立图书馆珍藏的《〈纪效新书〉节要》的电子版。这本木刻版《〈纪效新书〉节要》与众不同的是封面上写着"纪效新书（全）"，扉页上却印着"纪效

---

① （明）戚继光撰，邱心田校释：《练兵实纪·杂集》卷五《狼筅解》，北京：中华书局，2001年，第305页。

② （明）戚继光撰，邱心田校释：《练兵实纪·杂集》卷五《军器解》，北京：中华书局，2001年，第322页。

新书节要"。此书目录如下：束伍第一，授器第二，旗鼓号令第三，比校第四，操练第五，行营第六，实战第七，守城第八，舟师第九，军礼第十，军令第十一，杂令第十二，收恤第十三，练将第十四。很显然，这是以十四卷本《纪效新书》为母本摘编而成的，因为十八卷本《纪效新书》中没有"练将"这一部分。此书全一册，共七十八个大页（一百五十六个单页），据此可知，此版本对《纪效新书》原作内容进行了大量删减。从每篇的名称上来看，虽然全书仍为十四篇，却打乱了原有顺序，进行了部分调整。如"授器第二"的内容如下：

> 古法云："器械不利，以卒予敌。夫天生飞潜之物，授以爪矛、鳞甲，人而无此，则羿五兵代之，故次之以授器。"
>
> 卒既选成，必给以器械为爪牙，大概有二，不过远近之分也。远多近少者，合刃则致败；近多远少者，未接而气夺；远近不兼授，则虽众亦寡。每一兵必授以远器，御敌于百步之外；授以近器，为角于手足所接。第一刀牌手，皆近接器也，各授镖一枝。缘牌刀俱短，难以直进，故藉筅为长器，藉镖为先锋，毋论中否，彼必应，应则藤牌可入。每兵执一牌，腰刀一把，阁刀手腕，一手执镖枪一枝。彼长我短，持定无隙，将镖掷去，毋论中否，彼必应，我急取刀在手，随牌杀入。第二筤筅手，以筅即为长器，各腰刀一位短器，备筅困则刀足以救危。枪手以枪为短，兼习弓矢为长。钯手以钯为短，兼给火箭为长，且钯头横股可架放也。火兵以担加刃为短器，备意外耳，不用长。鸟铳手以铳为长，各授双手刀为短，授器之既，教习方有可施。此其练兵大序也。
>
> 长枪架手易老，若不知短用之法，则便为长所误。妙在身步齐进，手足合一。一发不中，缓则用步法退，急则用手法缩出枪杆。彼器不得交在我枪内，彼不敢轻进，我手中枪就退至一尺余，尚可戳人，此用长以短之秘也。至若弓箭、火器，皆长兵也。力可至百步者，五十步而后发，此亦长兵短用之法也。
>
> 短兵（藤牌、腰刀、长刀、偃月刀、钯、棍、钩镰、鞭、筒、挝、锤皆短兵也）利在速进。彼若以长来，待他入我深五尺间，一拨格他歪了，即用棍内连打之法，下下着在长兵上，流水戳进。彼先进我五尺，而我一进又有五尺，是我得一丈之势矣。被我连打，势不得起，欲抽脱去，岂能便抽一丈哉？一入长兵之内，则惟我短兵纵横，而长兵与赤手同矣。此即短兵长用之法也。

长枪单舞，是为花法，切不可学。须两人对较，一字对戳，每一字经过万遍不失，字字对得，乃为成艺。方可随意应敌也。如藤牌，单人跳舞免不得，必要从此学来。内有滚势，亦是花法。须用持镖与长枪对杀，镖既脱手，要进速而出刀快，方为成艺。花法不惟无益，学熟必误矣。①

通过与十四卷本《纪效新书》对比可知，朝鲜王朝所编《〈纪效新书〉节要》"授器第二"的内容，分别摘自十四卷本的《手足篇》第三、第四、第五。第一小段摘自《手足篇》第三《篇头语》，只不过删除了十四卷本中有关五行说的内容，言简意赅地强调了"利器"的重要性。第二大段摘自《手足篇》第三《授器解》，略有删减，近乎照搬，主要论述了"远"与"近"的辩证关系和鸳鸯阵各个位置的队员所必备的长短两种兵器及其作用。第三段摘自《手足篇》第三《长兵短用解》的前半部分，删去了原著中"一寸长，一寸强"的理论部分，主要讲述了长器如何短用。第四段摘自《手足篇》第四《短器长用解》，只选取了原著中该主题内容的四分之一，略去了后面举狼兵与火器为例进一步论述的内容。最后一段摘自《手足篇》第五《忌花法》的后半部分，强调单人练枪为花法断不可取，必须二人对练方可成艺。编者分别从《手足篇》第三、第四、第五中摘取论述器械长短（亦即远近）结合的部分，将其归拢到"授器"的主题下，形成了一个较为完整的篇章，更加突出了戚继光"长短叠用""远近互补"的兵器运用理论。

此外，值得注意的是，第一小段中有两个字与原著不同，第一处原著是"授以爪牙"，而被误改成了"授以爪矛"；第二处，原著是"则界五兵伐之"，《〈纪效新书〉节要》将其订正为"则界五兵代之"，是正了原著的错误。总之，与原著相比，《〈纪效新书〉节要》的文字更加精练、表述更为清楚。

2.《兵学指南》

说到训练都监和地方束伍军练兵所用教科书，除了《〈纪效新书〉节要》，还有一书亦不能不提，那便是《兵学指南》。关于《兵学指南》的编者与成书时间，韩国学界目前尚未有定论，我们只能通过相关史料来发现一些蛛丝马迹。

朝鲜王朝第二十二代国王正祖李祘（1752～1800）为了推行其所谓的

_____

① 《纪效新书（全）》，日本大阪府立图书馆藏本，韩国数码藏书阁，http://jsg.aks.ac.kr，第8～10页。

"文化政治"，创设奎章阁，建立检书官制度，起用李德懋、柳得恭等北学派宗匠朴趾源的弟子，组织出版了《续五礼仪》《增补东国文献备考》《国朝宝鉴》《大典通编》等一系列珍贵的文化典籍，而且他本人也为后世留下了多达一百八十卷的鸿篇巨制《弘斋全集》。作为文化制度建设的重要一环，正祖于乾隆五十二年（1787）下令校勘《兵学指南》，并对本次校勘的背景和原因进行了说明："此因戚继光《纪效新书》而钞节为书者，或曰柳成龙所编，今不可详。我国练兵之制，以是为津梁，故中外诸营，皆有藏板，屡经剞劂，讹舛颇多，义例亦互有详略。予命宣传官李儒敬鸠合诸本，舍短取长，间增其格头注释，刊印颁行，藏其板于壮勇营。"①正祖的这段说明文字不多，却包含着多个重要信息。其一，《兵学指南》是节选《纪效新书》而成的。其二，有人说《兵学指南》的编者为柳成龙，但无法详考。其三，《兵学指南》在朝鲜的练兵制度建设方面发挥了桥梁作用。其四，由于各版本增删杂异、脱误颇多，有必要进行内容取舍，增加注释，重刊以为定本。有研究表明，当时的版本有壮勇营、训练都监、南汉开元寺、海西节度营、岭南右节度营、关北南节度营、关西观察营、庆州、尚州、云峰、济州、宁边版等十三种之多②，这也从一个侧面反映了《纪效新书》在朝鲜王朝重大而深远的影响。

而实际上，本次大规模的修订正是以训练都监版为底本，参照南汉山城和海西（黄海道）版本加以校对和修订的，因刻板保存在"壮勇营"③，故被称为"壮勇营本"。正祖国王十分重视《兵学指南》的整理与刊行，亲自为新版的《兵学指南》作序，对《纪效新书》给予了高度评价："精粗悉备，显微无间。训其法，虽阡陌襁褓之贱，可能按形而与知；穷其神，即熊罴之将、凫藻之士，尚且望洋而茫无津筏，信乎其为韬钤之尸祝。……则凡我东水陆征缮、京外团练，实无不《新书》乎自出。"④ 既然朝鲜王朝海陆武备整顿、京城和地方军事训练之法，均出自《纪效新书》，而《兵学指南》又摘编自《纪效新书》，那么考察《兵学指南》的内容，便可知被朝鲜王朝奉为"韬钤之尸祝"的究竟是哪个版本的《纪效新书》了。

---

① 〔朝〕李祘：《弘斋全书》卷一百八十三《群书标记五·兵学指南五卷刊本》，《韩国文集丛刊》（267），2001年，第565页。

② 参见〔韩〕朴金洙：《朝鲜后期阵法和武艺训练研究》，首尔大学博士学位论文，2013年，第13页。

③ 正祖九年（1785），根据新的禁卫体制进行组织改编的国王护卫军，人员约五百名，分五队编制。

④ 〔朝〕李祘：《弘斋全书》卷一百八十三《群书标记五·兵学指南五卷刊本》，《韩国文集丛刊》（267），2001年，第565页。

　　壮勇营本《兵学指南》共分五卷。卷一包括《旗鼓定法》与《旗鼓总诀》两部分，记述的是指挥官利用旗帜或锣鼓等下达命令，从而高效地统御兵士的方法；卷二为《营阵正彀》，内容为指挥军队进行防守和攻击的方法；卷三、卷四分别为《营阵总图上》和《营阵总图下》，借助图画再现和描述了在不同情况下展开战斗队形的方法；卷五包括《场操程式》（后附夜操程式与分练程式）《城操程式》和《水操程式》，记载了各种具体的训练方法。对照十四卷本《纪效新书》可以发现，《兵学指南》卷一摘自十四卷本《纪效新书》的《耳目篇》，卷二主要摘自《营阵篇》和《行营篇》。卷五中的《场操程式》主要摘自《营阵篇》"营阵解"条，将"营阵解"内容按照操练顺序分解为三十四个条目；《城操程式》的内容分别摘自《守哨篇》中的"立中军解""派守解"和"练守城解"三条，将"练守城解"的内容分解成十个条目，依次为"出示""到中军""发伏路""登城""一面操""牛马墙准备""该面游兵应援""四面齐操""下城"和"夜操"，加上前面的"立中军"和"派守"，共十二个条目；《水操程式》的内容主要摘自《水操解》以及"舟师号令"和"夜行号令"条，共分解成二十五个条目。

　　为了更好地揭示壮勇营本《兵学指南》和十四卷本《纪效新书》的渊源关系，表2就《兵学指南》卷二《营阵正彀》中"号炮"的部分内容与十四卷本《纪效新书》的相关内容列表进行对照。

表2　《兵学指南·营阵正彀》与十四卷本《纪效新书》相关内容对照

壮勇营本《兵学指南》卷二《营阵正彀》		十四卷本《纪效新书》	
条目名称	内容	条目名称	篇次
导语	大端以奇正论……为策应兵	分练解	营阵篇
编兵	凡选编必用把选哨……队选兵 以年少身中软骨者……充火兵	编伍解 编伍法	束伍篇
左右伍	一三五七九名为一伍……即在右之伍也	选步军	练伍法（《练》）
鸳鸯队	凡定第一二三四五六七八九十……火兵在末之中 自此，行动立止俱照定过次序，不许时刻纵横错乱	编伍解 明活法	束伍篇
长短相济	二牌平列……用牌枪以救筅、钯以救枪	鸳鸯阵解	营阵篇

壮勇营本《兵学指南》卷二《营阵正骰》		十四卷本《纪效新书》	
条目名称	内容	条目名称	篇次
远近兼授	每一司杀手四哨鸟铳一哨 每一兵必授以远器……则虽众亦寡	编伍法 授器解	束伍篇 手足篇第三
两仪阵	一队分为二伍,一牌一笆平列在前…… 为奇正互生	两仪阵图	营阵篇
三才阵	每长枪两支……以救正兵之不及也	三才阵图	营阵篇
分营	凡队,直而为二伍……俱如前	分营解	束伍篇
营额解	队止于三……可增损也	营额解	营阵篇
首发放	各兵入教场……叩头而退	首发放	耳目篇
开营行	先前司次……或出场外行营	营阵解	营阵篇
二层阵	任有官兵若干司……坐后层之前	营阵解	营阵篇
大队	每旗三队……留空三丈	营阵解	营阵篇
小队	照鸳鸯阵相去各一丈,鸟铳手俱出兵前 五步单列	营阵解	营阵篇
作战	贼在百步之内……俱回信地	营阵解	营阵篇
设伏	出战随变就于本阵内设……诱贼入前伏 之内 前伏兵出救……后伏兵出救	本阵内设伏图 原却兵回身 向前图	营阵篇
追贼	如贼一战而败……一面正兵径追	伏兵解	营阵篇
方营	先约兵几司……再为移置相合 大概以二分为外垒……愈多愈善 如二枝合营……中营与大中军俱居中 若因行营便下方营……营定发旗立表	立表解 营垒解 广下营 操马兵	营阵篇 营阵篇 练营阵(《练》) 练营阵(《练》)
夜营	下方营安拒马……无出乎此	夜营解	营阵篇
明营暗徙	各将灯火盖藏原处 挨哨密行……不许开口大叫 俟移营既毕……开传击梆鼓	明暗解 暗营解 明暗解	营阵篇

壮勇营本《兵学指南》卷二《营阵正彀》		十四卷本《纪效新书》	
条目名称	内容	条目名称	篇次
行营	凡军行路宽一丈……中军入四路之中	详启行	营阵篇
	如二营行……已寓其中	广行营	练营阵（《练》）
	每队照鸳鸯阵双人行……一旗挨一旗	传号令	营阵篇
	凡行营各将官不许离营先行……俱治以军法	禁将领	行营篇
	凡途间队伍务要明白清肃……俱治以军法	清行伍	行营篇
塘报	其人不拘多少……临时禀定	营阵解	营阵篇
	人持小黄旗一面……一齐拥众径回	详启行	
急营	凡军行单日……中军若远	详启行	营阵篇
	把总、哨官皆得自主号令……管各火兵做饭备守	遇卒警	营阵篇
行暗营	各哨各领字号……只传暗令行止	行暗营解	行营篇
急下暗营	即便于脚下立定……又要相应	行暗营解	行营篇
渡水	凡渡大水处……各于两岸候战	渡水阻	行营篇
过险	凡临贼……入伏攻之	过山林	行营篇
住宿	所至地方……即主将亦如此	住宿解	行营篇
野营	凡军行，至未时，择堪屯营地方……应立木栅度夜	扎野营解	扎野营篇
营壁	凡立定营盘……便是本队兵士亦要出入由门	谨营壁	营阵篇
营门	每日夜……必以一人代主将司令	严营门	营阵篇
	各营放出、放入……军法施行	慎启放	
	凡马匹俱在营门外……从官以下俱步	严营门	
伏路	以各营司所向之方为信地……换班一次，见面交代遇贼与大营交战……临时烧起	拨伏路	扎野营篇
		出夜奇	营阵篇
轮射	如不得速战……亦听令照铳轮射	圆机解	营阵篇
战彀	凡列阵须一息而定列……不其然乎	申战彀	实战篇
	以上节制正战也……将所自出	圆机解	营阵篇

从表 2 中可以看出，《兵学指南》卷二《营阵正彀》的内容主要摘自十四卷本《纪效新书》的《营阵篇》和《行营篇》，但也有个别的摘自

《束伍篇》《耳目篇》《手足篇（第三）》《扎野营篇》和《实战篇》，其中有四条竟出自《练兵实纪》；有的条目内容摘自《纪效新书》不同篇章的不同条目，如"行营"条中的五段内容分别摘自《纪效新书·营阵篇》中的"详启行""传号令"条和《行营篇》中的"禁将领""清行伍"条，以及《练兵实纪》之《练营阵》中的"广行营"条；有的条目内容主要摘自《纪效新书》的某个条目，但是中间又插入了其他条目内容，"营门"条便属于这种情况。这就告诉我们，《兵学指南》的编者不只是简单地对《纪效新书》进行了删减、缩略，而是围绕着一个个小主题进行了重新排列组合。

值得特别注意的是，《兵学指南》卷三、卷四分别为《营阵总图上》《营阵总图下》，各由五十二张图和三十三张图组成。十四卷本《纪效新书》中也有不少插图，多集中在《耳目篇》和《手足篇》，内容多为各种兵器制度及其习法，当然也有营阵方面的，如《营阵篇》中的《鸳鸯阵》《两仪阵变三才阵图》《一哨五行图》《方营图》《出战随变就于本阵内设伏图》，《耳目篇》中的《大将清道图》，《舟师篇》中的《一寨列营图》等。《兵学指南》不仅将这些有关操练的阵图都纳入其中，而且还根据《纪效新书》中的相关文字说明绘制阵图，按照操练程序排列成册，以便于官兵按图进行训练。《兵学指南》卷三《营阵总图上》共收录阵图五十二幅，各阵图名称如表3所示。

表3　《兵学指南》卷三《营阵总图上》所收阵图名称

序号	阵图名称	序号	阵图名称	序号	阵图名称
1	左伍图	19	一司五哨行图	37	前层出战图
2	右伍图	20	分二路行营图	38	两层俱出鏖战图
3	鸳鸯队图	21	分四路行营图	39	出战随变设伏图
4	长短授器图	22	左右五换班执器图	40	伏兵既出正兵回应图
5	两仪阵图	23	一队转身向后图	41	既胜追贼搜伏守伏图
6	三才阵图	24	行营转身向后图	42	间花叠退图
7	入教场列成行伍图	25	塘报遇贼退回图	43	五方旗招先出立表图
8	大将清道图	26	一路行遇警列阵图	44	一营二层立表图
9	大将旗鼓台上摆列图	27	二路行遇警列阵图	45	五营三层立表图
10	官旗听掌号笛引出马路图	28	四路行遇警列阵图	46	一路行列阵变为方营图

续表

序号	阵图名称	序号	阵图名称	序号	阵图名称
11	官旗到台下完立图	29	摆列大队图	47	二路行列阵变为方营图
12	官旗平列听发放图	30	列开小队图	48	四正方营发放图
13	各营一体发放图	31	鸟铳轮放图	49	四奇方营发放图
14	把总以下挨次发放图	32	弓钯出前放射图	50	方营一面出战图
15	塘报挨次存留图	33	后层出战图	51	变为二层转身向后图
16	开营行图	34	短兵交锋图	52	开列阵二路行图
17	鸳鸯队双人行图	35	器械向前身首向后退回图		
18	每旗三队平行图	36	鸟铳急出退回层前图		

　　关于上述阵图的内容构成，卷三《营阵总图上》后附有说明文字："以上五十二图内，队伍法七条，旗鼓法二条，列阵法五条，作战法九条，伏兵法三条，立表法三条，方营法五条，皆切常操者，故写为一本，以便披阅。其他一队兼授军火器法二条，三部为一营法八条，一队以至四司方营法七条，马兵授器法二条，车兵正偏厢法二条，车骑合营法三条，守哨法一条，舟师法四条，共二十九图另为一本，以备考览。如左九军、八阵、六花裁减通变法四条亦附于下。"① 由此可知，卷三《营阵总图上》所载阵图均与"常操"（步兵操练）有关，而卷四《营阵总图下》所载阵图则涉及车骑营法、守城法、舟师法及变阵等内容。但据该书《凡例》所言，车骑营法五条及阵法通变四图，原来的各版本没有收录，是本次修订时新增的。《纪效新书》中没有关于车骑营的内容，虽然在《束伍篇》导语中提到"九军""八阵""六花"等阵法，但也没有展开论述。也就是说，本次修订（壮勇营）之前的各版本《兵学指南》所载营阵图或出自《纪效新书》，或依据《纪效新书》的相关内容而创制的。

　　《营阵总图》的另一特点是所有阵图均采用汉字构图法，正如十四卷本《纪效新书·耳目篇》中的《大将清道图》那样。同样是水操程式中的《一寨列营图》，十四卷本《纪效新书》中的战船是用图画表现的，而在《兵学指南》中则是用"船"字来标示的。如此处理，虽然直观效果不佳，却能更清楚、准确地表达意思，比如"大船"和"小船"的区分、"碇手"

---

　　① 《兵学指南》卷三《营阵总图上》，壮勇营本，韩国数码藏书阁，http://jsg.aks.ac.kr，第25页。

和"舵手"的区分，绘画很难达到效果。更重要的一点是，用汉字更便于刻板印刷，特别是活字印刷。

此外，该书《凡例》还告诉我们，原有各版本《兵学指南》卷一《旗鼓定法》与《旗鼓总诀》中的每一条目后都附有韩文翻译，本次修订时，参照南汉山本，在卷二《营阵正彀》中的条目后也附上了韩文翻译。

虽说朝鲜方面最先入手的是十八卷本的《纪效新书》，但在指导朝鲜练兵与军备建设方面，包含有《练兵实纪》核心内容在内的十四卷本《纪效新书》则发挥了主要作用。正祖二十二年（1798），为了便于士兵理解和学习，曾任训练都监教官的李象鼎编写了《兵学指南演义》，参照朱子《四书集注》的范式，对1787年承正祖之命勘定的《兵学指南》的用语和内容进行了详细注解，他在序言中对这个问题也有所言及：

> ……适其时，接伴使李公德馨目见其布阵用器之状，益服其妙，以为此法不可不传于我国，力求是书于天将，得八册，所谓《纪效新书》是已。越十年，宣祖大王又得《新书》别本于天将，与李公所得不无异同，盖自皇明嘉靖年间倭寇闽浙，戚将军创设此法，先扫浙寇，继清闽寇，前本则在浙所著，而后本则损益其法，复用于闽中者也，其条理节目至后本尤详。圣祖睿智，一览而知其为制胜战法，因设一局，命名训练，一依其法，团束作队，教之以枪、杀、射三手技艺。税外加赋，名为三手粮，而度支主管，以调军饷，又令柳公悉主其事，扣质疑难于帷幢之暇，而撮其操练之要，印布于中外，所谓兵学指南是已。①

李象鼎在序言中先是交代了宣祖国王先后获得了十八卷本和十四卷本两个版本的《纪效新书》。然而，笔者认为，获得两个版本相隔十年的主张与史实不符。如果真如其所言，那么宣祖得到十四卷本的时间应为1603年，其时柳成龙早已罢官归乡，又何来"撮其操练之要，印布于中外"之说？不过，李象鼎对两个版本《纪效新书》的认识颇有见地，十四卷本的条理和节目确实更加详尽，不仅系统地阐述了练兵的方法，记述了城池构筑和城镇防守，而且对水兵的编制和训练、各种武器装备的形制与用法等也有明确的规定和详细的说明。② 而这些都是急于练兵自强的朝鲜

---

① 〔朝〕李象鼎：《兵学指南演义》，韩国国立中央图书馆藏本，第9～13页。

② 参见范中义：《〈纪效新书〉十四卷本的成书时间和内容》，阎崇年主编：《戚继光研究论集》，北京：知识出版社，1990年，第379～381页。

王朝当时所迫切需要的，因此，宣祖的选择天平自然而然地偏向了内容更丰富、概括性更强、语言更简练、条理更清晰的十四卷本的《纪效新书》。然而，在朝鲜方面看来，《纪效新书》"卷帙支繁，未易晓见"，而朝鲜的关注点主要集中在练兵上，所以，为了便利而高效地运用《纪效新书》，在柳成龙的主导下，训练都监对十四卷本的《纪效新书》进行了"删烦抄要"，并刻板印刷，发行于中央和地方，这便是《兵学指南》的由来。

实事求是地讲，仅凭李象鼎的上述序言，尚不足以断定《兵学指南》的编者为柳成龙。然而，韩国学界多支持此说。笔者认为，柳成龙即便不是初编者，也必定是主导者与决策者。《纪效新书》"卷帙支繁，未易晓见"，而汉学功底深厚的柳成龙为了给宣祖讲解疑难之处，必定在研读《纪效新书》方面下了一番功夫。无论是进朝入对，还是上奏进言，柳成龙动辄引《纪效新书》所言为据，并且在主持朝鲜军政要务时，竭力将蕴含其中的军事思想付诸实践，这些都证明了柳成龙对《纪效新书》的熟悉程度。另外，对《纪效新书》的内容加以取舍绝非易事，不仅要懂军事、有一定的战略眼光，而且手中还得握有决定权。柳成龙做过兵曹判书、时任领议政并兼任训练都监都提调，最符合上述条件。至于朝鲜史料为什么没有留下确切的记载，很可能是初编者另有他人，而且还不只是某一个人，而是一个编辑小组，因为毕竟这是一项十分浩大而艰巨的"工程"。总而言之，不管是不是柳成龙亲自编辑的，《兵学指南》的成书或许都与他有着密不可分的关系。

3. 《武艺诸谱》

想要在实战中高效地运用鸳鸯阵法抗击倭寇，就必须大量培养"杀手"，而"杀手"训练又是最费力劳神的。由于《纪效新书》中藤牌、长刀、镋钯、狼筅、长枪等诸种兵器的习法只有一个个孤立的"势"，而没有赖以形成连贯动作的"谱"（具体的演练方法），所以对缺乏武术基础的朝鲜士兵来说操习起来很是吃力。为解决这个问题，训练都监郎厅出身的韩峤特在《纪效新书》所示各种"势"的基础上，广泛就教明援军将士，编写出了具有较强的可操作性的军事教材《武艺诸谱》。正祖朝官员、实学家李德懋（1741～1793）在《武艺图谱通志附进说》一文对此有所记叙："上（正祖李祘）之十有三年己酉秋，上召谕臣德懋、臣齐家、臣东修等曰：'《武艺诸谱》所载，棍棒、藤牌、狼筅、长枪、镋钯、双手刀六技，出于戚氏《（纪效）新书》。而宣庙朝命训局郎韩峤，遍质东征将士，撰谱刊行者也。'"①

训练都监郎厅韩峤（1556～1627），字士昂，号东潭，通晓汉语。韩峤恪尽职守、认真负责，经常就一些不甚明了的专业问题，向熟悉《纪效新书》的浙兵将士请教，其中在武艺理论方面得到明军游击将军许国威的帮助最大。朝鲜庄献世子（1735～1762）所撰《艺谱六技演成十八般说》对此有详细的记载：

> 峤问其妙谛于许游击，游击先以粗术教之曰："一胆二力三精四快。"峤又问枪势之二十有四，游击教之曰："一势之变耳，推可为百势。"峤又问易之六十四卦，是亦一卦之变，而一卦减不得，则枪势之二十四势奚间？游击教之曰："道本一体，散为万殊。如棋之势，多多万万。精得百势，可称国手。"他日请益，游击教之曰："身法腰法手法足法，可学也。"于是，峤退而成诸谱，教三手法于国中。一曰射，二曰炮，三曰技。技者，俗称杀手也。②

庄献世子所记韩峤与许国威之间的技艺问答内容，实际上引自韩峤所撰《技艺质疑》。上述记载提到的"枪势之二十有四"及韩峤在朝鲜军队传授的射、炮、技"三手法"和棍棒、藤牌、狼筅、长枪、镋钯、双手刀"六技"，均出自《纪效新书》。如"枪势之二十有四"，出自十四卷本《纪效新书》卷四《手足篇》第四"长枪制""长枪解""习法"③，并附有《二十四枪势图》及解说。射、炮、技"三手法"，即《纪效新书》中所谓射手、炮手、杀手三种技法。而关于棍棒等"六技"，十四卷本《纪效新书》卷三至卷五《手足篇》第三、第四、第五中也均有详细的说明，包括制作及使用方法，多数附有图片和解说。所以说，明军游击将军许国威向韩峤讲解的"戚氏之法"，主要还是《纪效新书》中的内容。关于这一点，《弘斋全书》也有明确记载："韩峤为郎，质问三手练教之法于东征游击许国威，部分练习，尽仿浙兵之制。"④ 换言之，许国威耐心细致地讲授和示范，为韩峤完成《武艺诸谱》提供了极大的帮助。

---

① 〔朝〕李德懋：《青庄馆全书》卷二十四，《韩国文集丛刊》（257），2000年，第360页。
② 〔朝〕庄献世子：《凌虚关漫稿》卷七《艺谱六技演成十八般说》，《韩国文集丛刊》（251），2000年，第131页。
③ （明）戚继光撰，范中义校释：《纪效新书》（十四卷本）卷四《手足篇》，北京：中华书局，2001年，第94～105页。
④ 〔朝〕李祘：《弘斋全书》卷十三《翼靖公奏藁军旅类叙》，《韩国文集丛刊》（262），2001年，第218页。

综上所述，朝鲜宣祖朝在灵活运用《纪效新书》指导练兵和军队建设方面不懈努力，经过删减、重组、翻译、加谱等一系列操作，先后完成了《〈纪效新书〉节要》《兵学指南》《武艺诸谱》三本脱胎于《纪效新书》的军事著作。《〈纪效新书〉节要》虽然对所选取的内容进行了微小的调整，但大致仍停留在按照实际需要进行摘编的阶段。与之相比，《兵学指南》围绕着操练这一核心主题，对《纪效新书》的内容进行了大刀阔斧的遴选，以相关主题为单位进行了较大幅度的重组，还根据《纪效新书》的相关文字说明，开发出大量的阵图，并按操练程序将其排列成册。而《武艺诸谱》则是在《纪效新书》所示棍棒、藤牌、狼筅、长枪、镋钯、双手刀六种冷兵器各种"势"的基础上，参照明军战士实际武艺动作绘制成"武谱"，将各个独立的"势"串联起来，使《纪效新书》中静止的"势"变成了动态的"谱"，这不能不说是对《纪效新书》武艺实践的一种发扬光大。

公允而论，一方面，根据朝鲜实际改编后的《纪效新书》，语言更加精练、主题更加集中、各种操练程式更加清晰，在朝鲜王朝后期军队与国防建设中，更好地发挥了教科书的重要作用。另一方面，朝鲜王朝数年间花费如此大的气力，多方探索对《纪效新书》进行本地化重构，其目的虽是便于本国士兵更好地掌握和利用，却从一个侧面反映出《纪效新书》对朝鲜王朝的重要意义。

二、聘请谙练军事的浙兵将士担任教官

既然确定了《纪效新书》为练兵教材，那么让熟悉《纪效新书》的人来教练无疑是最佳选择。万历二十一年十月六日，刚刚兼任训练都监都提调的柳成龙便就聘请明军教官一事上书启奏：

> 训练都监提调启曰："训练节目，其载《纪效新书》者，至详至密，今当一切依仿为之，但其文字及器械名物，有难晓处。趁此天兵未还之前，令聪敏之人，多般辨质，洞然无疑，然后可以训习。此意前已启达，今朝使郎厅李自海，往质于骆参将留营之人骆尚忠称云者。尚忠，乃参将亲属。又有宋侍郎所送金文盛七人，同在一处，见自海，言以侍郎之命，将就刘总兵之营，训练我国之军。……况今则南方之人，多聚于此，其间谙练军事，识虑广博者何限？必须待之以恩，使之倾倒所有，传授于我，则其为后日之利，庸有既乎？且质疑时，事知译官一人，与自海同为往来，质正疑处如何？且金文盛最晓

阵法，人物亦甚温藉云。亦令接待堂上，亲去问其来由，使之训诲为当。故敢启。"传曰："此意至当，依此启辞为之。"①

"骆参将"，指入朝明军浙兵将领参将骆尚志。骆尚志训练朝鲜士兵的情况，在本书第四章中有专节论述。"骆尚忠"，应是骆尚志家族里的同辈人，来自骆尚志所部，非常熟悉戚继光的《纪效新书》，否则训练都监不会特派郎厅李自海专程登门请教《纪效新书》的相关内容。"宋侍郎"，指前面提到的明朝兵部侍郎宋应昌，是当时明朝经略朝鲜、蓟辽等处军务的总负责人，曾建议朝鲜将士兵放到吴惟忠、骆尚志等浙兵将领的军队里，与浙兵"三同"，一起操练。"刘总兵"，即前文提到的入朝参战的明军川兵将领、总兵刘綎。刘綎（1558～1619），字省吾，江西南昌府洪都县人，领川蜀兵五千人入朝，其父广东总兵刘显曾与戚继光、俞大猷在福建沿海携手抗倭，一举收复兴化。"金文盛"，是宋应昌派来协助训练新兵的首席教官。这里虽然没有交代金文盛来自明军的哪支军队，但是他应是当年接受过戚继光训练、来自浙兵的专职教官。因为宋应昌既然希望朝鲜新兵和浙兵一起训练，并且是依照《纪效新书》的定式和要求进行训练，那么曾经的戚家军兵将必定是第一人选，况且，金文盛作为首席教官，又"最晓阵法"。

柳成龙的上书可以说明，训练都监训练士兵是以戚继光的《纪效新书》作为教材的，训练士兵的教官主要来自浙兵将领骆尚志部下。训练都监不仅派员向浙兵将领请教《纪效新书》难解之处，而且还把招募的士兵，放到包括浙兵在内的南兵队伍里，委托熟悉《纪效新书》的南兵教官加以训导。为了表示对南兵教官的重视，柳成龙还提议让负责接待的官员亲自前去慰问。宣祖国王认为柳成龙的提议很是得当，并传令照此而行。

宣祖国王十分重视练兵一事，对帮助朝鲜练兵的明军教官礼遇有加，多次接见、慰问明军教官。如万历二十三年二月二十六日和二十九日、三月六日和八日，宣祖一连接见了四批明军教官。如此密集的高规格接见安排，显示了朝鲜方面对练兵一事的高度重视。

其中，三月八日接见的第四批教官胡汝和、王大贵、李二、张六三是最早的一批训练都监教官。他们多是因擅长指导练兵而从骆尚志军中临时抽调的，虽不是正牌教官，但同样恪尽职守、履职尽责，为初期都监军的训练做出了不可磨灭的贡献。后来随着"正牌教官"团队的登场，个别朝

---

　　① 《宣祖实录》卷四十三，二十六年十月六日第十一条，《朝鲜王朝实录》（22），第108页。

鲜官员开始对前期的"杂牌教官"说三道四、冷眼相看。于是，有的教官不仅人格遭到诋毁、无法在朝安身，甚至还遭受牢狱之灾。张六三正是其中一位。

张六三原是骆尚志标下旗牌官，因在平壤攻城战中身负重伤，先是随骆部养伤，后来被转移到医疗条件较好的刘綎所部营地休养。养伤一年有余，其间得到了骆尚志和刘綎的格外关照。万历二十二年四月，病体稍愈的张六三因思乡情切，便取道汉城回国，偶遇正在训练都监教练士兵的同乡亲友（结合前后情况判断，极有可能是胡汝和）。能在异国遇到故乡亲友，两人自然是高兴不已，便到彼处同住了十多天。其间与前来督察训练的朝鲜兵曹判书李德馨不期而遇，两人相谈甚欢。其时，身兼训练都监提调的李德馨是训练都监的实际负责人，主抓练兵，言谈中诚邀张六三留下与胡汝和等一起教练都监士兵。此时来自骆尚志军中的首批明军教官闻愈和鲁天祥两人刚于前月染病急逝（关于闻愈，本书第三章有专节论述），训练都监教官正缺人手，这可能也是李德馨求贤若渴的一大因素。

张六三为李德馨礼贤下士、求贤若渴的真情所打动，选择留下。可好景不长，同年六月初，李德馨因母丧守孝，不能履行职责，兵曹判书一职由其副手兵曹参判沈忠谦（1545～1594）接任。恰在此时，朝鲜接待都监以张六三是逃兵为由，停发了他的饷给。这引起了明军教官们的不满，他们上书沈忠谦，要求恢复张六三的教官待遇，但遭到拒绝。张六三认为自己遭到不公正待遇完全是因沈忠谦从中作祟，于是便给训练都监都提调、领议政柳成龙写了一封长长的揭帖为自己辩解。揭帖中详述了担任教官的前后经过，辩称自己是伤兵而非逃兵，是应邀而非主动为教；与此同时，他盛赞李德馨"谋猷识远，力练老成"，认为"非李尚书不能练将操兵"，希望柳成龙能敦促宣祖国王召还李德馨"以理军务"。为了尽可能地还原这一历史事件，在此全文摘录张六三上呈柳成龙的揭帖如下。

揭帖：

标下旗牌官张六三为公论难明，小人谗谤，以别效尤，以励人心事切。六原系骆副将标下旗牌，因去年正月间，攻克平壤，得级二颗，贼见斩首赶来，被伤两腿，力战数人，早从日暮，回营口吐鲜血，两肋疼痛，伏枕号呼，数月略愈。而命途多舛，又遭时疾，在八莒卧炕岁除，不期撤（营）镇。六形如枯骨，弱体难以随营，即蒙骆副爷给票，仰各驿站供应，仅存生命。不逾时，而刘总爷移营南原驻扎，杠抬残喘至彼，极蒙刘总爷情如父子，照常支给，等等周全，至正月间稍愈,欲留旗牌管事。六思离家日久,思归亦切,家有七旬父母,幼子娇妻,倚门悬盼,目断云霓。告辞赐票,四月间至王京,有练兵官是同乡亲友,拉六同往。旬日之间,适兵部李尚书来探,偶遇同谈,讲其军旅颇谙,御敌有方,武备而超群出众,教兵而练艺过人。彼云:"我国板荡,亦无智深识远,以救倒悬之苦,闷极,闷极,欲留足下暂救生灵。"恳请之诚犹如三顾,为国求贤,追寻月下。六见殷勤眷恋,知遇隆厚,剖心应允,则无辞志,图效用,意在策励,少伸宿志,何分异国?传言李堂官通事重加供应,优异非常,傍有申翰林、赵侍郎劝留,忭然得此艺精之辈,少助国威,实邦家之洪福。依命教练武艺数月,而李尚书丁忧辞阙守制,而分袂拳拳耿耿,丁宁不可懈驰,是有甄别重报也。不料小人进,则大事不成,谗言议作,谤谍交兴,则将支给口粮革去,不容久住王京。吞声月余,上白方行。六非哺啜之徒、贪婪之辈,屡克有功,一于朝廷出力,二于本国图成,辱可忍,言不可忍也。而慕与者求者皆为国家巩固,无涂炭之艰,则谤者谍者,苟窃利禄肥己,无拯民救弱之心。恭闻阁下才识宏猷、学贯尺神,赞万机而民心悦服,理军务而士卒欢腾。六仰望之心益切,睹颜诉衷曲犹深,则六无颇牧之能,非有管乐之贤,致误事机,无颜久恋,西归在即,亲面告辞。训艺三月有余,少有成效,而幽烛不明,徒为恺悌,意欲仰叩殿庭,剖沥愚衷,以伸心迹,以别效尤,虽无名而有甄别之名,死得瞑目。六日夜思维,非李尚书不能练将操兵,转启殿下,召出以理军务,可保万姓之无虞、所有忧服。且今乱世之际,邦国多难,妖氛未息,而先尽忠而后尽孝,所谓家贫思贤妻,国乱思良相,况李尚书谋猷识远,力练老成,如子房定高祖之洪基,赤心贯日,为国忠贞如周公助成王之浩业,当用励精求治之时,进贤退奸之际,愚人莽戆,不识进退,少祈悃愊,择采迂阔之言,望乞阁下甄别,以安人心,可黜谗谍之徒,则国家万民幸甚,而洞烛详察焉。[1]

"揭帖"作为一种上行文书,在明代已普遍使用。戚继光在《练兵实纪》中对"揭帖"的功能就有过说明:"凡有大事申报上司,于文书之外,

---

① 〔日〕朝鲜总督府:《朝鲜史料丛刊第四——唐将书帖》第二十四封信,韩国国立中央图书馆藏本,1934年。

仍附以揭帖，备言其事之始末，情节利害缘由。"① 然而，柳成龙非但没有为张六三申辩，反而将揭帖内容告知了当事人沈忠谦。柳成龙的做法其实也不难理解，一方是身无实职的明军业余教官，而另一方则是兵权在握的同僚大员，深谙为政之道的柳成龙自然拎得清孰轻孰重。他一方面将揭帖的内容透露给沈忠谦，在沈忠谦那里得个人情；另一方面考虑到宣祖一向对明军教官的重视，最终做出"厚待以送"的处理决定，这样在张六三那里也能说得过去。

通过后面沈忠谦的奏文可知，张六三是万历二十二年七月六日将此揭帖上呈给柳成龙的。次日是七夕节，朝鲜方面安排近臣注书（承政院正七品官职，主要职责为记录《承政院日记》）南以信（1562～1608）代表国王前往明军教官寓所设宴慰问。张六三等人还就节制权问题向其提出要求并希望转达给宣祖国王："且本国中军、把总等官，皆有职武臣，近来颇违俺等节制。请依闻千总例，一听节制，则庶可号令。若如前因循违误，则俺等徒受国王厚恩，而空留何益？愿以此意启知。"② 宣祖国王接到南以信的报告后，当即下令赋予明军教官以节制权，并令兵曹和训练都监对接受训练的朝鲜官兵严加管束："观此教师差官之言，则军中之解弛可知，极为骇愕。今后令教师差官，我国将官以下，违节制不用命者，一依军法捆打事，告于差官，兵曹、训练都监，亦知委于将官以下。兵曹更为严加约束军中，以严为主，违节制怠慢者，兵曹亦宜严杖。言于兵曹、训练都监。"③ 宣祖国王知道张六三等人的"节制权"要求无可厚非，因为如若士兵不听教官的节制，那么练兵难有成效。

沈忠谦受此贬损，内心忿懑，而就在此时，又得到了宣祖下达的指示，更是愤愤不平，他担心宣祖已经知晓张六三的揭帖内容，于是来到宣祖面前为自己辩白。

> 兵曹判书沈忠谦启曰："臣受任未久，因他务浩繁，其于练兵之事，未暇逐日亲自操演，每敕常仕提调及各该将官，照旧施行。教师所谓军律解弛，未知指为何事，极为惊骇。当初教师有闻愈手下胡汝和、王大贵二人，其后李二者追到。又有骆参将逃军张六三者，自刘总兵营来到，无端以教师自处，一日所支米五升、豆七升，日设虚

---

① （明）戚继光撰，邱心田校释：《练兵实纪·杂集》卷三《将官到任宝鉴》，北京：中华书局，2001年，第260页。

② 《宣祖实录》卷五十三，二十七年七月七日第五条，《朝鲜王朝实录》（22），第308页。

③ 《宣祖实录》卷五十三，二十七年七月七日第六条，《朝鲜王朝实录》（22），第308页。

名，冒受家丁马匹料于江监，非但虚费甚多，挟娼作弊，事甚可恶。接待都监，觉其为逃军，减去其料，教师辈，呈帖于臣，请因以教师待之。臣答以教师，既有启知之数，未敢擅便云，则六三以减料，疑臣所为，昨昨授帖于领议政柳成龙，语颇侵臣，至有进贤退奸等语，其诪张可怪。臣与领相相议，还给其料，而不许其仍留，使通事厚待以送。其所不满之意，多出于此。且今教师辈，欲受其节制，如待闻愈。闻愈乃有职将官，而人物与技艺皆可观，此辈乃厮役贱卒，别无技能。臣之妄意，国家恐不可以待闻愈者待之。臣于练兵一事，非不欲尽心，而性实愚暗，处事不敏，区区素志，徒欲务实，而反致天将不职之讥，惶恐待罪。且有所怀，不敢不直达。"

沈忠谦列举了张六三诸多罪状——"无端以教师自处"；"日设虚名，冒受家丁马匹料于江监"；"挟娼作弊"，认为张六三的所作所为"事甚可恶"。同时，他又声称张六三等明军教官"乃厮役贱卒，别无技能"，不能与"人物与技艺皆可观"的有职将官闻愈相提并论，因而无法给予同等待遇，即让受训的朝鲜官兵听从张六三等人的指挥管辖。

然而，宣祖国王对沈忠谦的说法颇不以为然，并举伊尹和姜太公之例，对沈忠谦进行了一番批评教育。

传曰："此曲折，不能知之。与天朝人，何足较？但胡、王二人，则国家初既不以为厮役贱卒，而待之以教师，使诸军就习焉，则其有职无职，似不须论。如以为厮役无技能云，而待之贱恶，则不如关遣之为愈。大凡人之学于彼者，只学其道而已，其人之贵贱，似不系焉。举大者而言之，则伊尹，田夫也，成汤学焉；太公，渔人也，文王学焉。既曰师云，则三军当以师道待之。一边称之为师，一边贱恶蔑之，恐为未稳。此二人，予常时至诚待之，今此启辞，恐或及于其耳。与领相参酌方便，好样为之。"①

宣祖认为，在生死存亡系于大明的形势下，胡汝和、王大贵二人，既然当初没有嫌弃其职位低下，那就不必论究其是否有职务，与其因其身份低下而怠慢这些明军教官，还不如干脆将其打发走为好。另外，既然称其为教师，那么三军就应待之以尊师之礼，而不该一边称其教师，一边又以出身

① 《宣祖实录》卷五十三，二十七年七月八日第六条，《朝鲜王朝实录》(22)，第309页。

卑微而冷眼相看。宣祖国王的上述态度，充分体现了他对明军教官的重视与尊重。

张六三是否真如沈忠谦所言那么不堪，其实并没有那么重要，而张六三等人要求拥有对朝鲜受训官兵的节制权，也许才是问题的关键所在。在某些朝鲜官员看来，以下制上有违传统儒教秩序，是万不可接受的。这也正是明知宣祖国王站在明军教官一边，而沈忠谦仍固执地坚持"国家恐不可以待闻愈者待之"的原因所在。

既然宣祖国王对明军教官重视有加，沈忠谦与柳成龙达成默契的"驱赶张六三"的处理决定恐怕也只得收回。然而，作为兵曹判书的沈忠谦在宣祖那里碰了钉子，自然心气不顺，很有可能将张六三和李二的所谓不良行迹通报给了当时留朝明军最高统帅总兵刘綎，结果张、李二人被刘綎派人拘拿。宣祖国王听到消息后怒不可遏，当即下令将在刘綎面前搬弄是非的翻译官和兵曹相关官员一律逮捕入狱。

> 传曰："教师唐官李二、张六三，刘总兵拿去云。凡人家父兄，为子弟受业之师，尚且款厚。今欲讨贼，而练兵教师唐官，中间饶舌，终致系颈而去，是何心哉？此无非忘国大贼之致。故相朴淳，曾有言曰：'人心薄恶，无如我国。'予尝服膺不忘，厥后一一皆验。今次之事，不胜愤愤。其人等，情事可哀，令该曹，量给银两，前日总兵问之之时，诋毁通事及兵曹郎厅，诏狱。"①

宣祖认为，即使是普通人家对待教师都极尽精诚，更何况眼下是为了讨贼请人练兵，竟然有人在中间多嘴多舌，以致练兵教官被系颈捉拿而去，这分明就是祸国殃民的丑恶行径。宣祖还援引已故宰相朴淳（1523～1589）所言"人心薄恶，无如我国"，直言不讳，痛批人心险恶的朝鲜官场。宣祖十分同情李二与张六三的遭遇，指示兵曹多给两人送些银两。

笔者虽没查到张六三被释放的直接史料证据，但从前述第二年三月张六三与李二等受到宣祖国王接见一事来看，后来事情应该是得到了圆满解决，李二、张六三重新回到训练都监担任教官。这里有两种可能：一种是经明军门查证罪名不成立，两人得到无罪释放；另一种就是朝鲜方面出面干涉，向刘綎施加影响，将两位教官解救了出来，这就等于朝鲜官方公开宣告了李二与张六三的清白。巧合的是，就在上书国王十天后，沈忠谦本

---

① 《宣祖实录》卷五十六，二十七年十月四日第三条，《朝鲜王朝实录》(22)，第 359 页。　　　91

人就遭到朝鲜司谏院的弹劾。

> 司谏院启曰："兵曹判书沈忠谦，为人汰侈，黩货无厌。久据骑省，武弁之发轫，多出其门。不问其人之贤否，惟视贿赂之多寡，凡所注措施为，无非托公济私，识者之唾骂久矣。及为判书，日益骄盈，恣行无忌，怠弃兵务，使练军大事，中废不举，军心解弛，无复劝励，散亡相继，队伍日缩。至于上番军士代立之际，不择丁壮，曲徇请托，受米闲游者，率多豪势之奴。又令其奴，多数雇立，显有鄙陋之讥。此而不惩，将无以收拾军政，以济国事。请命罢职。"①

司谏院列出的罪名虽说有卖官鬻爵、假公济私、徇私舞弊、怠弃兵务等多条，但其中"使练军大事，中废不举，军心解弛，无复劝励，散亡相继，队伍日缩"，说的正是沈忠谦主抓练兵不力所造成的严重后果。看来，张六三对他的指责并非信口雌黄。虽然宣祖国王以非常时期为由，没有接受司谏院罢免沈忠谦的提议，但迫于各方压力还是将其调离了兵曹。沈忠谦也因此悒悒不乐，仅仅过了四个多月，未到知天命之年便突发疾病去世了。②

然而，故事并没有就此结束。万历二十六年三月，重返朝鲜战场的胡汝和与张六三两人，请求拜谒，受到宣祖国王的亲切接见。

> 胡汝和、张六三两人，请谒于时御所。上曰："大人昔临小邦，教练军民，勤劳实多，余敢或忘？欲陈功劳于陈御史，体面尊严，未得从速图之，不胜恨叹。"张六三曰："昔日来此之时，国王移咨军门前，道小的微劳，今又移咨于陈爷，累蒙厚恩，不知所谢。"又曰："前者胡大受，以小的为妄言，瞒告孙军门，囚于永平府，幸赖国王移咨得脱。自今至死之年，皆是国王之恩。"上给礼物，二人遂再拜而退。③

从上述记载可知，宣祖国王不仅一直通过移送咨文为张六三美言请功，而且还曾为被囚禁在永平府（府治在今河北省卢龙县）的张六三求情。按照张六三的说法，是明军教官总负责人胡大受罗织"妄言"罪名，将其状告

---

① 《宣祖实录》卷九十八，二十七年七月十八日第一条，《朝鲜王朝实录》(22)，第 316 页。
② 参见《宣祖修正实录》卷二十八，二十七年十二月一日条，《朝鲜王朝实录》(25)，第 653 页。
③ 《宣祖实录》卷九十八，三十一年三月二十三日第五条，《朝鲜王朝实录》(23)，第 403 页。

到经略孙矿那里，结果被关进了永平府监牢，多亏宣祖国王移送咨文为其求情，他才被释放出来。

教练游击胡大受被经略孙矿派到朝鲜指导朝鲜练兵，于万历二十三年七月入朝，同年十二月回国。在其统辖百余名明军教官训练朝鲜八道士兵的过程中，曾发生过被派往朝鲜地方的明军教官扰害当地民众的事件，作为负责人的胡大受因此而背负着巨大的压力。在这种情况下，他为了严肃军纪，同时也给朝鲜方面一个交代，严肃处理，以儆效尤是情理中事。张六三极有可能因此受过。而从"妄言"的罪名来看，应该还是与张六三写给柳成龙的那封揭帖有关。兵曹判书毕竟是王朝重臣，攻击沈忠谦够得上"妄言"之罪。至于提请恢复在老家守孝的李德馨兵曹判书官职的建议，涉及朝鲜高层的人事安排，更不是一个小小的明军教官应该谈论的事情。危急时刻，宣祖国王及时出手相救，移咨军门孙矿为张六三辩护求情，张六三才得以无罪释放、恢复军籍。

宣祖国王如此庇护张六三这样一个名不见经传的小人物，与朝鲜尊师重教的儒教传统不无关系，或许也与《纪效新书》的影响分不开。戚继光在《手足篇》中明确指出："教习之道须先重师礼。……教师之类，于位甚卑，然在兵卒之间，即师父之尊也。……师道不立，则言不信，教之不遵，学之不习，习而不悦。师道废而教无成矣。须于兵卒间隆以师礼，付以便宜，凡兵士之不听教者，得径行责治，禀官示以军法。"[1] 不难看出，潜心研读过《纪效新书》的宣祖国王十分认同戚继光的"尊师论"。然而，更多的还是与张六三等人在训练都监初创期为教练都监军所付出的艰辛和所取得的成效密切相关。换言之，是张六三等人的辛勤付出换取了宣祖国王的信任与敬重。

反观张六三其人，作为传递号令的军吏，聪明伶俐是必备素质。嘉靖二十九年，时年二十三岁的戚继光赴京参加会试，适逢俺答部入犯密云、顺义等地，京师戒严，戚继光就曾以试者身份任总棋牌，督防九门。细读张六三给柳成龙的揭帖，文笔流畅、思路清晰，与朝鲜兵曹判书萍水相逢，一番言谈便能打动其心。与胡汝和一起拜谒宣祖国王时，全程只有他一个人在与宣祖对话。由此可以看出，张六三确实能言善道。也许正因如此，朝鲜方面才把他当成了早期几位明军教官的代表，以至于朝鲜史料在记述训练都监时，多有"骆（尚志）拨帐下张六三等为教师"的说法。虽说张六三确为骆尚志帐下，可他在平壤攻城战时两腿受了重伤，卧病一年

---

[1] （明）戚继光撰，范中义校释：《纪效新书》（十四卷本）卷六《比校篇》，北京：中华书局，2001年，第123～124页。

有余才稍愈，这期间根本不可能使枪弄棒以司教官之职。所以此说与史实略有不符，但也从另一侧面印证了张六三确有过人之处。

明军把总陈文亮作为陈良玑率领的十六人教官团队成员之一，于万历二十三年二月进入朝鲜。同年三月六日，他与千总朱文彩、把总屠科一起受到了宣祖的接见。当万历朝鲜战争第二阶段战事再起，再次踏入朝鲜战场的朱文彩借此机会给宣祖国王写了一封问候信。宣祖国王虽因战事吃紧、忙于应酬经理杨镐与提督麻贵而无暇接见，但还是于百忙之中给陈文亮写了回信。[①] 陈文亮不过是一位担任把总的下级军官，只是因为教练过朝鲜军队，便得到了朝鲜国王的如此厚待。这也再次凸显了宣祖国王对明军教官的尊重与重视。

三、按照《纪效新书》的训练模式练兵

1. 严选精兵

戚继光在《纪效新书》中，特别重视对兵员的挑选，在卷一《束伍篇》中强调"兵之贵选，尚矣"，还说在选兵时，"不可用城市油滑之人"，"不可用奸巧之人"，而要用"乡野老实之人""惯战之人"，最好是"精神力貌兼收""第一选人以精神为主"。[②] 训练都监在招募新兵时，也很好地坚持了高标准原则。当时，主管训练都监的柳成龙曾回忆道："时命设都监练兵，以余为都提调。余请发唐粟米一千石为粮，日给人二升，招募军人。应募者四集。堂上赵儆以谷少不能给，欲限之。设法置一巨石，令应募者，先举试力。又令超越土墙一丈许，能者许入，不能者拒之。人皆饥困无气，中格者十之一二。或有在都监门外，求试不得，颠仆而饿死者。不久得数千人，教鸟铳枪刀之技，立哨官把总以领之。"[③] 由于惨遭倭军烧杀抢掠，满目疮痍的朝鲜遍地饥民。当训练都监招募新兵时，汉城及周边的饥民为了填饱肚子，便竞相前来应募，其中羸弱病残者不在少数。为了选出优质兵员，确保都监军的战斗力，具体负责新兵训练的赵儆大将提出苛刻的要求，即让应募者举巨石以测试力气，又让其翻越土墙，测试跳跃能力和灵活度，两方面均合格者才能入选。在大批饥民蜂拥而至的情况下，训练都监并没有降低门槛，而是严格按照"选兵贵精"的原则，坚持高标准挑选合格兵员，把好了精选兵员的第一关。

---

① 参见《宣祖实录》卷九十三，三十年十月八日条，《朝鲜王朝实录》(23)，第 311 页。

② (明)戚继光撰，范中义校释：《纪效新书》(十四卷本)卷一《束伍篇》，北京：中华书局，2001 年，第 11~12 页。

③ 〔朝〕柳成龙：《西厓集》卷十六《杂著·训练都监》，《韩国文集丛刊》(52)，1990 年，第 325 页。

新募兵士经过一段时间的训练之后，训练都监还要根据实际情况加以精简淘汰。

> 传于政院曰："近观兵曹，勤于训练，深嘉。为国尽职，非人所及。第练兵虽勤，简兵当精。今以冗杂无勇者，择之不精，苟充行伍，只习安坐放丸试铏（同'剑'），恐非所谓练兵之道也。古人练兵，唯务精而不务多。……古人又教士，足囊以沙，渐渐加之。戚继光曰：'兵须学跑'，《（纪效）新书》有练足、练身之法。教兵，盖多术矣。今之教兵，或似未尽。予意大加简阅，汰其身残、力弱、体钝、足重、年多之人，只取精壮，又必习跑、习步。且前日所教，毒火、毒矢之法，若曰无用则已，不然，不可不传习，而其后似无所闻。此意言于训练都监。"①

"政院"，"承政院"的简称，为朝鲜时代国王的秘书机构。上述记载是宣祖国王通过承政院给训练都监下达的指示，指出练兵"务精而不务多"，要留下"精壮"的，淘汰掉"身残、力弱、体钝、足重、年多之人"。"体钝"，即指身体笨拙、不灵活的。"足重"，即指不能走远路的。"年多"，即指年龄大的。因为训练都监招募的士兵，要按照《纪效新书》的"练足、练身之法"进行训练，"兵须学跑"，身残、力弱、年龄大的人显然无法适应。仅过了十余天，宣祖国王又提到了练足之事："予尝以教人急走事传教矣，《纪效新书》亦有之。古人亦有荷沙而走者，此乃习其血气之强也。"② 足见其对士兵练足一事的重视。宣祖国王所倡导的"简兵当精"原则，戚继光早在《纪效新书》卷一《束伍篇》"原选兵"中就有所论及。"兵有额数，饷有限给，其法惟在精"，"第一可用，只是乡野老实之人。所谓乡野老实之人者，黑大粗壮辛苦，手面皮肉坚实，有土作之色是也"。③ 宣祖国王提到的"汰其身残、力弱、体钝、足重、年多之人"，是结合当时朝鲜的实际情况而提出的具体要求。

2. "教以戚氏三手练技之法"

前文提到，当时朝鲜士兵学习的主要内容是"戚氏三手练技之法"。《宣祖修正实录》二十七年二月一日第三条记载："旬日得数千人，教以戚

---

① 《宣祖实录》卷五十，二十七年四月十日第一条，《朝鲜王朝实录》(22)，第 250 页。

② 《宣祖实录》卷五十，二十七年四月二十四日第二条，《朝鲜王朝实录》(22)，第 259 页。

③ (明)戚继光撰，范中义校释：《纪效新书》(十四卷本)卷一《束伍篇》，北京：中华书局，2001 年，第 6~7 页。

氏三手练技之法，置把总、哨官，部分演习，实如戚制，数月而成军容。"① 同年十二月一日第一条又记载："遣教士于各道，训习三手技法（炮、射、砍法），置哨军。"② 这说明，当时无论是中央的都监军，还是地方的束伍军，都在训习戚继光的"三手技法"，即进行炮手、射手、杀手技能训练。

其中，训练炮手（使用鸟铳、西式火炮等新式火器的士兵）是当时练兵的重点。然而，当时所下的功夫和占用的时间，更多的还是在训练"杀手"（使用刀、剑等冷兵器的士兵）上，也就是说，训练"杀手"是当时的练兵难点。据《宣祖实录》记载：

> 训练都监启曰："练兵一事，前年已为之事目，知委于各道，继为下谕申饬，各官措置形止，未知如何？今教师唐官，派分各道，若不及此机，粗得头绪，则唐官虽欲勤勤训诲，而在我无尽心协力干事之人，势必不可成矣。且练兵，必须至诚匪懈，明施赏罚，使编伍之人，有所乐赴而兴起，然后方可见成效。……兵之所以贵乎练者，只以练手、练足，以至练心、练胆，艺高而勇生，手熟而胆大，惟此之为急耳。浙人尝曰：'炮手、射手，所谓不过一举手之劳耳。练兵工夫，则专在杀手上，习阵节目，则分练为最切。'其谙委兵法者，无不以是为言，我国之人，全然不解此等妙理，乃敢曰：'挥枪、用剑，真是虚事。炮手虽胜于杀手，而不如我国长技弓箭之为捷疾。'不究其所以，而视为一场哗笑。是故，外方之稍欲练兵者，亦不免为此习所拘，其中最号力于操练者，只会放鸟铳而已，枪、筅、钯、牌运用之势，则懵不知何事。如此而言练兵，岂非疏阔之甚乎？大概都监，既任训练之责，则似不但句管京中累百之卒，外方所练之兵，亦当总领梗概，时遣郎厅试阅，以为劝惩……（列邑）趁备杀手、器械，请学于教师，无得如前玩愒。……其中缓慢守令，随所闻摘发实状，痛治其罪，何如？"上从之。③

"练手、练足""练心、练胆"，皆出自十四卷本《纪效新书》，其中卷三、卷四、卷五均为《手足篇》，卷十一则为《胆气篇》，对"练手、练足""练心、练胆"的要求都有具体阐述。戚继光十分重视练心、练胆，

---

① 《宣祖修正实录》卷二十八，二十七年二月一日第三条，《朝鲜王朝实录》(25)，第646页。
② 《宣祖修正实录》卷二十八，二十七年十二月一日第一条，《朝鲜王朝实录》(25)，第653页。
③ 《宣祖实录》卷六十二，二十八年四月二十四日第五条，《朝鲜王朝实录》(22)，第486页。

他在《胆气篇》中指出："齐强弱为一人，合万人为一心，将之道也。"即强调了练心的重要性；"练胆气乃练之本"①。更是将练胆气置于练兵最核心的位置。训练都监既然认识到了"练心、练胆"的重要价值，那么必然会将其作为训练事目运用到实际训练之中。"枪"，这里指古代长枪，即在长柄上装有锐利尖头的兵器。"筅"，即《纪效新书》中所说的"狼筅"，能对付以劈砍见长的倭刀，非常适用于与倭寇对战。戚继光在《狼筅解》中对此有所论及："缘临敌白刃相交，心夺胆怯，他器单薄，不见可恃，虽平日十分精习，临时张皇失措，忘其故态。惟筅则枝稍茂盛，遮避一身有余，眼前可恃。足以壮胆，庶人敢站定。"② "钯"，即《纪效新书》中所言"镗钯"，用于击刺、挡隔的多刃大兵器。戚继光在《镗钯解》中对"镗钯"的功能亦有论述："上用利刃，横以弯股，刃用两锋，中有一脊。……短兵（器）种类甚多，而惟此一品，可击可御，兼矛、盾两用。"③ "牌"，即《纪效新书》中所说的"藤牌"。戚继光在《藤牌解》中对其制作方法和功能有过粗略的说明："老粗藤如指，用之为骨，藤篾缠联，中心突向外，内空，庶箭入不及手腕也。……国初用木加革，重而不利步，以藤为牌，近出南方，虽不能御铳子，其矢石枪刀皆可蔽，所以代甲胄之用。"④

上引记载说明，训练都监向朝鲜各地分派了明军教官，以指导地方练兵。然而，地方上在练兵过程中，对戚继光在《纪效新书》中强调的"练手、练足，以至练心、练胆"这些练兵的核心要素重视不够。为了增强说服力，训练都监还援引浙兵将领的话，强调炮手和射手练起来很容易，不过举手之劳，其实练兵的重点与难点在于杀手训练上，因而分头训练习阵条目最为迫切。熟知兵法的浙兵将领如此强调训练杀手的重要性，说明他们已经注意到了朝鲜在练兵上存在的重炮手轻杀手的问题，这是在善意提醒朝方。然而，部分朝鲜官员却全然不解个中深意，认为杀手之技毫无用处，炮手之技虽胜过杀手之技，但也不如朝鲜长技弓箭快速敏捷。开战以来，朝鲜的弓箭屡屡败于倭军的鸟铳和长刀。面对这样的现实，这些朝鲜

---

① （明）戚继光撰，范中义校释：《纪效新书》（十四卷本）卷十一《胆气篇》，北京：中华书局，2001 年，第 210 页。

② （明）戚继光撰，范中义校释：《纪效新书》（十四卷本）卷四《手足篇》，北京：中华书局，2001 年，第 91 页。

③ （明）戚继光撰，范中义校释：《纪效新书》（十四卷本）卷四《手足篇》，北京：中华书局，2001 年，第 86 页。

④ （明）戚继光撰，范中义校释：《纪效新书》（十四卷本）卷四《手足篇》，北京：中华书局，2001 年，第 78 页。

官员竟然选择视而不见，反而对炮手和杀手表现出不屑一顾的态度。在这样的氛围下，地方那些原本有志于练兵的人也不免产生了动摇。结果，所练士兵只会放鸟铳，而对本应掌握的基本功，包括"枪、筅、钯、牌"等冷兵器的运用方法和技巧却全然不知。为此，训练都监建议国王下令各地提前选好杀手、备好器械，以便就教于明军教官，绝不可像从前那样虚度光阴，并表示将不定期派员下去检阅，对履职不力的地方官员"痛治其罪"。这说明朝鲜训练都监在主导教练"三手技法"的过程中，积极汲取戚继光当年的练兵心得，认识到轻视杀手训练的危害性，积极采取向地方派遣明军教官等措施，以强化地方束伍军"杀手"技能。

然而，由于鸟铳、火炮等新式火器杀伤力大，训练效率高，所以朝鲜各地在组织训练新兵时，在编制上一度出现了偏重炮手而轻视杀手的人员配置问题，偏离了《纪效新书》所规定的各兵种占比要求。朝鲜兵曹发现问题后，及时上报宣祖国王，并采取措施予以纠正。《宣祖实录》二十九年四月二十一日第四条记载：

> 兵曹启曰："练兵一事，本曹及训练都监，前后移文，指授外方者，非不勤矣，而罕见实效，徒有扰民之名，岂当事之人，尽是少有干事之诚哉？其于措置施设之际，或失其妙理而然尔，良为可叹。……且《纪效新书·束伍篇》，一司五哨内，鸟铳只为一哨，而杀手多至于四哨。今之练兵花名，则随见在之数，尽为炮手，火药、鸟铳，于何办得而习放乎？火药，既不可多得，则减定炮手之数，使得精练，而其余则教以射弓、枪剑之技，固无所妨。……"上从之。①

上述记载是朝鲜兵曹向宣祖国王汇报地方军队训练情况的内容。"外方者"，这里指京城之外，或中央政府直属的军队之外，即朝鲜地方政府或地方军队。汇报中提到，京都之外的军队没有按照《纪效新书·束伍篇》中的编制标准组织训练，学习鸟铳、火炮的士兵过多，而学习刀、剑等冷兵器的士兵偏少，导致没有足够的火药用于炮手练习。因此，提议须按《纪效新书·束伍篇》中的编制标准组织训练，减少炮手数量，增加学习"射弓、枪剑之技"的士兵数量。兵曹这一提议得到宣祖国王的批准。通过此事可知：一是朝鲜兵曹认识到练兵也要分轻重缓急，从而加深了对《纪效新书》束伍"妙理"的认识；二是当时朝鲜非常重视新式火器在战

---

　　① 《宣祖实录》卷七十四，二十九年四月二十一日第四条，《朝鲜王朝实录》(22)，第692页。

争中的应用，致使学习使用鸟铳、火炮的士兵数量严重超标，造成了"炮手"与"杀手"的比例倒置，与实战要求不符；三是朝鲜当时是严格按照《纪效新书·束伍篇》的编制标准进行编队训练的，不仅驻防京城的中央军如此，地方守军同样如此，一旦发现问题，能够及时采取措施加以纠正。

万历朝鲜战争期间，朝鲜按《纪效新书》的要求训练"杀手"，并对此常抓不懈，不仅要求依照《纪效新书》中所定比例配置"杀手"的数量，而且还要求炮手、射手也必须掌握"杀手"技艺。

> 训练都监启曰："炮、杀等事传教矣。……杀手技艺，五器相资，临阵各有所用，而今者都监之名杀手者，不曾备得《纪效新书》之制，炮多杀少，不成真套，重以论议嗤笑，使人专无兴心。始事累年，无模如此，诚可寒心。至于剑技，则炮手、射手，亦必兼习而后，可以防御到近之贼。各军一体，皆习剑事。前此亦为启下公事，今依上教，各别劝奖为当。炮手又须兼习各样大炮。《纪效新书·比校篇》内，亦似以佛朗、虎蹲、神飞等炮试放，岂专习鸟铳而已哉？"①

训练都监在报告中进一步阐明：杀手技艺指的是五种兵器相互配合，在作战时各自发挥不同的作用。但当时朝鲜存在的问题仍然是"不曾备得《纪效新书》之制，炮多杀少"，没有严格按照《纪效新书》所定比例配置"杀手"，"炮手"过多，而"杀手"过少，不是合理的搭配，再加上时人对杀手训练多持嘲讽态度，导致士兵避之不及。鉴于此，训练都监提出，即使"炮手""射手"，也要兼习杀手技艺，掌握"剑技"，只有这样才能有效地抵抗近身之敌。因此，对各个兵种都要学习剑术一事，训练都监已经下达了通知，今后将采取相应的奖励措施。此外，训练都监还举《比校篇》中让炮手试放佛郎机、虎蹲炮等为例，主张"炮手"除了鸟铳外，还应学习其他火炮的施放技能。

宣祖国王十分重视对"杀手"的培养，甚至欲将"杀手"考核内容纳入科举考试之中，但又担心难以制定考核的具体标准。万历二十二年九月十五日，在观摩杀手枪剑试才现场，宣祖就曾向身边的大臣吐露过自己的担忧："（杀手）此技用于科举，则上下、中上，分辨为难矣。"时任兵曹

---

① 《宣祖实录》卷七十四，二十九年十二月八日第三条，《朝鲜王朝实录》(23)，第127页。

判书的李恒福深表赞同:"上下、中上,其间优劣,不甚悬绝。只以一时所见,第其高下,若用于科举,则未免有不均之患矣。"经过慎重考虑,宣祖国王选择暂时放弃将"杀手"技艺纳入科举的想法,而代之以对优秀的"杀手"升官重赏:"剑枪试才,优等入格者升职,其余各赐儿马及米布。"①

宣祖国王对杀手训练之事格外上心,定期组织杀手比武试才,以检验训练效果。万历二十三年五月,就入直杀手试才和《杀手谱谚(解)》等事宜对训练都监提出要求,敦促其迅速落实:"入直杀手,欲于后苑别试才论赏。未知某人监试等第,且杀手元数几许?且《杀手谱谚(解)》,使人人易知事传教,日月已久,而至今不为,殊为未便。"② 宣祖国王欲对选为王宫禁卫军的"杀手"进行考核,要求训练都监安排主管人员并报告"杀手"数量,同时还对训练都监没有及时落实翻译《杀手谱谚(解)》以便于"杀手"理解和学习一事,提出了严厉批评。

同年六月,宣祖国王还批准了备边司对儿童杀手的分等论赏的请示报告:"平壤试才时,闾巷儿童,亦解队伍之法,用旗结阵,又善杀手之技,入格者三十八人,至为可嘉。姑以米、布,分试才上下等论赏,以示劝惩之意。"③ 宣祖国王同意从平壤青少年中选拔出来的三十八名"善杀手之技"者加入训练都监新兵行列,并按等次给予奖赏。也许正是受此事启发,万历二十四年五月,"兵曹判书李德馨,令各道抄括儿童,教三手技艺"④。这说明当时朝鲜全国上下掀起了学习"杀手之技"的热潮,就连平壤街头的青少年也熟悉"队伍之法","善杀手之技",而兵曹判书李德馨还令各道向平壤学习,选拔少年儿童,组成童子军,教练"三手技艺",以培养后备力量。

训练都监既然将《纪效新书》定为教科书,那么,当时民间学习的"队伍之法""杀手之技",也多半是来自《纪效新书》中的相关内容。万历二十三年十月五日,宣祖国王还亲临比武现场,观摩"杀手"等新兵的考核比赛,并为参赛者论功行赏⑤;三天后,他又亲临另一比武现场,不仅当场论等次加以奖赏,而且还对论赏规则提出了修订意见:

---

① 《宣祖实录》卷五十五,二十七年九月十五日第二条,《朝鲜王朝实录》(22),第 348 页。
② 《宣祖实录》卷六十三,二十八年五月二十八日第一条,《朝鲜王朝实录》(22),第 502 页。
③ 《宣祖实录》卷六十四,二十八年六月十四日第一条,《朝鲜王朝实录》(22),第 512 页。
④ 〔朝〕赵庆男:《乱中杂录(三)·丙申》,韩国古典综合 DB,https://db.itkc.or.kr,第 28 页。
⑤ "上御别殿,试武臣用剑及杀手才,试毕,论赏有差。"《宣祖实录》卷六十八,二十八年十月五日第一条,《朝鲜王朝实录》(22),第 572 页。

　　　　上幸崇礼门外，亲试武艺，论赏有差。武士，片箭二中者，升
　　职，一中者，儿马一匹赐给。炮手三中者，有职则升职，良人则禁军
　　除授，二中者，儿马一匹，一中者，木绵一疋赐给。上曰："古人云：
　　'鸟铳五倍于弓矢。'我国今岂可轻？画数既同，而论赏则异，人心不
　　无解体。政丞（金应南）以为：'弓矢为上，鸟铳次之，杀手为下'
　　云。予意则不如是。鸟铳一中者，虽不得准给儿马，加赏之意，问于
　　该司及都监。"①

"武士"，这里指朝鲜军队中的军官或原有的老兵，他们擅长朝鲜传统的射
箭技艺。根据上述记载，朝鲜当时武艺考核奖励标准是"武士"射箭，
"二中者，升职"，而"炮手三中者"才能升职。亲临观武的宣祖国王认
为，对使用鸟铳的"炮手"的奖赏，应与射箭的"武士"的奖赏标准一
致，并当场批驳了左议政金应南"弓矢为上，鸟铳次之，杀手为下"的观
点。这说明，宣祖国王非常看重依照《纪效新书》来训练士兵，认可戚继
光鸟铳"五倍于弓矢"的观点，因此告诫近臣，不能轻视学习新式武器和
操练新式武艺的士兵，对他们的奖励应该与传统箭手一个标准。

　　到了后期，随着对炮手需求量的日益增加，训练都监的炮手数量并不
充足，所以有时只能以杀手充当炮手调派到北部边防地区以救急。在这种
情况下，训练都监提出让炮手学习剑法，而让杀手和射技不佳的射手兼习
放炮之法。训练都监启曰："《新书》所谓：'炮手、杀手、枪手、藤牌、
镋钯等手，合技成阵，然后随时应变，各效其能。'而近来南北方赴防，
不得全司下送。炮手，则或多益于战场，而如刀、枪等手，则还为无用之
物，而都监炮手，元数不敷，循环防戍，不得已以杀手充送，临阵之时，
不无生疏之患。大概对敌稍远之时，炮手当用，而杀手则闲，与敌相搏之
时，杀手当用，而虽炮手，不得不弃炮而用剑。以此推之，则炮手亦当习
剑，而杀手又可兼习放炮。况今制其北胡，莫利于炮，前后启请，必要炮
手。若此不已，则连续替防，将无以继之。自今以后，都监操练枪、杀
手，亦令兼习放火，炮手亦使之习剑，射手中不能射者，并令习炮，以备
缓急之用。"② 训练都监的提议，得到了宣祖国王的赞许。

　　训练都监基于《纪效新书》中"远近兼授""长短相救"的理论，认
识到综合能力训练的重要性，因而提议对炮手、杀手进行综合训练。如上
所述，朝鲜从援朝明军中聘请教官，依照《纪效新书》训练士兵。但由于

---

① 《宣祖实录》卷六十八，二十八年十月八日第一条，《朝鲜王朝实录》(22)，第 575 页。
② 《宣祖实录》卷一百二十七，三十三年七月二十四日第二条，《朝鲜王朝实录》(24)，第 103 页。　　101

明军教官来自不同的地方，他们所教授的一些武艺技法存在着一定的差异，即便都是来自"浙兵"的教官，吴惟忠率领的"浙兵"和骆尚志率领的"浙兵"在布阵方法和练武的手法、足法上也不尽一致，这一度给完全照搬《纪效新书》的训练都监带来了困惑。但经过一段时间的训练后，宣祖国王和训练都监逐渐达成了共识，这就是在依照《纪效新书》训练士兵时，对明军不同的布阵方法和练兵技艺要"取其所长"，"广习诸技"。

> 训练都监启曰："都监之军，虽不可为十分精练，数年教阅，颇知坐作进退之法，不至紊乱失次。但所习者，南法，不知都督教练，又出于何法？自前观天将所行阵法，亦皆不同……吴总兵处，其时即令中军赵谊，往请教师，则总兵即发军中善于武艺者六人，连日来教于都监，其言用枪之法，亦稍与《纪效新书》有异。《新书》则以枪梢软颤者为上，而此则以软颤为非。大概以为我国之军，于诸技，颇已向熟，只是手法、足法，有些少未通处云。《新书》中，杀手之技，有花法、正法，未知前后唐人所教，孰正孰花耳。……盖都监军所习之法，出于闻俞、陈良玑，乃骆家军中之法。今又改学他技，则既不知孰为胜负，而末抄恐成邯郸之步，此亦可虑。近日更观天兵各阵之法，取其所长，渐次惯熟，则似为便益。敢启。"上曰："……岂不曰博学而审问之乎？必也，学之博、问之审、行之笃，然后乃可为适用之才。不然则终未免井底蛙，辽东豕耳。其将奚用焉？须就吴总兵门下，广习诸技，尽得其妙法……只在勤勤教诲程督而已，更加体奉，施行毋忽。"[1]

"南法"，指中国南方军队的布阵、练兵方法，这里主要是指《纪效新书》所总结的"浙兵"布阵、练兵方法。"都督教练"，明援军都督派往朝鲜的教官。从史料记载看，明朝兵部侍郎宋应昌、兵部侍郎孙矿均向朝鲜派遣过教官以指导其练兵。"吴总兵"，这里指前面提到的浙兵将领吴惟忠。"闻俞、陈良玑"，系浙兵将领骆尚志派往朝鲜军队训练士兵的教官，二人均为浙兵千总。他们训练朝鲜士兵的情况，第三章中将有详细介绍。"骆家军"，指浙兵将领骆尚志率领入朝参战的浙军。"井底蛙，辽东豕"，出自中国历史典故。"井底蛙"比喻见识狭窄的人，只能看到井口那么大的一块天。"辽东豕"，比喻知识浅薄，少见多怪。

---

　① 《宣祖实录》卷九十，三十年七月五日第三条，《朝鲜王朝实录》(23)，第 261 页。

从上述记载可以看出，朝鲜方面不仅从不同渠道聘请了多位教官依照《纪效新书》指导练兵，还多次现场观摩明援军训练和布阵演练。宣祖国王要求在学习过程中"取其所长，渐次惯熟"，"广习诸技，尽得其妙法"，以免成为"井底蛙，辽东豕"。这也说明，朝鲜在学习《纪效新书》时，不是一味地死搬硬套、照葫芦画瓢，而是取其精髓、学其所长、讲究实效。

经历了山河破碎、生灵涂炭之痛，宣祖国王深切体会到强军的重要性和戚继光的《纪效新书》对国家军队建设的重要意义，因此，万历朝鲜战争结束之后，他仍积极推动以《纪效新书》为教科书的军队建设事业。

《宣祖实录》三十二年闰四月四日第二条记载："上御别殿，接见杜副使。副使曰：'俺管下人，善打拳，请王试观。'上顾谓承旨曰：'打拳之事，载于《纪效新书》，亦是武艺中一事，似当观之。'"① "杜副使"，指山东按察副使杜潜，当时被明廷派到朝鲜监军。当听杜潜说有手下人善于打拳时，宣祖国王马上联想到《纪效新书》中所言打拳也是一种武艺，认为应该观摩学习。另据《宣祖实录》三十三年四月十四日第二条记载：

> 备忘记，传于政院曰："昨见唐兵结阵处，其一队，皆持木棍。曾闻天朝之言，木棍之技，胜于长枪用剑云云。此技不可不习。且拳法，乃习勇之艺，若使小儿学此，则闾巷儿童，转相效则，习而为戏，他日不为无助。此两艺，儿童抄出，依前传习于李中军事，言于训练都监。"仍以《纪效新书》中，木棍拳法两图，付标而下曰："此法示于训练都监。"②

"唐兵"，这里指明军。万历朝鲜战争结束之后，为了防止倭军卷土重来，应朝鲜王室请求，仍有部分明军留在朝鲜。《明史·朝鲜列传》记载，万历二十七年十月，朝鲜国王李昖提出："请留水兵八千，以资戍守。"③ 《明实录》也提到，万历二十七年冬十月，"兵部覆言：'……未撤副总张榜部下四千余名、李承勋标下三千六百余名均留助戍。'"④ 这些士兵在朝鲜驻防长达两年之久，这里提到的"唐兵"，指的就是这些"助戍"的明军。

————————

① 《宣祖实录》卷一百一十二，三十二年闰四月四日第二条，《朝鲜王朝实录》(23)，第608页。

② 《宣祖实录》卷一百二十四，三十三年四月十四日第二条，《朝鲜王朝实录》(24)，第56页。

③ （清）张廷玉等撰：《明史》卷三百二十《朝鲜传》，北京：中华书局，2000年，第5557页。

④ 李国祥主编：《明实录类纂·涉外史料卷》，武汉：武汉出版社，1991年，第338页。

据上述记载可知，宣祖国王看到明军队列中有一队手持"木棍"的士兵，便马上联想到《纪效新书》中有"木棍拳法两图"，随即指示训练都监，让其按此法、此图进行训练。

宣祖国王欲观看明朝副使手下人"打拳"，是因为《纪效新书》中有这方面的内容，而看到明军列队中有"持木棍"的队伍，便马上想到了《纪效新书》中的"木棍拳法两图"，这说明在战后，宣祖国王仍不忘《纪效新书》博大精深的内容，再三叮嘱训练都监依照《纪效新书》的要求训练士兵。为确保高质高效地依照《纪效新书》训练军队，万历二十八年九月十三日，宣祖国王给训练都监下达指示："如《纪效新书》紧要之条，亦宜精抄，武士教诲，试讲论赏。大概都监，不但教以铳炮刀枪之技，如此事，并察而举行，如何？"[①] 宣祖国王要求训练都监不仅要负责教授士兵"铳炮刀枪之技"，还要精选《纪效新书》重点内容让士兵学习，通过试讲等形式选出优秀者加以奖赏。这也说明，无论是朝鲜国王，还是助防的明军将领，在万历朝鲜战争结束之后，仍把按照《纪效新书》的要求训练朝鲜士兵视为重要事项。

万历二十九年六月，朝鲜中期文臣、著名的阳明学者、小说家许筠（1569～1618），以转运判官[②]的身份到全罗道督查漕运工作。同年八月，适逢其长兄许篈[③]出仕全罗道观察使，兄弟两人得以他乡相会。十月十六日，许筠随其兄观看了该道十二邑的三手兵大会操。"十月十三日辛未，舍兄毕巡而回，甲戌，会十二邑三手兵，大阅于教场。余侍兄往观。士皆拳勇敢锐，张左右军为鱼丽、鹅观阵，戈甲鲜利旗帜精明，鼓角欢亮，进退坐作皆合节，用此可以却敌。"[④] 在许筠眼中，全罗道地方束伍军战士动作迅猛、拳脚有力；左右两军展开队形，交替而成鱼丽阵、鹅观阵；兵器锐利、旗帜鲜明、军号嘹亮，进退坐作，皆合乎节度。他认为这样的军队足以御敌制胜。这里虽然没有提到会操的实际人数，但通过许筠的生动描写，我们还是能够感受到此次会操场面之恢宏、组织之严密。显而易见，朝鲜地方三手军训练颇有成效。

3. 演练鸳鸯阵法

对于依照《纪效新书》教习火炮和"三手技"，宣祖的态度一向是十

---

① 《宣祖实录》卷一百二十九，三十三年九月十三日第二条，《朝鲜王朝实录》(24)，第 125 页。

② 转运判官，朝鲜王朝时期负责将地方献给王室的贡品或租税运到京城的官员。

③ 许篈(1548～1612)，字功彦，号岳麓，宣祖十八年(1590)以书状官随正使黄允吉、副使金诚一出使日本，归国后如实报告了丰臣秀吉的侵略野心。

④ 〔朝〕许筠：《惺所覆瓿稿》卷十八《文部·纪行上·漕官纪行》，《韩国文集丛刊》(74)，1991 年，第 286～287 页。

分坚定的，然而，对于学习演练"鸳鸯阵"，却一度产生疑惑。

> 上曰："我国亦有阵法，实出于圣算，时时习阵，使不忘之可也。若致念于我国阵法，则亦可以御敌。何必独取于戚继光之法乎？"成龙曰："戚继光阵法，大概间花叠而动静相随，专为防倭而设也。防倭则步兵胜于骑兵。前日碧蹄之战，辽兵骑兵，故倭人以步兵急趋，辽兵见败。"德馨曰："大概御侮之道，不可以鸟铳当之。以大炮与火箭用之。"①

宣祖认为，朝鲜过去就有本土的阵法，如果坚持运用的话，亦可抵御侵略，似乎不必只用戚继光的阵法。对此，柳成龙解释说，戚继光的阵法大致上是呈间花叠形且"动静相随"，是专为防御倭寇而设计的，在多山区、多河流、多水田的朝鲜与倭寇作战，依照戚继光的阵法训练的步兵"胜于骑兵"。此前辽东骑兵在"碧蹄馆之战"中吃了败仗，就是很好的例子。碧蹄馆之战，是指万历二十一年正月二十七日，李如松率三千辽东铁骑南下追击倭军时，在汉城西北的碧蹄馆遭遇四万倭军伏击，受到重创。兵曹判书李德馨则解释说，仅仅依靠鸟铳是阻挡不住倭军进攻的，必须使用"大炮与火箭"。其实，李德馨的见解也来自戚继光的作战方法。以上记载说明，当时朝鲜不仅依据《纪效新书》学习如何排兵布阵，也在学习如何使用佛郎机、虎蹲炮、火箭等新式火器。

关于以《纪效新书》指导军队训练，李德馨在《陈时务八条启》中写道：

> 戚继光变南兵为精锐，荡扫倭寇，仍以目下所得效者，作为一书。……今者不究其本意，不尽其器械，不遵其各项条件，苟分各哨，谓之训练，悠悠泛泛，视同例事，将卒出入，有同驿传，则是费军粮，而寄与街市丐徒，奚练兵之谓哉？谈者皆以为，我国弓矢为长技，废我之长技，学习不可成之技艺，亦龃龉矣。……抑我国之人，全迷兵事，平日不曾见操练之妙，故至于今日，又相倡而为此说也，此所以百战百败而无一捷之将也。夫五兵之制，长短相资，束伍之法，强弱齐心，于是合之以艺，縻之以法，诱之以利，威之以刑，摩之以岁月，则将卒相熟，心一力合。而其调拨之际，又必以全部，随

---

① 《宣祖实录》卷六十五，二十八年七月八日第一条，《朝鲜王朝实录》(22)，第527页。

其宿任之员，则缓急辄赖其力，此则难可一一为人辨也。且臣见平壤攻城时，筤筅、镋钯，为杀倭之妙器。而浙兵亦谓长枪用剑，则临战不及于此二器。杀手之练习者，颇解其然，而傍观之人，全然不晓，尤以此二器为资，仍致此二器则专废，而用剑如戏事，良可咍矣。且骑兵利平地，步兵利险地，我国多有丘陵水田，真合于用步。而捍御倭贼，又莫尚于步兵也。中原南方，十年为倭窟，累用骑兵而不利。戚继光教练步兵，而后始得荡平，此其事可见。①

上引《陈时务八条启》主要内容包括如下几个方面：一是交代了《纪效新书》的来历；二是批评了朝鲜时下练兵不严格遵照《纪效新书》的弊端，以及世人认为"三手技"不可习练的短浅之见；三是指出由于不解"兵事"，不懂得"操练之妙"，朝鲜才会"百战百败而无一捷之将"；四是揭示了"五兵之制"和"束伍之法"的精髓所在，那便是"长短相资""强弱齐心"；五是举"平壤攻城"之例，盛赞"狼筅"和"镋钯"为"杀倭之妙器"；六是中国东南沿海一带，倭寇为害多年，明廷多次出动骑兵围剿均以失败告终，后来戚继光练成了战斗力超强的步兵，才得以荡平倭寇，而朝鲜半岛"多有丘陵水田"，地形与中国南方相同，适宜步兵作战，朝鲜应该像戚继光那样教练步兵，运用"长短相资""强弱齐心"的鸳鸯阵，依靠团队的力量，才能战胜单兵作战能力出众的倭军。这也正是此文的落脚点。

万历朝鲜战争期间，朝鲜地方的军事防务主要由抗倭援朝的明军负责，战争结束明军撤离之后，朝鲜多地的军事防务因管辖混乱而出现了漏洞。万历二十九年二月，议政府右参赞（正二品）洪进（1541～1616）奏曰："我国专恃唐兵，镇管之法，废而不行。凡阵法旗帜，一依唐兵之制，在平时，犹之可也，今则非唐非乡，不成模样，《纪效新书》势难遵行。请依平时镇管制胜方略之法，守令亲自领率，各别训练。"② 他认为有些地方军队还像明军在时那样，连用的旗帜也是明军的，既不像明朝的队伍，也不像朝鲜的军队，很难依照《纪效新书》的要求抓好士兵训练，建议朝廷要管好地方军队，并指令地方最高长官亲自抓好士兵训练。这也说明，万历朝鲜战争结束之后，朝鲜的地方军队仍旧依照《纪效新书》进行阵法训练。

---

① 〔朝〕李德馨：《汉阴文稿》卷八，《韩国文集丛刊》（65），1991 年，第 400 页。
② 《宣祖实录》卷一百三十四，三十四年二月十日第三条，《朝鲜王朝实录》（24），第 195 页。

4. 遵从《纪效新书》的奖惩标准

朝鲜王朝按照《纪效新书》的要求训练军队的情况，《宣祖实录》中多有记载，其中二十七年二月十一日第一条记载如下：

> 兵曹判书李德馨启曰："近来人议纷纭，皆曰：'教兵何为？都是无用之技。'弛缓之辈，不乐钤束，胥动辞说，炫惑群听者非一。上年，始教鸟铳，人皆笑其难成，且贱鄙其事，入属之人，相继谋避，自上特为劝奖，又磨炼于科举，然后两班颇有来学者。今此各样武艺，用剑用枪之法，能中《纪效新书》规式者，别为论赏，并试于科举，以变沉痼难改之习，恐不无利益。"答曰："观此启辞，可见卿不避人言，尽心职事之诚，良用嘉焉。人言之如此，予已知之。"①

上述记载为朝鲜时任兵曹判书的李德馨与宣祖国王的一段对话，说明在推行以《纪效新书》作为练兵教科书之初，朝鲜内部对此的认识并不一致，有人甚至认为"都是无用之技"。开始教导士兵学习使用鸟铳时，亦遭到绝大多数人的耻笑，被认为难以奏效。但得力于宣祖国王的大力提倡，将习放鸟铳纳入科举考试之中，两班贵族子弟也开始学习鸟铳射击技术。李德馨由此认识到科举的功能，不仅建议以《纪效新书》的定式为衡量士兵各种武艺的标准，而且还建议将《纪效新书》的范式和内容统统纳入科举考试之中。

宣祖国王对训练都监满怀期待、严格要求，每件事都要亲自过问，事无巨细。如《宣祖实录》二十八年六月二十六日第二条记载：

> 备忘记曰："去二月朔赏格，今始入启，其亦已晚。又前则上上等赏，依此为之，又木一疋加给矣。此则上上等赏，与上中等同，似为未稳。言于训练都监。"训练都监回启曰："……伏承上教，极为惶恐。至于赏格磨炼之规，则《纪效新书》：'九中超等，八中上上，七中上中，六中上下，五中中上，四中中中，三中中下，二中下上，一中下中，无分下下。勿论中贯、中边，上下以上论赏，中上中中免究，中下以下差次论罚。'是其条式也。今此炮手等中贯多者，画数优而居上；中边多者，中数虽多于中贯之人，而画数反居其下，故七画以上，混以除职、免贱磨炼，而上上等，木一疋加给矣。杀手，各

兵以为，炮手论赏，元胜于杀手，而升叙之人，加给木绵，多有歉然怨叹之心，故自上年冬间，姑减木疋，而一样磨炼矣。伏承上教，果为未稳。论赏之规，当遵用《新书》规式，勿分贯、边，只以多中为上，超等加一等论赏，上上除职，上中木二疋，上下木一疋题给。杀手亦当一例论赏，而考试之际，精察其舞对生熟，各势正毅，少有违于《比校篇》所论者，勿以入格看，斯合较艺之式。三月以前，依前磨炼施行；四月以后，则依此磨炼，永为恒式，赏典已定规例，而论罚一事，又当并举。下上以下，略仿《新书》棍打发哨之例，降等罚其哨官及把总何如？"答曰："依启。"①

宣祖国王首先批评训练都监办事拖沓，二月一日的赏格，六月才上报；然后指出本次"上上等"的奖励比上次少了一匹棉花，仅与上次的"上中等"相等，进而要求训练都监要合理地设定赏格。"赏格"，指悬赏所定的数额。训练都监回启先解释了赏格报告拖延的原因，然后对降低"上上等"炮手奖励规格的原由进行了说明。训练都监的赏格标准参照《纪效新书·比校篇》的条式分为三等九级，按"上下以上论赏，中上中中免究，中下以下差次论罚"原则执行赏罚。然而，在以此对试才炮手进行奖励时，区别对待"中贯"（击中靶子中心）和"中边"（击中靶子边缘），这就造成了虽然"中边"的次数比"中贯"的次数多，但所得分数却远低于后者的现象。也就是说，区分"中贯"与"中边"，实际上等于提高了射击难度。为了照顾炮手们的情绪，训练都监在制定赏格标准时，给"上上等"外加了一匹棉花。可是，杀手等其他兵种却认为原本炮手的奖励标准就高于杀手，而拿到"上上等"的炮手在升职的同时还能得到额外的奖赏，因而感到愤愤不平。鉴于这种情况，训练都监只好取消了对"上上等"的额外奖赏，使其和杀手的奖赏标准相一致。经宣祖提议，训练都监便完全遵照《纪效新书》的规式，不论是"中贯"还是"中边"，"只以多中为上"，这样就变相地提高了炮手中赏的概率和档次。此外，对杀手也统一奖惩标准。在比武的时候，留意观察其对练的熟练程度、各种架势是否到位，只要与《纪效新书·比校篇》所要求的不一致，就不能纳入奖励品级。既然有了奖励标准，那么就应同时出台处罚措施。训练都监建议"下上等"以下的，"略仿《新书》棍打发哨之例，降等罚其哨官及把总"。训练都监的调整和建议，得到了宣祖国王的支持。

---

① 《宣祖实录》卷六十四，二十八年六月二十六日第二条，《朝鲜王朝实录》(22)，第518页。

"三等九级"出自十四卷本《纪效新书》卷六《比校篇》。"比分九则，上等三则：上上、上中、上下。中等三则：中上、中中、中下。下等三则：下上、下中、下下。""上上、上中、上下俱在赏格","中上、中中免究，中下等，将官量罚","下上等，将官重罚","将官参降","下中等，将官参降","下下等，将官以抗违练兵捆打参革"。炮手、射手的赏罚标准可观性强、容易制定，相对而言，杀手的赏罚标准却难以把握。即便如此，《比校篇》中还是作出了等级划分标准。"极精极熟，出乎上上之外，得手应心，自知机彀，可以传教者，为超等；舞对力猛，不差正彀，又加疾熟，又与得手应心未达一间，俱为上上。"① 这些出自实践经验积累的杀手评价标准，对于朝鲜训练都监来说，具有较高的参考价值。

训练都监"遵用《（纪效）新书》规式"，结合当时朝鲜的实际情况，制定了较为合理的士兵训练考核奖惩标准，并想要作为固定不变的奖惩标准一直沿用下去。这就意味着，当时朝鲜无论是中央的训练都监还是地方的束伍军，也无论是操纵鸟铳等火器的炮手，还是射箭的射手、使用长枪与狼筅等冷兵器的杀手，包括负责士兵训练与管理的各级军官，都纳入了全国统一的技艺考核奖惩体系。依托《纪效新书》建立起来的这种有效的考核奖惩制度，有助于调动官兵军事技能训练的积极性，提升单兵的战斗技能，进而增强全军的战斗力。

5. 遵用《纪效新书》连坐之律

万历二十二年三月二十四日，朝鲜兵曹以禁军紊乱、不成体统为由，启请建立禁军指挥体系，以《纪效新书》连坐之律严加约束。

> 兵曹启曰："禁军散乱无统，故本曹将见在之数，束伍分队，每十二人为一队，三队置旗总，三旗总，置一哨官，使之各有统摄，轮次入直。其余外处，亦以旗队总均一，轮回定送，有所差失，论以《纪效新书》连坐之律，则分数分明，事不紊乱矣。"传曰："依启。"②

其时，宣祖国王还都已有半年多了，但是担任护卫国王与王宫警备任务的禁军却仍然存在组织涣散、不成体统的深刻问题。鉴于此，兵曹提出将现有的禁军按照《纪效新书》束伍法编伍成队，然后轮番入宫值宿。其余的

---

① （明）戚继光撰，范中义校释：《纪效新书》（十四卷本）卷六《比校篇》，北京：中华书局，2001年，第140、144页。

② 《宣祖实录》卷四十九，二十七年三月二十四日第二条，《朝鲜王朝实录》(22)，第241页。

禁军，亦须设置队总、旗总统领，轮番选拔外派。如有失误过错，即按《纪效新书》连坐之律加以处置。

此后不久，训练都监就军队教练之事启奏宣祖国王时，也提到应推行《纪效新书》的连坐之法。"……今训练之军，以哨统队，以队总伍，一伍长所率，则只是四人也，一队所统，则只是六伍也，一哨所统，则乃是三队也。如使哨官责队长，队长责伍长，则所操者约，而所及自广，此军政之大纲也。惟其如是，故《新书》又有申连坐之法。一伍中，军士未精，器械钝弊，号令不行，则并与军卒、伍长而治之；一哨中如此，则并与哨官、队长而治之。其道也，如目网之隶纲；如枝叶之附干，所谓哨官、队长、伍长等，各尽其心，各操其属，昼夜刻意，其庸劣者汰之，未习者熟之，如恐不及，而时月之间，兵无有不精者矣。"①训练都监在奏文中说，目前正在受训的都监军，依照《纪效新书·束伍法》编伍，形成了"哨统队、队总伍"的严密的组织体系。在这样的组织体系下，伍长向队长负责，队长向哨官负责，各级长官的权责更为清晰，但其约束力所及更广。正因为如此，《纪效新书》中阐明了连坐之法。如果一伍之中，有军士武艺习练不精、所用器械不锋利、命令行不通的话，那么四名军卒和伍长都要被治罪。如果一哨中有上述现象，那么队长和哨官都要被治罪。如此一来，哨官等各级军官都能尽心尽力地操练各自的属下，淘汰训练庸劣者，通过训练使生手变为老手，数月之间，士兵素质能得到大幅提高。

上述两条记载说明，朝鲜兵曹和训练都监通过学习《纪效新书》，认识到戚继光所倡导的"连坐法"的重要价值，并筹划将其运用到禁军和都监军的管理中。戚继光的"连坐法"在朝鲜军队中得到了推广应用。

众所周知，戚继光发明的"鸳鸯阵"，是由使用"狼筅""藤牌"等长、短兵器的士兵两两相对组成的一种战斗队形，也是一个可根据需要组合成大小不同战阵的基本作战单元，要求队员之间紧密配合，形成整体的强大合力。从小的方面说，一队十二人是一个整体；而从大的方面说，整个戚家军也是一个整体。因此，这最能体现整体性的团结协作精神，亦即"鸳鸯阵"的灵魂所在。要保证"鸳鸯阵"的"合力"，必须有严明的军纪作保障。而一向以纪律严明著称的戚家军军纪的最重要特点就是"连坐制"。

戚家军的连坐制涉及日常约束、训练比较、临阵表现等多个方面，散见于《纪效新书》诸篇当中。就拿十四卷本《纪效新书》来说，卷十一《胆气篇》中的"详责成"条列举了士兵违反日常法令禁约时，各级长官

---

① 《宣祖实录》卷五十，二十七年四月十一日第三条，《朝鲜王朝实录》(22)，第250页。

相应地受到连坐处罚的情况；卷六《比校篇》中的"比连坐"条列举了长官因士兵武艺不精而受到连坐时的具体执行标准；而卷十《实战篇》中的"申连坐"条则列举了不积极营救造成人员伤亡时，相关人员连坐受罚的情况。

朝鲜王朝以《纪效新书》为母本重构的三本练兵教科书各有特点。如果说《兵学指南》和《武艺诸谱》偏重于某个方面的话，那么《〈纪效新书〉节要》比较全面而系统地反映了十四卷本《纪效新书》的主要内容，虽然全书仍为十四篇，但不仅打乱了原有顺序，而且还进行调整与重组。其中，卷十一《军令篇》将散落在十四卷本《纪效新书》诸篇中有关军纪、军令、禁约等条款，分门别类地汇编到"操练""实战""守城""舟师"四大板块之中，而这些军纪、军令当中就包含着"连坐之律"的内容。通过对比发现，"操练"部分的"连坐之律"，主要摘自《胆气篇》的"详责成"条，此外还包括《行营篇》中"渡水阻""住宿解""申军令"和"拨夜巡"条中的相关内容。"实战"部分的"连坐之律"，分别摘自《实战篇》中的"贵救应"和"惩虚铳"条。"守城"部分的"连坐之律"，分别摘自《守哨篇》中"守城军法"和"走报军法"条的相关内容。而"舟师"部分的"连坐之律"，则是抽取自《舟师篇》中的"行泊号令""夜行号令"和"水战号令"条的部分内容。

《〈纪效新书〉节要》不惜以占全书八分之一的页面将十四卷本《纪效新书》中有关军纪的条目全部汇集一处，组成一个完整的"军令"篇章，这既便于官兵集中学习领会，也彰显了朝鲜王室以严明军纪军法建军治军的决心。将散在于《纪效新书》各处的"连坐之律"纤悉无遗地纳入其中，说明了朝鲜王室已经意识到鸳鸯阵法的精髓所在，期望借助于《纪效新书》"连坐之律"的约束力，锻造纪律严明的威武之师。

6. 练兵成效显著

万历二十一年十二月十九日，在与备边司堂上等廷臣商讨是否单方面采取行动进击倭军时，宣祖国王当着众大臣的面，对柳成龙主抓的训练都监炮手训练工作给予了充分肯定："昨见训练院炮手，我国数百年，所未见之军容。其貌样服制，一依天兵，各知部伍。虽不试才，揣见其可用。若非领相，何能如是作成？"此时，距离训练都监成立不过两个月的时间，在这么短的时间里，训练都监成果斐然，着实让宣祖感到振奋。"其貌样服制，一依天兵，各知部伍"，这归功于依照《纪效新书》进行了严格"束伍"与系统训练。

万历朝鲜战争期间，无论是朝鲜京都的王室直属军队，还是各地守军，包括地方乡勇，都在按照《纪效新书》进行训练，并且均收到了明显的成效，极大地提升了当时朝鲜军队的战斗力。对此，朝鲜史官留下了较为切合实际的论评：

> 升平二百年，军政不修，虽有骑、步、正、甲之兵，而钤辖未整，条理紊乱，茫不知坐作、击刺、旗麾、金鼓之为何事。小有边警，则驱田亩荷锄之人而战之，无惑乎以国予敌也。变乱之后，自上闵其不教而弃之，募聚精壮，设局教训，以柳成龙、德馨主之，又请唐教师以教之，盖其法，中朝名将戚继光所著《纪效新书》也。锐意操练，三载于今，忧其馈饷之不足也，则减御膳以供给；悯其卒岁之无术也，则出内藏而俵给之。旬一试才，朝六开阅，五技既熟，羸弱成勇，井井焉，堂堂焉，束伍分明，哨队有伦，庶可有施于缓急，而必不至如前日之望风奔溃也。①

朝鲜王朝建立二百多年来，由于长期处于和平环境，虽说有骑兵、步兵、正兵、甲兵等多个兵种，但都缺乏节制管辖。士兵缺少训练，以致连最基本的"坐作、击刺、旗麾、金鼓"要领都不了解。"坐作"，古代练兵的科目之一，指坐与起、止与行。"旗麾"，这里指军旗、将旗。"金鼓"，这里指古代军队所用的锣与鼓，用于指挥军队的行止。因此，一旦遇到战事，只能驱使拿着锄头在地里干活的人上阵御敌，而这无异于将国家双手送给敌人。战争爆发之后，宣祖国王募集精壮士兵，成立训练都监，先后由领议政柳成龙、李德馨兼任训练都监的总负责人，并从明朝军队中聘请教官进行训练，训练的内容和教材，便是戚继光所著《纪效新书》。如此锲而不舍的苦训持续了三年之久，宣祖国王担忧粮饷供应不足，便削减王宫的膳食费用，用来贴补参训士兵的粮饷供应；担心参训士兵的家里无法过冬，便动用内库的银两给予救济。训练都监每十天检查一次训练效果，每月进行六次检阅。通过一系列强化训练，士兵掌握了多项技能，由弱变强，队伍整齐，阵容强大，军队编制分明，士兵管理有序，可以在国家需要的时候奔赴疆场，再也不会像从前那样"望风奔溃"了。

上述记载再次说明，万历朝鲜战争期间，朝鲜新设立的训练都监，其前后两任总负责人，都把戚继光的《纪效新书》作为军队训练的"指南针"和教科书，经过三年的"锐意操练"，收到了令朝鲜王室非常满意的

---

　　① 《宣祖实录》卷六十七，二十八年九月十日第一条，《朝鲜王朝实录》(22)，第553页。

成效。宣祖国王对练兵一事十分重视，为确保练兵顺利进行，不惜动用王室财政，甚至连他自己也为此节衣缩食，这充分表明了朝鲜王室对用《纪效新书》训练军队的高度重视和殷切期望。

四、依照《纪效新书》的要求锤炼将官

戚继光十分重视将领的作用以及对将领的训练和培养，他在《练将篇》导语中论述道："《兵法》曰：'将者，三军司令，国家安危之主也。'……故必练将为重，而练兵次之。夫有得彀之将，而后有入彀之兵。练将譬如治本，本乱而末治者，未之有也。"①"彀"，张满的弓弩。"得彀"，这里指掌握治军要领。《练将篇》对将领提出了"正心术""立志向"等二十六项要求，并分别做了具体阐释，还附有《练将或问》，解答了为将之道、如何练胆气等一些常见的疑难问题，这都为朝鲜方面学习和领会《纪效新书·练将篇》提供了极大的便利。

1. 对练将重要性的深刻认识

万历朝鲜战争初期，朝鲜军队节节败退、溃不成军，其原因是多方面的，但其中一个很重要的原因就是大小将领贪生怕死、临阵脱逃。早在万历二十年六月二十八日，身处战争最前线的庆尚右道都巡察使金睟（1547～1615），在向宣祖国王紧急报告该道各州县牧使及郡守闻风丧胆、狼狈逃窜的种种丑态时就明确地提到了这一点："倭贼之猖獗，虽由于士卒奔溃，实由大小诸将，惜死退避之故。右道兵使曹大坤，当金海陷城之时，在近不为驰援，使雄城大府一朝见陷。自此以后，军卒无所恃，几尽逃散，零贼亦不得措捕，人心日益愤惋，斯速择遣威望素著之人，以代其任。"②"兵使"作为指挥官，在倭军攻打金海城时，虽在近处却见死不救。结果该道重镇金海城被倭军攻陷，自此该道军卒再无所依，几至逃散殆尽。鉴于此，金睟请求选派素有威望之人前来接替曹大坤。

作为援军，明军对这个问题看得更为清楚。平壤城大捷后，从平壤败退的倭军、原本盘踞开城的倭军，以及前期攻占咸镜道的倭军，一时齐聚汉城，以期形成浩大声势，从而化解明军的凌厉攻势。为增援明军，时任全罗道观察使兼巡察使的权慄（1537～1599）领精兵二千三百，自水原秃城北上，设阵于距汉城二十里的高阳幸州山城。侦知权慄孤军深入，数万倭军兵分两路乘夜来攻，围城数重。万历二十一年二月十二日，在敌我力

---

① （明）戚继光撰，范中义校释：《纪效新书》（十四卷本）卷十四《练将篇》，北京：中华书局，2001年，第331页。

② 《宣祖实录》卷二十七，二十五年六月二十八日第五条，《朝鲜王朝实录》(21)，第507页。

量悬殊的情况下，权慄临危不惧、指挥若定，"挺剑督战，诸将殊死力战"，自凌晨至日落，一连击退倭军的九次疯狂进攻，斩获首级一百三十多颗，缴获武器七百余件，取得了彪炳朝鲜史册的"幸州大捷"。幸州大捷、闲山岛大捷和晋州大捷被韩国史学界誉为"壬辰倭乱三大捷"。明朝兵部也十分认可这次大捷的重大意义，特向朝鲜移送咨文并给予权慄以重赏。

> 兵部移咨本国，略曰："自倭奴摧陷朝鲜王国三都，诸郡县悉皆望风奔溃，曾无一英雄杰士，倡义师，排大难，守封疆，以图恢复者。且闻纵酒游山，赋诗挟妓，置理乱于不知，付存亡而不较，兴言及此，王国可谓无人。独全罗道观察使权慄，扼守孤悬，招集众庶，屡出奇谋，时抗大敌，近复诱倭劫杀，此正王国板荡忠臣中兴名将。本部深为可嘉，当合先隆奖樊奖勤劳，除另行具题外，今将发下红段绢肆端，白银五十两，赏本官，以为忠勇者之劝。王其加之爵禄，以风动本国僚宰，仍申饬一应文武大小陪臣，务要痛加修省，惕励忧勤，除凶雪耻，尽如权慄所为，毋再泄泄怠缓，耽文墨而忘武备也，勉之哉！"①

这是《宣祖实录》二十六年三月二十二日第四条的记载，而"幸州大捷"两天后即三月二十四日第六条的记载中，"移咨本国"的主体却变成了"经略宋应昌"②。据此判断，上述咨文极有可能是经略宋应昌以"兵部"的名义发给朝鲜国王的。明朝兵部的咨文直言不讳地指出战争爆发以来，朝鲜没有出现"排大难，守封疆"的帅才。在这种情况下，权慄"屡出奇谋，时抗大敌"，有"中兴名将"之相，实在值得嘉许。明朝兵部不仅给予权慄"红段绢肆端，白银五十两"的重赏，而且还建议朝鲜为权慄加官进爵，其深意正在于以此触动朝鲜官吏，使其不再重文轻武、松松垮垮，而能像权慄那样"惕厉忧勤，除凶雪耻"。

前有申砬等心腹爱将惨败乃至阵亡的惨痛经历，其间接触到《纪效新书》关于练将的论述，如今又有明朝兵部直击痛处的咨文，凡此种种让宣祖国王清醒地认识到将帅对战争胜败的直接影响。万历二十一年三月二十七日，宣祖在对备边司下达指令时强调说："自古，兵无常势，三军强弱，

只在一将。"① 同年九月十四日，他又有言："用兵之道，得将与积谷斯二者，自古百战之后，必有良将，以经战二年，未闻有将才。岂有之，而未得闻耶？古者用将之道，或发于行伍，起于裨裨，而我国则必以职秩门地，委以司命之任，功业之不建，无怪矣。中国则多得斩级者，升迁为将，而我国亦无是规。四方官、义兵中，如有将才，勿拘常规，书启其名，擢拔用之。"② 宣祖将拥有能征善战之将和储备充足军粮这两件事视为用兵之道，是颇有见地的，十分切合朝鲜的实际情况。在整个万历朝鲜战争期间，如何保障军队特别是明援军的粮草，一直是困扰朝鲜王室的一大难题。而说到堪当重任的大将，除了水军方面的李舜臣将军有勇有谋、文武双全，取得了足以彪炳史册的辉煌战绩外，无论是因固执己见、有勇无谋而导致八千精锐一朝尽失的都巡边使申砬，还是将大量武器沉入汉江、不战而溃，拱手让出京都汉城的都元帅金命元，这些所谓"股肱之臣"的战略眼光和临阵指挥能力均乏善可陈，让宣祖大失所望。早在三月二十日，宣祖就曾提议以权慄替代都元帅金命元："金命元为人至轻，言多可哂，不合元帅，自受命以来，了无成功。李薲为人可恶，粗慢无比，不合将帅。予意欲以权慄为都元帅，曹好益为巡察使。"③ 虽因备边司以"临阵易将，自古所戒"为由婉拒，宣祖的建议最终没能落到实处，但他对金命元和李薲两人的表现十分不满却是不争的事实。由此看来，宣祖"经战二年，未闻有将才"之语确实是有感而发的。宣祖认为，朝鲜无将才的根本原因在于一味地强调"职秩门地"的等级制度。因缺少竞争机制，所以将领们缺少建功立业的雄心壮志。而领议政柳成龙则从专业角度提出，这是因为朝鲜升平日久，才造成了武将不懂用兵、士卒不知战阵的被动局面："我国升平日久，武将不留意于用兵，故士卒不知战阵为何事，仓促赴战，有同驱羊。如李薲、权应铢辈，不知御军之术，徒杀士卒，如刈草芥。以此军心尤为涣散。"④ 其言外之意是，朝鲜将卒均缺乏应有的专业化训练，尤其是带兵打仗的武将。

宣祖国王常以缺少干城之将为虑，万历二十二年八月二十一日，又和柳成龙谈到了这个问题："必得将，然后可为，而何无将帅耶？百战之后，必有将帅。虽无武将，儒将亦不可得耶？"宣祖坚定地认为必先得到良将才可有所作为，按理说"国难出英雄"，为何朝鲜就找不出一位可堪大任

---

① 《宣祖实录》卷三十六，二十六年三月二十七日第九条，《朝鲜王朝实录》(21)，第 675 页。
② 《宣祖实录》卷四十二，二十六年九月十四日第二条，《朝鲜王朝实录》(22)，第 99 页。
③ 《宣祖实录》卷三十六，二十六年三月二十日第三条，《朝鲜王朝实录》(21)，第 667 页。
④ 《宣祖实录》卷四十三，二十六年十月二十二日第一条，《朝鲜王朝实录》(22)，第 112 页。

的将帅之才？即便是武将难求，难道儒将也少有吗？当听到柳成龙"儒将更难求"的回答时，宣祖叹息道："我国之人，凡事无着实处矣。"① 宣祖对朝鲜国人心气浮躁的行事风格和"一将难求"的现状，表露出极度郁闷的心情。

也许是受到了柳成龙"儒将更难求"一语的刺激，宣祖国王对练将又有了新的认识，将要求学习为将之道的范围由武人扩至文人。据《宣祖实录》二十八年七月八日第一条记载：

> 上曰："我国之人，素不习将才，予平日深以为不可。文人每云：'武才则非我辈所可务者。'宁有是理？姜太公、诸葛亮，岂武人？杜预射不穿札，而为大将。"成龙曰："练将、练兵等事，不可不讲。平安道外，他余外方则疏阔云，正如上教。不习武艺，不闲军务而然也。练兵不如练将矣。"②

宣祖认为，朝鲜官员平时不注重学习将领应具备的才艺，文人们更是以术业不同为挡箭牌，这是毫无道理的。他举例说，"运筹帷幄之中决胜千里之外"的姜太公和诸葛亮都不是行伍出身，魏晋时期的杜预手无缚鸡之力，却是威震天下的大将，关键的是要有为将之道。柳成龙进一步指出，平安道以外的地方束伍军组织不严，都是由于将领不学习武艺、不熟悉军务造成的，因此练将更重于练兵。宣祖国王批评朝鲜文人不习将才，言外之意是要求文臣也要学习为将之道、加强军事理论修养，这就扩大了练将的范围。

"练将尤重于练兵"的观点，出自十四卷本《纪效新书·练将篇》，而此《练将篇》原是《练兵实纪》卷九《练将篇》内容。③ 戚继光修订《纪效新书》时，将其加工整理后置于十四卷本之末。《练将篇》对将领提出了二十六条具体要求，分别是"正心术""立志向""明生死""辨利害""做好人""坚操守""宽度量""尚谦虚""惜官箴""勤职业""辨效法""精兵法""习武艺""正名分""爱士卒""教士卒""饬恩威""严节制""辨职守""惩声色""轻货利""忌刚愎""恶胜人""戒逢迎""忌萎靡""薄功名"。④ 而《〈纪效新书〉节要》根据朝鲜的实际情况，摘取了其中

---

① 《宣祖实录》卷五十四，二十七年八月二十一日第三条，《朝鲜王朝实录》(22)，第 333 页。
② 《宣祖实录》卷六十五，二十八年七月八日第一条，《朝鲜王朝实录》(22)，第 527 页。
③ 参见(明)戚继光撰，邱心田校释：《练兵实纪》卷九，北京：中华书局，2001 年，第 155～199 页。
④ (明)戚继光撰，范中义校释：《纪效新书》(十四卷本)，北京：中华书局，2001 年，"目录"第 7 页。

的十一条，并进行了重新排序："正心术""立志向""惩声色""轻货利""坚操守""薄功名""宽度量""忌刚愎""精兵法""习武艺""饬恩威"。通过对比可以看出，朝鲜王朝对将领的要求侧重于人品、志向、操守、胸襟、专业能力和严明军纪等几大方面，这是战时状态下迫不得已的选择。朝鲜当时损兵折将严重，因而在选拔和培养将才方面，无法求全责备，只得做出合理取舍。

2. 破除门第观念，依《纪效新书》之法选拔军官

为了推动基层军官学习和掌握《纪效新书》，带头搞好训练，朝鲜当时还采取了一些激励措施。据《宣祖实录》记载：

> 午时，上御别殿，引见兵曹判书李德馨。……上曰："训练都监之事，今则如何？恐或懈堕。"德馨曰："别无所益，而尚如前日耳。"上曰："哨官等，既不除守令，且不升迁，则岂能有诚而趋事赴功乎？"德馨曰："郎厅哨官，勤苦倍他，苟无赏典，何以激励？旗、队总，亦时甄拔擢用，如《纪效新书》之法，可也，我国于门地一事，每为拘碍，已成痼弊，不可卒革也。"①

上述记载说明，为激励在军事训练中表现突出的哨官、旗总、队总等带兵的基层军官，兵曹判书李德馨提出，必须破除门第观念，按照《纪效新书》之法，奖励和提拔勤苦训练、业绩突出的军官。李德馨的这一提议，得到了宣祖国王的大力支持。这也说明，在激励、提拔基层练兵军官问题上，朝鲜也完全参照了"《纪效新书》之法"。

3. 举办《纪效新书》讲习班，以培养大将之才

戚继光在《纪效新书·练将篇》中阐述的"练将为重"的观点，对朝鲜王朝一直都产生着积极影响。据《宣祖实录》二十八年二月十三日第六条记载：

> 备边司启曰："古云：'练兵不如练将。'将苟得人，则军中之事，皆可系此而成。况当此事变危急之际，不但大将为重，虽褊裨之属，皆当预择，以拟任事，然后临时可无乏人冗杂之失矣。武臣堂下，勿论时散，择其勇健有计策，可堪领率者十余人，使有料食，而属于训练都监，以学习《纪效新书》，如平日兵书训诲之例，以试能否，而

---

① 《宣祖实录》卷七十，二十八年十二月五日第二条，《朝鲜王朝实录》(22)，第609页。

以为缓急之用。请令兵曹、训练院都监堂上，会议于备边司，抄择施行何如？"上曰："依为。"①

上述记载是朝鲜备边司上奏宣祖国王的建议：鉴于"练兵不如练将"，应注重选拔培养堪任将帅者，在下级军官中选拔"勇健有计策"者，使其隶属训练都监，就像平日教授兵书那样，使其学习《纪效新书》。训练都监要按照《纪效新书》的要求来进行考核，此建议得到了宣祖国王的批准。当时朝鲜方面意识到"练兵不如练将"，非常重视将领培养，所制定的培养计划便是《纪效新书》理论学习。因为只有这些将领掌握了《纪效新书》的精髓，才能提升整个军队的素质和战斗力。这与当年戚继光创办武学堂培养军官如出一辙，虽然处于战争时期，规模上无法与戚继光的武学堂相提并论，但其重视练将的实质是一样的。同年六月四日，就落实将领学习《纪效新书》之事，备边司向宣祖作了汇报。

备边司启曰："前日抄择有将来堂下武臣，学习《纪效新书》于训练都监，被抄者二十余人。其后因外任出去者甚多，而年少武士中，有志自愿来学者，连续有之。夫兵法，亦岂有生知，而不学者乎？故自古以名将见称者，无不先学兵法。苟使此路甚广，而人人兴起于学习，则虽教百得一二，犹可应用。请更为加抄启下，每月一次，依平时宾厅讲书之例，聚会考讲，且令兵曹，一依唐阵之法，第其高下，以行赏罚。"上从之。②

由上述记载可知，在朝鲜备边司的策划安排下，《纪效新书》的学习开始了。但鉴于陆续有人被派往地方任职，而后学接踵而来，人员变动较大，备边司建议扩大传习规模，仿照"宾厅讲书"③之例，每月进行一次"聚会考讲"，而兵曹则依据明军布阵之法，根据每个人的考讲情况，定出名次，进行赏罚。备边司的建议得到了宣祖国王的批准，相关举措得到了实施。这再次说明，朝鲜王室对利用《纪效新书》培养将才一事极为重视，且措施到位。此外，"考讲"的评判基准为"唐阵之法"，说明朝鲜对《纪效新书》中的"戚氏阵法"，即"鸳鸯阵法"的重视。

---

① 《宣祖实录》卷六十，二十八年二月十三日第六条，《朝鲜王朝实录》(22)，第442页。
② 《宣祖实录》卷六十四，二十八年六月四日第三条，《朝鲜王朝实录》(22)，第504页。
③ "宾厅"，朝鲜时代王宫中设置的会议室。"讲书"，讲论古书之意。

4. 健全激励机制，引导文臣学习《纪效新书》

当时的朝鲜不仅鼓励军官学好《纪效新书》，而且鼓励文人也加入学习《纪效新书》的行列中来，以期培养像戚继光一样的儒将。宣祖国王通过承政院给训练都监下达指示："平日有文臣试射之规，变后全不为之。此何时，文士岂但弄柔翰而已？似当抄选劝奖，如《纪效新书》，顷日令武士学习矣，文士亦劝奖，以为他日儒将之用尤好。并言于训练都监，议启。"① 宣祖国王不无遗憾地指出，之前文臣有学习射箭的规定，现在连这条规定也没有了，文人们不能只会挥毫弄墨，应该建立奖励机制，不仅是学习《纪效新书》成绩优异的武士要奖赏，学习成绩优异的文士也要奖赏，能成为文采武功皆出色的儒将就再好不过了。宣祖责令训练都监制定出切实可行的奖掖方案后上报。由此可以看出，宣祖国王对将领培养的重视和对戚继光《纪效新书》的推崇。

5. 号召将官习艺练功，以发挥示范表率作用

戚继光特别重视将官的示范表率作用，在《纪效新书·练将篇》中就提道："为将之道，所谓身先士卒，非独临阵而言，一切苦处，亦当以身先之；所谓同滋味者，非独患难之时，平居亦不可不同。而况技艺岂宜使士卒独习，主将顾不屑乎？"② "主将"，这里指各级将官，包括基层军官。戚继光在《束伍篇》中解释说："凡此书内称主将，非大将也。但主所属之兵，上一等者不在面前，而见在第一尊者，即为主将。假如大将不在，则偏裨即称主将；偏裨不在，则把总即称主将；把总不在，则哨子官即称主将；下至旗总不在，则队长即称主将是也。"③ 也就是说，戚继光要求各级带兵者要作士卒的表率，不仅要有文韬武略，而且要精通各种技艺，不仅战时要与士卒患难与共，平时也要与士卒同甘共苦。

上曰："予尝以教人急走事传教矣，《纪效新书》亦有之。古人亦有荷沙而走者，此乃习其血气之强也。"德馨曰："天兵有拳斗之戏，搏肩、搏膝，未尝少休。"忠谦曰："李提督有时，与其兄弟为之蹴鞠云。"上曰："中国将官，无不身习各艺，我国人性缓，袖手而莫之为，亦习俗使然也。"④

---

① 《宣祖实录》卷六十五，二十八年七月十八日第五条，《朝鲜王朝实录》（22），第537页。
② （明）戚继光撰，范中义校释：《纪效新书》（十四卷本）卷十四《练将篇》，北京：中华书局，2001年，第347页。
③ （明）戚继光撰，范中义校释：《纪效新书》（十四卷本）卷一《束伍篇》，北京：中华书局，2001年，第8页。
④ 《宣祖实录》卷五十，二十七年四月二十四日第二条，《朝鲜王朝实录》（22），第259页。

当听兵曹判书李德馨等人说，明军有"拳击""搏肩""搏膝"等游戏，李如松闲暇之时还和其兄弟们踢球时，宣祖国王对此颇有感触，感叹中国将官个个身怀武技，而朝鲜将官却习惯于藏手于袖作壁上观。

6. 国王亲临，激发练兵热情

宣祖国王还亲临练兵现场，对参与训练的将官进行奖励："上亲临讲武于西郊，赏赉大将以下将官等有差。大将赵儆，儿马一匹，中军元慎以下将官，各白绸二匹赐给。盖褒其平日勤劳于教习也。仍令射官、炮手，作耦试才，且试杀手儿童马上才，赏其入格者有差。"① "作耦"，这里指步兵相互对打。"儿童"，这里指训练都监招募的儿童团员。"马上才"，指骑马搏杀技艺。这说明，宣祖国王对用《纪效新书》指导朝鲜训练士兵高度重视，甚至亲临练兵现场，考察训练的情况。

第四节　以《纪效新书》为蓝本改进武器装备

先进的武器是克敌制胜的重要因素。戚继光非常重视兵器在战争中的作用，在十四卷本《纪效新书》卷三《手足篇》开篇就写道："古法云：'器械不利，以卒予敌。'手无搏杀之方，徒驱之以刑，是鱼肉士卒也。"② 戚继光在《纪效新书》中还以大量篇幅记述了各类兵器的形制、制造及使用方法等，这也是朝鲜当时重视用《纪效新书》指导军队建设的一个重要原因。

一、充分认识新式武器的重要性

倭军大肆入侵所仰仗的鸟铳等新式武器，明军在平壤大捷中使用的西式火炮、火箭等新式火器，都引起了朝鲜王室的极大关注，宣祖就曾感叹道："如欲御倭，非火炮不可。"③ 如何防范、对抗杀伤力数倍于弓矢的倭军鸟铳，是当时朝鲜军队所面临的一大难题，宣祖国王就此与领相柳成龙探讨过应对之策。

上曰："且贼之长技，惟在鸟铳，此无可防之物乎？"成龙曰："《纪效新书》言：'莫能当'云矣。且'鸟铳放时，火箭一二千，一

---

① 《宣祖实录》卷六十七，二十八年九月十日第一条，《朝鲜王朝实录》(22)，第553页。

② (明)戚继光撰，范中义校释：《纪效新书》(十四卷本)卷三《手足篇》，北京：中华书局，2001年，第47页。

③ 《宣祖实录》卷四十三，二十六年十月二十二日第一条，《朝鲜王朝实录》(22)，第112页。

时放之，烟气散于贼阵，则贼必惊乱。此时万众，突入击之，则必取胜矣，烟气收卷，贼若突入，则必败矣'。其法云：'虽父兄颠仆，不相顾见，一时飞入'云矣。"上曰："士卒使之能如此为难矣。贼则善用剑，若突入则极难。"成龙曰："贼若突入，则虽弓矢、铁丸，所中有限，不可当。若乘火烟击则取胜矣。"上曰："火烟，非独蔽于贼阵，此处亦必昏塞矣，何以为之？"成龙曰："不如此。火箭落于彼阵后，烟气发散矣。且贼先来接战，则对战极难，必先入夺人之气然后可也。必须极力训练为当。"①

从上述记载中可以看出，宣祖国王清醒地认识到倭寇的看家本领是施放鸟铳，要想战胜倭寇，就必须找到制服鸟铳的方法。柳成龙援引《纪效新书》的论述，他认为可通过施放"火箭"之法，先声夺人，压制住敌人的气势，然后乘敌人混乱之际，杀入敌阵，这样必能取胜。但要做到这一点，必须事先按照《纪效新书》的要求进行严格训练。柳成龙提到的"火箭"功能，应引申自《纪效新书·实战篇》中"申战彀"的内容："或寇来冲我，或列阵待我，俟到五十步内，火器听令齐发。只有一次次看起火，各射火箭、弓箭，且行且射。兵士乘火烟如云，一齐拥进，须是飞走，毋乱队伍，蜂丛蚁附，如山崩，如墙堵，不可毫发迟疑，无有不胜。此非击杀之力，乃火烟之势，飞进之雄，夺其心目，径前交锋，彼自靡矣。"②《纪效新书》的相关论述，柳成龙总能信手拈来，再用自己的语言将其准确地表达出来，可见在学习领会《纪效新书》方面，柳成龙下足了功夫。其实，柳成龙许多有关练兵、城防等军事方面的论述，都对《纪效新书》的相关内容进行了借鉴或发挥，可谓是朝鲜王朝熟知活用《纪效新书》的第一人。

宣祖国王无比关心明军的先进武器装备，不放过任何一个了解明军克敌制胜法宝的机会。万历二十二年三月，他又向兵曹判书李德馨打听明军攻克平壤时的武器使用情况。

德馨曰："平壤陷城时见之，则虽金城汤池，亦无奈何。"上曰："以何器，陷之乎？"德馨曰："以佛狼器、虎蹲炮、灭虏炮等器为之。距城五里许，诸炮一时齐发，则声如天动，俄而火光触天，诸倭持红

---

① 《宣祖实录》卷四十五，二十六年闰十一月二日第三条，《朝鲜王朝实录》(22)，第134页。
② （明）戚继光撰，范中义校释：《纪效新书》（十四卷本）卷十《实战篇》，北京：中华书局，2001年，第201页。

白旗出来者，尽僵仆，而天兵骈阗入城矣。"上曰："相持几时乎?"德馨曰："辰时接战，巳初陷城矣。"上曰："以我军决不可凭仗矣。且后世非火攻，不能成功矣。军数三万云，此不多，而素所节制者，故能战矣。"①

李德馨绘声绘色地描述了明军使用"佛狼器""虎蹲炮""灭虏炮"等新式火炮攻陷平壤城时的情形：离城五里，诸炮齐发，声如天动，火光通天，守城倭军纷纷倒毙，即便是"金城汤池"也抵挡不住明军强大的火炮威力。可见，在第二次平壤攻城战中，佛郎器、虎蹲炮、灭虏炮等大型火器先发制人，在压制倭军鸟铳火力、撕开倭军城防缺口方面发挥了至关重要的作用。而这是祖承训所部第一次平壤攻城战所不具备的能力。"辰时"，上午七到九点之间。"巳初"，上午九点多。这说明，使用了火炮等新式武器之后，仅用了一个多小时，明军就攻克了倭军重兵把守的平壤城。

柳成龙在《记鸟铳制造事》一文中也称赞明军攻城所用多种火炮均为战场利器："自天兵攻破平壤倭贼，以大炮攻城。其类有大将军佛狼机、霹雳炮、子母等炮、火箭、百子铳，皆其利器。"② "佛狼机"，是一种由葡萄牙人传入中国的西式火炮，因明代人称葡萄牙为佛郎机，便将此炮命名为"佛郎机"。佛郎机炮能连续开火，弹出如火蛇，又被称为"速射炮"。《纪效新书》卷十二《舟师篇》设有"佛狼机制""佛狼机解""习法"等条目③，详细地介绍了佛郎机的制作原理和使用方法。"虎蹲炮"，因像猛虎蹲坐的样子而得名。虎蹲炮是当年戚继光亲自研发的制倭利器，也是戚家军最常用的火器，因其轻便灵活，非常适合机动作战。《纪效新书》卷三《手足篇》中的"虎蹲炮制""虎蹲炮解""习法""铳歌"等条目④，介绍了虎蹲炮的制作及使用方法。"灭虏炮"，一种车载中型火炮。至于柳成龙记载中提到的子母炮、火箭等火器，下面还会谈到。"百子铳"，指当时明军广泛使用的一种轻型霰弹炮，因其炮管是加长的，因而具有弹道直、打得远的特点。

朝鲜当时也拥有多种火器，但都是早期从明朝引进的老式火铳，不论

① 《宣祖实录》卷四十九，二十七年三月二十日第一条，《朝鲜王朝实录》(22)，第239页。

② 〔朝〕柳成龙：《西厓集》卷十六《记鸟铳制造事》，《韩国文集丛刊》(52)，1990年，第319页。

③ 参见(明)戚继光撰，范中义校释：《纪效新书》(十四卷本)卷十二《舟师篇》，北京：中华书局，2001年，第276～278页。

④ 参见(明)戚继光撰，范中义校释：《纪效新书》(十四卷本)卷三《手足篇》，北京：中华书局，2001年，第59～62页。

是种类还是性能，均无法与明军相提并论。万历二十一年二月十二日，万余倭军围攻由全罗道巡察使权慄率二千三百精兵镇守的高阳幸州山城。《宣祖实录》简略地记载了当时两军攻防的情况："我军射矢投石，连放，各药火器，犹不却，贼分运迭进。自卯至酉，凡三进三退，贼死者数十，伤者百余。贼束刍纵火，因风焚城中，以水灌灭。初，令僧军专守西北子城一面，至是僧军小退，贼大呼阑入，军中汹汹。慄挺剑督战，诸将殊死力战，贼乃解围。"据此可知，当倭军围攻幸州山城时，守城朝军虽然连放大小"胜字铳筒"以及"震天雷"等多种火器，但是收效甚微。倭军不但没有退却，反而兵分几路、轮番进击，后来竟从朝鲜僧军把守的西北角打开缺口冲进城中。在此紧要关头，元帅权慄"挺剑督战"，其他诸将"殊死力战"，才最终逼退了倭军。而发生于万历二十五年八月十三至十六日的"南原之战"再次佐证了朝鲜当时所拥有的火器并没有多少威力可言。当时辽东副总兵杨元率明军三千、朝鲜军千人坚守南原城，朝鲜方面派出"军器寺""破阵军"（火炮手）十二人入城助防，这说明杨元所率辽东铁骑没有足以防御敌人攻城的火器。当数万倭军从四面八方围拢而来时，"城上人以胜字小炮应之，倭大阵在远，出游兵交战，疏行迭出，故炮发不能中，而守城卒往往中贼丸而毙"[1]。由此可见，即便是当时朝鲜最具威力的"胜字铳筒"亦不过如此，用之守城发挥不了多少作用，抵不过倭军的鸟铳，更无法与明军的佛郎机、虎蹲炮等火炮同日而语。

以"平壤大捷"为契机，朝鲜充分认识到了新式武器的重要性，在依《纪效新书》之制积极推行军制改革和训练士兵的同时，也加快了武器装备更新的步伐，而《纪效新书》所载诸多新式武器的制造和使用方法，无疑为朝鲜批量生产新式武器提供了强大的技术支持。

二、配置新式火炮与培训炮手

朝鲜为了夺取战争的胜利，按照《纪效新书》的要求为军队配置了各式新式火器，与此同时，以熟练操纵这些新式火器为目标的炮手训练工作也紧锣密鼓地展开了。

> 备边司启曰："右议政俞泓启曰：'骆参将令赵儆等三将，多备火炮，而炮匠绝无'云。骆参将身在京都，习知炮术。若送此处炮手，与之周旋，则其与在此独学，功必倍矣。令军器寺量抽若干人，急速

送之。火药则此处亦甚不敷，令俞泓姑以已收取者用之。"上从之。①

上教政院曰："……贼之全胜，只在于火炮；天兵之震叠，亦在于火炮；我国之所短，亦在于此。今宜于平安、黄海、忠清、全罗等道，各设都会，多煮火药，一边教人放炮，教一而教十，教十而教百，教百而教千万。如此则不出数年，皆化为炮手。"②

明军浙兵参将骆尚志建议朝鲜"多备火炮"，而当时朝鲜没有能制造新式火炮的"炮匠"，同时也缺少炮手和火药。朝鲜方面希望趁骆尚志身在京都汉城的机会，派炮手到其所部浙兵中学习。第二段讲的是宣祖国王给承政院下达指示，他认为倭军势如破竹、所向披靡靠的是火炮，明军能震慑倭军靠的也是火炮，而朝鲜的软肋亦在于此，所以朝鲜各地都要设置"都会"，多制造火药，同时还要培养炮手，通过以一教十，以十教百的方法，在军中普及火炮操作技能，使人人皆为炮手。

但当时朝鲜在学习新式火炮的制造和使用技术方面进展缓慢。"前在关西，予力言火炮训练之事曰：'教一以教十，教十以教百'，为有司小不动念，每言曰：'待事定后为之。'其意正坐此习故耳。予不堪慨叹。"③宣祖国王指出，为官者不思进取，每每将"等战争结束后再办"挂在嘴边，形成了很不好的拖延风气，甚至连国王多次强调的加强火炮训练之事也当成了耳旁风。宣祖国王如此不满和失望，正是因为他对新式火炮及其炮手训练的殷切期望。

万历二十二年三月，经过数月的刻苦练习，训练都监的炮手训练工作取得了可喜成效，其中的佼佼者已经跟浙兵中的高手不相上下了。这让朝鲜王室看到了希望，练兵强军的决心也更加坚定了。基于这样的良好态势，备边司提出了向全国加以推广的建议。

备边司启曰："近者别设都监，训练火炮。当初议者，皆以为龃龉难成，数月之后，亦颇有效。其中成材者，与浙江之善手者无异，以此知练兵之不可不为也。……且外方监、兵使，水营及各官，各以人众多寡，随便招集，愿为炮手之人，教习放炮，一依近日训练都监劝奖之规。其有成材者，分其优等，或为禁军，或免贱、免役，使人乐属。其间监司，守令，兵、水使，如有尽心训诲，灼有成效者，朝

---

① 《宣祖实录》卷三十九，二十六年六月八日第一条，《朝鲜王朝实录》(22)，第 7 页。
② 《宣祖实录》卷三十九，二十六年六月二十九日第三条，《朝鲜王朝实录》(22)，第 21 页。
③ 《宣祖实录》卷四十九，二十七年二月十一日第一条，《朝鲜王朝实录》(22)，第 220 页。

廷别加褒赏,不勤奉行而成材数少者,辄加谴罚,则四方闻风,不多日内,炮手成群矣。……”上从之。①

上述记载告诉我们,训练都监开始配置新式火炮和训练炮手时,遭到了来自各阶层的消极对待,可数月之后便凸显成效。当年浙兵炮手的训练内容,正是《纪效新书》所明示的各式火炮的使用方法,因而可以判断,朝鲜训练炮手也是以《纪效新书》为教科书的。正是有了训练都监炮手训练的成功经验,备边司才有底气提出发动地方大练兵的倡议:放权给地方军政府,让其按照实际情况招集“愿为炮手之人,教习放炮”,朝廷按照训练都监的奖励办法,给予成材者相应的奖赏,并视练兵成效,对地方官员施行赏罚。

同年四月十五日,接到兵曹有关练兵哨官、将官论功行赏的报告,宣祖对练兵特别是阵法和放炮训练十分满意:“今此阵法及放炮,皆我国所未有,勤于训练,阵法整齐,放炮又能,极为可嘉。不可不论赏。所谓从后随参之人,则皆是教习放炮之人,当一体论赏以劝之,各人可升职。”②宣祖提出对炮手及其教练人员均要给予奖励,而且还要给炮手教官升职。这既说明他对培养炮手工作的重视,也说明当时朝鲜依照《纪效新书》训练炮手取得了明显成效。

万历朝鲜战争期间,朝鲜不仅给陆地作战的步兵配备了各种火器,而且也加快了水师兵器配备的步伐。如万历二十三年十月二十七日,备边司启曰:“今者亦当乘此冬月,汲汲修整船只、器械,厚集水军之势,龟船不足,则昼夜加造,多载大炮、佛狼机、火箭器具,以为遮截海道之计,此乃最为救急之良策也。”③备边司的提议得到了宣祖的认可。《纪效新书》卷十二《舟师篇》中记有各种船载火器的制造和使用方法,或许奉《纪效新书》为兵学指南的朝鲜王朝从中得到启发,修整、加造了战船,并相应地配备了多种新式火器。

关于朝鲜军队按照《纪效新书》之制配置各种新式武器的理由,柳成龙在《记鸟铳制造事》一文中说得十分清楚:“戚氏《纪效新书》,亦以鸟铳为神器,良有以也。我国之人,素号善射。而前世倭,但以长枪短刃来寇,我以弓矢,制之于数十步之外而有余。至于守城,尤称我国所长者,亦以我有弓矢之技。而贼之所持皆短,无与我相敌者也。及壬辰之变,内

① 《宣祖实录》卷四十九,二十七年三月一日第三条,《朝鲜王朝实录》(22),第231页。
② 《宣祖实录》卷五十,二十七年四月十五日第一条,《朝鲜王朝实录》(22),第252页。
③ 《宣祖实录》卷六十八,二十八年十月二十七日第二条,《朝鲜王朝实录》(22),第586页。

外靡然，旬日之间，都城失守，八方瓦解。虽出于升平百年，民不知兵而然，实由于倭贼有鸟铳之利，能及于数百步外，中必洞贯，来如风雹。而弓矢莫能与之相较故耳。"① 柳成龙认为，朝鲜除了不重视军队建设，"升平百年，民不知兵"外，另一个重要原因就是"倭贼有鸟铳之利"，盖过了朝鲜的弓矢之技。因此，朝鲜必须配备能制服鸟铳的新式火器，才能战胜倭军。此外，正如柳成龙所说，戚继光十分看重鸟铳的威力，他在《纪效新书》中多有提及。"此（指鸟铳）与各色火器不同，利能穿甲，射能命中，犹可中金钱眼，不独穿杨而已。""马上、马下惟鸟铳为利器。"② "鸟铳本为利器，击贼第一依赖者也。"③ 戚继光认为，鸟铳穿透力强、命中率高，是最具威力的杀敌兵器。

宣祖国王非常重视对炮手的培训，要求训练后的炮手不仅会使用鸟铳，还要会使用其他各种新式火炮。万历二十三年五月，宣祖国王通令训练都监，要求入直炮手不仅要学习步兵所使用的"鸟铳"，还要学习明军骑兵所使用的"三眼铳"。"三眼铳，御敌之良器，亦不可不习。入直炮手，自来月习放三眼铳，循环数度而止。论赏与鸟铳同。"④ 第二年十二月，宣祖国王又给训练都监下达指示说："所谓炮手者，岂可独习鸟铳一技而已？凡所谓炮者，皆可习。今后令炮手皆习，一应大炮以下诸炮，于朝试，或试放，或讲问试放之法，并计赏罚事。"⑤ 宣祖要求让炮手习放各种火炮。为达到这个目标，他指示训练都监定期组织炮手试放各种新式火炮，或让炮手回答试放方法，并实施赏罚。这反映出当时训练都监在组织实施炮手训练的过程中，存在着偏重鸟铳而忽视佛郎机、虎蹲炮、神飞炮等火炮的使用和训练的问题。接到国王的命令后，训练都监马上做出了回应："炮手又须兼习各样大炮。《纪效新书·比校篇》内，亦似以佛狼、虎蹲、神飞等炮试放，而较其高下，岂专习鸟铳而已哉？火器翻译，分给各哨，使之预讲试放之法，来春为始，以前项各样大炮，轮回试才为当。"⑥ 训练都监积极响应宣祖国王关于炮手须兼习诸炮的号召，并举《比校篇》中有通过试放佛郎机等诸炮而一较高下的记载加以佐证，同时

① 〔朝〕柳成龙：《西厓集》卷十六，《韩国文集丛刊》(52)，1990年，第319页。
② (明)戚继光撰，范中义校释：《纪效新书》(十四卷本)卷三《手足篇》，北京：中华书局，2001年，第56～57页。
③ (明)戚继光撰，范中义校释：《纪效新书》(十四卷本)卷六《比校篇》，北京：中华书局，2001年，第135页。
④ 《宣祖实录》卷六十三，二十八年五月二十八日第一条，《朝鲜王朝实录》(22)，第502页。
⑤ 《宣祖实录》卷八十三，二十九年十二月五日第四条，《朝鲜王朝实录》(23)，第126页。
⑥ 《宣祖实录》卷八十三，二十九年十二月八日第三条，《朝鲜王朝实录》(23)，第127页。

制定了实施方案：将各种火器使用说明译本分发到各哨，令各哨普及试放之法，从来年春天开始，轮番演习试放各种火炮，以选拔优秀炮手。由此可以推知，万历二十五年初，就在倭军第二次大规模入侵前夕，朝鲜训练都监依照《比校篇》的相关要求，开展了炮手实训活动。

三、研制火炮与煮取焰硝

如前所述，通过对"平壤大捷"中明军诸种火炮强大威力的了解，朝鲜方面认识到新式火炮的重要性，于是抓住一切机会，如饥似渴地学习鸟铳和其他重型火炮的制造技术，以期缓解军中火炮严重不足的压力。

1. 尤重鸟铳制作

宣祖国王对火炮的认识更为深刻，尤执念于对鸟铳的探究。万历二十一年一月二十八日，在明军收复平壤后不久，宣祖直言道："贼之长技，唯在于火炮，我军遇辄惊溃，只在于此。今宜移咨都司张三畏或李提督前，须习煮取焰硝之法，作铳放丸之制，一边下令，能习其制者，升堂上如何？此意，前日面谕于左相，而未见其举行矣。大概近观时习，虽经变故，少无革私奉公之意。"① 宣祖认为倭军的特长是善放火炮（即鸟铳），这也是朝军一触即溃的根源所在。鉴于此，他提议应向明军都司张三畏或提督李如松移送咨文，请求其为朝鲜方面学习"煮取焰硝之法"和鸟铳制造及使用方法提供便利，甚至建议给予鸟铳制作技术习得者以高官厚禄。宣祖曾将就此事面谕左议政尹斗寿，但是迟迟未见动静，于是便亲自组织安排相关人员学习鸟铳之制。据《宣祖实录》记载：

> 上曰："予今日偶令内官，率火炮匠，试放鸟铳，以听其声，放毕，内官来言，有一天朝人，偶然来观，教其放炮之法云。予曰：'凡天下事，有偶然而成功者。汝辈宜往邀其人，致殷勤之意。'遂承命而去。则其人乃百总姓周者，造铳之制，焰硝之法，一一教之，少无隐讳，其法甚非难成。且自言：'如得善匠，我当观监造成。'云。若得此法，我国万世之利也。善手冶匠及焰硝匠，各数人，急急广求招来，斯速学习。其人各别厚待，若得传习，则赠以重物事相约。此意，密言于兵判，秘密为之。"②

上述记载告诉我们，宣祖国王对具有强大杀伤力的鸟铳厚爱有加，为了弄

---

① 《宣祖实录》卷三十四，二十六年一月二十八日第二条，《朝鲜王朝实录》(21)，第617页。
② 《宣祖实录》卷三十五，二十六年二月十日第八条，《朝鲜王朝实录》(21)，第628页。

清其性能，特指派身边官员带同火炮匠去试放鸟铳。一位姓周的明军百总偶然看到此事，便教给火炮匠施放鸟铳的方法。宣祖得到报告后，立刻下令将这位明军百总请来传授技艺。而这位周姓百总果不负所望，将鸟铳和焰硝的制造方法毫无保留地教给了朝方，且表示，如果能得到好工匠，可以指导其造出鸟铳来。宣祖听后大喜过望，认为如果能得到鸟铳和焰硝制作之法，将对朝鲜有万世之利，便命广泛搜求出色的铁匠和焰硝匠各数名，让他们跟着周百总学习。为了保险起见，特意密令兵曹判书李德馨秘密落实此事，足见其对此事的重视程度。

十天后，在与平安道监司李元翼等大臣议事时，宣祖国王趁机进一步了解鸟铳和焰硝之制。

> 上曰："铳之穴，何以为之？"元翼曰："铁钉以火合而圖之，出之，则成穴云矣。但疑其人不知其制而言之，或秘而言之，未可的知也。"上曰："若然，则为匠者，孰不为之。而唐人必贵之，何也？焰硝之制，亦何以为之？"元翼曰："海潮白沤，多聚而煮之。"上曰："此煮盐之事也，岂曰焰硝乎？"①

宣祖国王很想知道鸟铳铳筒和焰硝的制作方法，他认为鸟铳铳筒制作不会像李元翼说的那样简单，特别是对于中国用海水煮取焰硝的说法更是持怀疑态度。半个月后，即同年三月五日，宣祖召见即将前往拜会明提督李如松的左议政尹斗寿，命其向李如松请求学习"焰硝之法"。② 宣祖国王如此重视焰硝的制作方法，是因为"焰硝"是制造火药的原料之一，而火药又是各种火炮发射的动力来源，要想发展破坏力与威慑力更为强大的热武器，火药是必不可少的。

然而，煮取焰硝似乎比制作鸟铳的技术含量要高，实际操作起来难度很大。三月十一日，宣祖不无遗憾地感叹道："鸟铳之制，则已为传习矣，焰硝煮取之法，未能传习。"③ 这说明，经过明军周姓百总的悉心传授，朝鲜方面实实在在地学到了鸟铳制造技术，却没能完全掌握焰硝煮取方法。这也应该是宣祖命尹斗寿向李如松请求学习焰硝之法的原因所在。

在明军将士的帮助与指导下，朝鲜终于掌握了鸟铳等火炮制造技术，部分有识将领也开始积极组织人力物力，摸索制造鸟铳、火箭等火器。

---

① 《宣祖实录》卷三十五，二十六年二月二十日第二条，《朝鲜王朝实录》(21)，第 639 页。
② 参见《宣祖实录》卷三十六，二十六年三月五日第三条，《朝鲜王朝实录》(21)，第 654 页。
③ 《宣祖实录》卷三十六，二十六年三月十一日第六条，《朝鲜王朝实录》(21)，第 661 页。

万历二十一年六月下旬，平安、忠清、全罗、庆尚四道都体察使柳成龙上书宣祖国王《再乞练兵，且仿浙江器械，多造火炮诸具，以备后用状》，其中提道：

> 往时校书正字李自海在开城府时，监造鸟铳，其精巧与倭铳无异，而又造虎蹲炮，其制亦似中国之炮。臣在东坡，又令火炮匠数人，造火箭百余筒，亦甚可用。而皆以事力窘竭，不能加造。权慄在坡州，亦学于南方，造火轮炮。此等器械，皆切于战用，而不能多造，恐无所益。臣意以此匠人，分送于南方州郡之财力完实如罗州、南原、全州、顺天兵水营等处，多数聚会匠人，使如自海者，昼夜监造。仍于各邑，抄出有胆勇之人，勿论公私贱士族庶孽，广加学习，如使一道之内，得铳手数千，则足可以御敌。而以此推移诸道，次次相传。其打造匠人及善于放火者，厚加赏典，优恤妻子，使无厌苦之弊。至于南方御倭器械阵法，自募抄择数百，及南兵之未还，别定勤干武将一人，配于天将，昼夜学习操练。其他守城之要，旗帜之色，一仿浙江炮手，使贼有所畏惮，则诚为万幸。①

柳成龙启状内容信息量很大。其一，校书正字李自海在开城府时监造过鸟铳和虎蹲炮，其监造的鸟铳十分精巧，与日本鸟铳没什么两样，其监造的虎蹲炮规格也与中国的差不多。其二，都体察使柳成龙本人在东坡时令火炮匠数人造了百余筒性能良好的火箭，但因物力所限，没能多造。其三，都元帅权慄在坡州也学习浙江技艺造出了火轮炮。查阅史料可知，三人在上述驻地停留的时间，均为万历二十一年二、三月之间。换言之，李自海等三人在万历二十一年二三月间分别在不同地方成功监造过鸟铳、火箭、火轮炮等新式火器。

万历二十一年正月二十七日，李如松所率三千辽东铁骑在碧蹄馆遭遇四余万倭军重兵埋伏，虽英勇拼杀成功突围，但多名心腹爱将战死。李如松于三十日收兵退回开城，旋即又退守平壤。此后战争转入相持阶段。在这段时间里，柳成龙、权慄等朝鲜王朝军事首脑，利用与明军共同驻防的有利时机，安排火器匠打造鸟铳、虎蹲炮、火箭等戚家军当年的常规武器。在这个过程中，有精通火器制作工艺的明军技术人员的指导和帮助，而这些明军技术人员又大多出自浙兵将士。其实柳成龙上书的标题"仿浙

江器械，多造火炮诸具"也已经说明了这一点，正因为前面有"仿造浙江器械"的成功案例，所以柳成龙才会号召大力推广。"仿造浙江器械"也就是依照"《手足篇》中各种火器之制"之意。柳成龙特别强调，要先在罗州、南原等全罗道州郡多聚匠人，然后让李自海这样的有心人"昼夜监造"。万历朝鲜战争初期，全罗左道水师节度使李舜臣将军率舟师在玉浦、泗川、闲山岛等海战中连战皆捷，给了日本海军重大打击，粉碎了倭军的水路作战计划，全罗道因此躲过了一场劫难，财政较为殷实。然后再招聚各邑"有胆勇之人"，不论是公贱还是私贱，使其"广加学习"。如果全罗道能训练出几千鸟铳手的话，那么就足以御敌制胜了。全罗道先蹚出一条监造、习练火器的路子，然后可逐道加以推广应用。柳成龙还提出要对仿制"浙江器械"的优秀匠人"厚加赏典，优恤妻子"，以资鼓励。同时要趁明军南兵尚未撤还，指定一名勤勉干练的武将，带领自募的数百士兵，昼夜学习操练"南方御倭器械阵法"，其他如"守城之要，旗帜之色"也要"一仿浙江炮手"，以达到震慑倭军的效果。这充分说明，当时朝鲜对"仿浙江器械，多造火炮诸具"的迫切需求。

万历二十二年春，柳成龙在《请训练军兵启》中进一步论述了鸟铳的重要性，并提出了鸟铳制作推广的方案。

> 守城守险，攻垒破坚，当用大炮。至于交战之际，鸟铳最为利器。如我国前日所有胜字铳筒者，则《纪效新书》所载快枪之类。《新书》云，鸟铳命中穿杨之妙，五倍于弓矢，而十倍于快枪。北人性笨，不耐学习，每以快枪胜于鸟铳，恐此说行于南方云云。今之所谓胜字铳筒，只可虚放，以助军声，不可以命中。而我国之人，犹执胜字胜于鸟铳之说，不务学习，其亦北人性笨之类也。但鸟铳为器，极为精巧，造作甚难。故《纪效新书》亦以一月钻穴为上，是鸟铳一柄，用一人一月之力，然后方为可用。其难成而可贵也如此。……若择取京中善手铁匠五六人，来习于都监匠人，艺成之后，分送黄海道、忠清道海边各官炭铁有裕处为都会，连续打造，使精巧勤干晓解鸟铳之人为守令，专掌其事，责其成效，则鸟铳之用，其路日广，而人无不习。此等条件，皆系今日急务。请别为事目，广布中外，刻日施行。[①]

---

　　① 〔朝〕柳成龙:《西厓集》卷七,《韩国文集丛刊》(52),1990年,第143页。

柳成龙主要阐述了要在军中推广《纪效新书》所推崇的"鸟铳"的理由。戚继光在《纪效新书》中提倡军队要配备"鸟铳",是因为"鸟铳中鹄十倍于快枪,五倍于弓矢"①,有"鸟铳"助阵,是戚继光取得抗倭胜利的重要因素之一。戚继光在练兵时,将士兵分成两种,一种是火器队,另一种是杀手队,两队都由十二名士兵组成。火器队队长一名,鸟铳手十名,火兵一名。由此可见戚继光对鸟铳的重视。朝鲜当时要按照戚家军的规格装备部队,就需要大量的鸟铳。然而,要大量制造鸟铳,无论是技术方面还是财力方面,对当时的朝鲜来说都面临着很大的挑战。领议政柳成龙深知"鸟铳"制造的重要性,因此对此事格外重视,甚至提出让鸟铳技术专家担任地方长官,把鸟铳制造成效作为考核地方官员的重要依据。

其实,早在战争爆发之前,朝鲜王室就已从日本使者那里得到了数支鸟铳,然而当时并未在意,将其锁进了军器寺库房。朝鲜军队开始使用鸟铳,是在引进《纪效新书》之后。"宣祖己丑日本平义智来献鸟铳数件,我国之有鸟铳始此,然不晓其制。未几而彼兵出矣,至癸巳因戚将军继光《纪效新书》,创置训营,使军兵学习鸟铳,亦解煮硝之法。"②《纪效新书》十四卷本卷三《手足篇》中"鸟铳全制""鸟铳分形""鸟铳解""火药制""铳歌"③,不仅对鸟铳的制造和使用均有详细的文字说明,还附有图片。这说明,朝鲜是从《纪效新书》一书中学得了鸟铳的制作技术,并批量制造,使其成为士兵手中的主要武器的。

《纪效新书》中,不仅有鸟铳的制作技术介绍,还有"子母炮""六合炮"等炮类的制作技术和性能介绍,朝鲜当时也按照《纪效新书》中的技术指标,制造出"子母炮""六合炮"等火器,柳成龙对此有详细记载。

> 今于《纪效新书》得子母炮。其制与震天雷相类,而颇简省易致。盖其母炮、子炮,皆减震天雷三四分之二三,若乘夜袭贼营,密遣勇力之士,多持此炮,从四面乱放,如飞霆散落于贼阵,所触尽死伤,贼必泅骇。因以乘之,蔑不胜矣。《纪效新书》所谓用之惊营,或夜间放入贼垒,少停于贼垒中铳发。无制之兵,乌合之众,夺气之寇,势必惊惶。我得乘之,此器最妙,诚哉是言。至于我军城守,或

---

① (明)戚继光撰,范中义校释:《纪效新书》(十四卷本)卷三《手足篇》,北京:中华书局,2001年,第57页。

② 〔朝〕许熏:《舫山集》卷十二《炮说》,《韩国文集丛刊》(328),2004年,第7页。

③ (明)戚继光撰,范中义校释:《纪效新书》(十四卷本)卷三《手足篇》,北京:中华书局,2001年,第51~59页。

据山城，贼从外来围，夜间用之，亦可惊散。因使精卒翼而射之尤好。①

　　《纪效新书》有六合炮，其制以木六片相辏为之，用以摧破墙壁舟舰。而未详其制造之法，癸巳甲午间，唐将戚金，乃戚继光亲侄，自言晓解其制。余请教之，既成而试之，炸裂不堪用。欲更造，而未几戚西去未果。其后又得《新书》子母炮之制，于战用尤关。余令军器寺主簿李自海铸之，而余自出己意，增损其法，与我国所用飞击震天雷相类而尤便利。诚为制胜之良具。国家如有意于战守，则此制不可不讲。②

柳成龙主要讲述了《纪效新书》中提到的"子母炮""六合炮"等的性能和功效，同时也提到了制造和改进"六合炮"的一些经过。"唐将戚金"，即入朝参战的明军游击将军戚金，戚金在抗倭援朝期间的情况，下面有专节介绍。柳成龙把引进和制作"六合炮"作为朝鲜的"火炮之始"，也说明了戚继光及其《纪效新书》在当时朝鲜军队和国防建设中的作用和影响。"子母炮""六合炮"的制作和使用方法，均见于《纪效新书》。十四卷本《纪效新书》卷三《手足篇》第三有"子母铳制""子母铳解"③，卷十二《舟师篇》有"六合铳制""六合铳解""六合铳铭""习法"。④

　　2. 苦寻焰硝煮取之法

　　朝鲜一直想要掌握焰硝煮取之法。万历二十一年九月二十五日，宣祖传令冬至使许晋（1536～1616），留意学习中国用海水煮取焰硝的方法，并许诺："有能传习其法者，当大加褒赏，士人则当作堂上矣。"⑤ 为了能将煮取焰硝之法学到手，宣祖以高官厚禄相许。

　　不掌握海水煮取焰硝之法，火药便难以措置，于是一有机会，宣祖便会问计于大臣。同年十月二十二日，宣祖国王又向群臣探问措置火药的路径："如欲御倭，非火炮不可，而火药难措。中原则以海水煮取矣。前在定州时，试令煮取，能煮者令升授堂上，挂榜知会，而未有能煮者。何以

① 〔朝〕柳成龙：《西厓别集》卷四《杂著·子母炮》，《韩国文集丛刊》(52)，1990年，第480页。
② 〔朝〕柳成龙：《西厓集》卷十六《记火炮之始》，《韩国文集丛刊》(52)，1990年，第320页。
③ (明)戚继光撰，范中义校释：《纪效新书》(十四卷本)卷三《手足篇》，北京：中华书局，2001年，第62～63页。
④ (明)戚继光撰，范中义校释：《纪效新书》(十四卷本)卷十二《舟师篇》，北京：中华书局，2001年，第274～275页。
⑤ 《宣祖实录》卷四十二，二十六年九月二十五日第五条，《朝鲜王朝实录》(22)，第103页。

则能使火药足用乎?"① 宣祖国王一心求得用海水煮取焰硝之法,多次挂榜求贤而不得,每每因火药不足而心急如焚。

万历二十二年一月,明援军第一次大规模撤军已是板上钉钉的事情,于是宣祖国王给训练都监下达指令:

> 总兵(骆尚志)惓惓于我国之事,少无内外,宜及总兵未还之前,习各样火器制度,虽不能造作而试之,须请于总兵,各样之制,一一详录,非文字所能形容处,则令画工模写以启。且焰硝煮取之法,并请详悉书示。且闻山东地方,以海水煮取云,并详问其法,书启。②

宣祖国王指示说,须在明军骆总兵回国之前,向他请教各种火器的制造和使用技术,即便目前尚不具备制作条件,也要请骆总兵详细记下各种火器的样式与规格,如有用文字不能表述的,则令画工画下来。另外,"焰硝煮取之法"亦须请骆总兵详细记录下来,包括山东地方以海水煮取焰硝之法。前文提到,浙兵参将骆尚志曾是戚继光属下,熟悉《纪效新书》中提到的各种火器,包括新式火炮的制造技术,所以,宣祖国王要求训练都监向骆尚志请教,并希望骆尚志回国前能留下熟悉火器制造和使用的技术人员帮助朝鲜。

为了推进武器制造事业,训练都监早在几年前就设置了"军器匠役",负责制造各式武器。然而,被寄予厚望的"军器匠"们的工作成效并不理想。"器械不精,则是以卒与敌。都监累年,设置军器匠役,而不无备数塞责,多不用意造作,闲消日字,徒费廪料之弊。今后另加监督精造事。"宣祖国王先是借用古语强调了武器精良的重要性,然后话锋一转,严厉批评"军器匠役"有名无实、形同虚设,要求训练都监今后严加监督,务使匠役们精心制造。

紧接着,宣祖国王对"纳铅"之事也提出了疑问。"端川银子,连续上送,而未闻上送铅铁,闻有银则有铅云,何不取纳其铅,以为战用之丸乎?"③"端川",指咸镜道端川郡,铅、锌、碳酸镁等矿藏丰富。犹矿出金,如铅出银,然而端川一地连续上送银子,却不见铅铁。宣祖国王不解其中缘由,故责问训练都监为何不收取端川所产铅铁以制作鸟铳用的铅弹。

---

① 《宣祖实录》卷四十三,二十六年十月二十二日第一条,《朝鲜王朝实录》(22),第112页。
② 《宣祖实录》卷四十七,二十七年一月八日第一条,《朝鲜王朝实录》(22),第202页。
③ 《宣祖实录》卷八十三,二十九年十二月五日第四条,《朝鲜王朝实录》(23),第126页。

训练都监启曰："……匠役之设，日月不为不久，而费料塞责之弊，果如上教，更令查考前后官员，日役多少，所造精粗，别施赏罚，今后更为严督，俾令精致可矣。铅丸，在今最急。端川铅铁，素有取来之意，而一路荡残，输致无力，如兵曹所贸铅丸十万个，运到安边，至今不得输至京城，常以此为闷矣。今方贼变孔棘之时，不可不别为区处。税银吹炼时，铅铁为先收合，陆续上送事，移文于本郡，且于新监司下归时，此意言送何如？"传曰："依启。安边十万丸，亦速取来。"①

训练都监针对国王的批评与质问，表示今后要严加督办，多造精致的各类火炮。然后举兵部购置的十万铅丸虽已运到安边但至今没能运抵京城为佐证，辩解说不是无意取纳端川之铅，而是因为局势动荡、没有运输能力。进而建议下令让端川地方在吹炼税银时，注意将铅铁分离出来并陆续上送。训练都监的建议，得到了采纳。

第五节　以《纪效新书》为基准修建城防设施

万历二十年四、五月间，短短的两个月内，朝鲜绝大部分国土就被倭军侵占，几至亡国灭族的边缘。除了朝鲜军队缺乏训练、战斗力低下这一主要因素外，朝鲜的城防设施太差，根本抵挡不住倭军新式火器的进攻也是一大原因。柳成龙于1594年冬上书《战守机宜十条》，对朝鲜的城制提出了尖锐的批评。

大抵我国之人，最不习兵，其于筑城一事，亦全无意思，但从山势逶迤作形，务以城内旷阔为主，不知愈大而愈不可守也。……我国女墙则仅至数尺，守城者鞠躬曲腰，鼠伏以行，而愈不免于贼丸，此其不可者一也。两垛之间，贵于狭窄，才可放矢眺望而已，使贼不得以踰入，则是乃城制之纤密。而我国之城则女墙中间阔大，往往可容数人，此其不可者二也。瓮城亦甚稀设，一城之上但有一二，虽以都城之大，只有东门外曲城，而无一瓮城，无雉之城，将何用乎？此其不可者三也。城上虽有守御之人，不能引颈下视，则贼之附城下者，

　　① 《宣祖实录》卷八十三，二十九年十二月八日第三条，《朝鲜王朝实录》(23)，第127页。

终不能御矣。近世中原有悬眼之制，其法从垛内穿穴，直出城外，使洞见城下之贼，以施格杀之方，此制亦好。……此外又有羊马墙之制，于城外壕子内，筑墙高一丈许。下面凿大穴，使放大炮，中穿小穴，使放小炮。别使勇力之人守之，与城上之人，互为辅车之势。《纪效新书》所谓任他百万来犯者是也。①

柳成龙首先痛批朝鲜守将在筑城方面漫不经心、毫无想法，只知道沿着山势蜿蜒而建，以为城内越宽阔越好，而不知城池越大越难守的道理。接着指出了朝鲜城池不可守的症结所在：一是女墙仅有数尺高，守城军兵弓着腰像老鼠那样前行，还是躲不过敌人的枪弹；二是垛口之间的距离过宽，既不利于避身，又容易让敌人越入；三是瓮城设置太少，关隘的防守能力严重欠缺；四是《纪效新书》中极力倡导的悬眼和羊马墙等设施亦不具备。柳成龙对朝鲜城制的批评可谓是一针见血、切中要害。综观其在整个万历朝鲜战争期间的应对策略及各方面的表现，相比于其他朝臣，柳成龙还是相当有作为的，尤其是在组织练兵、加强城防建设方面。柳成龙之所以能有如此犀利的见解，主要基于两个方面：一是城陷将亡、溃不成军的惨痛教训，二是对《纪效新书》中所记城制的学习和吸收，而后者所占的比重应该更大。因为只要与《纪效新书》所论城制一对比，朝鲜城制的弊端便会暴露无遗。

其实，明援军进入朝鲜半岛不久，便发现了朝鲜城防薄弱这一致命缺陷。万历二十一年六月，宋应昌致函朝鲜国王："今日为王国，图久安善后之策，无如设险固守，为第一要务。……当道置立重关……关门仍要高厚坚固，如中国月城之形，重门旋转而入，女墙、垛口，移与人齐。安排水沟、铳眼，布置滚木、累石，务使一人当关，万夫莫能仰视。……王当速图之，万勿迟误。"宣祖国王也认识到了加强城防建设的紧迫性，在回函中写道："当星火遣官，克期兴工……已令各道，急调遣下人丁……尽力措办。"② 宋应昌所说的明朝城防建设，正是《纪效新书》中提到的安置有新式火炮、设有鸟铳"铳眼"的易守难攻的新式城制。

戚继光在十四卷本《纪效新书》中写了一卷《守哨篇》。在卷首，戚继光指出："自古防寇，未有专言战而不言守者，亦未有专言守而不言战者，二者难以偏举。"这种战守结合的战略思想，非常适合以弱御强的朝

---

① 〔朝〕柳成龙：《西厓集》卷十四《战守机宜十条（并序）》，《韩国文集丛刊》（52），1990 年，第 274～275 页。

② 《宣祖实录》卷三十九，二十六年六月十三日第五条，《朝鲜王朝实录》（22），第 10 页。

鲜时局；戚继光还明确提出，他的城制"非尽欲易其旧也"，而是要求"酌量更改"。① 这就为朝鲜改造旧有城池指明了方向。《守哨篇》主要讲了城墙、女墙、悬眼、瓮城、牛马墙、护城河等城防设施的建设规格和功能，这对当时朝鲜改造旧城有很大的参照价值。《守哨篇》不仅使柳成龙等朝鲜王朝决策者充分认识到了城防建设的重要性，为其指明了"酌量更改"的旧城改造原则，而且还提供了具体的建设规格和设计图。这对朝鲜方面来说，无异于雪中送炭，所以朝鲜方面一旦有了喘息之机，便积极推进按照《纪效新书》的要求来改造和加强城防建设。

一、在地方城墙之上加修炮楼

万历二十一年十月，朝鲜刚刚设立了训练都监，便开始按照《纪效新书》的要求改造城镇的防御设施、完善火器配备。

> 上曰："炮楼欲设于海州，而未知其制如何？"成龙对曰："倭贼设炮楼于龙山仓，大概如烟台之制，且《纪效新书》有之。城外周回，筑垣如牛马墙，上穿大铳筒穴，下穿小铳筒穴，千步置一，贼犯近，则一时俱发。且设于壕内，故贼不敢毁矣。"②

"海州"，今朝鲜黄海南道首府，朝鲜西海岸港口城市。宣祖国王提出要加强海州城的防务，主要是防止倭军从海上入侵朝鲜半岛北部，因为一旦海州城失守，倭军南下可威胁朝鲜都城汉城，北上则可威胁朝鲜西京平壤。"龙山"，在朝鲜都城汉城附近，是重要的物产集散地和军事要冲。倭军占领汉城后，曾在龙山大量驻军，并建有炮楼。

从上述记载看，时任朝鲜领议政、主管训练都监的柳成龙已经在谋划按照《纪效新书》所定城制，进行朝鲜的城防建设。柳成龙提到的"牛马墙"，系一种城防工事，出自十四卷本《纪效新书·守哨篇》中的《牛马墙制·牛马墙解》。"此墙在城外濠岸内。以城身下濠岸，不拘宽狭，狭即一丈或八尺皆可，宽不可逾二丈，于其外为墙……墙身每对一雉下，底开一大将军铳眼，以不能钻入人身为度。凡此墙每高三尺，平去五尺，为一小铳眼，可容狼机。……或一时收敛不及，或昏夜难辨，不敢开门，一应

---

① （明）戚继光撰，范中义校释：《纪效新书》（十四卷本）卷十三《守哨篇》，北京：中华书局，2001年，第304页。

　② 《宣祖实录》卷四十三，二十六年十月二十二日第一条，《朝鲜王朝实录》（22），第112页。

避难之人、牛马之类，皆可暂于墙内收避。"① "大将军铳"，明代称由西洋传入的一种火炮。"狼机"，指佛郎机，系大口径火绳枪，介于炮、枪之间。从这里可以看出，当时的朝鲜是仿照《纪效新书·守哨篇》中的规制进行城防建设的。

正是基于这样的认识，柳成龙于一个月后上《陈时务札》时指出，目前倭军屯据庆尚道，正在积聚力量，明年春天必会大举侵攻，那么，全罗道必将首当其冲。在这种情况下，"设险坚守"方为当下亟待解决的事项，而"炮楼为守城之利"，因此有必要修治南原、顺天、罗州、全州等全罗道重点城镇的原有城墙，在其上加修炮楼。② 对柳成龙上札陈时务一事，《宣祖修正实录》记之曰："领议政柳成龙上札陈时务，请筑城州县，颁行炮楼之制，从之。"③ 这说明，至迟于万历二十二年初，至少全罗道各城镇收到了依据《纪效新书·守哨篇》而制定的"炮楼"修建标准。然而，制定了修建标准，并不意味着就能顺利施行，有的地方官员对炮楼的重要性认识不够，导致落实不到位。对此，朝鲜备边司痛心疾首，建议国王采取相应措施。

> 备边司启曰："各邑有城处，若设炮楼，则其于守城御敌，诚为良策。他处姑不论，如全州一城，地势平坦，炮道正直，诚及无事之时，设为炮楼，内设大炮，则虽千万强寇，难以陷败。其功役，不过用数百人、数日之力，而至今未闻排设，诚为可叹。宜自朝廷，别遣一人，往见城势迂直，排设处所，晓谕人民，刻日设立。又聚道内火炮，多备火药，以待不虞之变。"传曰："所论至矣。依启。"④

当时朝鲜最高议事决策机构备边司向宣祖国王提议在城墙上修建炮楼，并举全州为例，认为如果修建了炮楼，"虽千万强寇，难以陷败"，可以抵御强敌来犯，而且修建炮楼的工程量也不算太大，几百人数天内即可完成。所以应该派专员下到全州，实地考察城势曲直，勘定炮楼位置，宣传建炮楼的重要性，早日将炮楼建好。宣祖国王认为此提议甚好，指示马上照做。为了推进全州城炮楼建设，柳成龙派遣从事官辛庆晋前往全州，"使

---

① （明）戚继光撰，范中义校释：《纪效新书》（十四卷本）卷十三《守哨篇》，北京：中华书局，2001年，第313～314页。
② 参见〔朝〕柳成龙：《西厓集》卷五《陈时务札》，《韩国文集丛刊》（52），1990年，第90～91页。
③ 《宣祖修正实录》卷二十七，二十六年十二月一日第五条，《朝鲜王朝实录》（25），第645页。
④ 《宣祖实录》卷五十三，二十七年七月六日第二条，《朝鲜王朝实录》（22），第307页。

为炮楼之制"①。前文提到，万历二十一年十月二十二日，当宣祖国王提出欲在海州设置炮楼但不知炮楼建制时，领议政柳成龙曾提示"《纪效新书》有之"，言外之意是可以按照《纪效新书》所载建设标准来设置。十天后，当宣祖国王召见柳成龙商讨如何加强城防建设以抵御来犯之敌时，柳成龙再次提到了《纪效新书》所载城制：

> 上引见领议政柳成龙。……上曰："彼贼攻城之器，甚是凶巧，平地城郭，决不可保。如晋州之城，予尝言其难守，卒果陷没；如延安，则贼来者不多，故能守矣。晋州将士，岂不及于延安而见陷哉？贼若合攻，以我国城池，虽欲守之，予知其不能守矣。"成龙曰："《纪效新书》中原城制，与前古异矣。古之攻城，或以云梯、冲车、地道而已，此贼则多放鸟铳，使人不敢近，而任意攻之，所以难守也。《（纪效）新书》之城制，盖为御倭而设也。"②

宣祖国王表示，在倭军强大的攻势下，朝鲜的平地城郭必将不保。针对宣祖的忧虑，柳成龙开出了应对良方，那便是《纪效新书》所载城制。他认为，《纪效新书》所载中原城制，有别于从前的城制，是专为防御倭寇而设的。柳成龙作为当时朝鲜城墙改造的决策者，他对《纪效新书》城制的清晰认识，对朝鲜进行城防建设产生了重要的推动作用。

为了使新建的炮楼发挥应有的功能，柳成龙还就炮楼建设后的配套问题上书宣祖国王并提出建议："全州，正当一道根本之地，往时，朝廷使之建设炮楼，计非偶然，而竟未克就。近日又因备边司行移，又为始役云。……且若设炮楼，则又必有火炮、器械与火药、铁丸，一齐准备，然后可以为用。不然则炮楼虽百丈，何益哉？……亦令事知武臣一人，驰去见之。若稍为成形，犹可应变，则道内诸处大、小炮，量数移置。且自京中，分送火药及火炮匠数人，使于平日从其孔穴放炮，以习临急之用。且令民心晓然知其可守，则亦可以镇定人心，不至溃散。"③柳成龙认为，必须有火炮、火药、铁丸等配套设备，炮楼才能发挥应有的作用，鉴于全州城的炮楼建设已重新动工，便建议选派一位懂行的武臣前往查验，如果已初具规模，则应从全罗道各地调拨一定数量的大炮小炮，并从训练都监处选派数名火炮匠，平时演习放炮，让城中百姓觉得此城可守，以稳定地

---

① 《宣祖实录》卷五十三，二十七年七月十七日第三条，《朝鲜王朝实录》(22)，第314页。
② 《宣祖实录》卷五十三，二十七年七月十七日第三条，《朝鲜王朝实录》(22)，第314页。
③ 《宣祖实录》卷六十一，二十八年三月十八日第四条，《朝鲜王朝实录》(22)，第464页。

方民心。宣祖欣然接受了柳成龙的建议，下令备边司从速施行。

修缮城墙、增设炮楼等城防建设措施收到了预期效果，万历二十三年十月二十七日，备边司在给国王的上书中提道："近日水原秃城，城堞粗就，而又设炮楼，民之来见者，颇有守城之意云。此亦民心，见其所恃，则稍定之一验也。"① 依照《纪效新书》的要求进行的城防改造，不仅能给当地百姓带来安全感，而且还能极大地鼓舞民众抵御来犯之敌的信心和斗志。

鉴于当时朝鲜刚刚遭受战争劫难，物资极度匮乏，备边司在推行炮楼建设的过程中，并没有死搬教条，而是明确提出"略仿其制"的原则。

> 备边司启曰："……制敌之具，莫要于火器。本道炮手入送事，已为启达矣，京中炮手，量数抄送，圣教极为允当。令训练都监，择出精妙者，定哨官领送。炮楼，虽未能容易造作，而略仿其制，或以土壁，或以木版为之，排设大小火器，以为御敌之用。"上从之。②

朝鲜备边司在奏文中认同火器的重要性，因而提出加强城防必须增设炮楼，才能更好地发挥火器的作用。但当时物资匮乏，如果严格按照标准建设，恐怕难以"造作"，只能"略仿其制"，依据财力、物力方面的承受能力，"或以土壁，或以木版为之"，同时"排设大小火器，以为御敌之用"。这里提到的"略仿其制"，就是仿照《纪效新书·守哨篇》中的炮楼修建标准。此外，这种因地制宜、灵活运用《守哨篇》中炮楼修建标准的做法，在义州城改造提案中也有体现。

> 兼四道都体察使柳成龙启曰："……义州城子阔远，中隔高阜，不能通望，守之似难，果如喜寿状启矣。但地势亦多据险处，若相其城势，设为炮楼之制，乃是守城妙法。事急则不必用石，又不必起楼，只以大木为柱，而三面以板障之，似防牌之制，中穿孔穴，则亦可以制贼，而救一时之急矣。……我国为将者，于守城一事，尤甚疏阔。其于分配垛堞，简别精壮之规，皆不料理，头绪纷乱，临时颠倒，有同趋市之人，故军虽多而城不能守。变后各处陷城之患，政坐如此。江边有城子处，预为申饬，如《纪效新书》所言，每五垛为一伍，五十垛为一队，队各有将，垛各有预定之军，平时，依法操练，

---

① 《宣祖实录》卷六十八，二十八年十月二十七日第二条，《朝鲜王朝实录》(22)，第 586 页。
② 《宣祖实录》卷六十八，二十八年十月七日第五条，《朝鲜王朝实录》(22)，第 574 页。

临急，如行熟路，众力合一，又必静暇不挠，城中寂无人声，然后可
无偾败之患。此等事，虽系将帅所自为，而亦不可不为申饬也。……
下备边司，议处何如？"上答曰："当依所启。"①

上述所引为时任领议政兼四道都体察使的柳成龙给宣祖国王的陈奏内
容。柳成龙指出，义州城池广阔，中间又有高埠阻隔，不能互相瞭望，难
以防守，但内有不少可赖以据守的险要之处，所以因地制宜地加设炮楼，
实为守城之妙法。如果情势紧迫来不及按部就班地筑造的话，也可不用石
头，而以大木为柱，三面围以木板，中间穿上孔穴，此亦可防敌救急。这
种既整体上遵其制，又能根据实际情况灵活运用的城楼建设原则，是符合
《纪效新书》"出于法而不泥于法，合时措之"理念的。

与此同时，柳成龙还一语中的地指出守城将领身上存在的问题。朝鲜
将领于守城之事多轻虑浅谋，在落实女墙把守责任、选拔精壮标准等方
面，随意措置，毫无头绪，所以"军虽多而城不能守"，以致在遭到倭军
进攻时，各地城池纷纷陷落。当前加强城防，要切实依照《纪效新书》所
言，编队成军、严加训练、整肃军纪，只有这样，在遇到紧急情况时，才
能"如行熟路，众力合一"，沉着应对，不至于倾覆败亡。柳成龙提到的
"《纪效新书》所言，每五垛为一伍，五十垛为一队，队各有将"，可见于
十四卷本《纪效新书·守哨篇》中的《派守解》："每五垛定垛长一人，厂
一所，旗一面，书垛夫姓名。二十五垛立城长一人，旗一面，书垛长姓
名。五十垛立雉总一人，以小官当之，旗一面，书城长姓名。每城一面，
城将一人。"②"雉"，古代计算城墙面积的单位，长三丈高一丈为一雉，
这里代指城墙。"雉总"，指守护城墙的负责人。

义州城位于明鲜边界，因为背靠辽东，所以更为安全。即便如此，柳
成龙对义州城的短板问题还是心有所系，最终提出以《纪效新书》的炮楼
之制加以补短的具体方案。义州城按照柳成龙的方案，即按照《纪效新
书》的炮楼之制进行了改造与完善。这也说明，明援军第一次大规模撤军
之后，朝鲜在防御倭军侵攻方面所承受的压力大增，朝鲜方面意识到加强
防御能力的重要性，所以在练兵和城防建设方面都投入了更大的精力。

万历二十四年十二月，按照叶鳌城制改筑都城城墙工程有了实质性
的进展，让柳成龙产生了将"叶制"推广到黄海道延安城的想法，于是

---

① 《宣祖实录》卷六十九，二十八年十一月二十二日第六条，《朝鲜王朝实录》(22)，第601页。
② (明)戚继光撰，范中义校释：《纪效新书》(十四卷本)卷十三《守哨篇》，北京：中华书局，2001年，
第320页。

便上书请示。

> 城堞亦不可不为增筑，近日都城南大门城上，叶游击所造堞制甚
> 好。令延安府使南宫悌，上送解事军官，见其制度下去。以其邑守城
> 民丁，不计日限，次次修筑。如骑城铺炮楼等守城诸具，一齐完备，
> 然后临急可无蹉跌也。臣于壬辰在安州，适逢庆尚监司金诚一差人，
> 通书以为倭贼若以大势再犯晋州，则城不可守，急须先设炮楼，可以
> 制敌。诚一闻臣之言，即为亲自巡城，欲造炮楼八处。材木已具，而
> 不幸诚一病死，终至于晋州失守。以此知城制之不可不修也如此。①

柳成龙认为，都城南大门按照"叶游击所造堞制"改筑得很好，建议让延
安府使南宫悌委派内行军官，到都城来实地考察、学习叶鐩的城制，然后
回去组织发动守城民丁，照此修筑延安城。如果骑城铺、炮楼等防御设施
都齐备了，临急就可从容应对。此外，他还以当年晋州城因没有"造炮
楼"，结果被倭军攻陷的惨痛教训加以佐证。这里提到的"叶游击所造堞
制"，其底本正是《纪效新书·守哨篇》中的城制。这一点，黄海道监司
李廷馣在万历二十五年十月二十五日的日记中亦有记载："抄发守城男丁
一千四百余名，依《纪效新书》守哨法，分四部定垛长城长，加造击台八
座。"② 万历朝鲜战争爆发时，李廷馣（1541～1600，字仲薰，号四留斋）
为吏曹参议，因在黄海道组织义兵抗倭有功，擢升为黄海道观察使兼巡察
使，后来官至知中枢府事（正二品）。"击台"，在此指炮楼。

万历二十五年一月，就在倭军第二次大规模入侵前夕，已有山雨欲来
之感的朝鲜王室，为防止重蹈兵败城陷的覆辙，积极引进中国的各种城防
设施，除了炮楼、悬眼等防御设施，他们对中国的护城河规制也表现出了
极大的兴趣。据《宣祖实录》记载：

> 上曰："黄海监司言：'我国垓子，甚为不好。中原城壕之制，似
> 好矣。'"成龙曰："中原垓子，深不可测矣。"上曰："此乃炮楼之制
> 乎？"成龙："是矣。水原秃城，人皆欲入。南汉山城，亦好云，臣当
> 往见以定矣。"③

---

① 〔朝〕柳成龙：《西厓集》卷八《海监司李廷馣道内防守事宜启》，《韩国文集丛刊》（52），1990年，
　第167页。
② 〔朝〕李廷馣：《四留斋集》卷八《行年日记（下）》，《韩国文集丛刊》（51），1990年，第344页。
③ 《宣祖实录》卷八十四，三十年一月二十三日第一条，《朝鲜王朝实录》（23），第152页。

"垓子"，这里指城墙外侧的沟壕。"南汉山城"是当时朝鲜国王避难的山城。宣祖国王听黄海道的官员说朝鲜的护城河建得太差，而中国的护城河规模形制比较好后，就向柳成龙确认这是否为《纪效新书》中的炮楼之制。柳成龙给出了肯定的回答，并告诉宣祖说，中国的护城河深不可测，水原的秃城就是仿照中国的样式改建的，当地百姓都想到城里避难，南汉山城也是这样改建的，很不错。《纪效新书·守哨篇》对护城河的规格有明确规定："阔必三丈五尺，愈阔愈好，深必一丈五尺或二丈，愈深愈好。"① 即要求护城河的水深至少达到一丈五尺，也就是五米深，而朝鲜的护城河远远达不到这个标准。

二、在京都城墙之上修建炮楼

万历二十四年一月二十八日，朝鲜备边司连上两道奏折，均提到了修葺京城城池之事。

> 备边司启曰："……臣等尝观我国形势，无有如都城者。盖表里山河之固，真有百二之势；且舟楫之利，无所不通。诚能假以时月，措置成绪，使四方恃以为固，则民心必不至如今日之汹汹矣。都城南北，则皆据山为险，守之不至甚难，唯东西两面，平易可虞，东面尤甚低微。此处若设炮楼数坐，屹然相望，则缓急必可得力，而都民既知便好，则他处亦可次第成就，岂不为万世之利乎?"②

> 备边司启曰："京城，乃四方根本，缮葺城池，以固根本，不可少忽也。往时京城，出巡检使，使之修葺城堞。今当日暖冻解之时，城颓圮处，亦当渐次修筑，以慰都民之心。请出巡检使一人，使之专掌其事。且顷日，军器寺请造炮楼者，亦非敢遽以为一炮楼，足以捍卫京师，而区区微意，实有所在。大抵炮楼者，乃天下守城之妙法。臣等惟恐其未及成，成则必有万世之利。幸而今年无事，则虽举一城之力以成之，此亦当任其愿筑者，使之修筑，以镇人心。"③

备边司先是肯定了朝鲜都城汉城的优越地理条件，然后根据都城南北据险易守、东西平缓可虑、东面尤为低平的地势，建议在东面修建数座高耸的

---

① （明）戚继光撰，范中义校释：《纪效新书》（十四卷本）卷十三《守哨篇》，北京：中华书局，2001年，第314页。

② 《宣祖实录》卷七十一，二十九年一月二十八日第二条，《朝鲜王朝实录》（22），第639页。

③ 《宣祖实录》卷七十一，二十九年一月二十八日第三条，《朝鲜王朝实录》（22），第639页。

炮楼，使之互为照应，这样的话，关键时刻必将发挥无穷威力。一旦都城百姓认识到炮楼的重要性，便可在他处接连修建。"百二"，本义是以二敌百，后用来形容地势险要。然后，备边司又强调了修缮京都城池的重要性，指出必须认真对待，并希望国王能任命一位巡检使主管京城修缮之事。备边司认为，炮楼是守城之妙法，在京城修建炮楼将有万世之利。

朝鲜按照当年戚继光的部属、明军游击将军叶鏜所教建设了炮楼，而叶鏜"所教"的标准，正是《纪效新书》中所设规格。《纪效新书·守哨篇》中有"重门大楼制""重门大楼解"两小节，并附有图片，主要介绍了炮楼的规制及作用。"城重门之上，必有楼，一以威外侮，一以便守瞭。调度官居之。大楼者，在里层门上大城之上，必用华丽。以壮威，又必用坚厚，以防矢炮。平时，可为登览形胜之资，贵在轩豁，檐只二层，板一层，庶便瞭望及用火器。凡无重门者，与外门楼同。"①

朝鲜的都城修治整体上依据的正是《纪效新书》中所载城制，这一点是有案可稽的。

> 备边司启曰："……守城之法，在于《战守图》者，可谓详矣，然其节目该备，犹未及于《纪效新书·守哨篇》。凡城制，每五十垛有一雄当中，二十五垛又有骑城铺，每垛为悬眼。其外又有羊马场，使放大炮，又其外深凿垓堑。其城制，缜密如此，而分军守备，则又预分勇怯，书名于垛上，五垛立小旗，五十垛立大旗，整整齐齐，无敢或紊。……都城修治之事，时日已晚，人力单薄，今始欲为，诚为龃龉矣。但亦观势处之，量其功役，较其难易，如炮楼可设，则设炮楼。城垛之数，未满八千云，而我国城垛太低，延袤不广，若并二三垛为一垛，则垛数当减半。仍于垛面，出炮画悬眼，如叶游击所教，则此亦可为也。"传曰："依启。"②

《战守图》，指明嘉靖年间绘制的《甘肃镇战守图略》，描述的是明代甘肃镇辖区的军事防务，东起兰州城，西至嘉峪关，一图一说，共十八页。"叶游击"，指戚继光当年的部属、明军游击将军叶鏜。叶鏜曾对柳成龙等人说过："吾随戚总兵有年，颇熟军机。往年浙江，亦被倭祸甚酷，赖戚

---

① （明）戚继光撰，范中义校释：《纪效新书》（十四卷本）卷十三《守哨篇》，北京：中华书局，2001年，第311页。

② 《宣祖实录》卷八十二，二十九年十一月二十四日第三条，《朝鲜王朝实录》(23)，第118页。　143

爷得以扫荡。"① 据此可知，叶鳗跟随戚继光多年，非常熟悉军事机宜。据朝鲜王朝史料记载："叶鳗以军门委差，丙申正月出来，丁酉二月回。"② "军门"，也称"都督"，这里指当时明朝经略朝鲜的兵部侍郎孙矿。说明在这一年多的时间里，叶鳗受明朝都督派遣在朝鲜执行公务。朝鲜备边司认为，关于守城之法，虽然《战守图》记载得比较详细，但仍不及《纪效新书·守哨篇》完备。

然而，如若依照《纪效新书·守哨篇》的规格来改造都城，不仅时间紧迫，而且当时的朝鲜"人力单薄"，难以成事，而依据叶鳗的建议，则可"量其功役，较其难易，如炮楼可设，则设炮楼"，而且可在垛面上设置炮口和悬眼，这样可以弥补朝鲜都城城墙太低、垛面不宽的缺陷。朝鲜的城防建设，虽然受人力物力财力所限，没能完全按照《纪效新书》所定标准来修建，但也在浙兵将领的建议和指导下，参照《纪效新书》的标准实施了改造。

叶鳗指导朝鲜进行城防建设一事，在李德馨《年谱》中也有记载："（李德馨）见叶游击鳗，议守城方略。游击曰：'都城广阔，城制不好，改为缮守可也。不若防备于庆尚等处，使贼不得来，为上策。贼过汉江而后欲守城，下策也。'又曰：'尚书才贤闻于中朝，今为兵部，可贺本国得人。'"③ 叶鳗认为，在当时朝鲜财力困乏的情况下，应把城防建设的重点放在朝鲜半岛南部诸道上，挡住倭军北上的脚步。如若放任倭军渡过汉江，其时再守都城实为下策，所以他建议对都城城墙加以修整以为守备。

万历二十四年十一月二十六日，宣祖国王召集廷臣研究守城对策。右参赞申礁（1541～1604）指出，京城依山势而建，中间又没有"隔台"，所以倭军只要登上城外高峰，城内情形便一目了然。由此引出京都城制不好，难以防守的问题。宣祖认为，汉城地域过于广阔，须将其改小才可防守。领议政柳成龙则认为，"若为炮楼，则可以守之"，坚持其通过修建炮楼来增强防守能力的一贯主张，并进一步阐明了改建措施："守城极难，不得已火炮、火药、器具多数备措，又得放炮之军，然后又得粮饷，然后方议守城。大概必筑炮楼，然后可以守之。中原城堞，长故能容，我国只高，人不能容。叶游击合两雉为一雉，幸而及为，则万世之计也。不为措

---

① 《宣祖实录》卷七十六，二十九年六月十三日第二条，《朝鲜王朝实录》(23)，第 10 页。

② 〔朝〕申钦：《象村稿》卷三十九《天朝诏使将臣先后去来姓名，记自壬辰至庚子》，《韩国文集丛刊》(72)，1991 年，第 279 页。

③ 〔朝〕李德馨：《汉阴文稿·附录》卷一《年谱（上）》，《韩国文集丛刊》(65)，1991 年，第 487 页。

置而守之则难也。"① 柳成龙首先指出守城之所以难，是因为守城涉及器具、炮手、粮饷等诸多要素，然后话锋一转，强调"必筑炮楼，然后可以守之"。但由于朝鲜城墙上的城堞，即城上的矮墙太窄，不利于守城军士避身其后，所以必须改造。柳成龙认为，明军游击将军叶鲿"合两堞为一堞"的建议甚好，如果照此加以改建，便可一劳永逸。

由于都城城墙存在堞面较窄、没有悬眼等问题，朝鲜方面于十一月下旬开始动议并着手以叶鲿所建议城制来进行改筑，虽然正值隆冬季节，但迫于严峻的形势，改筑工程还是破土动工了。三月三日，巡检使朴忠侃就都城改筑巡检情况向宣祖国王作了详细汇报，说明都城改筑有了一定进展。

> 巡检使朴忠侃启曰："臣受此巡检之任，即时往见叶游击所筑城堞之制，十分详悉。尺量则堞高五尺，广五尺，厚一尺五寸，堞间高二尺三寸，广九寸，悬眼在下，可御迫城之贼。堞间狭窄，不用防牌，放炮发射，制度极妙。而我国堞制，则高四尺，广四尺八寸，厚二尺二寸，堞间高三尺，广一尺七寸，或广或狭，非但堞制不均，堞间广阔，堞势低微，若无防牌，则难御外贼之丸，穴势平出，又不得近射。凡此古制，皆不合于御敌，故依朝廷命令，以唐制已筑五百余堞，而今者伏见因申点启辞，备边司公事，虽曰因旧筑，合两堞则所筑坚牢，一垛守哨之人，可容五六云，是大不然。合两为一堞，则其堞阔远，两间虽作一唐穴，左右旧穴则势皆平出，难御迫城之贼。堞间疏远，放炮发矢处稀少，守哨之卒，虽百人在内，无异面墙而立，不得用长技于制敌之时，此制决不可为之。又曰：'一依叶制，尽毁其旧，率尔改作，必不如旧堞之坚固'云，此议亦不可。臣之所筑处，察其古堞，坚固处则仍旧修筑，低微破毁处，多入大石，亦为坚实修筑，万无易毁之理。而以一时欲速姑息之计，万世永固之城堞，有乖于御敌之利害，放炮发矢处稀少，合堞之穴，比叶制直下，孔穴之数，则为半减缩，左右旧穴，虽有百万，无所用也，岂不大误也哉？……大抵一依叶制之议，领议政柳成龙主之。而当此病告，未得巡审之际，遽出意外，此亦未安。特令备边司诸大臣，更加巡检，俾无后悔何如？"传曰："依启。"②

---

① 《宣祖实录》卷八十二，二十九年十一月二十六日第一条，《朝鲜王朝实录》(23)，第118页。

② 《宣祖实录》卷八十六，三十年三月三日第三条，《朝鲜王朝实录》(23)，第172页。

上述记载主要介绍了"叶游击"在朝鲜驻防期间，指导朝鲜改建的都城城墙，得到了朝鲜巡检使朴忠侃高度评价的情况。上文提到的"叶制"，即开头提到的"叶游击所筑城堞之制"。虽说叶鰲在指导朝鲜进行城防改造时，限于当时的条件，不一定完全套用《纪效新书·守哨篇》中的建设标准，但他对戚继光在《守哨篇》中所阐述的城防建设指导思想，即如何利用城防设施防御敌人的新式火器，以及如何使用新式火器打击敌人是如指诸掌的。正因如此，其"所筑城堞之制"才得到了朝鲜巡检使的盛赞："堞间狭窄，不用防牌，放炮发射，制度极妙。"相反，朝鲜原来的城堞之制既"难御外贼之丸"，"又不得近射"，所以必须彻底改建。巡检使朴忠侃对备边司所提"一依叶制，尽毁其旧，率尔改作，必不如旧堞之坚固"的疑问，结合亲眼所见的事实进行了辩驳。但朴忠侃同时也指出，两堞合一堞，悬眼只有一处，这与叶鰲所言一堞一悬眼的城制相比，悬眼数量减少了一半，这是一个严重的失误。此外，由上述记载还可知，按照叶游击之制改筑城堞一事，是领议政柳成龙所极力推进的，只不过因其有病在身，未能及时查问，才出现了执行不力的情况。这说明叶鰲建议、柳成龙力推的"合两堞为一堞"方案，其预设悬眼数量或许比实际执行的要多。

此外，朝鲜王朝还按照"叶游击所筑城堞之制"在都城城墙上设置了悬灯和隔台。对此，《宣祖实录》有如下记载：

> 特进官申点曰："中国则以尖壁，为悬眼俯瞰，而射在下之贼也。我国则必为曲城，然后可瞰近城之贼也。且我国城制，堞上有孔。闻边人之言，则为爇炬之孔，而叶游击新制则无此。盖中原物力饶富，悬灯以照云矣。项日降倭言：'此处不为城守计乎？若于城下，积柴爇火，则其明如昼，贼不敢近。此难猝备，何不预措云。'且隔台，则一设之后，可支数三年，而我国人心甚恶，必为撤去矣。"上曰："其制如何？"对曰："于堞上，用板作屋，出临城表，穿穴放炮矣。"上曰："此岂坚乎？以大木交置，则似坚而但易朽矣。"上曰："备边司议为之。"①

前面提到，叶鰲于万历二十五年二月回国，但他给朝鲜城防建设的建议一直备受朝鲜方面的重视。上述记载提到的"尖壁"，指尖砖垛口。范中义先生指出："一般城墙垛口均如此（内外平直），只有戚继光修的城才是尖

---

　　① 《宣祖实录》卷八十八，三十年五月二十九日第一条，《朝鲜王朝实录》(23)，第234页。

砖垛口。"① 为防止敌军偷袭,在城上"悬灯以照"的"叶游击新制"即来自《纪效新书·守哨篇》。《纪效新书·守哨篇》有"悬灯制""悬灯解"的内容,并附有带注释的图片,解释了悬灯的作用、放置标准和要求等内容。而记载中提到的"隔台""于垛上,用板作屋,出临城表,穿穴放炮矣",也出自《纪效新书·守哨篇》,是"重门大楼解"② 中的内容。

宣祖国王百忙之中仍然记挂着都城城墙改筑之事,万历二十五年四月十三日,在和廷臣们讨论国内局势时,又问起此事。

> 上曰:"都城修筑,几何为之?"恒福曰:"合二堞为一,间穿炮穴,雉堞之高,高于我国旧制。盖仿唐制而已,亦何关乎?"尹洞曰:"我国以弓矢为长技,而今此城制,不便于发射,似是误改矣。"成龙曰:"若欲为是事,则莫如先定其规模,然后为之,而今不然矣。"上曰:"初不磨炼为之,后言何补?"③

宣祖国王询问都城城墙改筑进度,兵曹判书李恒福回答:合两堞为一堞,中间留孔作为放炮之用,雉堞高于朝鲜的旧制,大概模仿的是中国的城制。然而,同副承旨尹洞(1549~1614)却有不同的意见,他认为朝鲜以弓箭见长,而两堞为一堞的改筑城制不便于射箭。虽然副承旨尹洞对依"叶制"进行都城城墙改筑颇有微词,但是,当时朝鲜依照"叶游击新制"即《纪效新书》中记载的城墙建设标准进行了改建,这一点是不容置疑的。

三、战后宣祖朝地方城防建设

万历朝鲜战争结束之后,朝鲜王室仍十分重视城防建设。此时,没有了应对战争的紧迫与仓促之感,朝鲜方面得以参照《纪效新书》相关城制,在高标准的原则下,进行了有益的探索并付诸实践。据《宣祖实录》三十六年三月二十八日第二条记载:

> 平安道云头里权管朴乃成上疏曰:"各镇堡城子,依华制燔砖修筑……若依《纪效新书》城制,解以砖筑为第一,则今宜试之于此,

---

① (明)戚继光撰,范中义校释:《纪效新书》(十四卷本)卷十三《守哨篇》,北京:中华书局,2001年,第310页,注释①。
② (明)戚继光撰,范中义校释:《纪效新书》(十四卷本)卷十三《守哨篇》,北京:中华书局,2001年,第311页。
③ 《宣祖实录》卷八十七,三十年四月十三日第四条,《朝鲜王朝实录》(23),第192页。

以为列镇倡，固无不可。……"备边司启曰："燔砖筑，诚中国已试
之良策。本道锐意为之，积柴工已多，其势不可中止，若创为城制，
为诸镇倡，则为利甚多。"启允。[1]

"平安道"，位于朝鲜半岛西北部。"权管"，朝鲜时期咸镜道、平安道、庆
尚道边境镇堡守将名称。上述记载是朝鲜平安道云头里守将给宣祖国王的
上疏，报称辖区内的城镇城墙要用烧制的大砖来建造，因为按照《纪效新
书》的城制标准，用大砖筑城最牢固，因而打算先建一样本，然后再在其
他城镇逐步推广。备边司认为，烧砖建城是明朝经过实践检验的良策，如
果能首开其制，为其他诸镇树立样板，必将大有神益。因此，应该大力支
持与鼓励这种探索精神。

当时朝鲜各地依《纪效新书》城制进行城防建设的情况，朝鲜王朝史
料多有记载。据李敏求（1589～1670）所撰《刑曹判书吉川君权公神道碑
铭》记载，官至朝鲜刑曹判书的权盼（1564～1630）于万历三十五年丁未
在江华府任职期间，"设施兴作，动中肯綮，签丁缮械，悉仿戚将军书。
兵民大和，特进阶通政"[2]。由此可知，对江华府的重要设施、军事器械，
权盼按照《纪效新书》的要求进行了修缮，地方军队与当地百姓的关系也
十分融洽，权盼本人亦因此擢升为通政大夫。万历朝鲜战争结束之后，戚
继光的《纪效新书》仍指导着朝鲜地方军队的建设。

万历三十六年二月初一日，宣祖国王去世，光海君李珲继位。据《光
海君日记》记载："平壤、宁边为一道主镇，缮器械、贮粮饷，一如《（纪
效）新书》《城守》、《哨编》所纪，虽大贼猝发，而有老羸当途之势。"[3]
这段记载说明，平壤、宁边一带重镇，均按照《纪效新书·守哨篇》的规
格，修缮了城防设施、器械，储备了所需粮饷，即使有强敌来犯，也足以
守住这些要塞之地，反映了朝鲜平壤、宁边一带的重镇对城防设施建设的
重视。前文提到，戚继光在《纪效新书·守哨篇》中，主要讲的是城防建
设及守城对策。朝鲜在战后十年，仍按照《守哨篇》进行城防建设，足见
《纪效新书》在朝鲜半岛的深远影响。

官至朝鲜吏曹判书、大提学的郑经世（1563～1633），字景任，号愚
伏，是柳成龙的高足。他目睹导师柳成龙以《纪效新书》指导军队建设所

---

[1] 《宣祖实录》卷一百六十，三十六年三月二十八日第二条，《朝鲜王朝实录》(24)，第465页。

[2] 〔朝〕李敏求：《东州集》卷七《刑曹判书吉川君权公神道碑铭》，《韩国文集丛刊》(94)，1992年，
第382页。

[3] 《光海君日记》(重抄本)卷三，即位年八月十七日第九条，《朝鲜王朝实录》(26)，第159页。

带来的可喜成果，因而对《纪效新书》也极为推崇。万历四十一年（1613），咸镜道的城津城按照《纪效新书》城制进行了重建。万历四十三年（1615）夏，郑经世撰写了《城津山城岭海楼记》，其中写道：

> 其规摸大略仿戚氏《新书》之制，就后峰最峻处，设大炮楼以临之。城之高壮坚完，甲于八路。军民之役于是者，皆知其经远之虑，必守之形，有所乐而不怨，有所恃而不惧焉。城之左右，皆设谯门，合而匾之于其左曰"岭海楼"，摭形势也。城尽处积以巨石，设亭障其上，恰与山海关之望海亭相似，则匾之曰"望海亭"，慕中华也。轩曰"朝日"，不忘敬也。台曰"斩鲸"，志歼贼也。①

由上述记载可知，"仿戚氏新书之制"重建的城津城是朝鲜国所建的最雄伟而坚固的。记载还提到，因为仰慕中华文化，敬仰戚继光这样的中华英雄，因而在城头建了一座与当年戚继光在山海关所建"望海亭"形似的亭子，而且也命名为"望海亭"。对于中国帮助朝鲜赶走日本侵略者，其中也包括戚继光当年训练出来的"浙兵"在万历朝鲜战争中的卓越表现，朝鲜人民同样充满了敬意，故将城楼命名为"朝日"，意为"不忘敬也"。而对日本给朝鲜带来的灾难，朝鲜人民也永远不会忘记，故将城台命名为"斩鲸"，意为"志歼贼也"。作者对"仿戚氏新书之制"建设的城津城大加赞赏，足见戚继光及其《纪效新书》在作者心目中的崇高地位。城津山城得以"仿戚氏新书之制"重建，虽然是宣祖国王去世五年后的事情，但其中的决定性因素还是宣祖时期对《纪效新书》的高度重视，而《纪效新书·守哨篇》则是当时朝鲜各地进行城防建设的蓝本，因此，城津山城重建自然不会例外。

总而言之，万历朝鲜战争期间，不管是都城还是地方，朝鲜的城墙改筑、炮楼设置等均是依照《纪效新书》所定规制实施的。可以说，《纪效新书》在朝鲜城防建设方面发挥了极其重要的"指南针"作用。即使在宣祖后期乃至之后的很长一段时间里，《纪效新书》城制依然是朝鲜王朝进行城防建设的不二法则。

综上所述，平壤大捷不仅扭转了朝鲜战场的不利局面，而且让朝鲜君臣认识到了戚继光的军事著作《纪效新书》的重大价值。在内外合力的推动下，宣祖国王毅然决然地引进《纪效新书》（主要是十四卷本）用以指

---

① 〔朝〕郑经世：《愚伏集》卷十五，《韩国文集丛刊》(68)，1991年，第275～276页。

导朝鲜的军队与城防建设。为此，打破延续了二百年之久的军事体制，在都城特设训练都监，组建新型的中央常备军，在地方设置束伍军，按照《纪效新书》的要求进行编伍训练。为了实现依照《纪效新书》练兵强军成效的最大化，采取了一系列行之有效的方法和举措：对《纪效新书》进行了摘编、改编、翻译、加谱等技术性处理，延请熟悉《纪效新书》的浙兵将士为练兵教官，坚持以《纪效新书》所规定的奖惩标准和连坐等军律条款约束士兵，按照《纪效新书》的要求为军队配置各种新式火器，参照《纪效新书》的规制在城墙上增设炮楼，加强城防建设等。虽然在实施过程中存在着一些问题，但是整体上，宣祖朝在运用《纪效新书》及其军事思想指导军队和城防建设方面，是不遗余力的，也是富有成效的。这不仅极大地提升了朝鲜军队的战斗力，而且为此后三百年朝鲜王朝的存续与稳定奠定了坚实的军事基础。

第三章 "浙兵"教官——戚继光练兵思想的践行者

如前所述，万历朝鲜战争期间，为了快速提升士兵特别是新招募士兵的实战能力，朝鲜训练都监不仅依照《纪效新书》的内容和要求训练士兵，而且还特聘在朝明军官兵指导士兵训练，或从熟悉《纪效新书》、特别是当年戚继光带过的南兵（主要是浙兵）中聘请教官，或将招募的新兵放到南兵军营中，与南兵"三同"："令其所服衣甲与南兵同，所执器械与南兵同，令各营教师训练起伏、击刺之法与南兵同。"① 时任领议政的柳成龙还曾上书献策："不如乘此南兵未还之前，急急学习，操练火炮、筤筅、长抢、用剑、鸟铳、器械，一一传习，以一教十，以十教百，以百教千，则数年之后，可得精卒数万，倭虽再来，而势可防守。"② "南兵未还之前"，指的是万历二十二年正月，明军第一次大规模撤离朝鲜之前。柳成龙希望借助南兵的力量来训练朝鲜士兵，使其习练《纪效新书》所涉各种兵器，并逐步扩大训练范围。

对于在万历朝鲜战争期间，朝鲜聘请明军官兵训练新兵这一历史事件，杨海英、任幸芳在《朝鲜王朝军队的中国训练师》一文中按时间顺序将其划分为三个阶段。第一阶段从万历二十一年五月开始，标志性事件是明军浙兵将领骆尚志致信朝鲜领议政柳成龙，其中提到训练朝鲜士兵的"操练之法，以一教十，以十教百，以百教千"③。此语"成为柳成龙及宣祖、都监训练的行动指南"④。这期间，朝鲜或是将新招募的士兵送到骆尚志等统辖的浙兵中，"以南兵一人主教一人"，一带一地训练，或是聘请浙兵官兵到朝鲜军队里做专职教官，训练朝鲜士兵。第二阶段始于万历二

---

① （明）宋应昌撰：《经略复国要编》卷十《移朝鲜国王咨（初四日）》，杭州：浙江大学出版社，2020年，第292页。

② 〔朝〕柳成龙：《西厓集》卷六《再乞练兵，且仿浙江器械，多造火炮诸具，以备后用状》，《韩国文集丛刊》（52），1990年，第124页。

③ 〔朝〕柳成龙：《西厓集》卷九《与骆参将尚志书》，《韩国文集丛刊》（52），1990年，第192页。

④ 杨海英、任幸芳：《朝鲜王朝军队的中国训练师》，《中国史研究》2013年第3期。

十三年初,标志性事件是宣祖国王接见明军南兵教官陈良玑。当年七月,南兵游击胡大受率领百余名教官到达朝鲜,万历二十四年底回国,这一阶段是朝鲜军队大规模接受明军教官培训的时期。第三阶段从万历二十五年明军第二次大规模入朝参战开始,标志性事件是浙兵将领吴惟忠于当年七月"发军中善于武艺者六人,连日来教于都监",协助训练都监训练士兵。宣祖国王对此寄予了厚望,要求朝鲜士兵"须就吴总兵门下,广习诸技,尽得其妙法"①,他认为,那样的话,一定能够练成精锐之师。《朝鲜王朝军队的中国训练师》一文还依据相关史料,介绍了这三个不同阶段明军教官的一些情况,其中提到了六十六位明军将官的名字,上至总兵,下至普通士兵。在协助朝鲜训练士兵方面,当年戚继光部属、赴朝参战的"浙兵"将领吴惟忠、骆尚志、戚金等人均做出了较大的贡献。本书第四章对他们的事迹分别有专门介绍,本章涉及他们的情况时,不再展开叙述。这里就其他有代表性的人物,依据史料作略为详细的介绍。

第一节　参与编纂《纪效新书》的千总闻愈

万历朝鲜战争期间,新成立的训练都监既然要以《纪效新书》为教本来训练新招募的士兵,那么当年戚继光的麾下部将,特别是参与编写《纪效新书》的浙兵将领,便是训练都监练兵教官的最佳人选。浙兵千总闻愈就凭此成了朝鲜训练都监聘请的首批教官之一。

万历二十二年二月,兵曹判书李德馨向宣祖国王报告浙兵千总闻愈的情况时说:"闻愈尝与戚继光同事,其作《纪效新书》也,亦同参云。"②由此可见,闻愈不仅曾跟随戚继光金戈铁马、驰骋疆场,而且还参与了《纪效新书》的编写工作,他既有抗倭实战经验,又有一定的军事理论素养,深受戚继光的信任与厚爱。由于闻愈熟悉《纪效新书》的内容,朝鲜训练都监官员韩峤,曾向其虚心请教过《纪效新书》。据《宣祖实录》记载:"郎厅韩峤,闻千总在时,将《纪效新书》,专意学习。"③这里提到的"闻千总"便是闻愈,朝鲜史料中也记作"闻喻"或"闻俞"。

闻愈应是朝鲜训练都监成立后聘请的第一批明军教官中的一员。因其训练朝鲜新兵表现出色,所以当第一批大规模入朝参战的明军准备撤离朝

---

①　《宣祖实录》卷九十,三十年七月五日第三条,《朝鲜王朝实录》(23),第261页。
②　《宣祖实录》卷四十八,二十七年二月四日第二条,《朝鲜王朝实录》(22),第215页。
③　《宣祖实录》卷五十一,二十七年五月十七日第五条,《朝鲜王朝实录》(22),第272页。

152

鲜时，训练都监希望能留下闻愈等人，继续协助朝鲜训练士兵。万历二十二年正月，时任兵曹判书的李德馨上书，启请留贾大才、闻愈教练兵技。

> 骆总兵手下深于各样火炮及剑枪之技者三四人留住教兵事。……有中军贾大才，各样武艺妙绝无双。千总闻喻（愈），自戚继光在时，从事于行阵间，熟谙火炮制度。两人甚温雅，而才又如此，留之必大有利益。臣令通事李亿礼，从容开话于此两人，以探其意。闻喻（愈）云：'老爷令吾等就教场教演数三日，此非造次成就之事。尚书固欲愿留，则我姑退行为留一旬云。'教兵大事，机会不可失，若措辞移咨于总兵，恳请留此二人，则总兵不无勉从，而渠等亦必以此事为重。敢启。[①]

从上述记载可以得知，朝鲜兵曹判书李德馨希望在明军主力撤离朝鲜时，能留住浙兵将领骆尚志手下的中军贾大才和千总闻愈，因为二人曾协助朝鲜训练过新兵，因而朝鲜方面熟知他们的情况。闻愈作为戚继光当年的得力干将，不仅懂得排兵布阵之法，而且特别熟悉火炮的制作和操练。李德馨认为二人既温文尔雅，又技艺高超，可谓是德艺双馨，若能留住二人，对朝鲜必定大有裨益。但当时参与训练朝鲜"都监军"的浙兵教官，因在异国他乡征战日久，大都思归心切，盼望能随大军回国。为此，李德馨委派手下官员专门去挽留贾大才和闻愈，劝说二人能够留下。闻愈为朝鲜方面的诚意所打动，同时觉得朝鲜军队确需加强训练，便答应暂留为教。从朝鲜王朝史料的记载来看，朝鲜方面所中意的另一位教官中军贾大才并没能留下，或许是因为明军方面没有批准。当时留下继续训练朝鲜新兵的是骆尚志手下的浙兵官兵闻愈和鲁天祥，两人为训练朝鲜新兵做出了重要贡献。时任朝鲜领议政、主管训练都监的柳成龙的《答骆总兵书》便是有力的佐证。

> 都城八方操练之事，头绪渐见。此乃闻、鲁二子体奉老爷分付，尽心纲纪之效，敝邦之人，方以为幸。不意相继沦逝，未究厥功，而万里旅魂，漂泊无依。每一念之，未尝不伤痛在心。今既各有姓亲，远来收骨，情义可尚，况有来命之勤。谨已启知寡君，差官庀事，仍护送至境，不敢怠慢，伏希鉴谅。尺书回音，未尽衷曲，引领北风，

---

① 〔朝〕李德馨：《汉阴文稿》卷八《请留贾大才、闻喻两人教练火炮启》，《韩国文集丛刊》（65），1991年，第391页。

怀想无已。

　　既而骆公还中原，余请留教师数人。公临行在西郊，为留闻愈、鲁姓人而去。二人体公之意，二年在国中，训士昼夜，几尽成才，且教营阵之法。不幸相继而死，薧葬城内。至是二人姓亲，来护丧柩而去。时骆公在蓟州，寄书于余，请护送其丧。余答书云云。①

　　上述第一段文字系柳成龙《答骆总兵书》中的内容，第二段文字系柳成龙在《答骆总兵书》后附加的说明。综合两段文字可知，骆尚志在万历二十二年正月撤离朝鲜之际，留下闻愈和鲁天祥以教练朝鲜士兵。两人不负骆尚志重托，除了教授"三手技"外，还向朝鲜军队传授排兵布阵之法。眼看成果斐然了，两人却"壮志未酬身先死"，永远留在了朝鲜半岛上。

　　上述记载提到的"鲁姓人"，即鲁天祥。记载所言"二年在国中，训士昼夜"，应包括骆尚志回国前两人协助朝鲜练兵的时间。骆尚志于万历二十二年正月回国，而闻愈和鲁天祥在当年三月份就不幸去世了。

　　万历二十二年三月五日，宣祖国王接到鲁天祥死亡之报深感痛惜，当即传谕旨给承政院："闻千总（名愈）既逝，鲁天祥又殁，非但惊惨，国事不幸如此。训练之事，不可一日而驰。未知何以为之？问于兵曹。"②在分秒必争磨砺精兵的紧要关头，两位被寄予厚望的明军教官却猝然长逝，宣祖国王震惊之余更是不知所措，只得问计兵曹，指示兵曹拿出可行的替代方案来。宣祖国王把闻愈和鲁天祥的溘逝看作是"国事不幸"，说明二人对于朝鲜练兵有着举足轻重的作用。

　　闻愈去世后，时任兵曹判书的沈忠谦在给宣祖国王的上书中还提道："闻愈乃有职将官，而人物与技艺皆可观。"③说明闻愈给朝鲜高官留下了很好的印象。鉴于闻愈和鲁天祥在训练朝鲜士兵中的杰出贡献，二人去世后，朝鲜方面除表达极度的哀思之外，对两人的灵柩运送归国一事也积极予以协助。万历二十四年四月，在闻愈和鲁天祥去世两年后，二人的亲属终于得以前往朝鲜，接"客死异域"的亲人回家。朝鲜方面通过明总兵骆尚志的书信得知前来"扶榇归家"的二人亲属面临着"路远资乏"的困境时，分别赠送了银两和礼物。

---

① 〔朝〕柳成龙：《西厓集》卷九《答骆总兵书》，《韩国文集丛刊》(52)，1990年，第193页。
② 《宣祖实录》卷四十九，二十七年三月五日第一条，《朝鲜王朝实录》(22)，第233页。
③ 《宣祖实录》卷五十三，二十七年七月八日第六条，《朝鲜王朝实录》(22)，第309页。

训练都监启曰："闻愈，天将也，病卒。之姪（同'侄'）继皋、鲁天祥之兄天伦，今当护柩而归，骆总兵抵臣等书帖，有路远资乏语。闻、鲁两人，尽心于我国之事，客死异域，亲党委来，扶榇归家，情事极为矜恻。前日，王大贵、胡汝和，既厚待而遣还。……闻继皋银十两、鲁天伦银五两，并礼物，令该司题给，慰送何如？"传曰："依启。"①

在战时财政吃紧的情况下，朝鲜方面不惜慷慨解囊，说明朝鲜王室没有忘记闻愈和鲁天祥两位明军教官为朝鲜练兵事业所做出的突出贡献。此外，通过上述记载可知，闻愈去世后，其手下胡汝和、王大贵二人，继续留在朝鲜训练士兵长达两年之久，直到万历二十四年四月才被朝鲜"厚待而遣还"。而此前，朝鲜方面还曾为胡汝和等明军教官向明军都督请功。万历二十三年五月二十五日，备边司上书宣祖国王："胡汝和等，请为移咨于孙军门。此人等来我国，累年受苦。都监军如彼粗成，是谁之功？勤劳之意，似当移咨。……胡把总等协同教练，已过半年，受苦甚多。与追到之人有间，依上教，叙其劳绩，移咨军门。"② 备边司建议将胡汝和等人在朝鲜训练士兵的辛劳及取得的成果通报给明军都督，为他们请功，得到了宣祖国王的批准。

朝鲜方面称胡汝和为"胡把总"。明代"把总"为正七品武官，一般统辖士兵四百四十人。因朝鲜方面的举荐，胡汝和回国后升职为"指挥使"，而"指挥使"的官衔为正三品。胡汝和回国升职为"指挥使"后，曾写信给宣祖国王以感谢其厚待与举荐之恩。"指挥使胡汝和奉书于上曰：'往年练兵贵邦，为贵邦捍暴客也。礼优馆谷，惠实筐篚，资斧克攘，行旅是藉。未归，蒙东道之隆恩，既归，辱曹丘之洪德。殿下视东海鲰人，乃风马牛不相及者，顾从而肉骨生死之，隋蛇杨雀，故足以名报私耶？'"③ "暴客"，强盗，盗贼，这里指倭寇，侵朝倭军。"曹丘"，典出《史记·季布栾布列传》，说汉代曹丘生，到处赞扬季布的任侠义勇，季布因之享有盛名。后因以"曹丘"，或"曹丘生"作为荐引、称扬或介绍者的代称，这里指向明军都督举荐胡汝和的朝鲜王室。"鲰人"，小生。胡汝和自谦为"东海鲰人"，说明他是江浙一带人士。胡汝和在信中用"肉骨生死"一词形容宣祖国王给予了自己极大的恩惠。

---

① 《宣祖实录》卷七十九，二十九年五月一日第六条，《朝鲜王朝实录》(22)，第 699 页。
② 《宣祖实录》卷六十三，二十八年五月二十五日第六条，《朝鲜王朝实录》(22)，第 500 页。
③ 《宣祖实录》卷九十三，三十年十月二十六日第一条，《朝鲜王朝实录》(23)，第 326 页。

　　与胡汝和一起教练朝鲜士兵的明军教官王大贵，同样也得到了朝鲜方面的高度信任。万历二十三年九月，北方女真族趁机扰乱朝鲜北部边境，朝鲜方面请求在朝明军教官总负责人练兵参将胡大受，以明廷差官名义进行镇抚。胡大受修书一封，派家丁余希元前往建州宣谕，明令不要与朝鲜为仇。同年十一月，随同余希元前往建州的朝鲜差官河世国带回了努尔哈赤的书函。朝鲜方面计划趁河世国给努尔哈赤送回信之机，派员一同前往侦探虚实，但是需要有胡大受手下人同行方为安全。为此，朝鲜兵曹判书李德馨特向宣祖国王推荐了王大贵："教师王大贵久在我国，情意相亲，往来无弊，必与我国人无异。"[1] 李德馨认为，王大贵在朝时间长，没有不良行为，是同往的最佳人选。

　　显然，闻愈去世后，他手下的胡汝和、王大贵在朝鲜训练新兵的工作也得到了朝鲜方面的认可。

第二节　"依《纪效新书》之法习阵"的千总邵应忠

　　明军千总邵应忠，应是朝鲜聘请的第一批浙兵教官之一，《宣祖实录》二十六年十二月二十四日第七条记载：

　　　　承文院启曰："昨日，邵千总聚炮手，教阵法，亲走行伍间，东西指挥，极其劳苦。放炮变阵，一依《记效新书》之法。习阵临罢，自都监设小酌以慰之，千总谓译官曰：'我来到这，勘合放粮，禁革弊端，今又教演兵法。此意愿启知国王，移咨谢于刘总兵，其草稿见我'云云。此乃不费之惠，似当依愿，故敢启。"上从之。[2]

从上述记载看，当时邵应忠来到朝鲜的主要任务是监察督办援朝明军军粮，是被朝鲜临时请来依《纪效新书》之法演练放炮阵法的。因为达到了演练的效果，得到了在场朝鲜官员的肯定。邵应忠启知宣祖，希望宣祖代为向刘綖请功。

　　邵应忠依《纪效新书》之法演练放炮阵法。时任朝鲜领议政的柳成龙在潜心钻研《纪效新书》时，一旦遇到难解之处便会向邵应忠请教，这也佐证了邵应忠是《纪效新书》的解析专家。对于邵应忠与戚继光和《纪效

---

① 《宣祖实录》卷六十九，二十八年十一月二十三日第二条，《朝鲜王朝实录》(22)，第 602 页。
② 《宣祖实录》卷四十六，二十六年十二月二十四日第七条，《朝鲜王朝实录》(22)，第 195 页。

新书》的关系，笔者没有查到相关史料。不过，邵应忠在给柳成龙的信函中曾提道，"蒙兵部袁主政带赴军前"①，说自己是跟着兵部的"袁主政"来到朝鲜前线的。"袁主政"，指明朝兵部主事袁黄。清乾隆《浙江通志》卷一百三十三《选举十一》记载："袁黄，嘉善人，兵部主事。"袁黄是浙江嘉兴府嘉善县人，邵应忠有没有可能也是浙江人，也是戚继光率领的"浙兵"中的一员？这需进一步考证。当时和邵应忠一起随袁黄到朝鲜的还有一位千总徐文，他就是浙江人。他在给柳成龙的函中曾提道："生原系旧任赞画袁主事标下千总……带教师、家丁十余名，俱系浙江人，前往全罗见刘总兵，欲操练贵国之兵。"② 袁黄是浙江人，了解"浙兵"的情况，本人又是兵部主事，所以有权带同部分家乡的"浙兵"入朝参战。鉴于此，邵应忠也应是来自浙江，所以熟悉戚继光，熟知《纪效新书》。

可能正是有了为朝鲜"教阵法"这样一段经历，能够了解朝鲜军队的一些现状，所以当万历二十二年正月大批明军撤离朝鲜之时，邵应忠于正月十四日致函主管训练都监的领议政柳成龙，希望能留在朝鲜"依《纪效新书》之法"训练士兵。邵应忠在信函中说："（应）忠本鄙陋武夫，不谙文事……况忠寓居王邦经年，颇知贵邦人物颠沛流离之中，各怀灭贼之志，第承平日久，武备未修，贼出不意故也。若能保留谋勇天将数人，传授火器，演习阵法，鼓其勇气，教其进止，且兵且农，数年间足成富国强兵矣。何患仇之不雪乎？忠叨食我王水土，凡有见闻，复敢隐讳？予夺进取，又在我王独断而已。"③ 邵应忠认为，朝鲜人人怀有"灭贼之志"，之所以惨遭兵祸，是因为"承平日久，武备未修"，所以应加强武备，进而建议留下数位有勇有谋的明军将领，以传授被认为是朝鲜军队短板的火器使用方法及演习阵法。正值明军大规模撤兵之际，邵应忠以一个抗倭援朝军人的高度责任感和敏锐的洞察力，为朝鲜提出了关乎抗倭全局的重要建议，这正是当时朝鲜所求之不得的。柳成龙在给邵应忠的回函中，便直接表达了这样的愿望：

> 辱惠书，辞旨勤恳，且许以教练事，感荷无已。……去夏鄙生卧病城中，始得戚爷书一部，读之累日而不厌。盖其规模宏远，节目分

---

① 〔日〕朝鲜总督府：《朝鲜史料丛刊第四——唐将书帖》第一封信，韩国国立中央图书馆藏本，1934 年。

② 〔日〕朝鲜总督府：《朝鲜史料丛刊第四——唐将书帖》第二十六封信，韩国国立中央图书馆藏本，1934 年。

③ 〔日〕朝鲜总督府：《朝鲜史料丛刊第四——唐将书帖》第一封信，韩国国立中央图书馆藏本，1934 年。

明，就孙吴遗法而新出机轴，变化自如，真将家之指南，而兵法之要
诀也。第其中微辞奥义及营阵器械等条，尚多有难晓处，恒以为歉，
怅怅然如瞽之无相，思一就正于高见。今蒙来谕，即明师良匠临于几
席之近，而久未知依归，自惟孤陋，令人发惭。敝邦虽残败已甚，犹
有余民，可堪招集。但患粮乏，今见在教场者仅五百人，如得陶镕于
炉锤之中，则一日二日之间，精彩立变。苟能继此传习，稍稍自振，
雪国家无穷之耻，则戚将军事业，因大人而益有光于海东矣。谨当启
知寡君，拨将官领赴麾下，听候指挥。①

从柳成龙的回函可知，当时他正在如饥似渴地学习戚继光的《纪效新
书》，认为此书是"将家之指南""兵法之要诀"。但对其中精深奥妙的言
论以及"营阵"和"器械"等方面的条目，作为文官出身的柳成龙"多有
难晓处"，正欲就教高人。此时，邵应忠"保留谋勇天将数人，传授火器、
演习阵法"的建言无疑是雪中送炭。柳成龙迫切期望邵应忠先把教场上现
有的五百士兵训练好，然后再进一步传习下去。应该说，柳成龙以一位资
深政治家老辣犀利的眼光，如鹰眼般洞察到了《纪效新书》超越军事教科
书本身更加深层的意义，那就是戚继光军事思想在朝鲜半岛的发扬光大。
我们认为，柳成龙之所以能以《纪效新书》为指南，以训练都监为依托，
致力于朝鲜军制改革与军队建设，是以他对《纪效新书》的这种深刻认识
为前提的。

邵应忠虽然在朝鲜一直待到了战争结束，但他在朝鲜担任教官的时间
应该不足二年。"守备称号邵应忠，来到晋州，持孙军门分付件记示
臣。"② 另据宣祖三十一年四月九日第六条记载："昨夜，军门差官邵应
忠，于庆州地擒得降倭一名。"③ "军门"，这里应指当时明军赴朝参战的
都督，即加尚书衔的兵部侍郎邢玠。"晋州"和"庆州"分别位于韩国南
部和东南部，是抗击倭军的最前线。此时，邵应忠的官职已由刚入朝鲜时
的"千总"升为"守备"，很可能是因教练都监军成效显著，得到了朝鲜
方面的好评和举荐而提拔的，其职责也由教练朝鲜士兵转为到前线督军。
同年八月，都督邢玠率提督以下诸将来到位于汉城南大门外的关王庙（史
称"南庙"）歃血立誓"同心戮力、南北相和"，兵分"东、中、西、水"
四路向退守朝鲜半岛南端的几处倭军据点发起了总攻。二十七日，"军门

---

① 〔朝〕柳成龙：《西厓集》卷九《答邵参军应忠书》，《韩国文集丛刊》(52)，1990 年，第 192 页。
② 《宣祖实录》卷八十，二十九年九月一日第八条，《朝鲜王朝实录》(23)，第 73 页。
③ 《宣祖实录》卷九十九，三十一年四月九日第六条，《朝鲜王朝实录》(23)，第 411 页。

分送旗牌官于四路",邵应忠被任命为东路军旗牌官,"持令旗令剑,监督诸将"。[①] 邵应忠作为军门差官,虽说官职不高,但肩负的责任和使命却越来越大,说明他作为军门命官有着过硬的素质和本领,且在多个岗位都能尽职尽责,为战争胜利做出了贡献。

第三节 戚继光"爱之如子"的千总陈良玑

据《葛峰陈氏宗谱》记载:陈良玑,字惟敬,号双溪,浙江义乌葛峰陈氏。陈良玑是戚家军成员之一,随戚继光征战多年,"戚公爱之如子,恒侍帷幄","由浙、闽、广东、蓟镇军绩升授金华所正千户"。万历五年随戚继光北上任蓟镇西路千总,"间历蓟西四镇……从戎十余载,优考数十余次"[②]。陈良玑是浙江义乌倍磊村人,正是嘉靖三十八年(1559),戚继光在浙江金华、义乌"召募三千人,教以击刺法,长短兵迭用"[③] 中的一员,之后,成长为戚继光的贴身随员而随其征战南北,是戚家军中的得力干将,故而对戚继光的《纪效新书》及其军事思想是耳熟能详。当朝鲜训练都监需要明军派员协助训练士兵时,万历二十三年二月底,陈良玑作为带队教官率教官队进入朝鲜。据《宣祖实录》记载:

> 上御时御所,接见教师唐官千总陈良玑、把总朱虎、陈白奇。上曰:"大人等,自远方来,而小邦残破,陪臣怠慢,一路恐多不称之事。"教师等曰:"一路别无误事。孙侍郎使俺等传达曰:'国王久轸倭变,想多劳心。且俺在辽阳,凡贵国移咨之事,当一一遵行'云。"上曰:"今闻孙大人之所教,不胜感激之至。"……教师曰:"事同一家,孙爷岂不勉力?"上曰:"小邦不闲军旅之事,故曾请于经略矣。大人等出来,其于操练之事,必甚有益。多谢。"教师曰:"经略既委送俺等,敢不尽力?但才到贵邦,即赐接见重礼,多拜。"[④]

上述记载说明,陈良玑一行是受当时明朝负责经略朝鲜事务的兵部侍

---

① 〔朝〕金大贤:《悠然堂集》卷三《记军门杂事》,《韩国文集丛刊(续)》(7),2005年,第518页。

② 《葛峰陈氏宗谱》,转引自杨海英、任幸芳:《朝鲜王朝军队的中国训练师》,《中国史研究》2013年第3期。

③ (清)张廷玉等撰:《明史》卷二百一十二《戚继光传》,北京:中华书局,2000年,第3739页。

④ 《宣祖实录》卷六十,二十八年二月二十六日第二条,《朝鲜王朝实录》(22),第450页。

郎孙矿之命进入朝鲜的。另据宣祖二十九年二月十七日第二条记载:"当初咨请教师,而孙军门先遣陈良玑等十六员,复遣胡游击一行之人。……陈良玑,亲切于军门,而胡游击,又是一家之人。(胡与陈良玑,有姻娅之厚)"① 由此可知,陈良玑一行是十六人,而陈良玑是这十六名明军教官的负责人。"胡游击",指明军练兵游击胡大受,于万历二十三年七月进入朝鲜,主导朝鲜全国的士兵训练工作。胡大受的情况将在下面详细介绍。陈良玑和胡大受都是孙矿非常信任之人,而且两人还是儿女亲家。

就在接见陈良玑、朱虎、陈白奇(一说为陈伯奇)之后的十几天时间里,宣祖又密集接见了四组明军教官。

> 二月二十九日,"午时,上御时御所,接见教师千总曹忠、把总殷文龙、陈应龙等三人"②。
>
> 二月三十日,"上御时御所,接见教师千总叶大潮、把总胡文桂、杨贵等三人"③。
>
> 三月六日,"午时,上御时御所,接见教师千总朱文彩、把总陈文亮、屠科等三人"④。
>
> 三月八日,"午时,上御时御所,接见教师唐官胡汝和、王大贵、李二、张六三"⑤。

如前所述,胡汝和和王大贵是闻愈的手下,是首批被派到朝鲜训练都监教练"都监军"的明军教官,而此外三组九人应属于本次陈良玑一行。十二名明军教官是同批的,而宣祖国王却分别接见,说明陈良玑一行是分组出发、先后抵达朝鲜京都汉城的。由于刚刚经历了倭军洗劫,朝鲜各地驿站功能大打折扣,无法一次性安排十二人所需马匹,因此,自辽东进入朝鲜的陈良玑一行只好分组分批前往汉城,这种情况在万历朝鲜战争期间相当普遍。从四组人员的组成上可以看出,每组都由一位千总担任组长,带着两位把总一起行动。如此煞费苦心的安排,说明明军门对朝鲜驿站的情况是十分清楚的。而朝鲜国王于政务繁忙中如此高密度地接见明军教官,表明其对练兵一事高度重视,对明军教官寄予厚望。

---

① 《宣祖实录》卷七十二,二十九年二月十七日第二条,《朝鲜王朝实录》(22),第649页。
② 《宣祖实录》卷六十,二十八年二月二十九日第二条,《朝鲜王朝实录》(22),第452页。
③ 《宣祖实录》卷六十,二十八年二月三十日第二条,《朝鲜王朝实录》(22),第454页。
④ 《宣祖实录》卷六十一,二十八年三月六日第二条,《朝鲜王朝实录》(22),第460页。
⑤ 《宣祖实录》卷六十一,二十八年三月八日第二条,《朝鲜王朝实录》(22),第460页。

　　陈良玑在朝鲜协助训练士兵的情况,《宣祖实录》中亦多有记载。宣祖国王在接见陈良玑一行不久,便向户曹判书金晬询问陈良玑教练士兵的情况:"陈良玑之法,与前教师同乎?"金晬回答说:"与前稍益,盖似乎多诚之人矣。"宣祖国王又问:"若然则无乃有两不学之理乎?"金晬回答说:"大概大同小异。"① 上述对话说明了两点:一是朝鲜聘请的明军教官所传授的都是《纪效新书》的内容,总体上是一致的,出现"大同小异"的问题,只是个人理解上的差异和传授风格不同而已。《宣祖实录》三十年七月五日第三条记载:"盖都监军所习之法,出于闻俞、陈良玑,乃骆家军中之法。"② 这里明确指出闻愈、陈良玑在朝鲜训练都监所传授的都是骆尚志军中操练士兵的方法。前面提到,骆尚志、闻愈都曾是戚继光的部属,闻愈还参与了《纪效新书》的编写,"骆家军中之法",也就是《纪效新书》中操练士兵和管理军队的方法。二是说明在如此短的时间内,陈良玑已经得到了朝鲜方面的认可,不仅练兵效果胜于之前的明军教官,而且其人品方面也是无可挑剔,被评价为"多诚之人矣"。

　　陈良玑不负朝鲜所望,诚心教练朝鲜士兵,三个多月后,训练都监便请示宣祖国王"作帖致谢"。

> 　　训练都监启曰:"陈良玑诚心教练,且欲采银以资军食,其奉委致力之意,不可不慰。令承文院,善为措辞,回答何如?"上答曰:"上国特差官人于外国,训练兵卒,曾于前史见此否?况如是诚心教练,至于图绘阵形以送,不胜感激。固当作帖致谢,而不可不并致礼物。"③

　　鉴于陈良玑诚心实意地教练士兵,而且还计划开采银矿以补贴军粮开支,为朝鲜殚精竭虑,不负重托,训练都监建议以国王的名义致函表示感谢。而宣祖国王认为,天朝选派军官到外国帮助训练兵卒,是史无前例的,这本身就是莫大的荣幸,况且陈良玑除了尽心尽力地教练士兵外,还亲手绘制练兵与实战布阵图相送,因此,仅仅"作帖致谢"是不够的,还要"并致礼物",这样才能表达感激之情。从这件事情上,我们可以得出两点结论:一是陈良玑一行被孙鑛派到朝鲜帮助练兵,这是明朝首次从国内向朝鲜派出的专业教官团队,属于名副其实的国家行为,因而在明朝帮助朝鲜

---

① 《宣祖实录》卷六十,二十八年二月三十日第六条,《朝鲜王朝实录》(22),第454页。
② 《宣祖实录》卷九十,三十年七月五日第三条,《朝鲜王朝实录》(23),第261页。
③ 《宣祖实录》卷六十四,二十八年六月二十一日第一条,《朝鲜王朝实录》(22),第515页。

练兵史上具有里程碑意义。这说明，随着战线的拉长和拉锯战的持续，明廷已经意识到提高朝鲜军队自身的战斗力更为重要。二是陈良玑一行入朝训练朝鲜士兵四个月来的表现，得到了朝鲜王室的充分认可和高度评价。

陈良玑一行除了协助朝鲜练兵外，还帮助朝鲜制造新式武器。据《宣祖实录》记载："京城造火箭、火器之人，则陈千总亲丁吴天明、吴守仁不让于陈应龙，故应龙派分庆尚道矣。"① "陈千总"，指的便是陈良玑。可见，陈良玑一行中，还有掌握火箭、火炮制造技术的能工巧匠，他们在协助朝鲜练兵期间，发挥了多方面的作用。

陈良玑本人在朝鲜指导练兵期间，也在多个方面积极为朝鲜军队建设献计献策，据《宣祖实录》记载：

> 备边司启曰："伏见陈千总揭帖，辞意恳至，实非偶然。兵寓于农，固是我国之所常行者，而狃于升平，凡百兵务，废弛益甚，猝遇酷变，一败涂地。收拾余烬，力加修举，正是今日急务。陈公所言，其为我国致勤之意至矣。以佩服遵守，毋负盛教之意，推演成文，依上教，作回帖以送。"②

从上述内容看，陈良玑建议朝鲜应重视"兵务"，即军事事务，特别是在面临倭军侵略的背景之下，应把军事事务作为朝鲜的"今日急务"而"力加修举"。备边司认为，陈良玑的建言非常动情感人，朝鲜方面应该回帖表示"将铭心遵守、不负指教"。

另据《宣祖实录》二十八年六月二十九日第一条记载：

> 训练都监启曰："炮、杀各哨之军，合十二哨，而哨军或不满其数，其中南下余军，则只有数十余人。都监知其不可别为一哨，而欲令因基恢廓，渐为募入，故虽未充一旗三队之额，而置旗总、队总，许本哨官多般闻见，以广募入之路矣。今陈良玑以为：'束伍之法，必整齐无脱阙，然后可以备其貌样'，责令合二哨为一哨，使充定额，前后帖谕，意甚勤恳。教师之言，固不得不从，依其言施行，何如？"上从之。③

---

① 《宣祖实录》卷六十一，二十八年三月二十三日第三条，《朝鲜王朝实录》(22)，第 467 页。
② 《宣祖实录》卷六十一，二十八年三月十一日第三条，《朝鲜王朝实录》(22)，第 461 页。
③ 《宣祖实录》卷六十四，二十八年六月二十九日第一条，《朝鲜王朝实录》(22)，第 519 页。

上述记载是训练都监给宣祖国王的上书，汇报说按照《纪效新书》规定的编制配备炮兵、步兵各哨人员，但由于兵员不足，各哨严重缺编。训练都监本打算保留各哨编制，令各哨官设法招募新兵员补缺。对此，陈良玑提出反对意见，认为按照《纪效新书》"束伍之法"，只有满员编制才会有战斗力，在兵员不足的情况下，须"合二哨为一哨，使充定额"，哪怕是减少"哨"的数量，也要保证人员足额。此外，训练都监认为，陈良玑所致前后两帖都十分诚挚恳切，其意见应该采纳。训练都监的提议得到了宣祖国王的首肯。陈良玑以《纪效新书》"束伍之法"为理论依据，从专业角度指出都监军在编制执行中存在的不实问题，以其认真负责、敢于担当的敬业精神，赢得了朝鲜方面的信任与尊重。

由于陈良玑在协助朝鲜练兵方面的优异表现，当万历二十四年二月明军教官撤离朝鲜之时，训练都监给宣祖国王上书，希望"尽撤诸教师，而只留（陈良玑）一人"①，得到了宣祖国王的支持。但作为明军千总，陈良玑的去留问题，须由明军都督级别的高官来决定。陈良玑最终是否被留在了朝鲜便不得而知。但据《葛峰陈氏宗谱》记载，陈良玑于万历二十四年十月去世，有专家分析，"不排除（陈良玑）逝世朝鲜的可能"②，言外之意是，陈良玑可能留在了朝鲜继续执教练兵，并于当年十月在朝鲜去世。但笔者认为这种可能性较小，如果是这样，《宣祖实录》应该有所记载，就像前面记载闻愈去世一样，因为陈良玑的身份和影响并不比闻愈低，但《宣祖实录》中并没有关于陈良玑去世的记载。

第四节 "曾从事于戚继光军中"的千总叶大潮

明军千总叶大潮是万历二十三年初，继陈良玑之后进入朝鲜的。如前所述，叶大潮当属陈良玑一行十六人中之一员。据《宣祖实录》二十八年二月三十日第二条记载：

> 上御时御所，接见教师千总叶大潮、把总胡文桂、杨贵等三人。礼如初，坐定。教师曰："俺等承孙大人之命，来到贵邦，于操练之事，敢不悉心？但未知贵邦兵马几何？"上曰："兵马非不足，而粮饷匮乏，故不能多养士卒。"教师曰："敢问京城及各道之兵，大略几

---

① 《宣祖实录》卷七十二，二十九年二月十七日第二条，《朝鲜王朝实录》(22)，第649页。
② 杨海英、任幸芳：《朝鲜王朝军队的中国训练师》，《中国史研究》2013年第3期。

何,于国王之意,欲为教练者几何?"上曰:"京中见在之兵,不过数千,而诸道之兵,则或过万兵,或不满万,其数不同。盖非不欲练兵之多,只为无食,不得多练矣。"教师曰:"才经兵乱,残败已极,势固然矣。然兵不在多,若得练精,一以当百,俺等当赤心教之。"上曰:"多谢。"教师曰:"此时岂知俺等之善教乎?若观其终则可知矣。"①

"孙大人",即当时明朝负责经略朝鲜事务的兵部侍郎孙矿。上述记载告诉我们,叶大潮是受孙矿之命来朝鲜专门负责朝鲜士兵操练事宜的,这也再次印证了其与陈良玑为同一批援朝教官。在受朝鲜国王接见的时候,他询问朝鲜军队数量和欲接受训练的士兵数量,当听到宣祖国王吐露因粮饷匮乏而不得多练兵的苦衷时,叶大潮还宽慰说,兵不在多,如果兵练精了,完全可以"一以当百",并表示一定会专心教练,把朝鲜军队训练好,其对于帮助朝鲜练兵一事充满了自信。

叶大潮训练朝鲜军队的情况如何,朝鲜王朝的史料也鲜有记载。《宣祖实录》二十八年三月二十三日第三条的记载中仅提道:"叶大潮,武艺胜人,曾从事于戚继光军中,多有所闻见之事。叶大潮先往全罗教训后,及于庆尚则何如?"② 这段记载离宣祖国王的接见还不到一个月。如此短的时间内,叶大潮就给朝鲜方面留下了"武艺胜人"的印象,说明这期间叶大潮在朝鲜练兵场上率先垂范、大显身手,展现出了超凡的武术造诣和精湛的搏杀技巧。史料中提到叶大潮"曾从事于戚继光军中,多有所闻见之事",这告诉我们,叶大潮在为朝鲜军队传授《纪效新书》所载各种武艺时,常常会结合自己跟随戚继光作战时的一些亲身经历和体会加以阐述和讲解。这也从另一个侧面看出叶大潮的过人武艺,与戚继光当年的严格要求和悉心培养是密不可分的。也正是因为叶大潮"武艺胜人",又有跟随戚继光作战的经历,所以朝鲜王室很看重叶大潮,希望他既到朝鲜半岛西南部的全罗道指导军队训练,也能到朝鲜半岛东南部的庆尚道去指导军队训练。全罗道和庆尚道是朝鲜南部的沿海地区,是抗击倭军入侵的前沿阵地,足见朝鲜对他的重视和期待。

---

① 《宣祖实录》卷六十,二十八年二月三十日第二条,《朝鲜王朝实录》(22),第 454 页。
② 《宣祖实录》卷六十一,二十八年三月二十三日第三条,《朝鲜王朝实录》(22),第 467 页。

第五节 与戚金"同里闬相善"的千总朱文彩

明军千总朱文彩进入朝鲜的时间比叶大潮略晚几天，但仍然同属陈良玑一行。据《宣祖实录》二十八年三月二十日第二条的记载：

> 传于政院曰："朱千总依其执筹，可送于平安道。盖唐官，虽才高而意勤，在我无人，则难期其有效，不可不商量而处之。且每道共遣二员可也。至于宁边，别送一派，未知如何？朱千总既往平壤，则一道之军，自当总摄训练，何必于宁边别送乎？且如是分送，而独无江原道，亦未知如何？且我国所习剑、枪之术，乃其糟粕，所见龃龉，故别请教师于经略之举，初出于予意，正在于欲尽传中国剑、枪之妙法。今若有司悠悠泛泛，非予初意也。教师十二员中，精于剑、枪诸艺二三员，须留于京中，使都监诸军，日夜学习，期传白猿之术。"①

从上文看，宣祖国王就如何安排朱文彩一行提出意见。宣祖国王认为，下派明军教官于各道，"每道共遣二员可也"，既然将朱文彩安排到平安道（道府设在平壤），而宁边也在平安道境内，那么就没有必要再往宁边（大都护府）单独派遣教官了。与此同时，宣祖国王认为，江原道也应有明军教官前往指导练兵，还应从陈良玑一行十二人中，挑选"精于剑、枪诸艺二三员"，留在京都汉城，以便让训练都监所辖各部"日夜学习"。"白猿之术"，剑术的代名词。此外，上述记载中有一条重要的信息，那就是朝鲜向明朝负责经略朝鲜事务的兵部侍郎孙镰请派教官一事的动议者正是宣祖国王，其主要目的是学习"中国剑、枪之妙法"，也就是培养杀伤力大、令敌人胆寒的"杀手"。

朱文彩一行在朝鲜的工作情况，从万历二十五年宣祖国王给把总陈文亮的信函中，可以寻觅出一些蛛丝马迹。

> 陈文亮前回帖：曾于往岁，足下承命东来，蒙教阅之勤，使下邦不教之民，稍知坐作进退之节，至今赖以为用。且想足下冰蘖之操，

---

① 《宣祖实录》卷六十一，二十八年三月二十日第二条，《朝鲜王朝实录》(22)，第 466 页。

无以少报，而铭于肺肝矣。今者足下，又以戎事，重临弊境，而寡人不敏，未早知之，兹阙候问之仪，反承眷牍，把玩之余，良深惭谢。第方伺候于经理、提督，压于尊严，无便与足下一奉，尤用怅然。只倩笔札，草此申谢，幸惟谅察。不宣。①

把总在明军中身份较低，宣祖国王接见明军教官时，很少单独接见把总。宣祖国王给把总陈文亮回函，既是出于礼节，也是对陈文亮先期在朝鲜练兵工作的一种肯定。宣祖国王称赞陈文亮担任教官时"教阅之勤"，使没有接受过严格训练的朝鲜士兵学会了坐作进退之法，至今为王国所倚重。宣祖国王还提到了陈文亮担任教官期间所表现出来的优良品德，以及给自己留下的深刻印象："足下冰檗之操，无以少报，而铭于肺肝矣。"这说明陈文亮在朝鲜担任教官期间，无论是业务能力，还是人品，都留下了极好的口碑。陈文亮是朱文彩带到朝鲜的部属，宣祖国王接见朱文彩一行时，其中就包括陈文亮。陈文亮在朝鲜教练士兵的情况，就是朱文彩一行在朝鲜教练士兵的缩影。通过宣祖国王对陈文亮的评价，我们大致也可以推断出朱文彩一行当时在朝鲜的工作情况。

宣祖国王在给陈文亮的信函中提到"又以戎事，重临弊境"，说明陈文亮因战事第二次来到朝鲜。万历二十五年五月，明军第二次大规模入朝，反击卷土重来的倭军。陈文亮正是在这一背景下作为援朝明军的一员再次赴朝的。当时的把总陈文亮应该仍是千总朱文彩的属下，因为朱文彩也同时再次来到朝鲜，这从时任朝鲜领议政李恒福给宣祖国王的上书中可以确认。据《宣祖实录》三十一年二月二十一日第四条记载：

> 议政李恒福启曰："臣之所寓，有卢游击标下将官千总朱姓者来寓，即先年与教师胡游击同来者也。自言与戚游击金，同里闬相善，戚金方为南边参将。朱千总者，从征而来，戚将愿付书，转致于上前故赍来，使臣上达其书。并入启。"②

"千总朱姓者"，指的就是朱文彩。"教师胡游击"，即练兵游击胡大受。朱文彩与胡大受是同一批来到朝鲜担任教官的说法有误，因为朱文彩是万历二十三年二月入朝的，而胡大受则是七月份入朝的。"朱千总者，从征而来"，说明朱文彩再次入朝不是为教练朝鲜士兵，而是为打击倭军

侵朝而来的。李恒福给宣祖国王的上书还提供了一个关于朱文彩的重要信息:其"自言与戚游击金,同里闲相善"。"戚游击金",前面提到,即第一次入朝参战的明军游击戚金。戚金是戚继光的侄子,是戚家军的重要成员,曾长期跟随戚继光南征北讨、出生入死。朱文彩与戚金是同乡,且二人相处得很好。据此判断,朱文彩很可能也曾是戚家军的成员,是当年戚继光的属下,因为熟悉《纪效新书》,了解戚继光的军事思想和治军的经验,所以被作为明军教官领队之一派到了朝鲜。

第六节 曾随戚继光转战南北的教练游击胡大受

　　明军练兵游击胡大受是浙江义乌人。据清代嘉庆《义乌县志》记载,胡大受,义乌县义亭镇上胡人,字行行,"由西征功授级绍兴卫指挥,任福建左营都司转蓟镇左营游击,升山东青州参所(将)。二十三年奉旨通练八道民兵"。七月,朝鲜请之"为教三手军"[①]。胡大受同前述陈良玑一样,也是嘉靖三十八年(1559)九月,戚继光在浙江义乌召募的首批新兵中的一员。嘉靖四十年(1561)四月,戚家军取得了十三战连胜的"台州大捷"。其中,发生于四月二十七日的"花街之战"是一场遭遇战,戚继光情急之下排兵布阵,"中军把总陈濠、胡大受为中哨正兵"[②]。这说明当时临危受命的胡大受为把总,已成长为戚家军的一员主力战将。此外,戚继光在万历八年(1580)十二月二十一日撰写的《誓师》一文中提道:"各营路中军千把百旗总胡大受、李时茂等。"[③] 可见,胡大受当时在蓟镇戚继光所部任"千总"。无论是在江浙抗倭战场,还是在蓟辽防虏前线,戚继光的身旁总有胡大受活跃的身影,说明胡大受是在戚继光的关怀和培养下一步步坚实地成长起来的戚家军旧部,长期跟随戚继光征战南北,深得戚继光的信赖。与此同时,在戚继光的言传身教下,胡大受不仅练就了一身高强武艺,而且深得戚继光练兵精髓,最终升为练兵游击将军,成为专门执掌练兵的教头。

　　胡大受是在万历二十三年七月,受明朝兵部侍郎孙鑛之命进入朝鲜的。《宣祖实录》二十八年六月二十六日第四条记载:"上教政院曰:'观

---

①　(嘉庆)《义乌县志》,转引自杨海英、任幸芳:《朝鲜王朝军队的中国训练师》,《中国史研究》2013年第3期。

②　(明)戚祚国汇纂:《戚少保年谱耆编》,北京:中华书局,2003年,第59页。

③　(明)戚继光撰,王熹校释:《止止堂集》,北京:中华书局,2001年,第228页。

孙侍郎牌文，则胡游击，以我国练兵、防守事出来。所关非轻，又不无周旋学习之事，接伴官，以智略才士有将来之人，更为差遣，令训练都监荐举。……教师十分捡举敬待，并言于训练都监。'①胡大受当时进入朝鲜是负责整个朝鲜的士兵训练的，《宣祖实录》对此有明确记载："总督孙爷，选委游击胡，统练本国八道军兵。"②这一点也和嘉庆《义乌县志》记载的"奉旨通练八道民兵"相一致。正是因为肩负着如此重任，所以胡大受一进入朝鲜，就受到当地官员的热情接待，继而抵达京都汉城，又得到了宣祖国王的接见。《宣祖实录》二十八年七月二十五日第一条记载：

> 丙申，上御时御所别殿，接见游击将军胡大受。上曰："大人经过西路，地方残破，凡百支供，想应不继，寡人是惧。"游击曰："沿途列邑，知俺之来，等待之事，不遗余力，而俺深惟贵国之荡败，颇为省减，务从简易，而贤王念之及此，俺虽不敏，敢不尽心训习，以副盛意乎？"……上曰："大人布置如此，恩德罔极。"遂行酒礼。游击曰："沿途荡残之邑，以盛礼待俺，今又躬行酒礼，不敢当。"上曰："大人经过平壤，平壤炮、杀手，得知向方了否？"游击曰："一日习阵，试以武艺，刀、枪诸技，颇有成材者。若及时教训，则足以御敌矣。"上曰："小邦于军旅之事，专未谙练。向者咨请教师，粗晓武艺，亦莫非皇上字小之仁，而诸大人矜恤之恩，其亦至矣。"游击曰："恩典既出于朝廷，奉行唯在于贵国。倘能终始操练，则自可高枕而无虞矣。……"上曰："大人命之，敢不曲从？"仍以礼段赠之。③

通过上述记载可知，胡大受在到达汉城之前，沿途巡视了明军教官训练朝鲜士兵的情况，其中包括在平壤实地观摩了炮手、杀手的训练。所以宣祖国王在接见他时，向其询问在平壤观摩练兵的情况。这也说明，胡大受忠实地履职尽责。记载还提到，胡大受希望朝鲜方面能重视军队训练，因为只有这样，才能御敌制胜。同时，他也提醒朝鲜方面，明军教官只能起到协助的作用，"若要如何，全凭自己"。

因为当时朝鲜京都汉城是士兵训练的大本营，所以，胡大受在汉城住了两个月，带领所辖千总、把总等明军教官指导汉城的士兵训练。万历二

---

① 《宣祖实录》卷六十四，二十八年六月二十六日第四条，《朝鲜王朝实录》(22)，第518页。
② 《宣祖实录》卷一百二十一，三十三年一月十六日第五条，《朝鲜王朝实录》(24)，第26页。
③ 《宣祖实录》卷六十五，二十八年七月二十五日第一条，《朝鲜王朝实录》(22)，第539页。

十三年九月，胡大受将麾下明军教官分配到朝鲜各地，协助朝鲜地方训练士兵，他本人也借此机会到各地巡视，以指导朝鲜地方练兵工作。《宣祖实录》二十八年九月十三日第一条记载：

> 接待都监启曰："胡游击，十五日，欲往江原道，已出牌文。昨朝，臣德馨往见，则游击说称：'欲往江原道，操练曹千总教训之兵，留驻不多日，还向忠清、全罗，转向庆尚，移入江原沿海郡邑，历咸镜道、平安、黄海道，还于京城，将八道练兵形止，覆报军门，有所处置'云。管下千、把总则已为分派于各道，不日将相继发行。游击，其所说话及处置如许，势难争辨，而有所禁抑。且陈本国残破无形之状，请勿分送教师。且陈平安道列邑留置教师数多，物力不逮之意，则游击欲令教师等，留住于镇管大邑，调所属各邑军兵，轮回教练云。臣又极陈江原道，在大山长谷，地险人稀，经乱后板荡尤甚，若台下发行，则接应等事，不成摸样。如是多般措辞以止之，则游击答称：'军门有命，俺不可以劳苦为辞。'臣又陈：'秋收方急，孑遗之民，急于田事，行李若速发，则恐不方便'云尔，则游击欲为退行。游击出一票文，使于自京城至江陵一路，每五十里置一拨马，臣力陈其不可为之势，游击使之随便处之。"①

从上述记载可以看出，胡大受坚持要走遍朝鲜"八道"，即朝鲜全国各地。朝鲜半岛多山地，沟壑纵横，在当时的交通条件下，只能骑马，要走遍朝鲜半岛，是一件极其辛苦的事情。朝鲜方面以沿途辛劳，且地险人稀，难以照顾为由，劝说胡大受。但胡大受不顾朝鲜官员的极力劝阻，以"军门有命，俺不可以劳苦为辞"为由，为了不负使命，为了朝鲜的军队建设，决意下到朝鲜各地指导训练。这不能不说是戚继光多年言传身教的结果，也再现了戚家军的优良传统。

当时的朝鲜官员、诗人宋柟寿（1537～1626）作有《闻胡游击大受，驻江陵府，征兵阅武，领到茂松台口占》一诗，形象地描述了胡大受在江陵府检阅朝鲜军队的情况："漠漠行尘染客衣，临瀛归思正依依。霜繁孤嶂枫飘叶，云灭长波日吐辉。画角声中兵作队，鸣沙路上马如飞。豆笾军旅何须说，许国初心愿莫违。"② 该诗作刻画了胡大受一行踏霜踩露、风尘仆仆的明军教官形象，描绘了军训中的朝鲜军队纪律严明、斗志昂扬的

---

① 《宣祖实录》卷六十七，二十八年九月十三日第一条，《朝鲜王朝实录》(22)，第554页。
② 〔朝〕宋柟寿：《松潭集》卷二，《韩国文集丛刊（续）》(4)，2005年，第476页。

气势，表达了作者对受阅士兵不负国家使命、奋勇杀敌报国的热切期盼。"江陵府"，位于今韩国东部海岸，是当时朝鲜防御倭军从半岛东海岸入侵的重要军事基地。

胡大受带领的入朝明军教官，除了教授朝鲜士兵作战技能外，也曾指导朝鲜军队制造和使用新式武器。据《宣祖实录》记载：

> 训练都监启曰："刘总兵标下花应春、李乙两人，回到辽阳，得病落后，胡游击一行之来，与之偕来。……应春等欲留此地，制造炮药器械，以效其诚。……问其能造毒药及各样火器之法，则其所书示者，甚似晓解，且欲于四月初生，采得毒药所入诸具，制造试用云。此人等，姑从其愿，置于都监，令精详之人，尽学其技，何如？"①

"刘总兵"，指入朝参战的明军南兵总兵刘綎。"花应春、李乙"，本是刘綎的属下，已跟随刘綎撤回辽阳，但因病而落伍。胡大受带领明军教官赴朝时，二人又随胡大受返回朝鲜，为朝鲜"制造炮药器械"，因为他们懂得"造毒药及各样火器之法"。这说明，胡大受带领的明军教官中有多种专业技术人才，这也是朝鲜依照《纪效新书》改造军队所必需的。因为当时在朝鲜的明军教官"部分练习，尽仿浙兵之制，而游击胡大受出来教习，因设三手粮及炮保饷"②。"浙兵之制"，就是当年戚家军的部队建制和约束军队的规章制度。"三手"与"火炮"，也均是《纪效新书》中的训练内容，这在前面已经提到。"三手粮及炮保饷"，这里指的是参训军兵的粮饷保障。因当时朝鲜刚刚遭受倭军洗劫，物资极度匮乏，参训军兵的粮饷，包括明军教官的供给常常得不到保障，从而带来了许多问题。参训军兵的粮饷供应，本是朝鲜方面的职责，但胡大受作为指导朝鲜全国军事训练的总负责人，却不得不为粮饷供应而操心劳神。其中出现了一些问题，也夹杂着明鲜间的一些误解。

宣祖朝进士、仁祖朝官至领议政的朝鲜王朝中期著名诗人、文章大家申钦（1566～1628）在《天朝诏使将臣先后去来姓名，记自壬辰至庚子》中记载："胡大受，称为教练游击。乙未七月出来，十二月回。"③ 这里值得注意的是胡大受的"教练游击"这一军职。另据崇祯《义乌县志》记

---

① 《宣祖实录》卷七十二，二十九年二月十四日第一条，《朝鲜王朝实录》(22)，第647页。

② 〔朝〕李祘：《弘斋全书》卷十三《翼靖公奏藁军旅类叙》，《韩国文集丛刊》(262)，2001年，第218页。

③ 〔朝〕申钦：《象村稿》卷三十九，《韩国文集丛刊》(72)，1991年，第279页。

载，胡大受为"山东青州练兵参将"①，这说明胡大受与闻愈、陈良玑等人的兼职教官身份不同，他是专职教官，也就是说，他入朝前即为山东青州明军教头。因此，胡大受入朝在明军协助朝鲜练兵史上具有里程碑意义，体现了明军指导朝鲜练兵的专业化。"乙未"，指万历二十三年，即申钦认定胡大受是万历二十三年十二月回国的。这一记载有误，胡大受在万历二十四年二月份还在朝鲜，他回国的时间应是万历二十四年二、三月间，回国的原因应与明军教官中出现的一些问题有关。《宣祖实录》二十八年十一月三十日第七条记载：

> 训练都监启曰："胡游击屡见外方教师作弊之报，以我国节续呈称为未便，今要撤回。若乘此机会，而善为周旋，则外方扰民之害，可以祛矣，而当此西、南未定之时，激怒唐将，使之因此卷还，则亦未为稳当。当答之曰：'本府既奉军民（应为"门"）之令，教练小邦军兵，终始救济，宁可有始无终而已耶？小邦兵火之余，残破尤甚，钱粮、鱼菜，亦不得依例办给，重贻本府从者之怨苦，而外方教施之际，各将及各兵言语不通，情志相隔，扞格难成，事多不便。前日咨请，勿为派分教师者，亦虑此而已。今若量留其勤干员役若干，以终其操练之事，而各道教师，并许撤还，则小邦将前日各处教练训诲之人，以一教十，以十教百，而本府从者，亦不以淹苦耐艰为怨矣。且各派千、把总之中，廉谨尽职而功劳懋著者，不可不叙其实绩，破格褒赏。此则在本府询访而报施，以尽赏罚耸动之方耳。愿本府勿以一时呈报之言，为歉于怀，分付各项教师，诚心干事，以全终始也。'以此等辞缘，令承文院，措辞回答何如？"上从之。②

"外方教师"，指朝鲜京城汉城以外的明军教官。胡大受在朝鲜期间，管辖的教官队伍有上百人。当时的朝鲜首席外交文书担当官、宣祖朝第一文章家崔岦在给胡大受的回帖中就提道："今大人为教练小邦之人，领百数之爪士，以莅其地而议其饷。且又劝之曰：大仇可复，大耻可雪，此何等义？"③"爪士"，本指禁卫军将士，这里应指军事教官。这也说明，仅随胡大受赴朝的明军教官就有百余名。这些明军教官被分配到朝鲜各道协助

① 转引自陈学文：《崇祯〈义乌县志〉有关戚家军的珍贵史料》，《义乌方志》2007年第3期。
② 《宣祖实录》卷六十九，二十八年十一月三十日第七条，《朝鲜王朝实录》(22)，第605页。
③ 〔朝〕崔岦：《简易集》卷五《槐院文录·帖回胡游击大受》，《韩国文集丛刊》(49)，1990年，第371页。

朝鲜练兵，但有的素质不高，做了一些损害朝鲜百姓之事。胡大受得知这些问题，意欲将明军教官撤回国内，但朝鲜方面执意挽留，并主动承担了一些责任："钱粮、鱼菜，亦不得依例办给"，"外方教施之际，各将及各兵言语不通，情志相隔"。也就是说，应该按规定给予明军教官的粮饷没有兑现，加上语言交流上的障碍，产生了一些误会。朝鲜除了向胡大受表达歉意外，还希望胡大受吩咐明军教官继续留在朝鲜训练朝鲜军队，以免练兵事业虎头蛇尾、半途而废。应该说，朝鲜方面的虔诚态度和诚信挽留起了作用，胡大受和他带领的明军教官队伍继续留在了朝鲜。但第二年初发生的一件事情，迫使胡大受及其教官队伍不得打道回府。《宣祖实录》二十九年二月八日第一条记载：

> 上御别殿，接见游击将军胡大受。上曰："老爷远来，地方残破，供亿凉薄，寡人是惧。"胡大受曰："俺之来贵邦虽久，而既不能操练军兵，又不能禁约管下，致令作挐于贵邦，皆俺之罪也。其所作挐者，岂皆俺之管下哉？无籍棍徒，职为作挐，而贤王转咨于军门，俺实无颜。"上曰："老爷经年异邦，尽力操练，得成头绪，其赐多矣。今蒙下教，寡人惶蹐。且西方有变，老爷送辩士以释纷，老爷恩德，终始无比。请再拜以谢。"胡大受曰："贤王有福。俺何力之有！"上遂行酒礼。①

上述朝鲜宣祖国王与胡大受之间的一段对话说明，针对明军教官队伍中出现的问题，宣祖国王致函通报给了明朝军门，即明朝负责朝鲜事务的都督。胡大受在与宣祖国王见面时，主动承担了责任，称说手下教官扰害朝鲜都是自己管教不严之罪过，同时也表示，宣祖国王将此事通报给了明军门，让自己很愧疚。虽说宣祖国王极力安慰胡大受，夸其"尽力操练，得成头绪，其赐多矣"，还提到建州女真部族趁机作乱时，胡大受派手下前往建州宣谕不要与朝鲜为敌，从而为朝鲜化解危机一事，感慨"老爷恩德，终始无比"，但胡大受还是率领明军教官队伍撤回了国内。朝鲜国王致函明朝军门，通报明军教官队伍存在的问题，是导致胡大受回国的主要原因，这一点是确定无疑的。对于宣祖国王绕开胡大受直接向明朝"军门"致函这一举动，不仅胡大受无法接受，就连朝鲜官员也觉得不妥。前面提到的当时朝鲜制定外交文书第一人的崔岦就曾给朝鲜王室上书说：

① 《宣祖实录》卷七十二，二十九年二月八日第一条，《朝鲜王朝实录》(22)，第646页。

"胡游击者,以我咨告军门以卒徒扰害地方之事,遭薄责而去,是何我之不幸。"① 崔岦认为,胡大受离朝归国是朝鲜的一大损失,除表达了惋惜之情外,也委婉地对宣祖国王的做法提出了批评。

从上述记载看,虽说胡大受是因遭到指责而离开朝鲜的,但朝鲜王室对胡大受在朝鲜的教练工作还是给予了充分肯定和很高的评价。

第七节 洞晓"戚氏之法"的游击将军许国威

许国威是福建人,他本人在给宣祖国王的揭帖中就有所提及:"威,闽人也,奉旨统兵应援,走万里四千有奇,始达王国。"② 据清乾隆《福建通志》卷二十《职官》记载,许国威,福建晋江人,明万历年间任都指挥佥事。福建也是当年戚继光抗倭的重点区域,戚继光统领的"浙兵",后来也包括来自福建的士兵。

前面提到,朝鲜为了在军队中推行《纪效新书》中的相关内容,曾安排通晓汉语、负责中朝高官间联络的官员韩峤翻译《纪效新书》,但书中有些内容,尤其是涉及专业术语和武艺技法的,韩峤自己也不甚明白或不得要领,于是便抓住一切机会向熟悉《纪效新书》的明军将士请教。其中,从明军游击将军许国威那里得到的武艺理论方面的帮助最大。也正是得益于许国威的耐心讲授和技艺示范,韩峤才得以完成其在朝鲜练兵史上占有极其重要地位的《武艺诸谱》。而许国威传授的"戚氏之法",正是《纪效新书》的内容。前面提到,《纪效新书》是戚继光在浙江、福建一带抗倭的经验总结。曾经在福建抗倭的许国威,极有可能是当年戚继光的属下,接受过戚继光的亲自教诲,所以非常熟悉《纪效新书》的内容。

据朝鲜庄献世子③所撰《艺谱六技演成十八般说》记载:

> 宣庙欲试戚法,购而得之于提督麾下。相臣柳成龙,使其郎僚韩峤,专意讲解。后相臣尹斗寿,又领其事,与赵儆、李德馨,募丁壮,

① 〔朝〕崔岦:《简易集》卷一《陈言·槐院文书事草记》,《韩国文集丛刊》(49),1990年,第192页。
② 《宣祖实录》卷九十七,三十一年二月十日第三条,《朝鲜王朝实录》(23),第380页。
③ 庄献世子(1735～1762),亦称"思悼世子",朝鲜第二十一代君主英祖李昑之次子,名愃,字允宽,号毅斋。因耽于玩乐、无心学业、胡作非为、近乎癫狂,对其寄予厚望的英祖震怒之下,将其废为庶人,并下令将其关进米柜活活饿死。在其死后,英祖十分后悔,追封"思悼"谥号。朝鲜正祖大王李祘为其次子。

授以戚氏之法。初天将骆尚志，劝柳相效习戚法。所摸仿者，惟枪笐。又因游击许国威之东来，与杨经理亲好。峤以参谋官，往来两帅之府者为有年。峤问其妙谛于许游击，游击先以粗术教之曰："一胆二力三精四快。"峤又问枪势之二十有四，游击教之曰："一势之变耳，推可为百势。"峤又问易之六十四卦，是亦一卦之变，而一卦减不得，则枪势之二十四势奚间？游击教之曰："道本一体，散为万殊。如棋之势，多多万万。精得百势，可称国手。"他日请益，游击教之曰："身法腰法手法足法，可学也。"于是，峤退而成诸谱，教三手法于国中。一曰射，二曰炮，三曰技。技者，俗称杀手也。及老谢仕，卜居广湖之滨，犹惓惓于国事。盖峤少也，从学于先正牛、栗之门，其知识往往超别于人，竟以前所未学之技术，教国人，其功不亦盛哉。峤之所教六技，曰棍棒，曰藤牌，曰狼笐，曰长枪，曰锐钯，曰双手刀。[①]

上述记载交代了当年朝鲜引进《纪效新书》的背景，其中提到的"宣庙"，即宣祖国王李昖；"提督"，即入朝参战的明军总指挥提督李如松；"杨经理"，指明朝右佥都御史，奉命经略朝鲜军务的杨镐；这里提到"尹斗寿"，是强调宣祖朝非常重视用《纪效新书》来指导朝鲜军队建设，以"戚氏之法"操练新兵一事最初由左议政尹斗寿主管，创设训练都监后，改由领议政柳成龙直接领导。

上述记载除交代《纪效新书》的传入背景外，还介绍了朝鲜以"戚氏之法"练兵的发端，那就是明军浙兵将领骆尚志给柳成龙的建议。起初都监军只习长枪和狼笐两种技艺，为了全面学习和掌握《纪效新书》的内容，柳成龙派其郎僚韩峤向明军游击将军许国威请教。"郎僚韩峤"，即前面提到的"训练金正韩峤"。韩峤当时既是"参谋官"，又是"译官"，"往来两帅之府"，负责朝鲜方面与援朝明军军门间的联络事宜。韩峤借机通过明朝经略援朝军务的杨镐，请求许国威为其讲解《纪效新书》中的难点、要点。

庄献世子所记韩峤与许国威之间的技艺问答内容，实际上摘自韩峤所撰《技艺质疑》，全文如下：

> 臣韩峤问于许游击曰："技艺之妙可得闻欤？"答曰："此技至粗，理入至精，其手法、足法、身法之妙，为将者必亲身学之，乃知其

---

① 〔朝〕庄献世子：《凌虚关漫稿》卷七《艺谱六技演成十八般说》，《韩国文集丛刊》(251)，2000年，第131页。

妙，必积以日月，乃得其精，一时言之无益也。非秘之也，实立谈之下难言难言。"又问："精微之妙，固难遽闻，但以至粗，愿禀台下。"答曰："粗者不过一胆二力三精四快而已。"又问："戚子著书揭图而长枪有二十四势，无非防贼杀贼，自不容已之势也，似不可缺一。窃见今日教师之所传，只是十二势，欠了一半，何也？"答曰："二十四势，一势之变耳，推之可至百势，奚止二十四？约之则进退刚柔一势尽之，连十二势亦多也。"又问："易六十四卦是亦一卦之变也？圣人定之以六十四，则一卦减不得矣。戚子就历代流来枪势，删其繁缛，为二十四，其意有在，岂可容易去取乎？故小生尝于教师所传十二势之外，又以其余十二势作别谱而连习之，然后戚子所定枪势始得完备而无欠缺矣。所教十二势亦多，虽闻命矣，但戚子作图必至于二十四，故连习恐无妨，未知妄料太支离否？"答曰："非支离也。道本一体，散为万殊。如棋之势，多多万万。精得百势，可称国手。"又问："所谓大门小门，是左右耶？前后耶？"答曰："大门前也，小门后也。前即左，后即右。"又问："所谓阴阳手，何谓也？"答曰："凡器械以手向下执者谓之阴，向上执者谓之阳。阳以提起，阴以打去、杀去，皆自然如此。"他日请益，答曰："日因都爷西旋，愁悯无聊，未知朝鲜安危如何，我军班师何日，食不下咽，惟抚枕长叹而已，承问兵技，无心以对。夫楚之技击齐之节制，有人可兴，无人可亡。今熟者忽去，新者未来，孰主张是？孰维纲是？虽学，一夫之敌将安用之？但既来一番，可同我掌号官更就千总事一习之。"又请益，答曰："此技必身法、腰法、手法、足法，徒识其名，无益于用。生在此作文书公移稿，且三日不进饮食，乞归在即，无心讲武。"①

韩峤向许国威请教武艺的奥妙所在，许国威回答说，虽然《纪效新书》所论诸般武艺的技法十分粗放，但其中的道理却是精妙绝伦的，为将者必须亲身学习并假以时日，才能体会到手法、足法、身法等技法的精致巧妙。许国威认为空谈无益，强调为将者躬行实践的重要性。这实际上与戚继光的将领须习练诸般武艺的认识是一脉相承的。戚继光在《练将篇》中强调指出："三军之艺，有正法，有花法。……主将不知诸艺之习，何以得知诸艺正法眼？必致花法混乎其中。花法入而正法昧，急遽难变，其

---

① 〔朝〕韩峤：《技艺质疑》，《御定武艺图谱通志·卷首》，赤裳山城藏本，韩国数码藏书阁，http://jsg.aks.ac.kr，第1~3页。

所关系岂小小哉!"① 许国威认为,从大的方面看,武艺的秘诀有四:"一胆、二力、三精、四快。"将"胆气"放在首要位置,不能不说许国威已深得戚继光武学思想之真味。关于"胆气"的重要性,《手足篇》中有如下论述:"但五兵种类既繁,人力有限,第适于用足矣,不必求奇。使胆怯而临时弃掷,皆为虚具,虽多亦奚以为?"② 戚继光强调指出,兵器的种类繁多,而个人的能力有限,不可能样样精通,只要能找到一两种适合自身特点的便可。如果士兵因为胆怯而临阵丢弃,那么再坚利的兵器也只不过是无用之物,所以军旅武艺应将胆气放在首位。提倡"练胆练心",戚继光的练兵思想极大地丰富和发展了中国的兵学理论。

韩峤继而提出:《纪效新书》中长枪有二十四势,而为何明军教官却只教授十二势?面对韩峤的质疑,许国威给出了回答:"二十四势,一势之变耳,推之可至百势。"面对韩峤的再次质疑,许国威则举变化无穷的围棋为例,深入浅出地阐明了定式与变式的辩证关系:武艺千变万化,万变不离其宗。可以说,许国威所主张的"道本一体,散为万殊"理论,其实正发扬了戚继光"变幻莫测、神化无穷"的武学理论。继而,他又从专业的角度简单明了地解释了"大门""小门""阴阳手"等武学概念,让韩峤茅塞顿开、豁然开朗。这看似简单的一场武学问答,实则反映了许国威深厚的武学理论修养和循循善诱、诲人不倦的师者风范。

上述记载提到的"枪势之二十有四"及韩峤在朝鲜军队传授的射、炮、技"三手法"和棍棒、藤牌、狼筅、长枪、镋钯、双手刀"六技",均出自戚继光的《纪效新书》。如"枪势之二十有四",出自十四卷本《纪效新书》卷四《手足篇》第四"长枪制""长枪解""习法"③,"二十四枪势",即"夜叉探海势""四夷宾服势""指南针势""十面埋伏势""青龙献爪势""边拦势""铁翻竿势""跨剑势""铺地锦势""朝天势""铁牛耕地势""滴水势""骑龙势""白猿拖刀势""琵琶势""灵猫捉鼠势""太山压卵势""美人认针势""苍龙摆尾势""闯鸿门势""伏虎势""推山塞海势""鹞子扑鹌鹑势""太公钓鱼势"。十四卷本《纪效新书》中,还附有二十四枪势图及解说。射、炮、技"三手法",即《纪效新书》中所谓射手、炮手、杀手三种技法。前面提到,"射手",这里指使用弓箭的士兵。

---

① (明)戚继光撰,范中义校释:《纪效新书》(十四卷本)卷十四《练将篇》,北京:中华书局,2001年,第346~347页。

② (明)戚继光撰,范中义校释:《纪效新书》(十四卷本)卷三《手足篇》,北京:中华书局,2001年,第47页。

③ (明)戚继光撰,范中义校释:《纪效新书》(十四卷本)卷四《手足篇》,北京:中华书局,2001年,第94~105页。

"炮手",指使用鸟铳和操作各式火炮的士兵。"杀手",指持冷兵器展开白刃格斗的士兵。关于棍棒、藤牌、狼筅、长枪、镋钯、双手刀"六技",十四卷本《纪效新书》卷三至卷五《手足篇》第三、第四、第五中也均有详细的说明,包括制作及使用方法,多数附有图片和解说。所以说,明军游击将军许国威向韩峤讲解的"戚氏之法",主要还是《纪效新书》中的内容。这一点,朝鲜王朝史料也有明确记载:"韩峤为郎,质问三手练教之法于东征游击许国威,部分练习,尽仿浙兵之制。"①

值得注意的是,当时经理朝鲜的都御杨镐已被撤职归国,而大部明援军也班师在即,此时的许国威并没有像多数东征将士那样望眼欲穿、归心似箭,反而表现出焦躁不安的情绪,以至于"食不下咽、抚枕长叹",甚至连最为擅长的兵技讲授都提不起兴致来了。之所以会出现这样的状态,是因为许国威认为熟悉朝鲜战况与时局的杨镐突然被撤归国,而代替杨镐的新经略万世德尚在鸭绿江边,如此巨大的权力真空让人无所适从,不知该听谁的主张。其实,许国威并不是为自身处境感到迷茫,而是在为朝鲜王朝担忧:明军撤出朝鲜后,朝鲜军队是否能够承担起防御倭寇的重任?在局势不甚明朗的特殊时期,许国威已无心情深入讲武,但有感于韩峤虚心请教、孜孜以求,还是安排其于手下千总处继续探究、习练武艺。关于许国威协助朝鲜训练军队之事,《宣祖实录》也有记载:

> 拣都监炮、杀手十二人,学艺于许游击军中。②
>
> 训练都监启曰:"我国之事,自前但皆弓矢一技,其于枪刀、筅牌、藤牌、镋钯、鸟铳等长短之技,皆不学习。自数年来,幸因天将、天兵,来聚京中,依放习之。其于精妙手法奇正之辨,犹得其粗,而未得其精。今若中途废坠,则数年之后,渐至遗忘,天兵既去,此法终不可传,诚为可惜。近日天将中许游击,自谓得妙于诸技,洞晓《纪效新书》之法,故自都监抄出杀手中最为精习者十二人,名为教师队,使加设主簿韩峤领之,就正于游击阵中,颇有所学。艺成之后,当以此辈为教师,编教中外军人,则其法庶可流行于我国,不至湮废,而所谓以一教十,以十教百者在此矣。……敢启。"传曰:"依启。此意甚善。予亦当亲试其才论赏,但十二人似少矣。"③

---

① 〔朝〕李祘:《弘斋全书》卷十三《翼靖公奏藁军旅类叙》,《韩国文集丛刊》(262),2001年,第218页。

② 《宣祖实录》卷一百二,三十一年七月二十五日第一条,《朝鲜王朝实录》(23),第474页。

③ 《宣祖实录》卷一百二,三十一年七月二十五日第二条,《朝鲜王朝实录》(23),第474页。

　　由上述记载可知，训练都监鉴于前一阶段练兵"犹得其粗，而未得其精"，为避免半途而废、前功尽弃，便从军中挑选十二名训练成绩优异的士兵，组建成"教师队"，并安排郎厅韩峤带队，到明军游击将军许国威所部接受训练，以期成手后作为种子教官，通过"以一教十，以十教百"之法，循序渐进地训练朝鲜全体士兵，以便使"戚氏之法"代代相传、永留朝鲜大地。朝鲜方面之所以选择许国威所部作为本土教官培训基地，是因为许国威不仅精通各种战斗技能，而且熟知《纪效新书》所载战术战法。宣祖国王十分赞赏训练都监的做法，同时提出十二人的"教师队"规模太小，要求扩充人员。由此可见，朝鲜高层对洞晓《纪效新书》的许国威武学修养的认可和重视，以及对通过许国威及其所部的传帮带打造一支精干的本土教官队伍，从而推动全国大练兵的殷切期望。

　　许国威不仅洞悉《纪效新书》及其所蕴含的军事思想，而且为韩峤讲解得精辟到位，因此得到了朝鲜方面的好评。宣祖国王不仅亲自登门拜访，而且还题扇相赠。朝鲜王朝史料记载：

　　　　许国威能文章，上尝至国威之舍……上题扇面曰："四月清和雨乍晴，南山当户转分明。更无柳絮因风起，惟有葵花向日倾"一绝。识其末曰："朝鲜国王书与之。"国威谢曰："当归与天朝阁老等看。"①

宣祖国王的题诗主要表达了对明朝廷及明援军的感激之情：得力于大明的倾国相助，朝鲜才迎来了风和日丽的好时光，不再遭受倭军的铁蹄践踏，唯有对大明葵倾向日般的忠诚与仰慕。宣祖国王赠予许国威这样的题诗，动因则是感谢他为朝鲜练兵所做出的杰出贡献，足见许国威及其所传授的戚继光军事思想在宣祖心目中的分量。

　　以上提到的万历朝鲜战争期间，在朝鲜军队中担任教官的明军将士，多是当年戚继光的部属，如教练游击胡大受、千总闻愈、千总陈良玑、千总叶大潮、千总朱文彩，有的还参与了《纪效新书》的编写，如千总闻愈。虽然有的无法查到当年与戚继光的确切关系，但从其熟悉《纪效新书》这一点来看，如"洞晓《纪效新书》"的游击将军许国威，"依《纪效新书》之法习阵"的千总邵应忠，他们既是戚继光的崇拜者和追随者，同时也是戚继光军事思想的传承者。因为这些被选派的明军将士熟悉《纪

---

　　① 〔朝〕金大贤：《悠然堂集》卷三《总叙》，《韩国文集丛刊（续）》（7），2005年，第529页。

效新书》的内容，了解戚继光的战斗经历，能很好地传播戚继光的军事思想，所以才能担负起训练朝鲜军队的重任，且均取得了优异的成绩，受到了朝鲜王室的肯定和赞誉。他们为传播戚继光的军事思想做出了重要贡献，有的还献出了宝贵的生命。

第四章　"浙兵"将领——戚继光军事思想的传承者

　　吴惟忠、骆尚志、戚金、王必迪、叶邦荣都是明军第一批大规模入朝参战的浙兵将领，这在《宣祖实录》中有明确记载：万历二十一年初，随明军提督李如松入朝参战的有"统领浙直调兵神机营左参将都指挥使骆尚志，领步兵三千名……统领浙兵游击将军都指挥使吴惟忠，领步兵三千名……统领南兵游击将军王必迪，领步兵一千五百名……统领浙兵游击将军叶邦荣，领马兵一千五百名……统领嘉湖苏松调兵游击将军戚金，领步兵一千名"①。以上记载说明，原戚继光的部属吴惟忠、骆尚志、戚金等人带领万余名"南兵"（亦称"浙兵"）入朝参战。此外，浙兵将领茅国器是万历二十五年，"以钦差统领浙胜营兵游击将军都指挥同知，领步兵三千一百"②入朝参战的。

　　万历年间受邀入朝参战的明军中，表现最抢眼的当属"浙兵"，特别是在光复平壤的战斗中，"浙兵"冒着敌人的炮石、箭矢，不畏艰险、舍生忘死，率先把明军的旗帜插上了平壤城头，在平壤大捷中斩获头功。另外，"浙兵"传承了戚家军的优良传统，纪律严明，从不侵扰百姓，在朝鲜建立了良好的口碑。而这一切，无不与戚继光当年的这些老部下息息相关。他们就像当年戚继光训练和统领戚家军那样，严于治军、爱护百姓；与此同时，其自身也继承和发扬了戚继光的高尚品德，不仅在艰苦的条件下以身作则、与士兵同甘共苦，而且在严酷的战斗中身先士卒、英勇杀敌，立下了卓越战功。除此之外，他们或倡导朝鲜练兵强军，筑城固防；或赠予《纪效新书》，为朝鲜的军制改革和国防建设提供蓝本；或以戚继光的练兵之法训练朝鲜军队，大大提升其战斗力；或发挥自己的聪明才智作歌募粮，助力朝鲜一解军粮短缺的燃眉之急。总之，这些"浙兵"将

---

① 《宣祖实录》卷三十四，二十六年一月十一日第十六条，《朝鲜王朝实录》(21)，第602页。

② 〔朝〕申钦：《象村稿》卷三十九《天朝诏使将臣先后去来姓名，记自壬辰至庚子》，《韩国文集丛刊》(72)，1991年，第288~289页。

领，以自身的实际行动履行使命，维系了中朝传统友好关系，在朝鲜半岛展现了戚家军的精神风貌、传承了戚继光的军事思想，为朝鲜的军队与国防建设、为中朝军事文化交流做出了重要贡献。

第一节　副总兵吴惟忠

关于吴惟忠两次领兵入朝参战的基本情况，申钦在《天朝诏使将臣先后去来姓名，记自壬辰至庚子》中均有所记载：

> 吴惟忠，号云峰，浙江金华府义乌县人。壬辰（万历二十年，1592）十二月，以钦差统领浙兵游击将军，领步兵一千五百出来，甲午（万历二十二年，1594）正月回去，丁酉（万历二十五年，1597）再来。
>
> 丁酉（万历二十五年，1597）以钦差备倭中翼副总兵原任都督佥事，领步兵三千九百九十，六月渡江南下，驻忠州，往来岭南剿贼。己亥（万历二十七年，1599）二月还王京，四月回去。①

据申钦的上述记载可知，吴惟忠曾两次率兵入朝参战。第一次是在万历二十年十二月，身份是"游击将军"，率领"步兵一千五百"入朝，抗倭援朝取得第一阶段胜利后，于万历二十二年正月回国。第二次是在万历二十五年，当倭军主力再次登陆朝鲜时，时任副总兵的吴惟忠率领"步兵三千九百九十"入朝。在明鲜联军的反击下，倭军被迫于万历二十六年年逃离朝鲜半岛，援朝明军于万历二十七年四月班师回国，吴惟忠亦随大部队撤离朝鲜。吴惟忠两次入朝参战合计超过三年，是援朝明将中除刘綎之外，在朝鲜留驻时间最长的。吴惟忠第一次入朝参战的职务是游击将军，但其官衔是"都指挥使"，正三品；第二次入朝的职务是副总兵，官衔为"都督佥事"，正二品。

吴惟忠，字汝诚，号云峰，浙江金华府义乌县吴坎头人，嘉靖三十八年（1559）九月，戚继光亲赴义乌募兵，"性聪慧，志刚勇，好习史书，精于韬略"的吴惟忠以武生身份应募，被选为哨官，从此开启了追随戚继光南征北战的戎马生涯。在浙江、福建沿海围剿倭寇期间，身为把总的吴

---

① 〔朝〕申钦：《象村稿》卷三十九，《韩国文集丛刊》(72)，1991年，第287页。

惟忠，在"花街""上峰岭""横屿"等战斗中，都留下赴汤蹈火、浴血奋战的身影①；后追随戚继光北上蓟镇戍边，因协助戚继光增筑长城有功，得到朝廷嘉奖，累升至山海关参将。《戚少保年谱耆编》卷十"隆庆六年壬申"条所附《创修滦阳驿记》中记载："（戚继光）乃率左、右二营史君宸、马君承允、吴君惟忠，诚诸部士鸠材塞外，依山涧以陶砖埴。"② 清康熙九年（1670）《山海关志》记载："边墙，万历七年增筑南海口入海石城七丈，都督戚公继光、行参将吴惟忠修。"③ 这说明，吴惟忠不仅是戚家军的主要成员，而且是戚继光的得力助手，同时也是戚继光军事思想的优秀传承者。吴惟忠两次入朝参战，均建立了不可磨灭的功勋，得到了朝鲜王室和百姓的交口赞誉，为维护中朝传统友谊做出了重要贡献。

一、"平壤之战，功冠诸营"

吴惟忠首次入朝参战就名声大振。前面提到，万历二十年七月，第一批入朝的辽东铁骑出师不利，在平壤攻城战中惨遭败绩，多位将领战死。同年十二月，明廷派李如松为东征提督，率四万援军入朝援战。次年正月初八日，明鲜联军在李如松的指挥下，对倭军先锋小西行长军团一万六千五百余人盘踞的平壤城发起总攻，激战一昼夜，击毙击伤万余倭军，一举收复平壤，史称"平壤大捷"。是役彻底扭转了战局，在抗倭援朝战争史上具有里程碑式的重要意义。

在平壤攻城战中，吴惟忠等浙兵将领及其所部浙兵的表现十分抢眼。据《明史·李如松传》记载，李如松"令游击吴惟忠攻取城北牡丹峰。……惟忠中炮伤胸，犹奋呼督战"④。《明史纪事本末·援朝鲜》也记载，因"惟迤北牡丹台高耸，最要"，所以东征提督李如松命"游击吴惟忠攻牡丹峰阴取西南。……方战时，吴惟忠中铅洞胸，犹奋呼督战。……我师无不一当百，前队贸首，后劲已踵，突舞于堞"。⑤ 明军第一次大规模入朝参战的总指挥、兵部左侍郎、经略朝鲜与蓟辽等处军务的宋应昌在《经略复国要编》卷七中，对吴惟忠的英勇表现也留下了浓墨重彩的一笔："游击吴惟忠不幸中弹，铅子穿透胸膛，鲜血直流，一片殷红，直至脚下，

---

① 刘俊义：《百战将军吴惟忠》，《义乌史志》2012 年第 3 期。

② （明）戚祚国汇纂：《戚少保年谱耆编》，北京：中华书局，2003 年，第 360 页。

③ 转引自义乌丛书编纂委员会编：《长城有约，义乌与长城的历史对话》，上海：上海人民出版社，2013 年，第 140 页。

④ （清）张廷玉等撰：《明史》卷二百三十八《李如松传》，北京：中华书局，2000 年，第 4138 页。

⑤ 《明史纪事本末》（九）《援朝鲜》，上海：商务印书馆，1933 年，第 46 页。

但他视若无睹，仍坚持督战。"①

在平壤攻城战中，吴惟忠所部担负了最为艰巨的夺取制高点牡丹峰的重任。位于平壤城北的牡丹峰地势险要、易守难攻，上面驻守着两千名倭军精锐。吴惟忠身先士卒、浴血奋战，身负重伤仍不下火线，忍着剧痛指挥战斗，展现出勇挑重担、不计较个人得失的高尚情怀，在抗倭援朝这一重大历史事件记忆中留下了一段不朽的传奇，为后人广泛传颂。

吴惟忠的英勇表现，亦被载入朝鲜史册。《宣祖修正实录》二十六年一月一日第二条记载：

> 翌日（初六日）进逼平壤，提督促大军行，都元帅合诸阵兵从其后，分军围住。贼乘城拒守，又据牧丹峰，乘高放铳。……是夜，贼犯游击吴惟忠营，惟忠按兵不动，齐发火箭，光明如昼，贼退走，追斩十余级。②

这说明，明军在正式攻打平壤城之前，吴惟忠率浙兵就先立战功：面对深夜来营偷袭之敌，早有准备的吴惟忠从容应对，"追斩十余级"，给予敌人强力威慑。另据《宣祖实录》记载：初八日早，攻打平壤城总攻开始后，"游击吴惟忠，领南兵，进攻密德、牧丹峰土窟，其军力战，死伤尤多，游击亦中铁丸，千总一员则竟至殒命"③。"吴惟忠中丸伤胸，策战益力"，"是战也，南兵轻勇敢战，故得捷赖此辈"。④ 据此可知，吴惟忠在平壤攻城战中一马当先，身负重伤却依然在火线指挥作战，麾下南兵（浙兵）也都"轻勇敢战"、冒死冲锋，以至于蒙受了很大损失，一名千总也在战斗中献出了宝贵的生命。

对于吴惟忠在平壤攻城战中的英勇表现，朝鲜国王及多位高官显要都给予了高度评价。例如，朝鲜知中枢府事李德馨在向宣祖国王汇报平壤攻城战情形时说："南兵不顾生死，一向直前，吴惟忠之功最高。"⑤ 朝鲜王朝时，"中枢府"，负责兵机、军政、宿卫、警备等事务。"知中枢府事"，即中枢府知事，从二品官员。这至少说明，吴惟忠及所率南兵（浙兵）在平壤大捷中立了头功。又如，《宣祖实录》记载了宣祖国王与平安道监司

① 〔韩〕汉文小说集成编委会编：《壬辰录，万历朝鲜半岛的抗日传奇》下编，万暗川编译：《明朝有关"壬辰倭乱"史料》，上海：上海古籍出版社，2016年，第283页。
② 《宣祖修正实录》卷二十七，二十六年一月一日第二条，《朝鲜王朝实录》(25)，第635页。
③ 《宣祖实录》卷三十四，二十六年一月十四日第五条，《朝鲜王朝实录》(21)，第607页。
④ 《宣祖实录》卷三十四，二十六年一月十一日第十三条，《朝鲜王朝实录》(21)，第601页。
⑤ 《宣祖实录》卷三十五，二十六年二月十九日第十二条，《朝鲜王朝实录》(21)，第638页。

李元翼的一段对话："上曰：'吴惟忠名将耶？'元翼曰：'与骆尚志齐名矣。'上曰：'吴惟忠先登之说然耶？'元翼曰：'二将皆先登焉。'"① 骆尚志也是著名的浙兵将领，下面将有详细介绍。攻打平壤城时，他们从不同的方位攻城，分别带领所辖浙兵抢先登上了平壤城头。再如，时任领议政的柳成龙在给吴惟忠的信函中也赞扬道："老爷自平壤之役，冲冒矢石，奋勇先登，以成收复之功，奇绩卓然。"② 此外，进士出身的学者申炅（1613～1653）写有《再造藩邦志》，可谓是明朝出兵拯救朝鲜的历史实录。据其所载，在收复平壤的战斗中，"游击将军吴惟忠，中铅洞胸，血流股肿，而犹能奋呼督战"③。对于吴惟忠在平壤大捷中的表现，中朝两国的史料均给予了极高的评价，一致赞扬吴惟忠在身负重伤后，"犹能奋呼督战"，且"策战益力"。

宣祖朝丁丑（1577）进士、有"东方文士"之美名的朝鲜王朝中期文臣车天辂（1556～1615）也极力赞扬吴惟忠的英勇表现："斩将搴旗，云长策马于万众；被甲持戟，灌夫推锋而独前。入虎穴之子明，奋蛇矛之翼德。身犯通中之刃迹，臂余刮骨之箭瘢。不啻汗马之劳，功超诸将；良由搤虎之力，勇冠三军。"④ 在这里，车天辂将吴惟忠比作横刀立马过关斩将的关羽、手持戈戟独闯敌营的灌夫、深入虎穴智勇双全的吕蒙、挥舞蛇矛冲坚毁锐的张飞。应该说这样的评价已经很高了，因为上举四人个个忠勇兼备、气贯长虹，能与之相提并论已是殊荣，而车天辂偏偏尚嫌不够，还要加赞其"功超诸将""勇冠三军"，足见其对吴惟忠的崇拜。吴惟忠无私无畏、坚毅果敢，在援朝明军将领中树起了一面鲜明的旗帜。能得到朝鲜文士如此盛赞，可见他当时在朝鲜君臣心目中的分量之重。

正因为有了吴惟忠这样一些身先士卒、以身作则的浙兵将领，浙兵才能不惧生死、奋勇争先，在平壤大捷中夺得头功。据《再造藩邦志》记载："又有浙兵，拔贼旗帜，立天兵旗麾。贼兵不敢抵当，我国官军亦随而入。"⑤ 这说明，朝鲜军队也参加了收复平壤的战斗，但打头阵的是浙兵。在浙兵中，义乌籍的又最为突出，《明史》记载："浙兵，义乌为最。"⑥ 当年戚继光在浙江抗倭时，因浙江"金华、义乌俗称慓悍"，嘉靖

---

① 《宣祖实录》卷三十五，二十六年二月二十日第二条，《朝鲜王朝实录》(21)，第 639 页。

② 〔朝〕柳成龙：《西厓集》卷九《答吴游击惟忠书》，《韩国文集丛刊》(52)，1990 年，第 187 页。

③ 〔朝〕申炅：《再造藩邦志（二）》，韩国古典综合 DB，https://itkc.or.kr，第 44 页。

④ 〔朝〕车天辂：《五山集续集》卷四《上天将吴总兵启》，《韩国文集丛刊》(61)，1991 年，第 533 页。

⑤ 〔朝〕申炅：《再造藩邦志（二）》，韩国古典综合 DB，https://itkc.or.kr，第 43～44 页。

⑥ 《明史》卷九十一《兵志三·乡兵》，北京：中华书局，2000 年，第 1504 页。

三十八年在当地"召募三千人,教以击刺法,长短兵迭用,由是继光一军特精","'戚家军'名闻天下"。① 吴惟忠是义乌人,自加入戚家军后,便一直跟随戚继光转战南北,身经百战、屡建奇功,他率领的"浙兵"是援朝明军中战斗力最强大的部队之一。

另据朝鲜哲宗朝著名文臣、学者柳致明(1777~1861)所撰《浙江张氏族谱序》记载:"浙江张公海滨……世为浙江省杭州金华府乌江县人。万历丁酉(万历二十五年,1597),公从吴游击惟忠,为左部二司把总。时年二十三,屡立战功,因留东土。……呜呼!方其万里从征,摧锋陷敌,何其壮也!"② 这段史料记载了义乌人张海滨追随吴惟忠"万里从征",在朝鲜战场上"摧锋陷敌""屡立战功",战后定居朝鲜的传奇故事。张海滨战后没有随同凯旋的大部队回到阔别已久、梦萦魂牵的故土,而是甘愿留在这片为之抛洒热血的土地上,帮助朝鲜人民重建家园,陪伴那些魂断异国、埋骨他乡的战友们,传承和延续着中华文化域外之血脉。如此宽广的心胸、博大的情怀,何其壮也!而张海滨战后留居朝鲜一事绝非个例,这也从一个侧面反映出"浙兵"在援助朝鲜抗击日本侵略的伟大战争中劳苦功高,赢得了朝鲜人民的好评与欢迎。

吴惟忠所部浙兵第一次入朝参战时,不仅在平壤攻城战中披荆斩棘、勇往直前,而且在其他战斗中同样奋不顾身、敢打敢拼,不少将士牺牲在了朝鲜半岛南部的战场上。据《宣祖实录》记载:"癸巳年(1593)……庆州吴游击(惟忠)之军,亦多战死。"③ "庆州",位于今韩国东南部,曾是新罗王朝的首都,也是韩国古代文明的摇篮。

抗倭援朝取得第一阶段胜利后,万历二十一年年底,吴惟忠奉命率部回国。万历二十五年正月,十四万倭军再侵朝鲜,吴惟忠亦再度率部入朝。其时,他已升职为副总兵,在与宣祖国王会面时说:"吾所领浙江、福建兵,当初戚总兵所练,而吾其门生也。"④ 这说明,不仅吴惟忠是戚继光精心培养的得力干将,而且他所统领的南兵也是当年戚继光一手训练出来的,这就为浙兵在抗倭援朝中的优异表现找到了根源。吴惟忠及其所部浙兵作为戚继光军事思想的传承者,他们在朝鲜战场上的英雄壮举充分展现了当年戚家军的威武雄风。

① (清)张廷玉等撰:《明史》卷二百一十二《戚继光传》,北京:中华书局,2000年,第3739~3740页。
② 〔朝〕柳致明:《定斋续集》卷九《浙江张氏族谱序》,《韩国文集丛刊》(298),2002年,第401页。
③ 《宣祖实录》卷五十九,二十八年一月二十七日第三条,《朝鲜王朝实录》(22),第426页。
④ 《宣祖实录》卷八十九,三十年六月十四日第一条,《朝鲜王朝实录》(23),第245页。

万历二十七年四月二十日，就在明援军班师回国前夕，宣祖国王到吴惟忠住所为其饯行时说："大人前于平壤之战，先登突击，功在三韩，后有岛山之捷，使凶贼不得再逞。大人之德，小国何敢忘之？小国民情，咸愿大人留驻善后，至于咨请都院，而都院不肯许。此小国无禄之时也。"宣祖国王对吴惟忠在平壤收复战中的表现记忆犹新，盛赞其冲锋在前，"功在三韩"，为战胜倭寇立下不朽功勋，值得朝鲜人民永远铭记。"岛山之捷"，指的是自万历二十五年十二月二十二日至翌年正月初四日，明、朝联军在蔚山岛山城战役中所取得的胜利。彼时，明军分三协合攻蔚山城，吴惟忠受命扼控梁山方面。① 二十三日，先锋游击将军摆赛以轻骑诱敌，斩首四百六十余级。次日，三协齐进，一举拔掉"伴鸥亭""太和江"两个倭军堡垒，将倭军右路军先锋加藤清正军团逼退至岛山孤城。在此后十天的时间里，明军集中火力日夜攻城，展开了一波接一波的凶猛攻势。茅国器、陈寅等率浙兵"蚁附仰攻"，虽连破两重栅栏，却终因山城筑造坚险、倭军负隅顽抗以及酷寒的天气等多种因素而功败垂成。闻听数万倭军援兵从海陆合围而来，明军总指挥经理杨镐被迫作出解围而退的决定。由于指挥失当，明军自乱阵脚，遭到倭军追杀。危急关头，吴惟忠与茅国器挺身而出，率浙兵拼死阻击，总算挡住了倭军的疯狂反扑，避免了更大的损失。"蔚山城"，今韩国东南部的蔚山广域市。朝鲜史家在记载此次宣祖国王看望吴惟忠事件后补记道："（吴副总惟忠）浙江老将，岛山之围，经理不从其言故败。持身清简，钤束下卒，亦难得之将也。"② 正是因为吴惟忠在两次入朝参战中均表现神勇，所以宣祖国王才迫切希望能留住吴惟忠及其所部浙兵，以便"留驻善后"，继续协防朝鲜。宣祖国王对吴惟忠的这种倚重和偏爱，除了得益于吴惟忠在战场上的表现外，也与他第一次入朝参战时所遭受的不公平待遇有关，因为这进一步激发了宣祖国王对他的同情和爱惜。

援朝明军大部来自以辽兵为主的北兵和以浙兵为主的南兵，而南、北兵之间的矛盾从平壤大捷之后就显露了出来。第一次援朝明军的前线总指挥是东征提督李如松，而李如松是北兵将领，在上报朝廷平壤大捷战况时，多报北兵攻城之力，而少谈南兵先登之功。李如松是有意为之还是不明情况，我们不得而知，但这造成了南、北兵将领之间的严重隔阂。据《宣祖实录》记载："平壤攻城之后，南兵功多，而不得赏，人怀愤惋。"③

---

① 〔朝〕申炅：《再造藩邦志（四）》，韩国古典综合 DB，https://itkc.or.kr，第 91 页。
② 《宣祖实录》卷一百一十一，三十二年四月二十日第四条，《朝鲜王朝实录》(23)，第 601 页。
③ 《宣祖实录》卷四十六，二十六年十二月二十九日第二条，《朝鲜王朝实录》(22)，第 198 页。

南兵将领对受到的不公平待遇表现出了极度不满，吴惟忠也因表达不满情绪而被革职查办，这引起了包括宣祖国王在内、了解战况内情的朝鲜高层的极度不安。朝鲜方面除了向明廷表达不同意见、为吴惟忠等南兵将领鸣不平外，还多次赠送吴惟忠珍贵物品以示慰问。据《宣祖实录》记载：

> 兵曹判书李德馨亦入侍曰："今闻吴游击革职云。此将于平壤之战，多有功劳，今乃革免，则亦甚冤枉也。"上曰："我国未可措辞伸枉耶？骆总兵之去，予甚缺然。予欲作揭帖请留，何如？"①
>
> 乙未，以马妆一部、豹皮一张、三枝枪一双、腰刀一把、弓子一张、狼尾笔二十枝、油烟墨十笏、霜华纸五卷、白贴扇二十把，下于政院。仍传曰："吴游击，平壤之战，实是先锋。身中铁丸，功冠诸营，非徒不蒙赏典，反以我国之事，至于被参亏职，不胜悲愤。直欲吁天而无从，经年辛苦，今其还矣。无物可赠，今下物别送，以此意作揭帖，以致予意。"②
>
> 丁酉，兵曹判书李德馨（接待都监堂上）启曰："臣见吴游击，对坐款款，吐尽心曲。又出见所撰各衙门禀帖一册，前后皆是再请南兵之意，而极陈贼情凶狡，讲和失策，句句切直，令人感动。手自指示紧要处曰：'此等说话，大触忌讳，故终被除官，官则吾不愿做，但虑时事日非耳。'仍脱衣示铁丸所中处曰：'李提督乃谓："吴某，非真中铁丸，必是假作而要上功。"天下安有此耶？'……"传曰："吴公平壤之战，功冠诸营，身中铁丸，国人所知。今乃至有假丸之说，鬼神其可诬乎？其罢职之事，顷日筵中闻之，始知其不虚，不觉悲惋。是吴公为我国而受罪也，天下宁有是乎？"仍以御乘鞍子一部、白蜡烛十枝，命送于吴游击处。③

上述三段记载中，第一段是朝鲜兵曹判书李德馨向宣祖国王报告吴惟忠被革职的消息，李德馨认为吴惟忠在平壤攻城战中"多有功劳"，遭免职甚是冤枉，表露出对遭到革职的吴惟忠的极大同情。

第二段说的是宣祖国王让承政院准备多种珍贵礼品，赠送给被革职的吴惟忠，以表达朝鲜王室对吴惟忠的感谢和慰问。宣祖国王认为，吴惟忠在平壤之战中，"实是先锋，身中铁丸，功冠诸营"，不但得不到明军高层

---

① 《宣祖实录》卷四十七，二十七年一月六日第三条，《朝鲜王朝实录》(22)，第202页。

② 《宣祖实录》卷四十七，二十七年一月十六日第一条，《朝鲜王朝实录》(22)，第206页。

③ 《宣祖实录》卷四十七，二十七年一月十八日第一条，《朝鲜王朝实录》(22)，第207页。

的奖赏，反而"被参亏职"，使人"不胜悲愤"，流露出对明军高层重处吴惟忠一事的极度不满。在无从向明廷奏达的情况下，朝鲜方面只能以赠送礼品这种形式表明态度。

第三段为兵曹判书李德馨向宣祖国王汇报与吴惟忠会面的情况，以及宣祖国王再次对吴惟忠被革职一事表达的不满。其中提到吴惟忠被革职的两个原因：一是吴惟忠公开反对与倭军和谈，触碰了明军高层的忌讳；二是提督李如松怀疑吴惟忠的身负重伤是装出来的，为的是邀功求赏。后来的事实证明，吴惟忠的判断是正确的。倭军不久就撕下了和谈的假面具，再次大举入寇朝鲜；至于吴惟忠"身中铁丸"，那是亲历平壤攻城战的朝鲜官员有目共睹的事实。时任左议政的尹斗寿在向宣祖国王报告吴惟忠病情时曾说："吴则铁丸正中中心，病势危急，卧而见臣……至于欲得柏子棺板，屡发于言辞。"① 吴惟忠多次提出想得到一副柏木棺板，说明他胸口中弹后病势一度十分危重，自感将不久于人世。出于维护自身根本利益的考虑，朝鲜王室极力反对和谈，认为日本是在借和谈之机争取喘息时间，为发动新的攻势做准备。吴惟忠的认识与之不谋而合，自然拉近了两者之间的距离，增进了相互之间的感情。宣祖国王得知详情后气愤不已，他认为如此构陷吴惟忠，简直是在亵渎神灵，进而感慨，吴惟忠为了朝鲜人民的利益在战场上拼力厮杀，却蒙受不白之冤，天下岂有此理？其愤懑之情溢于言表。为表达对吴惟忠的亏欠和感激之情，宣祖国王又一次向吴惟忠赠送了礼品。

由于对吴惟忠的处分是明军内部的事情，朝鲜方面无权干涉，便只好通过向明军都督反映情况、表达自己不同意见的方式来为吴惟忠鸣不平。《宣祖实录》对此有所记载："……吴惟忠坐罪革职，亦移咨伸枉。"② 朝鲜王室如此强烈地为吴惟忠鸣不平，维护正义固然是一个方面，然而两者间深厚的情义才是起决定作用的因素。我们认为，如此深厚情谊的建立，绝不只是因为吴惟忠在平壤大捷中"功冠诸营"，更重要的原因是吴惟忠及其所部浙兵在诸多方面都给朝鲜君臣百姓留下了极好的印象。正如宣祖朝官员裴龙吉（1556～1609）在《天将吴侯颂德碑铭（并序）》中所言，吴惟忠"自入国境，所过者感。七八年之间，数千里之远，转相称颂，莫有异同，此岂家至户晓而然哉？"③ 吴惟忠第二次入朝参战时已升任副总

---

① 《宣祖实录》卷三十四，二十六年一月二十四日第七条，《朝鲜王朝实录》(21)，第613页。

② 《宣祖实录》卷五十一，二十七年五月二十日第三条，《朝鲜王朝实录》(22)，第272页。

③ 〔朝〕裴龙吉：《琴易堂集》卷六《天将吴侯颂德碑铭（并序）》，《韩国文集丛刊》(62)，1991年，第125页。

兵，比撤职前的游击将军高了两级。其间除了吴惟忠自己的申诉外，朝鲜王室为其撰写的"伸枉"咨文应该也发挥了积极作用。经历了这样一番波折后，吴惟忠与朝鲜方面的感情得到了进一步加深。

鉴于吴惟忠及其所部浙兵在平壤大捷中的突出表现，当抗倭援朝取得第一阶段的胜利，吴惟忠率部于万历二十一年十一月回国后，万历皇帝下旨让其驻防在靠近朝鲜的山海关一带，并指示："御倭不可无南兵，吴惟忠所领浙兵原系防倭……就近给粮令驻札山海石门操练，遇有倭警调发。"① 正是得力于万历皇帝的先见之明，吴惟忠才得以迅速率部再度赴朝参战。

吴惟忠第二次入朝参战时，宣祖国王仍惦记着他在平壤攻城战中留下的伤情。下面是两人会面时的一段对话，从中可以看出他们之间的深情厚谊。

> 癸酉，吴副总（惟忠）来，上幸慕华馆迎慰。……上曰："大人前日，先登平壤，小邦赖之，今又再到，东土生灵，有更生之望，请行谢拜。"惟忠曰："圣上之教宜矣。平壤之战，我固先登，以王事出来，此固职分内事。"……上曰："大人前日平壤之战，至受铁丸，小邦之人，至今痛之。今则如何？"惟忠曰："所中之丸，尚不出矣。如此记问，不胜感谢。"……仍请呈礼单，惟忠曰："长者赐，不敢辞，况国君之赐乎？但残破之地，受之未安，且日暮，只受单子，物则后当受之。"……惟忠曰："请揖。"上曰："依命。"惟忠曰："当拜谢，而恐劳动不敢。"上曰："不敢当。"遂行两揖。上欲降级以送，惟忠固辞请勿降。上命进马于阶下，惟忠再请。上入次。上再揖，惟忠遂骑行。②

记载中提到吴惟忠在平壤之战中身上所中铁丸尚未能取出，看来吴惟忠当时是被倭军鸟铳射出的铁丸所伤。鸟铳所用铁丸，便为绿豆般大小的铁沙子。

宣祖国王不仅询问吴惟忠的伤情，还再次赠送了慰问的礼物，送别时还要步下台阶，像送别好友一样为吴惟忠送行，但吴惟忠却坚辞不受。这既是为了遵守他国的礼法、维护朝鲜国王的威望，也是出自内心对宣祖国

---

① 《明神宗实录》卷二百七十八，万历二十二年十月条，台北："中央研究院"历史语言研究所，1962年影印本，第5142页。
② 《宣祖实录》卷八十九，三十年六月十四日第一条，《朝鲜王朝实录》(23)，第245页。

王的尊重。在吴惟忠的一再坚持下，宣祖国王只好命人将吴惟忠的坐骑牵进王宫院内的台阶下，做拱手礼，送别骑马而归的吴惟忠。由此可见，宣祖国王对吴惟忠礼遇有加，十分敬重。

二、"号令明肃，所过不折一草"

吴惟忠之所以能获得朝鲜方面的一致好评，主要是因为他时时处处为当地百姓着想，极力维护他们的利益。《宣祖实录》中上百次提到吴惟忠，多次给予他很高评价。如，"（惟忠）持身不滥，检卒能严，东征诸将，实鲜其俦"①；"吴惟忠老实清约"②；"惟忠名号素高，与骆尚志等，绖尝号为丈人"③；"持身清简，钤束下卒，亦难得之将也"④。通过这些朝鲜官方的评价可知，吴惟忠不仅严格要求自己、忠厚诚实、清廉自守，而且还能约束士兵不侵扰朝鲜百姓，因而在军中有着很高的威望，与骆尚志不相上下，被大将刘绖赞为大丈夫。

万历朝鲜战争爆发后，赵靖（1555～1636）在积极招募义军抵抗外侵的同时，还为后世留下了战地日记《辰巳日录》，其中癸巳年（1593）八月二十三日条下有如此记载：

> 天将宋侍郎，李提督皆还本朝。惟刘总兵铤、吴游击惟忠方领大众，入驻城中。而两将号令严明，志行廉洁，所留万余之卒，秋毫不敢有所犯。且取本国流殍之人，散米赈救，务令安集。两将之贤，仍此可想。南兵北兵，太半相杂，而皆于所着帽，有表以别之。南兵，浙江之人。北兵，辽东之人。而至于放炮，南兵为最。志行之良，亦绝胜于辽人云矣。……刘之为人，容貌端重，风神英爽。吴君简抗，有愈于刘。中国有人，岂虚语哉？⑤

本条日记记载的是赵靖于万历二十一年八月二十三日在庆尚右道尚州城的见闻和感想。彼时，宋应昌和李如松已率主力撤离朝鲜，只留下刘绖与吴惟忠统辖万余明军驻守军事重镇尚州。在此地，赵靖目睹了明军一边安抚流离失所的难民，一边放米救济饥饿百姓的感人场面，不禁对治军严明、

---

① 《宣祖实录》卷八十九，三十年六月十四日第一条，《朝鲜王朝实录》(23)，第 245 页。
② 《宣祖实录》卷一百七，三十一年十二月四日第三条，《朝鲜王朝实录》(23)，第 539 页。
③ 《宣祖实录》卷一百九，三十二年二月二十六日第二条，《朝鲜王朝实录》(23)，第 584 页。
④ 《宣祖实录》卷一百一十一，三十二年四月二十日第四条，《朝鲜王朝实录》(23)，第 601 页。
⑤ 〔朝〕赵靖：《黔涧集·辰巳日录》，《韩国文集丛刊》(61)，1991 年，第 299 页。

操行廉洁的两位明军统兵大将发出了由衷的赞美。与此同时，赵靖留意到留守的明军中南兵和北兵着装不同，进而借他人之口点出南兵胜于北兵的两大优点：一是擅长施放火炮，二是品德操守优良。应该说，赵靖给南兵定位的两大优点，也正是南兵赖以在朝鲜半岛声名大振、家喻户晓的两大基石。南兵的两大突出优点，套用现代话就是"品德高尚、技术精良"。此外，赵靖还对两位明军统帅级人物进行了点评，他认为刘綎英武豪放，而在简朴、抗直方面，吴惟忠则更胜一筹。不过，记载中"南兵，浙江之人"的说法不准确。当时入朝参战的南兵，还包括来自福建、两广、四川的士兵。前面提到，吴惟忠率领的南兵来自浙江、福建，这些士兵多数接受过戚继光的训练。而刘綎率领的南兵主要来自四川。由于平壤大捷中南兵表现亮眼，而以浙兵尤为突出，浙兵遂成了南兵的代表，故而朝鲜王朝史料中，常常把"南兵"与"浙兵"混为一谈，把有些来自两广、四川的南兵也误认为是浙兵。

另据《宣祖实录》二十六年七月二十日第二条记载："李恒福启曰：'窃闻中朝诸将中，勇敢善用兵，推刘綎第一，而兵精不如吴惟忠。惟忠勇敢不及于刘綎，而手下精兵，皆素训练，故冠于诸军。'"[1] 时任朝鲜兵曹判书的李恒福启奏宣祖国王说，据传吴惟忠所部皆是训练有素的精锐之兵，故而能勇冠三军。这也从一个侧面反映出吴惟忠善于训练士兵。正是得益于平时的刻苦训练，他带出的士兵才能拥有超强的战斗力。吴惟忠所率浙兵与闽兵，其中不乏戚继光亲自训练出来的老将士，可以说与戚家军是血脉相承的。吴惟忠既是当年戚继光练兵建军的主要参与者，也是继戚继光之后依照《纪效新书》训练士兵的积极实践者。

曾在全罗道一带组织义兵抗倭的赵翊（1556～1613）在其《辰巳日记》中也留下了大致相同的记载："（癸巳七月）二十四日，闻刘总兵綎、吴游击惟忠，号令严明，志行廉洁。万余军卒，秋毫不敢犯。天兵之侵夺作弊，无所不至。惟两将所率，独无其害。在中国亦以贤将见称云。……吴之简抗，有愈于刘。一言一笑，不轻视人。苟非其道，毫末不近。"[2] 这里强调了总兵刘綎、游击将军吴惟忠带领的军队对朝鲜百姓秋毫不犯，与其他兄弟部队（主要是指北兵）形成了鲜明对比。明末官场的腐败自然也侵蚀了当时的军队，而以浙兵为代表的南兵却能出淤泥而不染，给明末日渐腐败的军界带来了一缕清风。这不能不说是戚继光生前长期以身作则和教育训导的结果。戚继光虽然离世了，但其部属如吴惟忠等，将当兵的

---

① 《宣祖实录》卷四十，二十六年七月二十日第二条，《朝鲜王朝实录》(22)，第45页。
② 〔朝〕赵翊：《可畦集》卷八《辰巳日记》，《韩国文集丛刊(续)》(9)，2005年，第468～469页。　　191

爱民、不扰民这一优良传统继承下来，并将其带到了朝鲜半岛。吴惟忠为人严谨、不喜形于色，非同道之人必敬而远之，这也是戚继光的儒将风范在吴惟忠身上的传承和再现。

亲历过万历朝鲜战争、仁祖朝官至领议政的申钦也曾撰文记叙吴惟忠清明廉洁等相关事迹。

> 惟忠性清严，与士卒同甘苦，在岭南多露处，人劝入廨舍。答曰："士卒暴露，吾何可独安馆宇？"号令明肃，所过不折一草，瓜蔬之微，必易以价，岭南一路皆立碑颂之。避兵之民，闻吴军至则俱来集，尽力供顿。陈御史效，知其材可任大将，将欲慰荐升都督。其门下人谓惟忠票下官曰："以副将升提督，当用五百两金。然总兵清白，尔辈若以二百两金与我，事可谐。"惟忠闻之，招中军梁守忠责之曰："我从此径作官，吾之为大将固已久矣，今岂可为此？"遂止。①

申钦的记载列举了吴惟忠的诸多事迹：一是"与士卒同甘苦"。在岭南一带与倭军作战时，与士卒一同露宿野外，有人劝其移到房内，被他严词拒绝了。二是治军严明。所经之地，不伤一草一木，即便食用了老百姓的一点瓜果蔬菜，也必按价付钱。因此，吴惟忠深受朝鲜百姓爱戴，听说吴将军兵至，纷纷前来相迎，所过之处，百姓"皆立碑颂之"。此外，申钦还讲述了一个吴惟忠拒绝行贿的感人事迹。明朝派往朝鲜的监军御史陈效，觉得吴惟忠是个堪任大将之才，打算推举吴惟忠为"都督"。但明末官场腐败，升官需要送礼，"副将升提督，当用五百两金"。陈效门下人卖了个人情，说鉴于吴惟忠"清白"，只需"二百两金"，就能把事情办妥。但吴惟忠宁肯不升官，也绝不送礼行贿，遂严词拒绝："我从此径作官，吾之为大将固已久矣。"意思是说，如果送礼的话，他早就是提督级别的大将了。

吴惟忠"号令明肃，所过不折一草"，传承的也是戚继光的优良品德。戚继光当年时时处处维护百姓利益，对损害百姓利益的人或事均按军法处置。万历二年（1574），朝鲜圣节使一行路经蓟州时，碰到一支开往前线的戚家军。朝鲜使臣见到"军不掠途人，驴不饲田禾"，不禁发出"中国政令之严，曷臻是哉"的赞叹。② 戚家军在进军途中不侵扰百姓，也不拿

---

① 〔朝〕申钦：《象村稿》卷三十九《天朝诏使将臣先后去来姓名，记自壬辰至庚子》，《韩国文集丛刊》(72)，1991年，第287页。

192

② 〔朝〕赵宪：《重峰集》卷十一《朝天日记》，《韩国文集丛刊》(54)，1990年，第388~389页。

群众的庄稼喂牲口,这都是戚继光治军严明的结果。当年,朝鲜使臣所目睹的这支戚家军,其中说不定就有吴惟忠所部援朝将士。据《明实录》记载,万历二十五年二月,接到倭军再犯朝鲜之报,明朝兵部"议照先年戚继光伍法共选三千七百八十五员名,以原任副总兵吴惟忠领之……刻期前往以救朝鲜。得旨:允行"①。这说明吴惟忠第二次带领入朝的士兵,正是以戚继光的练兵之法训练出来的。明朝兵部之所以会按照戚继光的束伍法来挑选和训练士兵,以便为第二次抗倭援朝做准备,应该是受到前一阶段"浙兵"在平壤大捷中夺得头功的影响。

吴惟忠"与士卒同甘苦",也是在传承当年戚家军的优良传统。戚继光在《纪效新书》中强调指出:"身先士卒者,非独临阵身先,件件苦处,要当身先。所谓同滋味者,非独患难时同滋味,平处时亦要同滋味。而况技艺,岂可独使士卒该习,主将不屑习乎?"② 戚继光是这样说的,也是这样做的。嘉靖三十六年(1557)春,戚继光率部行至乐清遇大雨,部伍肃立不乱。当地百姓坚请戚继光进屋避雨,被他婉言谢绝:"千人露立,吾何忍也。"③ 而上述记载中,吴惟忠所言"士卒暴露,吾何可独安馆宇?"与戚继光当年所说如出一辙。可见,吴惟忠处处按照当年戚继光的要求约束自己,以实际行动践行了戚继光的身先士卒、与士兵同甘共苦的带兵理念。

与戚继光同时期的明代抗倭名将、杰出的军事家谭纶(1520~1577),官至兵部尚书、太子少保。他任左侍郎兼右金都御史时,在《举劾大小将领以饬边备疏》中曾提道:"南兵千总吴惟忠赋性精明,存心忠实。由行伍而起家,身经百战,与士卒而同苦,义服三军。"④ 谭纶担任此职的时间是明隆庆元年(1567),那时的吴惟忠是戚继光属下,谭纶当年对吴惟忠"与士卒而同苦"的评价,竟与几十年后朝鲜官员的评价完全一致。这说明吴惟忠在朝鲜前线与士卒一同露宿野外是多年来的一贯表现。第二次入朝参战,吴惟忠已领"副总兵"衔,而隆庆六年(1572),其官职才是"守备"。明代武将统兵职衔依次为总兵、副总兵、参将、游击将军、守

① 《明神宗实录》卷三百七,万历二十五年二月条,台北:"中央研究院"历史语言研究所,1962 年影印本,第 5744 页。

② (明)戚继光撰,曹文明、吕颖慧校释:《纪效新书》(十八卷本)《总叙·或问》,北京:中华书局,2001 年,第 16 页。

③ 烟台市地方史志办公室、烟台市政府办公室年鉴编辑部编:《烟台纵览》,北京:华岭出版社,1999 年,第 292 页。

④ (明)谭纶:《谭襄敏奏议》卷十,影印文渊阁《四库全书》第 429 册,上海:上海古籍出版社,1987 年,第 818 页。

备、把总等，总兵、副总兵属于高级军官，需有一定身份的人才能担任。也就是说，身为高级将领的吴惟忠，在朝鲜战场上仍然保持着当年在戚家军中养成的"与士卒而同苦"的优良作风，没有因官职升迁而有丝毫改变。

吴惟忠为官清白，也应是戚继光言传身教的结果。戚继光为官廉洁，一世清白，明万历进士、天启年间官至浙江左布政使的董承诏所撰《戚大将军孟诸公小传》如此评价戚继光："四提将印，佩玉三十余年，野无成田，囊无宿镪，惟集书数千卷而已。"① 戚继光四次出任有实权的总兵官，担任朝廷官员三十多年，却没能置买像样的田产，也没有存下银两，留给后人的只有数千卷书籍而已。戚继光为官一身正气、两袖清风，"万里长城家，一生唯报国"，去世时，依旧家境贫寒。作为戚继光的爱将，吴惟忠始终以戚继光为榜样，尽管有花点钱便可官升一级的机会，他却毫不犹豫地拒绝了。

万历朝鲜战争爆发后，积极组织乡兵抗争、后任山阴县监的金大贤（1553～1602）撰文指出："东征将士律己捡下，以吴惟忠、茅国器为首。……惟忠、国器经过之地，皆竖碑颂德。"② 金大贤认为，在援朝明军中，在严于律己、严格约束士卒方面，吴惟忠与茅国器两位将军最为出色，为证明自己所言不虚，他还特别提到，凡是两将驻防和经过之地，当地百姓都树碑颂扬其德。"茅国器"，第二次入朝参战的明军游击将军，所率"浙兵"，应归副总兵吴惟忠统辖。茅国器在抗倭援朝期间的表现，下面有专节介绍。这说明，吴惟忠及所辖"浙兵"，无论是在朝鲜政府官员中，还是在普通百姓中，都拥有极高的声誉。

有关朝鲜百姓"立碑颂之"的情况，朝鲜王朝时期的多处史料均有所记载。朝鲜王朝后期著名实学者、正祖朝进士、文臣成海应（1760～1839）在其《万历东征诸公书牍》中介绍了吴惟忠的部分书信内容：

> "尔国受惨，国破人离。天朝悯愤，特发大兵。恢复尔国，雪尔之怨。昨已论之，不必供膳。我有天朝俸禄，百物自备。今复进酒，扰尔之国，我心何忍？尔国谅之，毋再备贡。"此为游击吴惟忠书。《惩毖录》称吴公最廉操。余尝过竹山，见道旁有碑，书曰："天将吴

---

① 转引自朱亚非：《戚继光志》，济南：山东人民出版社，1999年，第62页。
② 〔朝〕金大贤：《悠然堂集》卷三《杂著·总叙》，《韩国文集丛刊（续）》(7)，2005年，第529页。

公惟忠清勇之碑。"意其留镇忠州也,我人立碑颂德也。今见此书,良然。①

　　吴惟忠率部驻防忠州(今属韩国忠清北道)时,当地官府曾进酒劳军,他以"有天朝俸禄,百物自备"为由婉言谢绝。忠州百姓感念吴惟忠清廉的节操,便为其竖了"清勇之碑"。成海应还提到,《惩毖录》中说吴惟忠"最廉操"。《惩毖录》为柳成龙所撰,因其号西厓,故亦称《西厓惩毖录》。鉴于他领议政的身份,我们有理由相信:《惩毖录》所持观点,很大程度上代表着当时朝鲜官方的立场。

　　上述记载中提到的朝鲜百姓颂赞吴惟忠的石碑,几经战乱后,有的已无法查询。笔者的一位韩国朋友、韩国顺天乡大学中文系教授朴现圭博士,在考察吴惟忠在朝鲜半岛的遗存文物的过程中,发现了七处吴惟忠清德碑,其中有四处保存完好。一处在今韩国安城市竹山,这里有个吴惟忠纪念亭,里面立有"天朝副总兵吴惟忠德清仁勇碑",碑长153.5厘米,宽60.2厘米,碑上仍可见"万历二十五年立"的字迹,证明此碑是吴惟忠第二次入朝参战期间由朝鲜百姓所立,这应该就是成海应当年所见之碑。另一处"吴惟忠清肃碑",在今韩国忠清北道忠州城西五里的武学堂南侧(现忠州市凤方洞三原小学附近),是当地百姓为颂扬吴惟忠的部队"号令明肃,所过不折一草"而立。还有一处为"天将吴侯颂德碑",立在今韩国庆尚北道安东市的桃木村,是当地百姓为称颂其高尚的人品和眷顾流民的善行而立。再一处是"吴总兵惟忠碑",立在今韩国庆尚北道永川市新宁面。朴现圭教授通过大量的文献和实物考证发现,吴惟忠在朝鲜所经之处,当地百姓多为他立碑,特别是在岭南一带,多处立有颂扬吴惟忠的碑石,遗憾的是其大多毁于战火。韩国新宁的"吴总兵惟忠碑",碑文《吴总兵惟忠碑铭(并序)》系孙起阳(1559～1617)所撰。孙起阳历任朝鲜宣宗朝成均馆典籍、蔚州判官、永川郡守等职。孙起阳在碑铭中详述了新宁百姓为吴惟忠立碑的缘起和经过。当地百姓通过吴惟忠所部驻军半年来的观察与对比,认定吴将军有两大与众不同之处:一是"严禁戢",即严禁士兵侵扰百姓;二是"省营为",即减免百姓劳役。而这两条恰恰都是关乎百姓切身利益的大事,因而当地民众认为,仅凭这两点就足以值得为吴惟忠立碑了。当看到太守对立碑之事持敷衍了事的态度后,当地民

---

① 〔朝〕成海应:《研经斋全集》卷五十五《外集·诗话》,《韩国文集丛刊》(277),2001年,第497页。

众竟自筹资金为吴惟忠立了一块木碑，其铭曰："威而爱，清以约；士畏法，民蒙泽。立短碑，匪公荣；铭遗惠，是我诚。"① 为吴惟忠立碑，完全是朝鲜百姓自发的行为，对吴惟忠的评价，也是朝鲜百姓发自肺腑的由衷之言。

曾追随岭南义兵将金垓组织义兵抗倭的裴龙吉在《天将吴侯颂德碑铭（并序）》中，亦对吴惟忠在朝鲜半岛的表现大加赞赏。其中提到，吴惟忠所部在岭南一带驻防，"时府之士庶，各出壶箪犒诸营，侯（指吴惟忠）独不纳"②。吴惟忠不接受劳军物资不是为了标新立异，也绝非作秀，而是其同情朝鲜人民不幸遭遇的真情实意的自然流露。他十分清楚，因遭到倭军大肆抢掠，无论是朝鲜官方还是民间，物资都极其匮乏。在戚继光多年的严格要求和精心培育下，"爱护百姓、维护百姓利益"已融入吴惟忠的血脉，成为其核心素养。与吴惟忠过往甚密的裴龙吉还提到吴惟忠的两件轶事，一件是赔偿官褥之事："侯之南也，临发，有一卒取官褥割补马鞍。侯觉之，痛绳以律，偿以己银。太守固欲还之而不可得。"说的是吴惟忠率兵即将南下时，发现有一士兵私自剪碎朝鲜地方官府提供的褥子来补马鞍，便依律对其进行严厉处罚，并自掏腰包加以赔偿。朝鲜地方官员坚决要退还银两，但遭到吴惟忠的拒绝。第二件是义购画轴之事："过一邑，有人托儒冠，怀画轴而要银。侯知其意，与之银而还其画。"说的是吴惟忠在朝鲜经过一城镇时，遇到一读书人拿着画轴希望换点银两。吴惟忠同情这位读书人迫于生计的不得已之举，便付钱买下画轴，然后再将其无偿奉还。裴龙吉对此评论说："呜呼！此等琐屑，本无加损于侯德之盛。而当此荡竭之余，人见其不扰己，莫不以为侯德。……侯之为人，慈祥恺悌，动遵法度，有儒者气象。"裴龙吉认为这样的琐碎小事即便不为，也无损于吴惟忠的盛德，然而在动荡不安的局面下，老百姓仍能见微知著，为吴惟忠的高尚品德所深深感动。裴龙吉进而赞美吴惟忠为人慈祥，谦逊平和，同时又严守军纪，讲究法度，有儒家风范。此外，裴龙吉还说吴惟忠的事迹在朝鲜"转相称颂，莫有异同"，到处听到的都是对他的赞美声，以致家喻户晓。鉴于此，裴龙吉在篇末作诗赞曰："侃侃吴侯，挺自南陲。志雄桑弧，耻事毛锥。才安褊神，旋拥旄麾。智将忠济，仁与勇宜。寇毁东篱，念轸北阙。七年蚌鹬，六师风雪。毂推我侯，威奢岛夷。……"大

---

① 〔朝〕孙起阳：《聱汉集》卷三《吴总兵（惟忠）碑铭（并序）》，《韩国文集丛刊（续）》（11），2006 年，第 217 页。

② 〔朝〕裴龙吉：《琴易堂集》卷七，《韩国文集丛刊》（62），1991 年，第 124 页。本段引文均来自此篇，不再一一注明。

意是说,刚直的吴惟忠来自中国的南方,有着宏大的志向,不满足于只读诗书、玩弄笔墨,刚做了偏将,旋即升为统帅,其人不仅智勇双全,而且忠厚仁义。壬辰年倭寇入侵朝鲜,朝鲜向明朝求援,援朝明军和倭寇在朝鲜相持七年之间,明军在朝鲜饱经风霜、历尽艰辛。在入朝参战的明军当中,表现最为出色的当属吴惟忠,他的威望足以震慑倭寇。"褊裨",应是"偏裨",指偏将、副将。"旌麾",帅旗。"拥旌麾",指吴惟忠第二次入朝参战时官居副总兵。"六师",指周天子所统六军之师,后泛指天子之师,这里指明军。而吴惟忠这些优良品德的形成,应与戚继光多年的言传身教分不开,吴惟忠在朝鲜的言行举止,无不折射出戚继光当年的身影,从而其在朝鲜半岛赢得了极好的声誉。

南北兵之间的矛盾始终没有得到很好的解决,对于吴惟忠及其所部南兵在朝鲜受到的赞誉和拥戴,部分北兵将领不免心生嫉妒,便以各种理由对他进行排挤打压。由此,吴惟忠一度产生退意,朝鲜方面则欲挽留。《宣祖实录》三十一年二月八日第三条记载:

> 吴总兵接伴使尹洞驰启曰:"总兵自安东还,称病不出,不为坐堂,不见经理、提督衙门,欲为退去。则两衙门受而不答,亦无慰留之意。臣欲以因民情,诉留于经理之意,微禀于总兵,则总兵嗔怒以为:'此益吾过也,决不可为也。'千、把总等皆为失心,欲令臣启达,移咨军门请留,而此处大小人民,亦皆以为吴总兵之来,民皆见德而不见弊,虽十年留住不厌。今若弃去,则诚为可惜。而总兵来到忠州之日,忠州之民,自为一市,军兵买卖,一从民情。皆着青布,来集成村。而马军下来之后,民皆奔窜失巢,家幕荡尽,有同经乱。及其下去安东时,路由丹阳、丰基、荣川,所过民皆晏然,一路郡县,皆为立碑颂德。总兵之见忤于两衙门,凡事皆为过失,立碑之事,亦是不平之一端,荣川之碑则马军仆而破之。说毁之言,左右丛集,两衙门见恶而不见好。总兵之请退,诚出于不自安之意矣。故敢启。"①

上述记载说明,当时吴惟忠及其手下的千总、把总等军官皆心情苦闷,其原因便是受到北兵的排斥,包括朝鲜方面对吴惟忠的赞誉也成了北兵将领对吴惟忠愤愤不平的理由,就连朝鲜百姓为吴惟忠竖立的"颂德"之碑,也被"马军仆而破之"。常言道:"匹夫无罪,怀璧其罪。"说的应该就是

---

① 《宣祖实录》卷九十七,三十一年二月八日第三条,《朝鲜王朝实录》(23),第 379 页。

这种情况吧。而对这样的情况，明军在朝鲜前线的经略与提督却"见恶而不见好"，没有给吴惟忠以应有的道义上的支持。这让吴惟忠心灰意冷，产生了退出朝鲜战场回国的念头。

此外，上述记载再次对比了南兵与北兵之间的差异。吴惟忠所部南兵带来的是恩惠，因而朝鲜百姓希望南兵能长期驻扎；南兵所经之地，百姓生活安宁舒适，沿途郡县民众，多为吴惟忠立碑颂德。而与南兵形成鲜明对比的是，马军（特指"北兵"）所经之地，民众逃离家园，四散躲藏，家中财物荡然无存，如同遭受了一场战争劫难。这段朝鲜史料对北兵扰害地方的描述也许有些夸大其词，但北兵在抗倭援朝期间纪律松懈、骚扰百姓的事件屡有发生，这在中朝史料中均有记载。两相比较，更凸显了南兵的仁德，因而南兵深受朝鲜官民欢迎，这也更加刺激了北兵。吴惟忠深知其中的利害关系，于是很严肃地告诫朝鲜官员千万不要出面挽留自己，那样只会加重他的过错。由此也可看出，吴惟忠作为南兵的代言人，在朝鲜战场上屡屡受到北兵将领的排挤，且得不到明军高层的理解与同情。即便处在如此恶劣的人际环境下，吴惟忠同其他南兵将士仍一如既往地在战场上舍命拼杀，在驻地则以严明的军纪维护百姓的利益，并且一直坚持到战争彻底结束才回国，这就显得更加难能可贵。

战争结束后，朝鲜方面仍希望留下吴惟忠所部，但未能如愿。据《宣祖实录》三十一年十二月二日第七条记载，朝鲜方面希望留下"吴总兵、陈寅、陈蚕两游击"，但遭到明军都督婉拒："总兵老矣，来此已久，彼必厌之。"① 但朝鲜方面一直认为吴惟忠是留守朝鲜的最佳人选，直到第二年六月，仍坚持提出："只留精兵二三千，别择良将吴惟忠，统领屯戍，恐或便宜。"② 虽然吴惟忠最终未被留下，但这足以说明，吴惟忠及其所部浙兵，得到了朝鲜王室的充分信任，是援朝明军中极受朝鲜方面欢迎的一支队伍。正如有专家所指出："作为戚家军中的抗倭老将，吴惟忠曾随戚继光屡立战功，并先后二次出援朝鲜，是在朝鲜东征军中留下最佳口碑的一位明朝抗倭老将。"③

三、建言朝鲜，令朝鲜廷臣"敬仰叹服"

吴惟忠在抗倭援朝期间，还积极向朝鲜方面建言献策。第一次入朝参战时，吴惟忠就致信领议政柳成龙，建议朝鲜加强国防建设。对此，柳成

---

① 《宣祖实录》卷一百七，三十一年十二月二日第七条，《朝鲜王朝实录》(23)，第 539 页。
② 《宣祖实录》卷一百一十四，三十二年六月二十日第八条，《朝鲜王朝实录》(23)，第 636 页。
③ 杨海英、任幸芳：《朝鲜王朝军队的中国训练师》，《中国史研究》2013 年第 3 期。

龙也给予了热情回应。吴惟忠的信函（节选）如下：

> ……见今倭奴退屯釜山，尚未下海归国，况倭奴狡猾诡谲，兼熟朝鲜路道，则窥视之情，必不能免。纵使倭归复来侵扰尤未可知，诚不可不豫防之也。所提防者，在冲要之地设险以御之耳。……但釜山东连庆尚，西接全罗，均属要害，地理形势，莫知其详，难以区画。敢伏足下，奋投查勘，自釜山东连庆尚以及大丘、善山、高灵、陕川等处，西抵全罗以及南原、求礼、头趾、阴山等处，倘别处可以御之者，又须相机处置，不可泥于此说，必择以寡敌众之地为妙耳。宜当分析要见，某处极冲，设险可御大敌，某处次冲，设险可御中敌，某处稍冲，设险可御小敌。某处有江河贼船可否通往两岸，可以制御否；某处多山，某处至某处，路程多少，及总括四面极冲要路并咸镜各道贼势，由海有无可乘之处，兼赐备细画图贴，说明白速为教之，未识尊意以为如何？……①

从吴惟忠的信函内容看，此信应为万历二十一年八月，倭军退守釜山，明军与倭军进入和谈阶段时所写。其主要目的是告诫朝鲜，要认清倭寇"狡猾诡谲"的真面目，不要被日本的和谈假象蒙蔽，注意在要冲之地设险御敌。后来的事实证明，吴惟忠的直觉和预判是非常准确的，倭军实际上就是在假借和谈之机争取喘息时间，以便卷土重来。此外，吴惟忠还提出希望朝鲜方面提供一份详细的形势图，标明各级要冲所在、江河口岸通行情况以及各地之间的路程等信息，以便进一步研判运筹，助力朝鲜制定完整的制敌方略。

柳成龙在回函中写道：

> 示喻倭奴狡猾诡谲、兼熟道路，堤防当密，冲要设险等事，真是料敌备患之良策，而其为小邦谋又极长远。鄙生奉读未半，而感泪先下。何者？老爷自平壤之役，冲冒矢石，奋勇先登，以成收复之功，奇绩卓然。今又提兵万里，镇抚南服，遮遏凶锋，保全遗民，风餐露宿，载罹寒暑。其在常情，亦已倦矣。而方且益恢经远之图，为永保无虞之计，至于降屈威重，下询愚贱。斯乃自古大人君子之盛节，而

---

① 〔日〕朝鲜总督府:《朝鲜史料丛刊第四——唐将书帖》第九封信,韩国国立中央图书馆藏本,1934 年。

何幸亲见于今日。此鄙生之所以敬仰叹服，感极而至于流涕者也。①

在柳成龙看来，吴惟忠提醒朝鲜要警惕倭军的狡猾多变、加强要冲地带的防御设施建设，是"备患之良策"，是为朝鲜所做的长计远虑。吴惟忠在平壤收复战中冒着箭雨石雹奋勇先登，立下赫赫战功，如今镇守朝鲜南部，风餐露宿、历尽艰险。条件如此艰苦，按常理早该心生倦怠了，可吴惟忠却还在为朝鲜谋划·"永保无虞之计"，实在是令人叹服敬仰，感激涕零。

关于吴惟忠与柳成龙之间的这次书信往来，在后人为柳成龙撰写的《年谱》中也有记载："二十一年癸巳，先生五十二岁。八月，答吴游击惟忠书，论御贼形势。时吴游击在尚州，致书于先生，言设险御贼事。先生答书，备陈岭南形势，又言今者贼兵畏慑天兵余威，留屯釜山一隅，不敢动。……"② 从中也可看出，吴惟忠以助力朝鲜驱除倭寇为己任，朝鲜高官也把他当成志同道合的朋友。共同的抗倭使命，把中朝两国人民的命运与情感紧紧地维系在了一起。

在吴惟忠结束了第一阶段援朝任务准备回国时，朝鲜方面就希望他能留下。《宣祖实录》二十六年五月二十五日第六条记载，备边司向宣祖国王汇报留兵一事，启曰："伏见接伴使韩应寅状启，提督以留兵事，眷眷为言，殊为感幸。以五千之兵，分把两南沿海要口，诚为不足，但以粮饷为难，只请五千军矣。题请军粮与留置吴、骆两将，及宣府大同火器等事。其为我国虑，纤悉周尽，极为感激之意，下谕于接伴使，使之措辞致谢。"③ 当时朝鲜粮草供应困难，只能保证五千明军所需。备边司建议留下吴惟忠、骆尚志两位将军及部分明军的火器，是因为二人心系朝鲜百姓安危、凡事都会为朝鲜考虑周全。虽然朝鲜方面未能如愿留住二人，但此事告诉我们，吴惟忠和骆尚志处处为朝鲜着想，得到了朝鲜方面的充分认可。六月初，左议政尹斗寿也曾建议："如使吴惟忠、骆尚志等兵，留防岭外，余皆还送，可矣。"宣祖国王则不甚放心："余兵还送，犹可御贼乎？"尹斗寿回称："余兵虽存，无所用之。"④ 由此可见，吴惟忠、骆尚志等浙兵将领在朝鲜王室心目中的地位之高和对朝鲜战局的影响之大。

此外，吴惟忠还为朝鲜练兵事业做出了积极贡献。前面提到，吴惟忠

① 〔朝〕柳成龙：《西厓集》卷九《答吴游击惟忠书》，《韩国文集丛刊》(52)，1990年，第187页。
② 〔朝〕柳成龙：《西厓集·年谱》卷一，《韩国文集丛刊》(52)，1990年，第495页。
③ 《宣祖实录》卷三十八，二十六年五月二十五日第六条，《朝鲜王朝实录》(21)，第711页。
④ 《宣祖实录》卷三十八，二十六年六月四日第五条，《朝鲜王朝实录》(22)，第2页。

第一次入朝参战时，就训练过朝鲜新兵，将其放在所辖南兵中，"令其所服衣甲与南兵同，所执器械与南兵同，令各营教师训练起伏击刺之法与南兵同"①。第二次入朝参战时，又选派有经验的教官协助朝鲜练兵。《宣祖实录》三十年七月五日第三条记载：

> 训练都监启曰："都监之军，虽不可为十分精练，数年教阅，颇知坐作进退之法，不至紊乱失次。……吴总兵处，其时即令中军赵谊，往请教师，则总兵即发军中善于武艺者六人，连日来教于都监，……近日更观天兵各阵之法，取其所长，渐次惯熟，则似为便益。敢启。"上曰："依启。都监不日将阅阵，其十分整齐慎之。领相以提调，当任其责。……须就吴总兵门下，广习诸技，尽得其妙法。"②

训练都监向宣祖国王汇报说，都监军经过数年不间断的训练，进退坐作之法业已掌握，为了进一步提高技能，特地派员到明军副总兵吴惟忠处延请教官。吴总兵当即选派六名武术高手，前往训练都监教练都监军。经过明军教官连日精心教练，都监军对明军的阵法演练也逐渐熟练。宣祖国王则指示要组织一次阅兵，让领相柳成龙亲自负责，而且要继续向吴惟忠麾下广泛学习各种武艺，完全掌握其中的奥妙。这既说明朝鲜王室对练兵的重视，也再次表明朝鲜王室对吴惟忠及其部下练兵能力的认可。

车天辂在奉王室之命撰写的《答平壤练兵千把总刘光远、屠料揭帖》中写道：

> 二公受明命，辱临下邑，操练人卒……指挥勤矣，教成六千，可使即戎，遂激不振之气，一变至勇。孙武之练，不是过也。深荷检柙率迪之得其道也。……其治气也治心也治力也治变也，井井有法。进退之形，击刺之节，无非教也。西卒之得此，盖亦有天幸然，天其或者恩二公而幸不谷之社稷也。……且屠把总足下，曾与吴游击据鞍，又从陈中军剑及于此，勤劳我家，荣问且畅。激昂佩服，尤有所款款也。③

---

① （明）宋应昌撰：《经略复国要编》卷十《移朝鲜国王咨（初四日）》，杭州：浙江大学出版社，2020年，第292页。

② 《宣祖实录》卷九十，三十年七月五日第三条，《朝鲜王朝实录》(23)，第261页。

③ 〔朝〕车天辂：《五山集》卷五，《韩国文集丛刊》(61)，1991年，第432页。

揭帖极力称赞明军千总刘光远、把总屠料将六千朝鲜西北士兵训成了斗志昂扬的雄壮之师。两位明军教官"治气也治心也治力也治变也"，显然是按照戚继光的练兵方法训练朝鲜士兵的。"练胆气""练耳目""练手足"，是戚继光练兵的必备科目，被其写进了《纪效新书》和《练兵实纪》。记载还特别提道：把总屠料"曾与吴游击据鞍……尤有所款款也"。屠把总早年曾与吴惟忠并肩作战、讨伐倭寇，因而朝鲜国王感到特别亲近。这也从另一个方面证实了吴惟忠在朝鲜甚具影响力。

吴惟忠的属下不仅训练朝鲜士兵各种基本技能，教给他们新式火炮的使用方法，而且还向朝鲜传授火药等制作技艺。训练都监曾向宣祖国王报告："吴惟忠标下人"，"剂药人孙龙，曾送于全罗监司处及统制使营，使之传习药法及炮法，而毒药喷火等法，尽为传习，只地雷炮，则火药甚贵，故不得传习。且海上熠（'焰'的讹字）硝，亦将煮取于扶安地，因都监催促，未成而来云。地雷则最关于陆战，海硝亦多利益，皆非我国人之所能"。对此，宣祖国王指示说："海硝，不可不传习，仍留传习可也，且厚给赏物亦当。"[1] 据此可知，吴惟忠手下孙龙，曾被送到全罗道的朝鲜军队中传授火药和火炮使用方法，同时还传授毒药喷火等技术。他本来还可以传授地雷炮的制作方法，但因朝鲜火药稀缺，最终没能传授。此外，他还能从海水中提炼用于制造火药的重要原料——焰硝，但因时间紧迫，也没来得及传授。宣祖国王指示，一定要想方设法将孙龙留住，让其传授制作"焰硝"之法。这也再次说明，吴惟忠及其部属为当时朝鲜的军队与国防建设做出了很大贡献。

吴惟忠在朝鲜期间，还非常尊重朝鲜的官员和朋友。据肃宗朝历任大司谏、艺文馆大提学等要职的权愈（1633～1704，字退甫，号霞溪）在为金垎所撰的《行状》中记载，朝鲜一"年少儒生"金垎，字子峻，"偶逢皇明总兵吴惟忠、游击卢得功二帅，望见先生（指金垎），敬逆与坐语，礼下之，不以大国人自居，而小邦士遇先生。既别，又为书致意"[2]。曾扈从宣祖播迁、担任过明军提督麻贵接伴使的李光庭（1552～1629）在为金垎撰写的《行状》中也有类似的记载："天朝总兵吴惟忠、游击卢得功同在行营，见先生（指金垎）容止，深重敬之，引与坐语，既归以书致意，不敢以外国年少儒生视之也。"[3] 由此可知，吴惟忠、卢得功对陌路

---

① 《宣祖实录》卷一百三十七，三十四年五月二十一日第七条，《朝鲜王朝实录》(24)，第257页。

② 〔朝〕权愈：《行状》，金垎：《溪岩集》卷六《附录》，《韩国文集丛刊》(84)，1992年，第276页。

③ 〔朝〕李光庭：《行状》，金垎：《溪岩集》卷六《附录》，《韩国文集丛刊》(84)，1992年，第280～281页。

相逢的朝鲜年少儒生金垱以礼相待,将其引入行营与之促膝相谈,分别时还挥毫相赠。吴惟忠与其部属卢得功对待朝鲜年少儒生的态度,既反映出其知书达礼的修养和宽以待人的胸襟,也传承和巩固了中朝传统友好关系。

前面提到,援朝将领中,吴惟忠"最廉操",其所部南兵也以军纪严明著称,从不损害朝鲜百姓利益,但这并不意味着吴惟忠与朝鲜官员、百姓之间没有人情往来。高宗朝文臣韩章锡(1832~1894)在《擎天台辞并序》中记叙了一个感人至深的故事:"李壶翁景南,当崇祯运讫,悲神州陆沉、皇灵不祀,独上商山擎天台,焚香恸哭。胤子枝元遵父遗志,埠于台。以高皇帝显皇帝烈皇帝讳辰,用家藏游击将军吴惟忠所赠成化、万历二尊,崇玄酒以奠之。子孙世守是礼,迄于今不替。"① 崇祯帝殉国后,朝鲜人李景南感伤于崇祯殉国而无处祭奠明皇英灵,便独自登上商州擎天台焚香恸哭。景南去世后,其长子继承父亲遗志,每当明太祖、明神宗、明毅宗的祭日,便用家传游击将军吴惟忠所赠成化、万历年间(1465~1497)的两只酒杯满盛玄酒(古代祭礼中当酒用的清水)进行祭奠,如此代代相传,延续了二百余年。这个令人动容的真实故事,是朝鲜人民永世不忘大明"再造之恩"的真实写照,同时也告诉我们,吴惟忠十分注重维护与朝鲜人民的友好关系,他将珍藏已久的传世之物赠送给朝鲜友人,足见其对中朝传统友谊的珍视。

吴惟忠的正面形象,得到了当时朝鲜文人的广泛赞颂,著名诗人车天辂就曾赋诗相赞:

吴总兵惟忠,提步卒四千入府

吴会朝鲜路几千,劳生异地但同天。
身因许国宁辞远,梦为思乡苦作牵。
黛黑胼胝来日月,驰驱跋涉送山川。
震风凌雨犹行李,勤苦王师更可怜。②

从诗歌的题目看,此诗应作于万历二十五年春夏之交,其时,吴惟忠以副总兵领"步兵三千九百九十",第二次入朝参战。

首联简单交代了吴惟忠率领大军长途跋涉数千里来到朝鲜,表明大明与藩邦有难同当的深厚情谊。虽说千辛万苦来到异国他乡,但这里也是中

---

① 〔朝〕韩章锡:《眉山集》卷一《擎天台辞并序》,《韩国文集丛刊》(322),2004年,第158页。
② 〔朝〕车天辂:《五山续集》卷二,《韩国文集丛刊》(61),1991年,第502页。

华的天地。"同天",隐含朝鲜是明朝属国之意。

领联以一个对比句赞扬吴惟忠将身家性命交给了国家,甘愿远离故土、征战他乡,只能梦回老家以解乡愁。

颈联歌颂了吴惟忠高昂的斗志:黝黑的脸膛、厚厚的老茧送走岁月,纵马驰骋、跋山涉水,不变的是把倭寇赶出朝鲜的那份初心使命。

尾联是诗人从心底发出的由衷感叹:狂风暴雨也无法阻挡明军前进的脚步,那些长途跋涉苦不堪言的明军将士啊,实在是让人心疼。"王师",天子的军队,这里指明军。

诗歌的作者车天辂,字复元,号五山,历官奉常寺正、奉直郎、三陟按察使等职。前面提到,车天辂曾奉王室之命撰写过《答平壤练兵千把总刘光远、屠料揭帖》,说明车天辂与吴惟忠及其下属有过较多的接触,因此才会创作此诗,以称颂吴惟忠等明军将领为了家国安定和中朝友好关系,将个人安危置之度外,逾山越海来到朝鲜半岛与强悍凶残的倭军作战的事迹。车天辂是朝鲜中期颇有建树的文人、诗人,其诗文在中朝两国都产生了较大影响。朝鲜末期承政院左副承旨兼宣传官、春秋馆记事官李冕宙(1827~1910)在为其撰写的《行状》中提道:"文学愈著名于当时","我东文章之著于中国,五山之力居多"。① 车天辂赋诗赞颂吴惟忠,无疑提高了吴惟忠在朝鲜半岛的知名度和影响力。

综上所述,吴惟忠两次抗倭援朝期间,在英勇作战、严厉治军、清正廉洁、爱护朝鲜百姓、助力朝鲜练兵、为朝鲜建言献策等诸多方面均有突出表现,始终以非常正面的形象示人,无论是在朝鲜文武百官中,还是在平民百姓中,都享有很高的声誉,赢得了朝鲜方面的极大信任。他不仅将戚家军的优良传统带到了朝鲜半岛,而且传承、传播了戚继光的练兵治军思想,同时也很好地维护了中朝传统友好关系。

第二节　副总兵骆尚志

申钦在《天朝诏使将臣先后去来姓名,记自壬辰至庚子》中记载:"骆尚志,号云谷,浙江绍兴府余姚县骆家村人。壬辰十二月,以钦差统领浙直调兵神机营左参将,领步兵三千出来。"②《宣祖实录》在记载天兵

---

① 〔朝〕李冕宙:《行状》,车天辂:《五山续集》卷四《附录》,《韩国文集丛刊》(61),1991年,第546页。

② 〔朝〕申钦:《象村稿》卷三十九,《韩国文集丛刊》(72),1991年,第272页。

各营领兵数目时也提道："统领浙直调兵神机营左参将都指挥使骆尚志，领步兵三千名。"① 由此可知，骆尚志于万历二十年（1592）十二月率三千浙兵入朝参战，当时的身份是神机营参将。而"神机营"是一支专门使用火器的部队。据浙江地方志记载，骆尚志是余姚县骆家湾（今属慈溪市横河镇洋山岗村）人。清《余姚六仓志》记载："明骆尚志临阵能用大刀，号'骆千斤'，征西寇、东倭，屡立大功，擢至副总兵，万历三十年（1602）邑修学校，捐田四十亩。"② 骆尚志自幼习武，武艺高强，有抗倭实战经验；早年任大同参将，后迁神机营参将，极有可能是曾担任过神机营副将的戚继光的部下。结合他曾建议朝鲜依《纪效新书》练兵的史实，我们有理由相信，骆尚志作为浙兵将领，应该接受过戚继光的传帮带。骆尚志及所部浙兵在抗倭援朝中的优异表现，不仅体现了当年戚家军的作风和军威，也很好地传承了戚继光的军事思想。

在本书提到的朝鲜王朝史料中，常见骆尚志为"骆总兵"的称谓，这应是骆尚志于万历二十二年一月回国后，升任"副总兵"后的称呼。《宣祖实录》二十七年十二月二十二日第三条记载："午时，上接见骆守备。……守备曰：'骆总兵，俺之叔父也。出来之时，多有打搅之事，使我传达谢意矣。'上曰：'骆大人为小邦，凡事至诚为之，小邦臣民，尚不忘骆大人之恩矣。今闻大人，是骆大人亲侄云，尤为忻慰之至。骆大人，方在何地，今为何官乎？'答曰：'叔父，今为山海关六十里地建昌府总兵矣。贼若猖獗，则亦当出来矣。'"③ 这是宣祖国王接见明军骆守备时两人的一段对话，说明骆尚志回国不久就升任副总兵了，这应与其在抗倭援朝中立下的赫赫战功有关。骆尚志回国后被安置在靠近朝鲜半岛的北方边镇山海关一带，可能正是出于便于入朝作战的考量。但明军第二次大规模入朝抗倭时，并没有骆尚志的身影。这可能是年龄原因，毕竟他第一次入朝参战时，就"六十有余"④ 了。

骆尚志虽然在朝鲜作战、驻防仅有一年左右的时间，但由于他在平壤攻城战中战功卓著，驻防期间又为朝鲜练兵和城防建设做出了重要贡献，因而他在当时的朝鲜半岛有着非同凡响的影响力。他与吴惟忠一道，成为援朝将领中两面高高飘扬的旗帜。

① 《宣祖实录》卷三十四，二十六年一月十一日第十六条，《朝鲜王朝实录》(21)，第602页。
② 转引自童银舫、王孙荣主编：《慈溪旧闻》，杭州：浙江古籍出版社，2009年，第183页。
③ 《宣祖实录》卷五十八，二十七年十二月二十二日第三条，《朝鲜王朝实录》(22)，第412页。
④ 〔朝〕赵庆男：《乱中杂录（三）·癸巳下》，韩国古典综合 DB，https://db.itkc.or.kr，第5页。

一、平壤之战，"冲冒白刃，勇冠三军"

关于骆尚志在平壤攻城战中的表现情况，朝鲜史料多有记载。据《宣祖实录》二十六年一月十一日第十三条记载：

> 骆尚志从含球门城，持长戟负麻牌，耸身攀堞，贼投巨石，撞伤其足，尚志冒而直上。诸军鼓噪随之，贼不敢抵当。浙兵先登，拔贼帜，立天兵旗麾。①

"含球门"，平壤城南门。据记载，在平壤攻城战中，骆尚志从城东南含球门攻城，手持长戟，背负麻牌，登云梯攀城墙，被倭军从城头投下的巨石砸伤了脚，却仍不退缩，依然冲锋在前。手下将士亦紧随其后奋勇继进，打得倭寇招架不住四处逃窜。骆尚志所部浙兵率先攻上城墙，拔掉倭军旗帜，将明军的战旗高高地插上了平壤城头。

一月十四日第五条还记载："骆参将亦先登入城，跌伤颇重，而极力督战，故管下斩级，几至数百。"② 记载说骆尚志在攻打平壤城（含球门城）时，也是率先登上城头，虽身受重伤仍坚持督战，在他的带动和激励下，其所部浙兵斩杀数百倭军。

三月四日第三条记载了李如松接伴使李德馨与宣祖国王的一段对话，其中也谈到骆尚志在平壤攻城战中受伤的情况："德馨曰：'骆之为人，表里如一'，'骆之为人，体甚肥大，而于平壤登城之日，为投石所压，终无大伤，真壮勇之人也。'上曰：'所谓伤于石者，何也？'德馨曰：'登城之时，倭贼以石投之，故被伤云矣。'"③ 李德馨感叹骆尚志为人实在、表里如一，惊叹其健壮勇武，被倭军投下的巨石砸中压住，竟能避免致命伤害。

柳成龙在《记壬辰以后请兵事》一文中如此评价骆尚志及其所部：

> 骆尤勇力善斗，以多力故，军中号为"骆千斤"，自言唐骆宾王后，性质实，遇我人特厚。兵至安州，余迎于晴川江边。军下营于三处，旗帜器械，整肃如神。……贼于（平壤）城上，列竖白红旗拒战。天兵以大炮火箭攻之，炮声震地，烟焰涨天。骆尚志、吴惟忠等

---

① 《宣祖实录》卷三十四，二十六年一月十一日第十三条，《朝鲜王朝实录》(21)，第601页。
② 《宣祖实录》卷三十四，二十六年一月十四日第五条，《朝鲜王朝实录》(21)，第607页。
③ 《宣祖实录》卷三十六，二十六年三月四日第三条，《朝鲜王朝实录》(21)，第652页。

率亲兵，蚁附而登，堕而复升，莫有退者。贼刀槊下垂城堞如猬毛，天兵战益力，贼不能支，退入内城，斩戮焚烧，死者甚众。天兵入城，攻内城。①

柳成龙称赞骆尚志不仅"勇力善斗"，而且质朴诚实，对待朝鲜人特别厚道，所部整齐严肃，望之如神；形象地描述了在平壤攻城战中，骆尚志率领亲兵像蚂蚁一样攀附登城，即便被滚石击中坠地也毫不退缩，爬起来再上，一鼓作气拿下了平壤城。此外，其文还提到，骆尚志自称是唐代著名诗人、"初唐四杰"之一的骆宾王之后。

朝鲜仁祖朝官至领议政的申钦亦对骆尚志在平壤收复战中的英勇表现大书特书："膂力绝人，能举千斤，号'骆千斤'。平壤之战，尚志先登。贼从陴上滚下巨石，中其腹，尚志不为动，奋身直上，贼披靡。诸军从之，遂复平壤城。"② 申钦盛赞骆尚志在平壤攻城战中冲锋在前，被从城堞子上滚下的巨石砸中腹部，仍"奋身直上"，逼退守城倭寇，战士们紧随其后，彻底击退了倭军，收复了平壤。此外，文中也提到骆尚志因能举千斤，故号为"骆千斤"。

关于骆尚志在平壤攻城战中的表现，国内史料也有记载。第一次援朝明军总指挥，兵部左侍郎经略朝鲜、蓟辽等处军务的宋应昌在《经略复国要编》卷七中记载："是时有城倒被压，众军践踏，从砖石之下跳跃登城，如骆尚志者。"③

为纪念和颂扬明军克复平壤之功，朝鲜王室在平壤修建了"武烈祠"，供奉力主出兵援朝的兵部尚书石星、率东征军入朝的明军都督李如松，以及总兵杨元、李如柏、张世爵五人的画像。朝鲜正祖壬子年（1792）重修"武烈祠"时，时任平安道观察使、后官至朝鲜判中枢府事兼吏曹判书的洪良浩（1724～1802）上疏《请皇明参将骆尚志追配武烈祠启》，提议增设骆尚志画像，其中提道：

> 东援之功，莫大于平壤一捷，而实基中兴之业焉。……癸巳（万历二十一年，1593）正月八日黎明，提督鸣锣一声，三军齐进。一军

---

①　〔朝〕柳成龙：《西厓集》卷十六，《韩国文集丛刊》(52)，1990年，第308页。

②　〔朝〕申钦：《象村稿》卷三十九《天朝诏使将臣先后去来姓名，记自壬辰至庚子》，《韩国文集丛刊》(72)，1991年，第272页。

③　(明)宋应昌撰：《经略复国要编》卷七《叙恢复平壤、开城战功疏(初四日)》，杭州：浙江大学出版社，2020年，第202页。

攻七星门，一军攻普通门，一军攻含球门。贼从城上，用长枪大剑，齐刃下垂，森如猬毛，矢丸雨下，人不敢近。提督手斩退缩者一人，徇示阵前。参将骆尚志奋身先登，诸军鼓噪从之。尚志腋挟大炮，大呼连放，烟焰涨天，黑如堆山。又手攫死尸，掷之城上。贼大惊以为天兵飞上城，退保内城。尚志打破城门，乘胜剿杀。贼穷缩，走入土窟。……经略宋应昌奏捷曰：倭兵死者二万余，鲜人之被俘者一千二百人，各还其居云云。惟此复城之绩，虽借提督诸公协力耀兵之威，而至若奋身陷城，扫荡巢窟，专由于骆将之功。观其冲冒白刃，挟炮投尸，雄胆猛气，摧山倒河，虽古之名将，无以过之，岂不伟哉？至今箕城之人，传说如昨日事。欲报其功，实合家尸户祝。而当时不列于腏享者，厥有由焉。提督总兵，皆是大帅，骆公乃其麾下偏将，故未入于图像之中，遂漏于秩祀之列，可胜惜哉。……且臣尝闻前辈之言，骆将勇冠三军，号称骆千斤。当时讨倭之役，每多摧陷之功。赞画使李时发，与之周旋行阵，服其壮勇，气义相契，结为兄弟。骆将载来唐书数千卷以赠之，李氏之家，遂以多藏书称。以此观之，其于郄縠之《诗》《书》，关公之《春秋》，庶几近之，可谓稀世之奇男子也。以若人物，有若功绩，在我国，岂可无表扬酬报之典。而况于箕城已建之祠，何靳一体之祀乎？方当祠屋增修之日，从以配食，时则可矣。……伏乞将臣此启，下询礼官，特命皇明参将骆尚志，跻享于武烈祠，则不啻慰邦人报功之诚，抑有光于圣朝尊周之义矣。[1]

　　洪良浩的上疏，一是明确指出了平壤大捷的重要性。平壤大捷是抗倭援朝过程中最重大的胜利，为万历朝鲜战争的最后胜利、为朝鲜王朝大业之中兴奠定了坚实的基础。二是生动刻画了骆尚志在平壤攻城战中的英雄形象。面对倭军的刀林箭雨而毫不退缩、"奋身先登"，将大炮挟在腋下，让士兵点火轰城；"手攫死尸，掷之城上"，将倭军吓退至内城；"打破城门，乘胜剿杀"，将倭军逼进"土窟"，成了瓮中之鳖。三是高度评价了骆尚志对平壤大捷的贡献及影响。攻陷平壤城和扫荡倭军巢窟之首功应归属骆尚志，其所展现出的"摧山倒河"的英雄气概，"虽古之名将，无以过之"，其英勇事迹和伟大精神，至今在平壤（箕城，平壤别名）的百姓中生动传颂。此外，洪良浩的上疏中还提到，骆尚志不仅"勇冠三军"、战功连连，而且与赞画使李时发意气相投，将带到朝鲜的数千卷图书典籍赠

---

　　① 〔朝〕洪良浩：《耳溪集》卷二十一《请皇明参将骆尚志追配武烈祠启》，《韩国文集丛刊》（241），1990年，第391页。

给了李时发，使其一夜之间成了朝鲜藏书大家。骆尚志如同中国春秋时期喜爱《诗经》《尚书》的晋国名将郤毅，三国时期喜读《春秋》的名将关公一样，都是旷世英雄。鉴于此，洪良浩认为对于骆尚志不可"无表扬酬报之典"，应借重修武烈祠之机，增设骆尚志的画像，这既能体现朝鲜人结草衔环、知恩图报的情义，也有助于发扬中国重礼的优良传统。

接到洪良浩的上疏，正祖国王做了如下批示：

> 武烈祠之重修，不待朝令，卿乃捐俸鸠材，拓其址基，建其门庑，又选儒武以接之云者。卿之心可感，卿之事可尚。役告成日，当送香祝，致祭于尚书以下诸位。卿其临时，状请香祝。噫！骆参将之有大功伟劳于我国，而尚阙一体之祀，实为旷典欠事。……卿之敷陈若此，尤可谓得体。询于掌礼之臣，岂有别见？特许状请，卿其知此意，涓吉造版妥灵。①

正祖国王表扬洪良浩在重修武烈祠一事上积极作为，拿出自己的俸禄用于扩建武烈祠，并表示完工之日，将送香烛致祭石星等诸位神主，并对没能尽早将骆尚志列为祭祀对象进行了深刻反省，认为这是朝鲜典制史上的一大憾事。

正祖国王不仅批准了洪良浩的建议，还亲自撰写了《骆参将尚志，追配武烈祠，致祭文》，其中写道："数战之功，辄先先登。……尺剑贾勇，遂登危谯，千仞不测，耸若盘雕。浙兵从之，鼓鸣不已，红白其旗，随风以靡。是公之肤，公实其魁，为万人敌，讵一将才？……乃选令朝，乃升明享，维亿万年，报应如响。"② 正祖国王称赞骆尚志攻城略地之时总是冲锋在前，在平壤大捷中居功至伟，并表示要择黄道吉日，将骆尚志定为国家奉祀对象，以便世世代代祭拜下去。

朝鲜王室为骆尚志画像奉安"武烈祠"举行了隆重的祭祀仪式："祭之日，皆以甲胄将事，列邑牧守之来会者二十余，儒武之闻风观礼者七千余人。置参奉守之，春秋降香祝虔享之。"③ 奉安大典规模之大、规格之高实属罕见。朝鲜王室还为武烈祠配备了专职守护官员，并于春、秋两季定期举行祭祀活动。平壤大捷过去了二百年之久，朝鲜王朝王室仍感念不

---

① 〔朝〕洪良浩：《耳溪集》卷二十一《请皇明参将骆尚志追配武烈祠启》，《韩国文集丛刊》(241)，1990年，第391页。

② 〔朝〕李祘：《弘斋全书》卷二十二，《韩国文集丛刊》(262)，2001年，第360页。

③ 〔朝〕洪敬谟：《冠岩全书》册十七《武烈祠记》，《韩国文集丛刊(续)》(113)，2011年，第481页。

忘骆尚志为收复平壤所建立的殊勋，这说明骆尚志及其所部浙兵冒着敌人的滚石勇登平壤城头的高大形象，已深深铭刻在朝鲜为政者与百姓心中。

洪良浩还写有《武烈祠重修记》，进一步说明了提请追享骆尚志的理由："壬癸之役，五公当为元功。而若其冒万死、捣虎穴、首挫凶锋、亟复全城者，乃骆将之力也。平壤一捷，实基我中兴之业。至今东方之人，衣冠饮食，保有子孙者，伊谁之赐也？是地是祠，曷可无骆公耶？遂驰驿具奏，请以骆公追享于五公之次。上可之，命卜日跻祀。"① "五公"，指明朝兵部尚书石星、明军都督李如松，以及总兵杨元、李如柏、张世爵。"骆将""骆公"，指明军参将骆尚志。"东方之人"，指朝鲜国人。"上"，这里指朝鲜正祖国王。洪良浩认为，平壤一捷为朝鲜中兴大业奠定了坚实的基础，朝鲜人之所以还能有国有家、有衣有食、薪火相传，应归功于在平壤攻城战中"冒万死、捣虎穴、首挫凶锋、亟复全城"的骆将军，因而武烈祠不可不供奉骆公。

朝鲜王朝后期著名学者、官至纯祖朝户曹判书的徐荣辅（1759～1816，字庆世，号竹石）在《重修含球门记》中满怀深情地写道：

> 含球门者，平壤之南门也。是门也，李提督之所用兵破倭处也。提督遣诸将三道攻城。而骆将军尚志实由是门，方其肉薄先登，跳荡叱咤，何其壮欤！今百年之后，过是门者，徒见阛阓栉比，井洫铺列，人物之殷庶，江山之佳丽，孰知显皇威武燀爀炳灵，庸再莫我东方之功之德也。是门也载诸信史。②

平壤城重修南门（含球门）时，徐荣辅以饱蘸激情的笔触，刻画并赞美了骆尚志叱咤风云、顶天立地的英雄形象，进而感叹道：百年之后，时过境迁，人们经过含球门，映入眼帘的是商铺林立、熙熙攘攘的繁荣景象，可谁能想到这都是明神宗威武显赫所焕发的灵气，再次奠定朝鲜王朝基业的功德啊！含球门必将永载史册。"显皇"，指明万历皇帝。万历皇帝朱翊钧庙号神宗，谥号范天合道哲肃敦简光文章武安仁止孝显皇帝。含球门重修之时，朝鲜官员触景生情，深情回忆骆尚志在平壤攻城战中的英雄壮举，这一方面说明平壤大捷是朝鲜王朝历史上的重大事件，另一方面也是在提醒国民要铭记明军抗倭援朝这段历史，珍惜这份来之不易的传统友谊。

---

① 〔朝〕洪良浩：《耳溪集》卷十四《武烈祠重修记》，《韩国文集丛刊》(241)，1990 年，第 242 页。
② 〔朝〕徐荣辅：《竹石馆遗集》册三，《韩国文集丛刊》(269)，2001 年，第 386 页。

二、训练朝鲜士兵,"或亲自击剑使枪以导之"

骆尚志在抗倭援朝中的另一大贡献,是首倡并助力朝鲜依照《纪效新书》练兵。朝鲜肃宗朝吏曹参判兼弘文馆、艺文馆大提学金楺(1653～1719)在《丙丁琐录》中记载:

> 万历癸巳(万历二十一年,1593)夏,柳西厓成龙病,骆参将尚志来访,尽日言练兵守国之要。西厓遂募京城居民七十余人,送于骆公麾下,学习鸟铳、筤筅、长枪、用剑等艺。骆公教之甚悉,或亲自击剑使枪以导之。此我国训练都监之始也。①

金楺的记载告诉我们,万历二十一年夏,柳成龙卧病在床,明军参将骆尚志前去探望,力陈时下练兵强军的重要性与紧迫性。柳成龙虚心听取骆尚志的建议,从汉城居民中招募七十余名士兵,送到骆尚志所部学习鸟铳、狼筅、长枪、剑术等武艺。骆尚志安排教官悉心传授,有时还莅临现场示范指导。这便是朝鲜"训练都监"的起始。前面提到,朝鲜之所以成立"训练都监",是因为受到"浙兵"在平壤大捷中的英勇表现的启发。朝鲜王室得知"浙兵"是按照戚继光的《纪效新书》训练出来的,故而特设兼具军队训练专门机构和中央直属特种部队双重身份的"训练都监",依照《纪效新书》来进行训练。而骆尚志所部正是依《纪效新书》练成的"浙兵",所以,柳成龙才特地将身强力壮的新兵送到骆尚志军营,习练各种在朝鲜看来新鲜生疏的技艺,以期组建新式军队并为朝鲜军队培养骨干力量。

关于训练都监成立的缘起,朝鲜纯祖朝户曹判书、三馆大提学徐荣辅在《训练都监·设置沿革》一文中也有记载:

> 训练都监……南将骆尚志尝言于相臣柳成龙曰:"朝鲜方微弱而贼犹在境上,此时练兵最急。迨天兵未回,学习技艺,数年可成精锐,可以御倭。"成龙驰闻于行在,且使禁军韩士立招募得七十余人,请教于骆。骆拨帐下张六三等为教师,习棍棒、藤牌、狼筅、长枪、铛钯、双手刀等技。上命设都监,以大臣尹斗寿领其事,寻命成龙代领。成龙令愿募者能举巨石超墙丈许,始许入,未几而得数千人。立

把总、哨官领之。①

据徐荣辅的记载，朝鲜成立"训练都监"训练士兵，起因是明军南将骆尚志向柳成龙所提练兵建议。骆尚志建议朝鲜按照明军南兵（浙兵）的方法训练士兵，朝鲜方面接受了此建议，招募"七十余人"让骆尚志帮助训练。骆尚志安排部下"张六三等为教师"，向朝鲜士兵传授浙兵所擅长的诸般武艺。有了这样的前期准备，宣祖国王才下令成立了新兵训练机构与特种部队合而为一的"训练都监"，并让柳成龙主管其事。朝鲜王室采纳了骆尚志的建议，说明骆尚志对朝鲜战局有着敏锐的洞察力，他的建议切中要害、有的放矢，同时也说明骆尚志在朝鲜为政者心目中是一位值得信任的人物。

上述金樑和徐荣辅的记载，其依据应来自柳成龙本人的记载：

> 壬辰冬，天兵来救。骆公尚志率南兵，先登攻平壤，功最著。癸巳（万历二十一年，1593）四月，余病卧于汉城墨寺洞。骆公来访余于卧内，尽日话，从容如素识，仍言练兵备倭及他守国之要甚悉。余于是，募得京中人七十余名，令军官二人统之，分为二队，送于骆公阵下，请学南方技艺鸟铳、筤筅、长枪、用剑等事。骆公拨营中南校十人分教之，公或亲至卒伍中，手自舞剑用枪而教之甚勤。余以其事驰启行在，此我国训练之所由起也。既而骆公还中原，余请留教师数人。公临行在西郊，为留闻愈、鲁姓人而去。二人体公之意，二年在国中，训士昼夜，几尽成才，且教营阵之法，不幸相继而死，藁葬城内。至是二人姓亲，来护丧柩而去。时骆公在蓟州，寄书于余，请护送其丧。余答书云云。②

柳成龙在《答骆总兵书》后的补记中，回顾了骆尚志建言与帮助朝鲜练兵的过程。先是交代了骆尚志就像久违的老朋友一样，既关心自己的病情，更心系朝鲜的军队建设和国家安危。正是因为这层关系，出于对骆尚志的信任，柳成龙才将百里挑一选出来的朝鲜士兵"送于骆公阵下"，让骆尚志按照过去戚继光训练"浙兵"的方法加以训练。除前面两条记载提到的训练内容和骆尚志亲自传授武艺外，柳成龙还提到骆尚志回国之前，留下

---

① 〔朝〕徐荣辅编：《万机要览》2 辑《军政编（二）·训练都监》，韩国民族文化促进会：《古典国译丛书》第 68 辑，韩国首尔：大韩公论社，1971 年，第 65 页。

② 〔朝〕柳成龙：《西厓集》卷九《答骆总兵书》，《韩国文集丛刊》（52），1990 年，第 194 页。

了闻愈和鲁天祥两位教官继续训练朝鲜士兵。"闻愈",即前面提到的千总闻喻,其"自戚继光在时,从事于行阵间,熟谙火炮制度"①。由此推断,鲁天祥极有可能也是当年戚继光的属下。闻愈和鲁天祥两人都病死朝鲜,为朝鲜练兵付出了生命代价。其时,骆尚志已回国驻防蓟州,他写信给柳成龙,为的是让其协助两位教官的亲人将二人的灵柩运回国内。柳成龙写了回信《答骆总兵书》,部分内容如下:

> 昔岁大盗入国,敝邦君臣,奔播西塞,不知死所。既而天兵渡江,而老爷实先启行。平壤之役,先登陷阵,摧破劲寇。于时鄙生在安、肃之间,目见其事。是则东人之保有今日,惟老爷是赖。斯乃据实之论,非敢为佞也。其后鄙生病卧汉城,呻吟垂死,老爷降屈尊严,亲临抚慰。此又鄙生铭在肺腑,不敢暂忘者也。至于拣练之方,守御之策,保邦之要,屡蒙提诲,莫非至教。谨欲奉以周旋,无负盛意,惟其财殚力竭,兵疲民困,卒难收拾。以海氛犹恶,扫清无期,诚恐重贻圣主东顾之忧,日夜腐心。然都城八方操练之事,头绪渐见。此乃闻、鲁二子体奉老爷分付,尽心纲纪之效。敝邦之人,方以为幸,不意相继沦逝,未究厥功,而万里旅魂,漂泊无依。每一念之,未尝不伤痛在心。今既各有姓亲,远来收骨,情义可尚,况有来命之勤,谨已启知寡君,差官庀事,仍护送至境,不敢怠慢,伏希鉴谅。②

柳成龙的《答骆总兵书》中,一是赞扬骆尚志在平壤攻城战中居功至伟,多亏了骆尚志"先登陷阵",朝鲜王朝才得以延续至今。二是回顾了自己卧病在床期间骆尚志"亲临抚慰"的往事,盛赞骆尚志所言"拣练之方,守御之策,保邦之要"均是极其高明的见解。三是对尽心竭力地帮助朝鲜练兵的闻、鲁两位教官的病逝深表痛心,表示将差遣专人护送二人尸骨至中朝边境。

《答骆总兵书》表达了柳成龙对骆尚志"亲临抚慰"的感激之情,同时也交代了"浙兵"将领骆尚志和"浙兵"教官帮助朝鲜练兵的一些情况,歌颂了用鲜血和生命凝成的中朝友谊。

柳成龙在上奏宣祖国王的《募京城军卒,练习浙江火炮状》中,还提

---

① 〔朝〕李德馨:《汉阴文稿》卷八《请留贾大才、闻喻两人教练火炮启》,《韩国文集丛刊》(65),1991年,第391页。

② 〔朝〕柳成龙:《西厓集》卷九《答骆总兵书》,《韩国文集丛刊》(52),1990年,第193～194页。　　213

到了骆尚志建议朝鲜请留刘綎所部南兵一事：

> 昨日午后，李提督率大军，还入都城。……惟数日前，骆参将亲来臣所寓处问疾，因语臣云：提督今将撤兵回来，而倭贼之在海上者，尚留不去，甚为可虑。闻提督之意，或欲留马军，在此镇守。然马军若留，则侵挠地方，与倭贼无异。南将中似无可留者，而兵亦离家甚久，不愿更留。惟刘綎兵新到可留，綎乃俺亲属，虽时未知其意欲留与否。而此人若留，则必有益矣。此事须速驰启于国王，或移咨经略、提督，区处为可云。①

由上述记载可知，明军准备大规模撤出朝鲜时，为了防止倭军卷土重来，起初准备留下部分马兵（骑兵）协防朝鲜。但骆尚志认为马兵军纪涣散，如若留驻必将"侵挠地方，与倭贼无异"，因而希望朝鲜方面向明廷提请让副总兵刘綎所部南兵留防。

其实，与刘綎相比，朝鲜王室更属意骆尚志本人，因为骆尚志教练得法、成效显著，而且熟悉朝鲜情况。万历二十一年六月，宣祖国王提议请留骆尚志，以便能继续指导练兵。《宣祖实录》记载：

> 上曰："以我国生疏之卒，学剑术，未易习熟。骆将在义州，教我国人时，手执其剑而教之。必得如'骆将'者，学其妙术，则庶可习熟。且'骆将'详知我国形势及人情。欲留此人之意，并移咨如何？"斗寿曰："骆将来我国久，知小邦情状，人心愿留矣。"恒福曰："留骆事，移咨最便。"②

"斗寿"，指尹斗寿，时任左议政。"恒福"，为李恒福，时任备边司有司堂上、兵曹判书。宣祖国王希望留住骆尚志的提议，得到了两位重臣的赞同。另据《明实录》记载，万历二十一年七月一日，"兵部议留刘綎、吴惟忠、骆尚志所部南兵及沈茂兵分防大丘鸟岭、王京各险要。……从之"③。这说明骆尚志请留刘綎的建议得到了朝鲜王室的支持、宣祖国王

---

① 〔朝〕柳成龙：《西厓集》卷六《募京城军卒，练习浙江火炮状》，《韩国文集丛刊》(52)，1990年，第126页。

② 《宣祖实录》卷三十九，二十六年六月七日第二条，《朝鲜王朝实录》(22)，第6页。

③ 《明神宗实录》卷二百六十二，万历二十一年七月一日条，台北："中央研究院"历史语言研究所，1962年影印本，第4847页。

留下骆尚志的愿望经过多方努力最终得以实现。

万历二十一年九十月间，当明军主力陆续班师回国时，留下了刘綎、吴惟忠和骆尚志所部共七千六百人，分别扼守朝鲜南部的军事要地。吴惟忠和骆尚志于第二年正月撤离朝鲜，而刘綎则一直坚守到九月。此外，骆尚志还建议朝鲜"教练军卒，防备贼患"。对此，身为领议政的柳成龙也极为重视，认为"传习南方器械阵法，乃是第一件事"。骆尚志为朝鲜提出数则富有针对性的建议，说明他善于从朝鲜的角度思考问题，对朝鲜百姓所遭受的苦难感同身受，从而赢得了朝鲜方面的极大信任。

骆尚志问病柳成龙之后，两人曾有多次书信往来。其中，柳成龙曾先后修书两封，请求骆尚志助力朝鲜练兵。如《与骆参将尚志书》中提道：

> 敝邦自前兵农为一，有事调发而名为军士者，皆是荷锄畎亩之民，不习战斗，不识旗鼓器械为何物。所以为贼所乘，深可慨叹。前日老爷所教操练之法，以一教十，以十教百，以百教千，甚为切要。虽孙吴复起，其为小邦谋，不过如此矣！小邦疮残荡败之余，人民离散。近于城中召募年少伶俐之人得数十，伏愿老爷先下营中，各以南兵一人主教一人，如教阅歌舞者之依趁节奏。择城内房屋闲旷之处而处之，逐日训习，以试其成否如何？所选四十余人，其中十余人乃炮手，其余枪、剑、筤筅、阵法，随其所习，无所不可。又已令京畿诸道，挑选习斗骁健者各数千余人，以相传习，千万怜察而指挥之，使小邦生灵永蒙老爷之恩，以有辞于万世也。①

《与骆参将尚志书》写于此次骆尚志登门探病后不久。这里摘录的信函内容，先是点明了朝鲜军队没有战斗力的原因：本来就是些扛着锄头在田间劳作的农夫，既不熟悉作战要领，又不辨旗鼓不习武器。再是欣然接受了骆尚志所给出的"南兵（浙兵）"练兵之法："以一教十，以十教百，以百教千"；希望骆尚志为朝鲜练兵提供帮助："以南兵一人主教一人。"然后交代在首批四十余人中，十余人是炮手，需要学习放炮技艺，余下的则可学习枪、剑、狼筅、阵法等技艺。最后计划从京畿诸道各挑选善于格斗和孔武有力者数千余人，请骆尚志派人指导训练。"孙吴"，指孙武和吴起。孙武，中国春秋时期军事家，著有《孙子兵法》十三篇，为后世所推崇，被誉为"兵学圣典"。吴起，中国战国初期著名的政治家、军事家，

① 〔朝〕柳成龙：《西厓集》卷九《与骆参将尚志书》，《韩国文集丛刊》(52)，1990年，第192页。 215

著有《吴子兵法》。《孙子兵法》和《吴子兵法》又合称《孙吴兵法》，流芳百世，为历代兵家所重。柳成龙感叹道：骆尚志为朝鲜提出了行之有效的训练方法和强军方略，即便是孙武、吴起在世，亦不过如此。如前所述，对于柳成龙帮助练兵的请求，骆尚志慨然应允，甚至亲自上阵示范指导，归国前还为朝鲜留下了两名精明强干的教官。

《唐将书帖》收录了骆尚志写给柳成龙的多封信函，其中一封写道：

> 将倭巢出来之人，一万数千有余，立一大元帅统之，定立头目，教习武艺，修整器械，以一教十，以十教百，以百教千，以千教万，务成精兵，虽倭奴有复来之念，我有精兵待之。法曰：弗恃不来，恃吾有以待之。何如？军务纷纷，草草布达，此亦富国强兵之道，百姓安堵，居民乐业，岂不美哉？①

骆尚志建议将曾被倭军俘虏的一万数千名朝鲜人组织起来进行操练，"以一教十，以十教百，以百教千"，使之成为"精兵"，以防倭寇再次来犯。骆尚志强调说，这是朝鲜"富国强兵之道"，可使百姓安居乐业。柳成龙欣然接受了骆尚志的建议，并在给宣祖国王的上书中套用了骆尚志的许多原话："不如乘此南兵未还之前，急急学习操练，火炮、筤筅、长枪、用剑、鸟铳、器械，一一传习，以一教十，以十教百，以百教千。则数年之后，可得精卒数万，倭虽再来，而势可防守。"② 骆尚志提出的"以一教十，以十教百，以百教千"的训练方法，后来还被写进了训练都监的训练大纲。万历二十二年二月十一日，兵曹判书李德馨在向宣祖国王汇报以《纪效新书》为练兵教科书时，宣祖国王强调火炮训练要"教一以教十，教十以教百"③。

"无恃其不来，恃吾有以待也。"该句出自《孙子兵法·九变》，意思是说，不要寄希望于敌人可能不来侵犯，而是要倚仗有准备的兵力和策略来迎战来犯之敌。骆尚志这里引用此句，是在提醒朝鲜不要对倭寇存有幻想，而是要积极招募士兵进行强化训练，以训练有素的精兵，严阵以待来犯的倭军。

---

① 〔日〕朝鲜总督府：《朝鲜史料丛刊第四——唐将书帖》第十二封信，韩国国立中央图书馆藏本，1934年。

② 〔朝〕柳成龙：《西厓集》卷六《再乞练兵，且仿浙江器械，多造火炮诸具，以备后用状》，《韩国文集丛刊》(52)，1990年，第125页。

③ 《宣祖实录》卷四十八，二十七年二月十一日第一条，《朝鲜王朝实录》(22)，第220页。

柳成龙在《与骆参将书》的信函中，请求即将南下追击倭军的骆尚志留下数名教官继续教习朝鲜士兵。

> 伏闻老爷明日又将南行……今不得奉送行尘于城外，惶恐负罪。操练武艺，才始还罢，难以收效。今欲抄择伶俐数人，随行学习。而其间有年幼不便远行者，且恐路中多事，妨于训习，如蒙老爷留下数人，使之仍前提撕，不日可以成才，尤出陶甄万万。①

柳成龙写此信时，骆尚志正准备率兵南下追击倭军。柳成龙因仍在病中不能前往送行，故只能致信道别。其中提到，按照"浙兵"之法训练朝鲜士兵才刚开了个头，如果就此作罢必将于事无补。本打算从朝鲜军队中挑选几名聪明伶俐的士兵随同南下，在实战中学习杀敌本领，但考虑到有的年龄尚小不便远行，又怕途中横生枝节妨碍训练，因此恳请"留下数人"，一如既往地耐心指导，那样的话，受训士兵很快就能出师。

朝鲜著名政治家、肃宗朝官居右议政的许穆（1595～1682）在所撰《西厓遗事》中也提道："未几刘綎以大兵归，公（指柳成龙）启上曰：'王师不可恃也，请治兵教练，以为自强之计云云。'选丁壮，遣浙江参将骆尚志所，得火炮、狼筅、枪剑诸兵械，令传习之。"② 所言骆尚志帮助朝鲜军队学习新式兵器，以南兵（浙兵）练兵之法训练朝鲜士兵一事，柳成龙去世后，在后人为其编写的《西厓先生年谱》中也有提及。

> （万历）二十一年癸巳，先生（指柳成龙）五十二岁。……四月，有疾调治，症势危重，天朝将士来见者，亦皆有忧色。陆续来问。至六月，始离枕席。骆参将尚志来问疾，与论兵事。……六月，又上状乞练兵，且仿浙江器械，多造火炮诸具，以备缓急之用。其略曰："骆参将尝与臣言及，此南兵未还之前，教练火炮、筤筅、枪剑、鸟铳等技。以一教十，以十教百，以百教千。则数年之后，可得精卒数万，贼来可以御之。今日南方防守之策，当如骆参将所言，然后庶或有望于万一矣。鸟铳、虎蹲炮、火箭、火轮炮此等器械，皆切于战用。臣意以为以此匠人，分送于州郡财力完实处，多聚匠人，昼夜打造。因抄出胆勇之人，使之学习。至于布阵守城之法及旗帜之色，一

---

① 〔朝〕柳成龙：《西厓集》卷九《与骆参将书》，《韩国文集丛刊》(52)，1990年，第193页。
② 〔朝〕许穆：《记言》卷三十八《东序记言（一）·西厓遗事》，《韩国文集丛刊》(98)，1992年，第230页。

依浙军模样，使贼有所畏惮，则诚为万幸。"①

从上述记载可以看出，骆尚志建议朝鲜"仿浙江器械，多造火炮诸具"，多制造一些戚继光当年在浙江剿杀倭寇时创制的"虎蹲炮"等先进兵器，并赶在南兵（浙兵）撤离朝鲜之前，学习和掌握其使用方法。柳成龙上书宣祖国王，转述了骆尚志的建议，认为当下朝鲜南部的防守策略，应定位于骆参将所言练兵强军上，只有兵强马壮才有可能战胜来犯之敌；鸟铳、虎蹲炮等新式兵器都是切合实战的利器，应将训练都监属下匠人分送到财力相对雄厚的州县，以指导当地匠人日夜赶制，并挑选有胆量和勇气之人学习操作；此外，军队布阵守城之法和旗帜方色也应完全照搬浙军，这样才能对倭军产生震慑。浙军的"布阵守城之法及旗帜之色"，实际上就是《纪效新书》所规定的训练方法和各式各色旗帜所代表的含义。这也进一步说明，骆尚志向朝鲜军队传授的兵器使用和训练方法，其实均来自《纪效新书》，即戚继光的实战经验总结。

骆尚志训练朝鲜士兵卓有成效，这从《宣祖实录》的记载即可看出。

> 兵曹启曰："……通事李亿礼，以骆总兵差备通事，练兵时，最有奔走，句当传译之劳。……且论赏重事，自下不敢擅便磨炼，唯在上裁。"传曰："今此阵法及放炮，皆我国所未有，勤于训练，阵法整齐，放炮又能，极为可嘉，不可不论赏。所谓从后随参之人，则皆是教习放炮之人，当一体论赏以劝之，各人可升职。"②

上述记载是朝鲜兵曹提请对练兵有功将官按功论赏的报告，一一列举了练兵有功的多位将官，其中包括骆尚志的翻译官李亿礼。宣祖国王认为，经过训练后的朝鲜军队阵法整齐且会放炮，这些都是朝鲜前所未有的新鲜事物，应该给予所有"随参之人"以奖赏。奖励的对象虽说是朝方相关人员，但也足以证明，经过骆尚志及其下属教官的专业化训练，朝鲜士兵的实战能力得到了很大的提升。

朝鲜肃宗朝左议政李颐命（1658～1722）在《武艺诸谱·跋》中记述道："万历壬辰，天兵征倭，其中多荆楚奇才善技击，盖传戚少保遗法云。游击将军骆尚志，力劝我兵学习炮手杀手之艺。此训局之所以创设，而此

---

① 〔朝〕柳成龙：《西厓集·年谱》卷一，《韩国文集丛刊》（52），1990年，第511页。
② 《宣祖实录》卷五十，二十七年四月十五日第一条，《朝鲜王朝实录》（22），第252页。

谱之印行于其时也,至今百有余年,炮手几遍一国。"① 这说明浙兵将领骆尚志向朝鲜军队介绍和传授的是戚继光的治军思想和练兵方法,这些"戚少保遗法"在朝鲜王朝已经传承了百余年,大大提升了朝鲜军队的战斗力。

万历二十二年正月,撤离在即的骆尚志还寄希望于朝鲜方面做工作让他留下来,以便继续指导朝鲜练兵。他曾对兵曹判书李德馨说:"我欲以管下兵留此习阵,以教贵国。……我兵掇回后,若得换来南兵五千或三千,使我统领,而不受他人节制,则庶可小伸己志。且我回还之后,你国咨奏请留我,则我当只率手下数人,轻装还来云。"② 这既说明骆尚志明见万里、智察秋毫,预料到贼心不死的倭军定会疯狂反扑,同时也说明骆尚志以协助朝鲜练兵为己任,做好了招之即来的心理准备。但当时骆尚志已年过花甲,可能鉴于年龄太大,明军高层最终没有接受朝鲜王室的请求。

眼看骆尚志留朝无望,宣祖国王只得修书一封,肯望骆尚志归国前能再提供一些力所能及的帮助。《宣祖实录》二十七年一月九日第一条记载:

> 传曰:"'小邦升平日久,民不知兵,不习武艺。大人视小邦如一家,前后惓惓,无所不用其极。小邦专恃大人,将学习兵器武艺,而不期大人遄归,不胜缺然。愿得麾下深于剑枪之法,妙于火器之制者一二人,姑留京城,教习小邦之人,则自今以往,至于万世,小邦得以御贼保邦,实是大人今日之赐也。曷胜感恩?且小邦虽粗习焰硝之制,而亦不能精知其法。仄闻山东地方,则以海水煮炼云,未知此言信然否?凡各样火器,造作放炮之法,煮炼之术,愿大人从容详悉书示。'以此措辞,以致丁宁之意于骆参将何如?"③

宣祖国王亲自拟定了一封给骆尚志的信函,征询近臣的意见。信函的核心内容有二:一是希望骆尚志能安排一二位精通枪剑之术和新式火器制作技术的浙兵,暂且留驻京都汉城继续训练朝鲜士兵;二是确认山东沿海一带煮海水提炼焰硝的真实性,请求骆尚志将诸种新式火器的制造和使用方法,包括火药煮取技术,详细地记载下来留给朝鲜。

---

① 〔朝〕李颐命:《疏斋集》卷十,《韩国文集丛刊》(172),1996年,第266页。
② 〔朝〕李德馨:《汉阴文稿》卷八《骆总兵周览正殿遗墟启》,《韩国文集丛刊》(65),1991年,第391页。
③ 《宣祖实录》卷四十七,二十七年一月九日第一条,《朝鲜王朝实录》(22),第203页。

从信函内容可以看出，骆尚志训练朝鲜军队、传授新式火器制造与使用方法，为朝鲜王朝做了很多有益的事情，在此过程中与朝鲜王室结下了深厚的情谊。正是有着这样的情感基础，宣祖国王才能在骆尚志归国前向其提出新的请求。从前面介绍的明军教官训练朝鲜士兵的情况看，骆尚志在接到宣祖国王的请求后，马上做了精心的安排，留下了千总闻愈等人。另据《宣祖实录》二十七年一月十二日第三条记载：

> 兵曹判书李德馨启曰："骆总兵手下，深于各样火炮及剑枪之技者，三四人留驻教兵事，臣于谈话间，每为恳请，则各兵俱有归思，总兵难于强留，从自愿留置云。有中军贾大才，各样武艺，妙绝无双，千总闻喻，自戚继光时，从事于行阵之间，谙炼火炮制度。两人甚温雅，才又如此，今若留之，必有大益于国家。措辞请留，总兵不无勉从。敢禀。"传曰："移咨宜当，急速图之。"①

为了贯彻国王意图，兵曹判书李德馨多次利用会面的机会，恳求骆尚志留下数名精通火炮及剑枪之技的手下训练朝鲜士兵。但由于赴朝参战已有年余，明军将士大都思乡心切，骆尚志不忍心强留，便让手下自愿选择去留。李德馨通过暗中观察，看好了武艺绝妙的中军贾大才和"谙炼火炮制度"的千总闻喻（即闻愈），认为如果写信好言相求，骆总兵定会鼎力相助。这里再次引用这段记载，主要是为了说明骆尚志麾下贾大才、闻愈在训练朝鲜士兵方面已做出了相当的成绩，因而引起朝鲜方面的关注，并迫切希望将两人留住。此外，李德馨认为"措辞请留，总兵不无勉从"。之所以如此有把握，是因为他了解骆尚志的品性与为人，这说明骆尚志与朝鲜方面已经建立起良好的感情基础。

骆尚志回国前，特致信朝鲜领议政柳成龙，嘱咐早日放归选留教官。

> 正汉城匆匆话别，且承贵国主厚待，多方冗费，皆公等推爱所致，言莫以谢。其各项防御炮火、阵图、进止及武艺、御敌机宜，生势不及久居教演，已托委官闻愈等代生以为授受之勤。倘或略有次第，即当遣发归来而莫迟滞，感感。余情缕缕，使回冗夺，不及详裁，幸弗深罪，谢谢。②

---

① 《宣祖实录》卷四十七，二十七年一月十二日第三条，《朝鲜王朝实录》(22)，第 205 页。

② 〔日〕朝鲜总督府：《朝鲜史料丛刊第四——唐将书帖》第二十八封信，韩国国立中央图书馆藏本，1934 年。

骆尚志的信函主要是告知柳成龙,已经留下闻愈等人,可向朝鲜军队传授"防御炮火、阵图、进止及武艺、御敌机宜"。此外,他还叮嘱柳成龙,一旦练兵走上正轨,就要赶快将闻愈等人送回。因为骆尚志清楚朝鲜当时条件极其艰苦,生怕闻愈等人在朝鲜遭遇不测,这也体现了骆尚志对属下将士的关心与爱护之情。可偏偏天不遂人愿,骆尚志的担心竟变成现实,几个月后,闻愈和鲁天祥两位明军教官就在朝鲜染病身亡了。

《宣祖实录》记载了多位骆尚志的部属依《纪效新书》训练朝鲜士兵的情况,有的在前面已经谈到了。万历朝鲜战争初期,协助朝鲜训练士兵的明军教官,"大都出自骆尚志营中:如朝鲜郎厅派人往质于'骆参将留营之人骆尚忠'处,他是骆尚志的'亲属',属官闻愈、中军贾大才及继任者胡汝和、王大贵等。他们前赴后继地训练朝鲜军队,在朝鲜这块土地上贡献出自己的才华甚至生命"①。

三、修筑南原城,倭军"不敢来犯"

骆尚志在抗倭援朝期间的另一大贡献是加修了位于朝鲜半岛南部的南原城。"南原",今韩国西南部全罗北道第二大城市,是当时防御倭军北上的重要据点。

朝鲜王朝晚期著名学者、宪宗朝官至领议政的赵寅永(1782～1850),字羲卿,号云石,在其所撰《南原殉义碑铭(并序)》中记载:"(南原)城古带方墟也,距(全罗道)府近,称绝险。元谓府城,即骆将军尚志所补筑,其坚足守。"② 由此可知,骆尚志将军主导加筑的南原城墙非常坚固,足以防御敌人的攻击。全州城,今韩国全罗北道首府。前面提到,万历朝鲜战争期间,朝鲜进行城防改造,主要是为了便于新式火器的使用及防御倭军的火器进攻,所依据的城建标准来自戚继光的《纪效新书》。骆尚志所部浙兵,"多带倭铳筒火炮诸具"③,主要武器是鸟铳和新式火炮,所以骆尚志加筑南原城,也是按照《纪效新书》设定的防御标准进行改造的。

朝鲜仁祖朝官至领议政的申钦在其所撰《观察使崔公神道碑铭》中记载,宣祖朝官员崔铁坚(1548～1618),字应久,号梦隐,万历朝鲜战争

---

① 杨海英:《书〈唐将书帖〉后》,《中国社会科学院历史研究所学刊》第 7 集,北京:商务印书馆,2001 年,第 422 页。

② 〔朝〕赵寅永:《云石遗稿》卷十二《南原殉义碑铭(并序)》,《韩国文集丛刊》(299),2002 年,第 248 页。

③ 《宣祖实录》卷二十九,二十五年八月十三日第四条,《朝鲜王朝实录》(21),第 532 页。

爆发后，率众镇守南原。明军参将骆尚志"来会公（指崔铁坚）于南原。贼骑已逼傍县，南原人汹汹缒城出，有一舌官劝公避。公不挠，骆将义之。公约骆将设外阵，遣兵剿归贼，南原赖以得完"①。这段历史记载告诉我们，在南原城面临生死存亡的重大危机之时，骆尚志率部与朝鲜军队并肩作战，合理运用战术，给来犯倭军以沉重打击，使南原百姓免遭涂炭。

骆尚志加修南原城一事，《宣祖实录》亦有记载："初，贼酋清正，合诸酋兵，声言三十余万，或云七八万，水陆俱进，将犯晋州。……时，骆参将在南原，修治城池，以为死守之计，派送炮手三百名，阵于鹫城岭上，多张旗帜，举火为应。"②"晋州"，在南原城的东南方向，今属韩国庆尚南道，是韩国南部地区的历史文化名城和交通枢纽。据记载，万历二十一年六月，当倭军集结全部兵力准备血洗晋州城，以报上次惨败之仇时，骆尚志所部正驻防南原。骆尚志的指挥所部对南原城进行了加固增筑，并在附近的鹫城岭设置火炮、加派炮手，决意死守南原城。事实证明，骆尚志增筑南原城这一举措收到了良好的效果。据《宣祖实录》记载："南原元有城子，新经骆参将修筑，亦当为坚守，而又有山城，相对共守，则贼益不敢来犯。"③可见，骆尚志修治南原城具有十分重要的作用和意义。

骆尚志在南原城保卫战中战绩突出。这在朝鲜王朝末期道学家田愚（1841～1922）的《松庵刘公墓碣铭》中就有记载："南原是湖南要冲，此城一失，岭湖非国家有。……天将宋大斌、骆尚志等，率兵继进，三战三捷。"④"湖南"，意为"碧骨堤湖以南"，为全罗道别称，今为韩国西南部的全罗北道、全罗南道。"岭湖"，乃"岭南"和"湖南"的合称，亦即当时的庆尚道和全罗道。也就是说，如果南原城被倭军攻破，那么庆尚和全罗两道都将沦陷，而京畿和汉城将直面倭军威胁，可见南原城的战略地位极其重要。骆尚志等南兵将领在南原城保卫战中"三战三捷"，挫败了倭军平秀家兵团的"围城力攻"阴谋，再次凸显了南兵特别是浙兵的生力军作用，同时也验证了骆尚志修治南原城所具有的战略意义。

万历二十五年五月初八日，再度率部入朝的明军总兵杨元在汉城慕华馆受到宣祖国王亲自登门迎接。当闻听南原为全罗要害之地时，北兵出身

---

① 〔朝〕申钦：《象村稿》卷二十七《观察使崔公神道碑铭》，《韩国文集丛刊》(72)，1991年，第119页。

② 《宣祖实录》卷四十，二十六年七月十六日第五条，《朝鲜王朝实录》(22)，第39页。

③ 《宣祖实录》卷四十六，二十六年十二月三日第七条，《朝鲜王朝实录》(22)，第179页。

④ 〔朝〕田愚：《艮斋集·前编续》卷六《松庵刘公墓碣铭》，《韩国文集丛刊》(333)，2004年，第522页。

的杨元以便于骑战为由，提出希望朝鲜方面出面协调，让自己驻防南原（明军门的原定计划是吴惟忠驻防南原、杨元驻防忠州）。如愿以偿后，杨元随即提出"南原城子不固，必须改筑"，并信誓旦旦地表示："今若修筑城子固守，则全罗一道，有金汤之势矣。"① 迫于杨元的威压，宣祖国王也只好应承下来。然而，当杨元的接伴使郑期远就南原城改筑一事与朝鲜都元帅权慄、巡察使朴弘老等相商时，却遭到了权慄的极力反对："此城最为完固，垓子亦且深峻。女墙则骆参将尚志所修筑，虽不改筑，而有兵有饷，则可以保守，不必农月用民力加筑。"② 权慄给出的理由是，经骆尚志加修女墙后的南原城异常坚固，只要兵精粮足，完全可以坚守，根本没有必要在此农忙季节大兴土木。郑期远则以南原城原有十三尺的城墙（由此可知骆尚志当时修筑的城墙高十三尺）似乎不够高为由，提出了一个折中方案：在原有女墙的基础上，加筑三尺，便可达到十六尺，且工程量也不算太大。与此同时，他还建议提前备好挖运泥土的工具、收聚石块，以确保一旦杨元入城便可立马动工，否则惹恼了杨元，恐怕不好收场。最终，郑期远的折中方案得到了备边司的支持。③

杨元于六月初到达全州，即令中军李新芳领兵二千余，与接伴使郑期远先行进驻南原，令全罗道巡察使紧急调遣列邑军卒，改筑女墙，加高城墙，令明军修筑羊马墙，而他本人则于六月十三日方姗姗而来。"杨元兵既至南原，增筑城一丈许，城外羊马墙多穿炮穴，城门安大炮数三坐，凿深濠堑一二丈。"④ 然而，杨元所采用的有别于"浙江城制"的筑城法却不为朝方看好。七月五日，备边司就新修南原城存在的缺陷，如实向国王做了汇报："南原筑城，似与浙江御倭之法有异，至于已成悬眼，皆为涂塞云。杨乃北将也，恐不知浙江城制而然也。此事，虽不可斥言直禀，从容谈话间，详陈晋州攻城飞楼之状，使之预知措备，允为便当。此意急谕于接伴使处何如?"⑤ 备边司指出，杨元将骆尚志加筑时修建的"悬眼"给封堵上了，这与浙江的城制（即《纪效新书》所定城制）不同，但鉴于杨元的身份与秉性又不便直言，只好建议让接伴使郑期远寻找合适的时机，婉转告知杨元不久前晋州城被倭军以"飞楼"攻破屠城的惨痛教训，以便提醒其做好防备工作。

---

① 《宣祖实录》卷八十八，三十年五月八日第一条，《朝鲜王朝实录》(23)，第 216 页。
② 《宣祖实录》卷八十八，三十年五月二十五日第十条，《朝鲜王朝实录》(23)，第 230 页。
③ 参见《宣祖实录》卷八十八，三十年五月二十五日第十条，《朝鲜王朝实录》(23)，第 230 页。
④ 〔朝〕柳成龙：《惩毖录》卷三，国立晋州博物馆：《壬辰倭乱史料丛书·文学 6》，2000 年，第 619 页。
⑤ 《宣祖实录》卷九十，三十年七月五日第四条，《朝鲜王朝实录》(23)，第 261 页。

不幸的是，备边司的担心很快变成了现实。七月中旬，由统制使元均统领的朝鲜水军大败于漆川梁，闲山岛随之失守，南海、顺天先后陷没。数万倭军乘胜进逼全罗道，直捣南原。从八月十三日倭军先锋兵临城下，到十六日黎明杨元"独与百余骑溃围而出"，仅仅三天的时间，杨元倾力打造的所谓"金城汤池"的南原城就被倭军攻陷了。杨元本人亦饮下了几至全军覆没的苦酒，落得了"以陷城之罪，被系辽阳，枭示军前"①的可悲下场。

历史总是如此惊人的相似，与晋州被倭军屠城相隔不到两个月，南原城就步其后尘彻底沦陷了。杨元改筑南原城，一味求高求深，但还是无法阻挡倭军攀援登城，关键就是忽略了看似简单实则功能非凡的守城神器——"悬眼"的功能。朝鲜史料对倭军攻城战术有过如下描述："一日贼刈城外杂草及稻禾作束积墙壁间，城中莫测，夜闻倭阵中嚣声有运物状，一面飞丸如雨，人不敢外窥。一二时嚣止而草束已填濠，与城平，倭众蹂躏登城。"②倭军用草束填埋壕沟直到与城头相平，而令人难以置信的是，如此大动作竟然是在明鲜联军眼皮底下完成的。事实上，在倭军火力的压制下，城墙上的守军根本无法查看墙外动静，对城底下发生的情况自然毫不知悉，而等到敌人踏上城头，那就无险可守了。城头守军之所以成了"睁眼瞎"，正是因为作为北将的杨元不知"浙江城制"的灵魂所在，封堵了骆尚志已筑悬眼，而未在增筑的城墙上开设新的悬眼。因为不得要领，无视小小悬眼的大作用，结果吃了大亏。

"悬眼""空心敌台"和"尖砖垛口"，均为戚继光增筑长城时所发明。关于悬眼的发明动机与作用，戚继光在《纪效新书·守哨篇·悬眼解》中说得非常明白："倭每丛铳与矢，虏每丛矢，看准数垛，伺我守城者一伸头颈外视，即丛射之，无有不中，使我身不敢当垛，目不见外贼，即以勾杆攻城等器，直奔城下。我兵既不能伸头，出手下击，任其掘坎布梯，直登莫御。必有此悬眼，贼远则瞭之垛口，铳矢射之；贼近我兵不出头，以身藏垛下，于悬眼内下视，攻城者虽有铳矢无所施。若到城下，一见无遗，即将矢、石、铳子、火桶掷之，无不可者，贼安能树梯驻足哉？若对垛而登，则垛上可御矣。每悬眼上加木盖一个，以防铳矢，尤妙。"③

"悬眼"的原理看似简单，实则是戚继光在实战经验之上的奇思妙想，

---

① 〔朝〕申钦：《象村稿》卷三十九《天朝诏使将臣先后去来姓名，记自壬辰至庚子》，《韩国文集丛刊》(72)，1991年，第271页。

② 《朝野会通》卷六十六《宣祖纪》，转引自壬辰倭乱史刊行委员会：《壬辰倭乱史别卷》，韩国首尔：韩国自治新闻社，1994，第1540页。

③ （明）戚继光撰，范中义校释：《纪效新书》（十四卷本）卷十三《守哨篇》，北京：中华书局，2001年，第309页。

其功能就是安全有效地观察城墙脚下的敌情，以便及时应对，确保城池安全。而杨元增筑的南原城将已有的悬眼封堵，城上守军对城下敌情"两眼一抹黑"，失败就在所难免。这反证了"戚氏城制"的科学性，同时也为骆尚志修治的南原城"其坚足守"之说提供了依据。

此外，骆尚志所部在驻防他处时，同样注重修筑防御工事。继驻防南原之后，骆尚志率部移防大丘、八莒。"大丘"，今大邱广域市，位于韩国东南部，南邻韩国最大的港口城市釜山，后为避孔夫子"丘"的名讳，改为"大邱"①。"八莒"，今韩国庆尚北道的星州，在大邱广域市西边。骆尚志移防大丘、八莒，在带领士兵修筑营寨时，还曾受伤并感染。他在给柳成龙的信函中，曾有提及。

> 自南原拒贼之后，而营心设备机宜、劳工修造，将竣而调赴大丘、八莒，与刘总府合营防御。正采寨木，将完而欲成栅，又为庆州报警，率兵急奔救援，动辄人先，官兵怨苦。嵊岖鸟道，极目边涯，暑往寒来，经年旅邸，征人莫不惨伤。及诸营到后，方据山立寨，或木或土，成垣俱草苫栖止。生因执木调度，被树节偶伤左腿臁脊，俄尔成疮，形如小碟，动履艰难，痛不可忍，饮食俱废，勉强支持。在此陪臣无不知见。
>
> 十月内，倭奴突犯庆州，迤南二十里之间烧掠，随发官兵堵截，不遂而遁。又于十一月初三日，复统大众，六路连营，恣肆烧荡，延至安康，离庆州北数十里之程，系各县运粮通衢，焉得不发兵救剿？生带兵守住营寨，以为后应。……但生所部不满六百，安能自展庸才？徒付之慨叹。虽然安康遭害，幸得庆城安堵，亦可塞其责耳。②

此信包含如下信息：一是骆尚志在率部增援庆州时，在新驻防地指挥搭建营寨的过程中受伤。其时他正在"执木调度"，不小心被树枝伤到了左小腿胫骨，结果感染成疮，疮面之大，如同"小碟"，走路都十分困难，疼

---

① 据《英祖大王实录》记载，英祖二十六年(1570)，大丘地方儒学者李亮采上书指出，每年大丘乡校春秋两季举行祭祀孔子大典时，祝文式上须落款大丘判官的职衔，有冒犯孔夫子大名之嫌，从而招致民心不安。英祖认为三百年间那么多先贤大儒不会赶不上一个李亮采，因而退回了李亮采的上书。可是，自《正祖大王实录》开始，凡是提到"大丘"的地方，均改为"大邱"，由此可推断："大丘"改为"大邱"始自正祖朝(1776～1800)。这也从一个侧面反映出朝鲜王朝尊崇儒家文化的传统。

② 〔日〕朝鲜总督府：《朝鲜史料丛刊第四——唐将书帖》第二十五封信，韩国国立中央图书馆藏本，1934年。

痛难忍，连饭也吃不下。二是骆尚志非常重视驻地的城防建设，每到一地必"营心设备"，"劳工修造"。三是骆尚志不仅事必躬亲，而且"动辄人先"，行军打仗自不必说，就连建造营房这样的事情也躬身亲为。这也充分体现了戚家军将领身先士卒、与士兵同甘共苦的优良传统。骆尚志这种深入底层、身体力行的作风，在其率部跨过鸭绿江路经义州时，就给避难于此的宣祖国王留下了深刻印象，以至于多年后宣祖国王仍不胜感慨："我国之习，每事不为躬亲，专委下吏，高拱而养望。予在义州时，见骆尚志，亲造战具，刘总兵，天下大将，手加蹄铁。我国人如此，则必见重驳，或至于永不叙用矣。"① 当时朝鲜官场不作为之风盛行，高官大员凡事交给手下去打理，自己则袖手旁观、无所作为。自己碌碌无为也就罢了，还要对亲为之人说三道四、大张挞伐，甚至于罢其官职永不叙用。虽然过了近十年的时间，但骆尚志亲自动手制作战具、刘綎给战马钉马掌的情景仍历历在目，令宣祖国王感慨不已。宣祖国王的这番感慨，是欲借骆、刘两位明军将领的事迹教育本国官员，以图改变朝鲜官场由来已久的不担当、不作为风气。

骆尚志的信函，还提到了两次救援庆州之战。一次是十月份，盘踞蔚山的倭军突袭庆州，沿途烧杀抢掠。尚志遂率军前往"堵截"，经过一番激战，击退了来势汹汹的倭军。另一次是十一月初，倭军发动更大规模的攻势，"恣肆烧荡"，战火已烧到离庆州北部"数十里之程"的安康一带。在如此紧急的情况下，本该发兵救援，但当时骆尚志手下浙兵"不满六百"，且所领任务为"后应"，骆尚志无奈只得按兵不动，结果安康遭到倭军洗劫。好在凭借骆尚志所部的顽强坚守，庆州城得以保全。庆州曾是新罗王国古都，又称"东京"，是当时朝鲜东南重镇和战略要地，因此，保住庆州的战略意义极重。

朝鲜仁祖朝进士赵庆男（1570～1641），字善述，号山西，"壬辰起义，屡立战功"②。作为万历朝鲜战争亲历者，他撰写过包括抗击日本侵略纪实在内的《乱中杂录》和《续杂录》。《乱中杂录》中有如下记载：

> 万历二十年，我宣庙壬辰二十五年，参将骆尚志力举千斤，号骆千斤者，领南兵火炮手，精锐一当百者，五千为先锋。③

> 万历二十一年，宣祖二十六年八月，凶贼数千，突至庆州，天兵

---

① 《宣祖实录》卷一百三十五，三十四年三月十七日第一条，《朝鲜王朝实录》(24)，第214页。

② 《纯祖实录》卷五，三年八月十七日第四条，《朝鲜王朝实录》(47)，第462页。

③ 〔朝〕赵庆男：《乱中杂录（二）·壬辰下》，韩国古典综合DB，https://db.itkc.or.kr，第71页。

大败。时岭南贼势偏炽于左道，游击吴惟忠、参将骆尚志等，与我国诸将，领兵屯守。蔚山之贼，累肆窥觑，来探虚实。至是诸将悉兵出战，大败而走。天将一员战死，军人死者五百余名。贼兵追赶厮杀，骆尚志为殿，以左右手三枝枪，大呼驰突，连贯先锋五六贼。整兵还战，贼乃退去。尚志时年六十有余，初谓力举千斤，我人犹未之信，及在南原两手各举天字铳筒二件，有同徙三丈之木。人皆以为名不虚得，至是益知其勇矣。①

由赵庆男的记载可知，万历二十年明军在朝抗倭时，骆尚志带领的是由以一当百的"火炮手"组成的精锐之师，是一支"五千"人的先锋部队。赵庆男在此提到的"五千"人，与前述骆尚志以浙江参将身份带领"步兵三千"人朝参战并不矛盾。"五千人"，指的是骆尚志在朝鲜指挥作战时统领的士兵人数，而"步兵三千"指的则是他带到朝鲜境内的人数。"火炮手"，当时是指使用火铳、火枪、铁炮的士兵，这里主要是指使用鸟铳的士兵。

万历二十一年八月，因岭南的倭军主力集中在庆尚左道②，因而吴惟忠、骆尚志所部奉命自大丘移防庆州，遭到从蔚山倭营倾巢而出的倭军主力突袭，明鲜联军出城迎战，终因寡不敌众败退下来。在撤退之时，骆尚志殿后掩护，左右手各执一把三枝枪（即镋钯），一口气刺杀了五六名倭寇。明军整顿好队伍后再次出战，最终将倭军彻底击退。这段描写，将骆尚志顶天立地的英雄气概表现得淋漓尽致：作为战神级的存在，危急时刻迎难而上，以大无畏精神和拔山盖世之勇，力挽狂澜，转败为胜。

此外，骆尚志力大无穷，尽管年过六旬，臂力依然惊人，率部驻防南原时，"两手各举天字铳筒二件"。"天字铳筒"，是当时朝鲜军队最大的重型火炮。"1978 年 12 月 07 日，在韩国出土了一门嘉靖乙卯年建造的天字铳筒。该铳筒全长 1.31 米，口径 12.8 厘米，管径比约为 1∶10，是一门传统的中式火炮。铭文为'嘉靖乙卯十月天四百九十三斤十两匠梁内了同'……天字铳筒所使用的火炮弹丸，为内铁外铅的炮弹水铁铅衣丸，重达十三斤，而地字铳丸，则重八斤。"③ 当时的天字铳筒，一件重达"四

① 〔朝〕赵庆男：《乱中杂录（三）·癸巳下》，韩国古典综合 DB，https://db.itkc.or.kr，第 5 页。
② 朝鲜太宗七年（1407），为了军事和行政上的便利，以洛东江为界，将庆尚道一分为二，洛东江以东为庆尚左道，监营（道监司的办公衙门）设在庆州，洛东江以西为庆尚右道，监营设在尚州。中宗十四年（1519）十一月，复合为一道，但军事上仍维持左右两道体制。万历朝鲜战争爆发后，因道路阻塞，遂重新分为左右两道。
③ 梁晓天：《倭寇战争全史》，北京：中国长安出版社，2014 年，第 188 页。

百九十三斤十两",骆尚志能双手各举"天字铳筒二件",证明他"力举千斤"属实,"骆千斤"亦并非浪得虚名。

此外,骆尚志还帮助朝鲜选择王宫新址。据《李德馨年谱》记载:"二十二年甲午,公(李德馨)三十四岁,正月,与总兵骆尚志周览殿基。乱时,宫阙皆被烧毁。上还都后,住贞洞别宫,而方营新宫。时骆总兵新自岭南入京,要占正基,故公与之周览。而总兵到宗簿基上掌苑署东山,指点四边山势,手持马鞭,画雪为宫城图样曰:'此地最好云。'公采其辞说,画其形址,附奏以启。"① 壬辰年五月三日,倭军攻占汉城,朝鲜王宫皆被焚毁。第二年十月,宣祖国王还都后,暂住位于贞洞的别宫,并着手安排重建王宫。当时骆尚志刚执行完战斗任务从庆尚道撤回汉城,便在兵曹判书李德馨的陪同下,遍览汉城地理山势,找到一处风水宝地,并用马鞭在雪地上画出宫城图样。李德馨采用了骆尚志的建议,重新画出王宫图案,附上奏文,一并上报给宣祖国王。

在完成一项项艰巨的战斗任务之余,骆尚志还充分发挥自己的聪明才智,为朝鲜出谋划策,屡建奇功。他劝导朝鲜练兵自强,建议组建被俘鲜人部队,为朝鲜踏查宫址等,均属此类情况。骆尚志总能设身处地为朝鲜着想,说明在他的潜意识里,身为东征军将领,帮助朝鲜排忧解难乃是分内之事。

四、流芳朝鲜半岛,"苔文上刻骆将军"

万历朝鲜战争期间,骆尚志在抗倭援朝其他方面的表现,朝鲜王朝史料也多有记载。据《宣祖实录》二十五年八月十三日第四条记载:

> 司谏李幼澄启曰:"小臣昨日承命过江……臣路上见南兵来到,皆是步军,所持器械,皆便捷,多带倭铳筒火炮诸具。其人皆轻锐,所着巾履,与辽东、北京之人不同。有骆游击者领来,其人善使八十八斤大刀,力举八百斤,号为骆千斤云。南兵渡江时,臣则未及见,下人等见之,皆不肯上船,只持所持之物于船中,游泳而渡,或有不舍所持之物而游泳者,极为从容渡涉云矣。"②

上述记载,是负责接待明军的朝鲜官员向宣祖国王汇报所见明军渡江情形。"过江",指渡过中朝界河鸭绿江。通过上文可知,骆尚志尚未过江之

---

① 〔朝〕李德馨:《汉阴文稿·附录》卷一《年谱(上)》,《韩国文集丛刊》(65),第483~484页。
② 《宣祖实录》卷二十九,二十五年八月十三日第四条,《朝鲜王朝实录》(21),第532页。

前,其"骆千斤"的威名就已传至朝鲜。其所率南兵(浙兵),对所携武器装备十分珍惜,上下将士皆不肯上船,只将所持武器和行李等物品放于船中,所有人员"游泳而渡",并且"极为从容"。这样的画面,彰显了骆尚志所部南兵(浙兵)爱护武器装备胜过自己生命的职业军人素质,以及从容不迫、坚定必胜的信念,深深地印在了朝鲜官员的脑海里。

宣祖朝官居都承旨的朴东亮(1569~1635),字子龙,号寄斋、梧窗、凤洲,他在《壬辰日录》中记述了骆尚志的一件趣闻轶事:"巡察使即使参将尚志,领兵入守义州。尚志勇力绝伦,号骆千斤将。尝见我国人十二名,运大将军箭一座,不能动。遂挟之左腋,如举一束薪,运置五里许地,略不以为劳。"① 此条记载可能多少有些夸张,但说明骆尚志孔武有力的传说,在当时的朝鲜已非常盛行。朝鲜朝野之所以热衷于传播骆尚志力大无穷这样一些传说,应与他奋勇杀敌的壮举有关。

朝鲜王朝后期文臣、学者尹愭(1741~1826),字敬夫,号无名子。他在《论壬辰事》一文中记载:"倭自平壤败归汉阳,以赢兵弱卒,出没于高阳。如松在开城闻之,贪掳获立功,驻大队,以轻兵掩之。才逾碧蹄岭,倭四面大至,如松麾下家丁,多被铳死。天将骆尚志素多力,号'骆千斤',被重铠,夹如松于腋下,且战且退,仅以身免。"② 此记载说的是碧蹄馆之役,由于明军都督李如松轻敌,陷入了倭军重围,身边的家丁多被倭军鸟铳射死,李如松也一度处于极其危险之境地。在此千钧一发之际,骆尚志"被重铠,夹如松于腋下",将其救出。这段史料的真实性无从考证,但鉴于骆尚志在战场上的一贯表现,我们有理由相信,如遇这种危急情况,骆尚志定会舍生取义、冒死相救的。所以这样一些传说足以让人相信,并得以流传多年,以至于两百多年之后,还被作为信史记载下来。这样一些记载,都是为了歌颂浙兵将领抗击侵略的英雄形象和功绩。

在抗倭援朝期间,骆尚志与多位朝鲜官员结下了深厚的友谊。除前面提到的以外,他与接伴官李时发之间的友情亦被传为佳话。朝鲜肃宗朝官至领议政的南九万(1629~1711)所撰《刑曹判书李公请谥行状》记载:"天将骆尚志号知兵法,宣庙命简文臣异日可任将者,差接伴官受兵法。李鳌城恒福举公(指李时发),骆将见公惊服曰:'中朝亦罕伦。'遂升拜

---

① 〔朝〕朴东亮:《寄斋史草(下)》《壬辰日录(四)》十月条,韩国古典综合 DB,https://db.itkc.or.kr,第 51 页。

② 〔朝〕尹愭:《无名子集》册十《论壬辰事》,《韩国文集丛刊》(256),2000 年,第 415 页。

大夫人于堂，将还，荐于上曰：'李某奇才。愿王大用。'"① "鳌城"为李时任兵曹判书的李恒福之别号。得知骆尚志熟知兵法，宣祖国王特意从文臣中挑选将来可担任将帅者作为接伴官，以便跟随骆尚志学习兵法。经数月共事观察，骆尚志觉得李时发是个难得的人才，于是在奉命回国前，极力向宣祖国王举荐，希望李时发能得到重用。宣祖国王显然采纳了骆尚志的推荐，因为此后凡是与明军有关的事务，必指定李时发参与，还连升其职，直至正五品的司谏院正言。② 这说明骆尚志在宣祖国王心中分量很重。对于因骆尚志举荐而得到擢升一事，李时发在《自叙》中也有提及："癸巳秋，天将并班师，留骆总兵及刘总兵、吴总兵等，镇守南边。上命选文官之他日可合将才者为接伴，鳌城举余膺选。即往庆州，随骆将留数月。甲午春，天兵尽撤回。余到京，已为翰林荐矣。余以承文著作为检阅，骆总兵有称誉于上前，因有升叙之命，即出六品为典籍。随骆将到义州，送行而回。"③ 李时发本人非常感恩骆尚志的举荐，正是凭借骆尚志举荐这样一个坚实的基础，李时发后来才有可能官至刑曹判书（正二品）、知枢密院事（主管全国军机诸务）这样的要职，逐渐成长为朝鲜王朝的股肱之臣。

骆尚志及其所部浙兵在朝鲜战场上的表现，进一步坚定了朝鲜王室对他的正面看法。如《宣祖实录》二十六年三月十二日第五条记载：

> 备边司启曰："伏见接伴使韩应寅等书状，提督近日将向临津云，未知毕竟作何处置，极其闷虑。其所谓以骆参将（名尚志）代李提督，专用步兵讨贼之言，以事势言之，不无取胜之理，但我国先发此请，则北将诸人不无愤怒，决难为也。"④

碧蹄馆一战损兵折将，李如松也落马负伤，自此便退守开城。对此，朝鲜王室一筹莫展，在柳成龙、李德馨等朝鲜权臣多次苦劝无果后，李如松的接伴使韩应寅（1554～1614）甚至提出了"以骆代李"的"荒谬"设想。

---

① 〔朝〕南九万：《药泉集》第二十三《刑曹判书李公请谥行状》，《韩国文集丛刊》(132)，1994年，第355～356页。

② 宋时烈在为李时发所撰《神道碑铭并序》中提道："自是天将之至，公必参其务，例升著作。荐授艺文馆检阅，升典籍。迁兵曹佐郎兼知制教训练都厅，汉学教授承文校检，俄又兼春秋馆记事官，又拜司谏院正言。"〔朝〕李时发：《碧梧遗稿》卷八《附录·神道碑铭并序（宋时烈）》，《韩国文集丛刊》(74)，1991年，第524页。

③ 〔朝〕李时发：《碧梧遗稿》卷七《自叙》，《韩国文集丛刊》(74)，1991年，第498页。

④ 《宣祖实录》卷三十六，二十六年三月十二日第五条，《朝鲜王朝实录》(21)，第661页。

接到备边司的报告后，宣祖国王虽然心中也很清楚此事"决难为也"，但还是给予了骆尚志以高度评价："骆参将，气岸雄豪，言论慷慨，功之成否，虽未可必，而其可为天朝将官之杰出者也。"①宣祖认为，骆尚志"气岸雄豪，言论慷慨"，虽不能断言换成骆尚志统率明军必能成功，但骆尚志可谓是明军将领中的翘楚。正是出于对骆尚志的赏识与信任，宣祖国王提出欲登门造访，但被骆尚志以身体有恙和不合时宜为由婉拒了。

> 李尚信还自骆参将下处，启曰："臣告以自上请见之意，则答曰：'近有疾病，且以和议之故，心甚痛愤。今若强疾晋参，则吾性急，不能容忍，必发排和之语，诸将应以为未便。'"……上教政院曰："骆参将处，当送礼物，内藏鹿皮一令，大箭一部，弓弣、筒介，环刀一把，纸五卷送之。且以委来，不得相会而去，深用缺然之意，极尽措辞，具帖以谢。"②

骆尚志没有接受宣祖国王的会面请求，他给出了两个理由：一是身体有病；二是当时明廷正遣使与倭军和谈，让他心生怅恨惋惜之情，如果与国王见面，以他的急脾气，势必会"发排和之语"，引起其他将领的不满。因此他认为此时会面不合时宜。宣祖国王理解骆尚志的处境与心情，只得下令以自己的名义赠送礼品，以表达对骆尚志的敬重和感谢。骆尚志回国前，宣祖还特意指示承政院致函以谢："骆参将（尚志）惓惓于我国之事，揭帖之回答，必加警敕，每示忧虑之意，至为感激。正朝问安揭帖，措辞致谢。"③宣祖国王认为，鉴于骆尚志为朝鲜倾心尽力地解难题，有必要发帖致谢。

骆尚志归国后，宣祖国王仍念念不忘，一有机会就打听骆尚志的近况。《宣祖实录》三十年十月十一日第四条记载：

> 上仍向杨游击（名万金，浙江人）下处。……上曰："闻大人原系南方云，骆大人（尚志）、戚大人（金）相识未？此两大人曾临小邦，小邦多受其赐。未知今在何地，做得何官，而起居何样耶？"游击曰："骆爷，乃俺亲族也，今为京营副总兵将，领水兵出来。而戚君，方任吴松游击，时皆安顿矣。曾来贵国而还者，皆感激国王恩德

---

① 《宣祖实录》卷三十六，二十六年三月十二日第五条，《朝鲜王朝实录》(21)，第661页。
② 《宣祖实录》卷三十六，二十六年三月二十四日第七条，《朝鲜王朝实录》(21)，第673页。
③ 《宣祖实录》卷四十六，二十六年十二月十六日第四条，《朝鲜王朝实录》(22)，第186页。

耳。"上曰："闻（骆）大人又将出来，不胜喜慰之极。"①

上述记载是宣祖国王到明军游击将军杨万金下榻处表示慰问时两人的一段对话。宣祖国王趁机向杨万金打听骆尚志、戚金回国后的情况，当听说骆尚志现任"京营副总兵将"，将领水兵再次入朝参战后，"不胜喜慰之极"。但事实上，骆尚志并没有再度入朝，这可能主要是年龄方面的原因，毕竟他第一次入朝参战时，已是六十多岁的老人了。

另据《宣祖实录》三十二年十月十一日第一条记载，宣祖国王在会见即将回国的明军游击将军茅国器时还嘱托说："骆参将大人，于小邦平壤之战，多有功劳。如见大人，为传小邦不忘之情，幸甚。"② 这说明虽然骆尚志回国已五六年了，但宣祖仍对其在"平壤之战"中的功劳及其对朝鲜人民所做出的贡献心存感激，趁茅国器回国之机，不忘向骆尚志传递朝鲜人民的"不忘之情"。

赵彭年（1549～1612），字景老，号溪阴，万历朝鲜战争期间曾参与接待明军。据洪良浩所撰《溪阴赵公墓表》记载："公每摄通礼官，进退有仪，酬答无滞。上喜曰：'予尝谓具宬善于此任，今彭年无逊矣。'当此时，华使络属。迎接礼繁。……公应对周旋。动合机宜。"③ 这说明赵彭年与明军将领建立了友好关系，因此得到了宣祖国王的赞许。其间，赵彭年应与骆尚志多有往来，并结下了深厚情谊，否则就不会赋诗相赠了。

次岳武穆北伐韵，呈骆参将（名尚志，天将）
推毂遣飞将，皇恩涨海陬。
勇寒凶丑胆，谋合鬼神幽。
马声喧后队，旗影闪前头。
料得驱歼尽，仍平六十州。（日本国六十州）④

此诗为赵彭年依宋代抗金名将岳飞（字鹏举，谥号武穆）的《送紫岩张先生北伐》诗韵所作。"紫岩张先生"，是指与岳飞同时期的抗金名将张浚，字德远，世称紫岩先生。《送紫岩张先生北伐》全诗为："号令风霆迅，天声动地陬。长驱渡河洛，直捣向燕幽。马蹀阏氏血，旗枭可汗头。归来报

---

① 《宣祖实录》卷九十三，三十年十月十一日第四条，《朝鲜王朝实录》(23)，第314页。
② 《宣祖实录》卷一百一十八，三十二年十月十一日第一条，《朝鲜王朝实录》(23)，第691页。
③ 〔朝〕洪良浩：《耳溪集》卷三十五《溪阴赵公墓表》，《韩国文集丛刊》(242)，2000年，第71页。
④ 〔朝〕赵彭年：《溪阴集》卷一，《韩国文集丛刊(续)》(6)，2005年，第339页。

名主，恢复旧神州。"① 大意是鼓励张浚收复失地，统一中国。《呈骆参将》与《送紫岩张先生北伐》所表现的"赶走侵略者，光复失地"的主题思想是完全一致的。

首联意为：明朝皇帝派遣骁勇善战的将领（这里具体是指骆尚志）援助朝鲜反击倭军入侵，皇帝的恩泽波及到远在海角的朝鲜。"推毂"，典故，推车前进，指古代帝王任命将帅时的隆重礼遇。

颔联意为：将军的威猛让倭寇丧胆，将军的智谋惊泣鬼神。"谋合鬼神"，智慧谋略如同鬼神。唐代著名诗人李白的《赠张相镐二首（其一）》有"秀骨象山岳，英谋合鬼神"② 诗句。

颈联意为：骆尚志率领的军队声势浩荡，后面的队伍传来阵阵战马的嘶鸣，而先头部队则是战旗猎猎飘扬。

尾联意为：明军一定能把倭寇赶出朝鲜，进而踏平日本国土。"六十州"，作者自注"日本国六十州"，这里指日本国土。岳飞《送紫岩张先生北伐》的尾联："归来报名主，恢复旧神州。"意思是说，官军凯旋的时候，把好消息报告给皇帝，告诉他收复了失地，祖国又得到了统一。赵彭年诗作的尾联也有收复失地、恢复山河之意，两首诗作的尾联表达了同样的情感。

诗作者赵彭年是得到宣祖国王赞许和信任的官员。据朝鲜王朝史料记载："有明万历二十年，即我宣庙之二十五年，天祸国家，岛夷匪茹，事将不测。先生（指赵彭年）以承文校理，扈驾龙湾，录一等功臣。"③ 与此同时，赵彭年在中朝联络工作中的出色表现，也得到了第二批援朝明军总指挥邢玠的赞扬。邢玠还积极向朝鲜高层举荐赵彭年，希望他能得到提拔重用："邢军门玠谓柳公成龙曰：'东国宜不竞也，如赵某者尚滞下僚乎。'"④ 得到朝鲜国王赞许和明军总指挥邢玠举荐的朝鲜官员赵彭年，作诗颂扬骆尚志，自然会进一步扩大骆尚志在朝鲜前线的影响力。

抗倭援朝胜利两百多年之后，正祖朝重臣、纯祖朝官至领议政的金载瓒（1746～1827）也曾赋诗纪念骆尚志：

---

① 赵子平、李玉珂：《爱国诗歌三百首》，石家庄：花山文艺出版社，1987年，第284页。
② 郁贤皓选注：《李白选集》，上海：上海古籍出版社，2013年，第443页。
③ 〔朝〕赵冕衡：《溪阴集·后序》，赵彭年：《溪阴集》，《韩国文集丛刊（续）》（6），2005年，第402页。
④ 〔朝〕洪良浩：《耳溪集》卷三十五《溪阴赵公墓表》，《韩国文集丛刊》（242），2000年，第71页。

233

素沙

郭亭十里没寒云，漠漠荒沙野日曛。

龟背苍然三丈石，苔文上刻骆将军。①

《素沙》诗共二首，这是其一，其二则是悼念在万历朝鲜战争中阵亡的朝鲜将士。此诗告诉人们，虽说万历朝鲜战争已经过去了两百余年，但朝鲜人民仍在纪念骆尚志等明军将领。"素沙"，地名，指素沙坪，亦称"金乌坪"，位于今韩国忠清南道天安市成欢邑与京畿道平泽、安城市孔道邑接界处。万历二十五年九月六日，经理杨镐与提督麻贵指挥副总兵解生等在此大破倭军，一日六战皆胜，逼退进攻朝鲜王京汉城的倭军清正兵团，取得了素沙大捷。素沙之战与平壤收复战、幸州之战被日方称为"朝鲜三大战"，可见素沙大捷在万历朝鲜战争中的重要战略意义。

金载瓒在此借景抒怀，当看到荒野里的一片茫茫白沙之中有一高大的石碑竖立在龟背之上，上面刻着纪念骆尚志将军的文字，不禁心生感慨：斯人已逝，英名长存！石碑竖立在龟背之上，取天长地久之意，也含有永远纪念骆尚志等明军将领的意思。骆尚志的名字被铭刻在胜利纪念碑上，说明作为明军主力战将，骆尚志不仅亲自参加了本次战斗，而且在战斗中有着不俗的表现。"苔文"，是指长满青苔的石碑上的文字，这里形容石碑年代久远。战争过去了两百多年，朝鲜王朝的高官仍赋诗纪念骆尚志，说明当年骆尚志为朝鲜保家卫国大业所建立的不朽功勋，不仅铭刻在朝鲜的历史丰碑上，而且也为朝鲜人民所铭记。

第三节　副总兵戚金

戚金是戚继光亲弟弟戚继明的儿子。② 据《蓬莱戚氏先代世次谱》记载："（戚）金，号少塘，少从少保戎，屡建战功，由百户历升守备、游击、参将。万历初，从总兵刘綎征关西，先诸将登高丽城，叙首功升副总兵，转江南吴淞总兵，因疾辞职，回籍定远。"③ "少保"，指戚继光，因戚继光官至少保左都督，故称"戚少保"。据此可知，戚金从年少时就跟

---

① 〔朝〕金载瓒：《海石遗稿》卷二，《韩国文集丛刊》(259)，2000年，第357页。

② 参见张德信、王熹：《戚继光研究资料粹编》(下)，烟台：黄海数字出版社，2016年，第1193页。

③ 张德信、王熹：《戚继光研究资料粹编》(下)，烟台：黄海数字出版社，2016年，第1198、1203页。

随戚继光南征北伐、守护边疆，得到了戚继光的栽培和提携。"高丽城"，这里指平壤，平壤系高丽时代西京，故称。文中称戚金在"平壤大捷"中"叙首功升副总兵"。"回籍定远"，指戚金回到祖籍定远居住。戚金祖上系安徽定远县人。明初，其六世祖戚斌因父功获授登州卫指挥佥事而入籍山东登州府蓬莱县（今蓬莱市），传至戚继光已是第六代，戚金为第七代。戚继光直系子孙仍多居住登州府蓬莱县，而戚金一支则回到了先祖居住地安徽定远县。

《明神宗实录》记载，万历十年三月，"升蓟镇守备戚金为大水峪游击"①。万历十一年二月，"升蓟镇大水峪游击戚金为古北口参将"②。由此看来，戚继光镇守蓟州期间，戚金作为其属下，先后任守备、游击将军、参将等职。戚金曾随戚继光转战南北，这是史学界所公认的。明末清初史学家、武学学者吴殳在《纪效达辞》中提道："戚公（指戚继光）养子名金，以军功来太仓刘河营为游击，练兵最有父风，海上父老至今称之。余族人有其部将者，得其操场令一册。天启乙丑余称见之于刘河。"③吴殳这里说戚金是戚继光的养子，"练兵最有父风"。范中义先生认为吴殳的说法也可能有一定的道理。不过，与戚金过往甚密的朝鲜领议政柳成龙却明确记载："戚金，乃戚继光亲侄。"④ 这一说法，与前面提到的《蓬莱戚氏先代世次谱》记载相符，似乎更为可信。下面通过朝鲜王朝史料所记载的戚金在抗倭援朝期间的表现，也可窥见戚继光军事思想对戚金本人以及在朝鲜半岛的影响力。

同上节的骆尚志一样，戚金也只参加了明军的第一次入朝作战，虽只有一年的时间，但由于战绩突出，且与朝鲜官员结下了深厚的友谊，所以中朝史料特别是朝鲜王朝史料对其多有正面记载。

一、平壤攻城战中"冒险先登，功居第一"

有关戚金统兵入朝参战的情况，申钦在《天朝诏使将臣先后去来姓名，记自壬辰至庚子》中作了如下记载：

---

① 《明神宗实录》卷一百二十二，万历十年三月二日条，台北："中央研究院"历史语言研究所，1962年影印本，第2273页。

② 《明神宗实录》卷一百三十三，万历十一年二月十七日条，台北："中央研究院"历史语言研究所，1962年影印本，第2483页。

③ （明）吴殳：《纪效达辞》卷十七《车兵篇》，转引自范中义：《戚继光传》，北京：中华书局，2003年，第364页。

④ 〔朝〕柳成龙：《西厓集》卷十六《记火炮之始》，《韩国文集丛刊》(52)，1990年，第320页。

> 戚金,号萧塘,山东登州卫人,自称与戚东塘继光为同宗云。癸巳正月,以钦差统领嘉湖苏松调兵游击将军,领步兵一千出来。俄升征倭副总兵,甲午正月回去。[①]

以上说明,戚金是以游击将军的身份率领一千步兵,于万历二十一年正月入朝参战的,万历二十二年正月离开朝鲜回国,在朝鲜征战一年。戚金入朝参战带领的是来自"嘉湖苏松"的士兵,也应是以"浙兵"为主。"嘉",指浙江嘉兴府。"湖",指浙江湖州府。"苏",指南京(南直隶)所辖苏州府。"松",指南京(南直隶)所辖松江府。这一带,也是当年戚继光带领浙兵抗倭的主要战区之一。

戚金参加抗倭援朝战争的情况,国内史料主要见于宋应昌的《经略复国要编》。万历二十年,宋应昌以兵部左侍郎经略朝鲜、蓟辽等处军务。《经略复国要编》中关于戚金参加抗倭援朝有这样的记载——"标下游击戚金领车兵一千名"[②],随大军入朝参战,在收复被倭军占领的平壤城战斗中,"戚将军等冒险先登,功居第一"[③]。这与《蓬莱戚氏先代世次谱》记载的戚金"叙首功"相吻合,说明在平壤攻城战中,戚金本人及其率领的浙兵也是最先冲上城头的。其实,这与前面所说吴惟忠、骆尚志及其所部浙兵最先冲上城头并不矛盾,因为他们是从不同方位发起进攻的。戚金是率部从"小西门"攻城的,而吴惟忠和骆尚志则分别是率部从城的北部和城的正南门(含球门)发起冲锋的。

戚金在平壤大捷中的另一贡献,是为攻城敢死队员配制了解药。万历二十一年正月初四日,经略宋应昌传檄给李如松,秘授攻城机宜:"须悬重赏召死士,俟黎明时,每人含戚金所合解药二三丸,用艾主事所置布袋,或盛米,或盛土,或盛沙石,再用柴草堆垛于上,攀援登城。"[④] 明军在发起总攻之前,先向平壤城发射了大量的毒火箭,以达到让守城倭军中毒昏厥的效果。而攻城的先头部队为防止自身中毒,则须人人口含解药,而这些解药就是戚金配制的。正因为这些解药在平壤攻城战中发挥了

---

① 〔朝〕申钦:《象村稿》卷三十九《天朝诏使将臣先后去来姓名,记自壬辰至庚子》,《韩国文集丛刊》(72),1991年,第274页。

② (明)宋应昌撰:《经略复国要编》卷四《报进兵日期疏(十二日)》,杭州:浙江大学出版社,2020年,第108页。

③ (明)宋应昌撰:《经略复国要编》卷六《与中军都督杨元书(初二日)》,杭州:浙江大学出版社,2020年,第170页。

④ (明)宋应昌撰:《经略复国要编》卷五《檄李提督并袁、刘二赞画(初四日)》,杭州:浙江大学出版社,2020年,第124页。

独特的作用，所以事后抗倭援朝的明军最高统帅宋应昌致书戚金："幸执事奋勇当先，一鼓遂下平壤，此希世功也。"① 这里既是赞扬攻打平壤城时戚金"冒险先登"，也有赞扬戚金为攻城"死士"配制解药的深层含义，因为戚金为攻城将士配制解药，保障了敢死队员的自身安全，进而激励了登城士兵的斗志。

戚金会配制解药，说明他懂得医术。这一方面的情况，《宣祖实录》亦有记载。万历二十一年十一月三十日，恰逢戚金生日，宣祖国王特意在御所接见慰问他。当听说王子光海君"以病留海州"，戚金关切地问道："以何病致伤乎？俺暂知医术，若见则可治其病矣。"宣祖国王当即表达了谢意："以小邦医药，累年治疗而未差。今承大人欲治之教，不胜感激。"戚金更是自信满满称："若书病证以示，则当治之。"② 当然，朝鲜方面是不会轻易让非专业人士为世子治病的。但这件事情说明戚金的医术应该有一定的造诣，不然不会如此自信，毕竟给王子治病之事非同小可。戚金的医术不仅在平壤攻城战中派上了用场，而且在与朝鲜王室的交往方面也发挥了作用。

平壤大捷后，朝鲜兵曹判书李德馨以诗相赠，给予戚金高度赞扬："帐下三千组练明，殊方先识旧家声。人传代北兵机妙，我爱关西世业清。画戟卓城边日退，牙旗下陇阵云平。再生恩德浑难报，应向南营别有情。"③ "组练"，借指精锐部队的武装军容。"代北"，指古代代州北部或以北地区，今山西北部及河北西北部一带，这里指戚继光及戚金驻防的明朝北部边境一带。"关西"，铁岭以西之意，即朝鲜半岛西北部，今朝鲜民主主义人民共和国平安南道、平安北道、平壤、慈江道一带。"牙旗"，旗杆上饰有象牙的大旗，多为主将主帅所建。"陇"，山冈高地。"南营"，南兵的兵营，这里指戚金所部浙兵。排在此诗前面的一首是《呈李提督》，首句是"两府雄关一战收，旌旗随处拥吟讴"，很明显，这两首诗作都是以平壤攻城战为主题的。《呈戚游击》一诗大意如下：戚将军帐下三千整齐的军容，让异域百姓见识到名门将后的风采。将军驻守大明北部边疆时的兵机之妙被人们口耳相传，而我却更爱让朝鲜千秋大业一变清平的将军在平壤攻城战中所立的卓越功勋。画戟如林高竖城头，阳光都被遮蔽了，将士们簇拥着帅旗冲下山冈，守城倭军溃败如流，战地硝烟亦随风飘散。

---

① （明）宋应昌撰：《经略复国要编》卷五《与游击戚金书（二十二日）》，杭州：浙江大学出版社，2020年，第152页。
② 《宣祖实录》卷四十四，二十六年十一月三十日第六条，《朝鲜王朝实录》(22)，第133页。
③ 〔朝〕李德馨：《汉阴文稿》卷二《呈戚游击》，《韩国文集丛刊》(65)，1991年，第301页。

再造之恩永世难报，特别是对于南兵的突出表现，别有一番感激之情在心头！戚金所部纪律严明、军容整齐，展现了当年戚家军的风采，因此，这里的"旧家声"，既包括戚继光对戚金的言传身教及影响，也包含着戚金对戚继光兵学理论的传承。

二、叮嘱朝鲜"恤民练兵，多造火器等事"

明军收复平壤后，随即南下攻取为倭军所占领的朝鲜京都汉城。在突袭汉城城北倭军龙山粮仓的战斗中，"戚金等率死士夜往焚之"①。龙山是朝鲜王朝时期的重要物产集散地，倭军占领汉城后，龙山即成为其军粮保障基地。龙山粮仓被焚烧后，倭军恐慌不已，只得仓皇撤出汉城，被迫与明军和谈。明朝方面因明军在南下追击倭军的战斗中屡屡受挫，以兵部尚书石星为代表的主和派借机派人与倭军和谈。戚金虽说受上司委派，参与了与倭军的和谈，但却对倭军的阴险狡诈有着清醒的认识。官至朝鲜辅国崇禄大夫（正一品）、领中枢府事的郑琢在《龙湾闻见录》中记载：

> 癸巳秋，（戚金）来从东路，留滞龙湾，尝与接伴使李德馨面话于馆中，语及时事，自说："贵国之事，甚为紧急，和战间唯在速完，以解民生一日倒悬耳。……倭奴若外示乞降，而内怀叵测，则表文亦不可上奏，已调南兵数万，尽戮此贼无疑矣。"仍语及贼数多少，游击（戚金）慷慨而言曰："……沈惟敬乃言：'平壤之贼，过六万，各处贼甚伙难敌。'盖欲主和而贪功也。继以提督述之报云：'釜山贼众，几六十万。'庙堂信其说，欲出兵击之，唯恐众寡不敌，诚可叹也。……"又曰："不佞在京城，见京城之民日渐死散。国王何以救活？百姓死亡，则非数年间可做得，而邦本倾矣。恤民练兵，多造火器等事，最为贵国第一急谋。未知贵国君臣，何以能善后邪？"语极丁宁，反复不已，为人大段，此焉可想。②

上述记载至少说明两点：一是戚金较早地认清了明朝兵部尚书石星所遣和谈代表沈惟敬为"主和贪功"而谎报倭军数量的虚假面目，及"内怀叵测"的日本假和谈的狡诈用心。万历二十五年正月，"丁酉再乱"爆发，谎报军情的沈惟敬也被朝廷定了死罪，戚金三年前的判断得到了验证。二

---

① （明）诸葛元声：《两朝平攘录》卷四，《续修四库全书》第 434 册，上海：上海古籍出版社，1995 年，第 176 页。

② 〔朝〕郑琢：《药圃集》卷六《龙湾闻见录》，《韩国文集丛刊》(39)，1989 年，第 528 页。

是戚金目睹朝鲜满目疮痍、民不聊生的惨状而非常痛心，再三提醒朝鲜方面当下最为急切的是"恤民练兵，多造火器等事"，以救黎民于水火，解百姓于倒悬。

李德馨时任汉城府判尹、李如松接伴使，倭军侵占朝鲜时，曾主动以请援使身份驰往辽东请求援兵，万历三十年（1602），时四十一岁，便出任领议政。"庙堂"，这里指明朝皇帝。对于明军高层与倭军和谈之事，朝鲜方面是极力反对的。戚金虽说也反对和谈，但作为明军将领，只能听从朝廷旨意，做好朝鲜方面的工作，提醒朝鲜利用和谈之机做好自己的事情。他曾安慰柳成龙等朝鲜高官说："此天子圣旨，而经略提督奉行，何敢不从？且倭奴已许返王子陪臣及人民，朝鲜亦当相时度势，姑为容忍，待后国势稍强，军兵稍练，自有复仇之日。如句践之生聚训练，方为长远之虑。岂可不忍目前之忿，而败大计乎？"① 戚金希望朝鲜能像春秋时期的越国国君句践那样，卧薪尝胆，隐忍以行，练兵自强以雪耻报仇。为了安抚朝鲜，使其与明廷步调一致，戚金还曾当面向宣祖国王解释明廷许封日本是有前提条件的："圣天子已为许封，而行长尽撤军入归，然后当为册封。若一倭尚留，则亦不许封贡，则时不许之矣。"② 也就是说，神宗虽已应允册封日本，但前提是倭军全部撤出朝鲜半岛，否则，只要还留有一个倭寇，中国也不会对日本进行册封。此外，戚金还曾在私下对朝鲜高官说："石尚书虽贤而无才，今此主和，乃尚书本意。"③ 他明确指出和谈是兵部尚书石星的主张。这里既有为明帝神宗开脱的意思，也是在给朝鲜传递这样的信息：明廷是支持将倭军彻底赶出朝鲜半岛的。由此鼓励朝鲜方面坚定必胜信念，做好战斗准备。

戚金在是否和谈问题上与朝鲜王室所见略同，因而得到了朝鲜王室更多的信任。《宣祖实录》二十六年十一月二十四日第二条记载：

> 左承旨张云翼启曰："臣诣戚总兵处，使通事李海龙，告以国王别遣问安之意，则总兵出接曰：'多拜上。'臣进前致词曰：'大人为小邦事，赤心怜恤，视同一家，有闷迫事，不得不仰禀。贼势猖獗，弥满左右道，凶谋叵测，故本国于谢恩陪臣之行，兼陈贼势，而经略以为：'没有闲话，只使一味谢恩云。'经略专管我国，其所分付，不可违，而若不奏闻贼情，则我国危亡之势，迫在朝夕，而天朝无由得

① 《宣祖实录》卷三十七，二十六年四月二十四日第九条，《朝鲜王朝实录》(21)，第 694 页。
② 《宣祖实录》卷四十四，二十六年十一月十八日第二条，《朝鲜王朝实录》(22)，第 125 页。
③ 《宣祖实录》卷三十八，二十七年二月十日第一条，《朝鲜王朝实录》(22)，第 220 页。

知，小邦君臣，日夜痛闷者，此也。伏乞大人，指授得达下情之路.'
云云。则总兵曰：'……尔国今若奏闻前后贼情，则经略得罪……可
使通事密送，俺当料理以报.'云矣。"传曰："……今总兵之言，与
予所料同，其为闷迫极矣。言于大臣，更为画策施行。"①

由上述记载可知，朝鲜承政院左承旨张云翼代表宣祖国王到戚金处慰
问，提出朝鲜当前遇到一大棘手问题，恳请戚金指点迷津。这里所说的
"闷迫事"，指朝鲜欲借谢恩之机，将倭军仍占据着朝鲜南部大片国土的事
实一并上奏万历皇帝，但遭到经略宋应昌的反对，被要求一味谢恩而不提
倭军依旧猖獗之事。这让朝鲜王室左右为难，他们既想如实禀告明廷，又
怕得罪宋经略。不知所措之时，他们想到了一向同情朝鲜遭遇的戚金。戚
金给出了一个两全其美的办法：谢恩使觐见皇帝时当面只提谢恩一事，而
私下里将实情以函件的形式"密送"皇帝。宣祖国王接受了戚金的建议，
指示照此操作。后来的事实证明，朝鲜国王的担心不是多余的，日本不久
就撕下和谈的假面具，再度大举入侵朝鲜。明廷也看清了日本侵略者的真
实面目，将力主议和的兵部尚书石星下狱问罪。这里引用这段史料，是想
进一步说明，戚金能认清倭军狡诈的本质，因而赢得了朝鲜方面的信任。

基于戚金以诚相待、处处为朝鲜所想，宣祖国王进而产生了请戚金出
面说服宋经略和李提督积极应战、彻底赶走倭军的想法。据《宣祖实录》
记载：

传曰："戚总兵待我以诚，领相宜于明日间，亲进问候，备陈贼
势，仍言曰：'大人视小邦如一家，寡君不胜感激。今贼势鸱张如彼，
小邦危迫如此，而无由得达天朝，此大人之所洞照也。寡君日夜痛
闷，罔知所吁。惟仰大人，如赤子之恃慈母。……愿大人，备将此间
事状，禀帖于经略、提督两大人，济生灵于涂炭之余，救小邦于危亡
之中，则大人之功之德，小邦万世永赖矣。'云云。"②

宣祖国王指示领相柳成龙前去看望和慰问戚金，主要是希望戚金能把
朝鲜对时局的担忧写成文书呈报给经略宋应昌和提督李如松，以便两位明
军主将也能认清倭军的真实面目，从而挽救朝鲜"于危亡之中"。宣祖国
王甚至提到"惟仰大人，如赤子之恃慈母"，虽说如此比喻有些夸张，甚

① 《宣祖实录》卷四十四，二十六年十一月二十四日第二条，《朝鲜王朝实录》(22)，第129页。
② 《宣祖实录》卷四十四，二十六年十一月二十八日第二条，《朝鲜王朝实录》(22)，第131页。

至过分,但从中可以看出,宣祖国王对戚金的倚重。当然,朝鲜方面也很体谅戚金的难处,柳成龙在和宣祖国王对话中就曾提道:"戚将为我国尽诚","戚虽贤将,其身系于经略,岂违其意,而发明我国事乎?"① 柳成龙认为,受制于宋经略的戚金实在是心有余而力不足,大有事先为戚金开脱之意味。前面提到,因为当时明军与倭军和谈是经明廷批准的,无论是负责朝鲜事务的经略,还是作为明军将领的戚金,都只能服从。朝鲜高层对戚金的体谅与理解,也进一步证实戚金的坦诚相待、与人为善的处世之道赢得了朝鲜君臣的尊重和信任。

在力所能及的情况下,戚金总是积极为传承中朝友好关系贡献自己的一分力量。譬如,他为维护宣祖国王的地位、稳定朝鲜政局做了许多有益工作,进一步拉近了其与宣祖国王之间的距离。柳成龙在《记癸巳冬司天使事》中记叙了这一重大事件。

> 时天将之在都城者,皆已西还,惟游击将军戚金在。戚金者,乃中原名将戚继光犹子也。性甚机警,往迎司天使于中路,与之偕还都城。日夕在司所,与之论议。是日夕,游击使人邀余相见于其寓舍。尽屏左右及译者,中置一桌子,桌上设二烛,纸笔砚于桌北面。置椅许余坐,手取纸亲书十余条,其第三条曰:"国王传位当早。"他皆处置军务,事即毕,令余视之。余不觉起立正色,即取笔不答他语,但书曰:"第三条所示,非陪臣所忍闻。大人读书万卷,岂不闻天下古今之事?小邦国势方危,若又于君臣父子之间处置失宜,是重其祸也。"因拱手而立。戚瞪目直视者良久,即取笔书其下曰:"是是是是。"遂取其纸就烛焚之,因呼其下人,不复有语。余亦辞出,时夜几二鼓矣。……是夜,戚又呼余言天使之意大回,国王可无虑,惟当尽力于国事而已。又曰:"俺久在此,已与国王相熟,且俺与王同壬子,曾于天使处极费周旋云。"余拱手谢,愿老爷终始此意,使小邦情意,得导达于天朝。则小邦之人,受老爷之赐不浅矣。戚皆应诺,余亦不敢启其事。②

上述事件发生的背景是万历二十一年十月,宣祖国王还都后,遣使奉表谢三京收复。明廷于是遣行人司行人司宪到朝鲜宣降敕慰谕,顺便察看朝鲜情势。同年闰十一月十一日,朝鲜领议政柳成龙和都承旨沈喜寿出迎

---

① 《宣祖实录》卷四十四,二十六年十一月三十日第一条,《朝鲜王朝实录》(22),第 132 页。

② 〔朝〕柳成龙:《西厓集》卷十六,《韩国文集丛刊》(52),1990 年,第 315 页。

于碧蹄馆，司宪撂下一句"俺入藩京，将有新举措"，让柳成龙一时摸不着头脑。次日午时，宣祖国王出迎于西郊慕华馆，然后引领到南别宫。司宪展开敕书宣读，其中说到丧败之因："或言，王偷玩细娱，信惑群小，不恤民命，不修军实，启侮海盗，已非一朝，而臣下未有言者。"① 如此措辞严厉、不留情面的批评，着实让朝鲜国王李昖感到颜面无存。"天使"，指明朝使者，因代表天子（皇帝），故称。

当晚初更时分，宣祖召见柳成龙提出要退位。他拿出一封信递给柳成龙。柳成龙看后愤愤地说："此尹根寿之所进乎？非徒言语凶惨，至欲割地而与他，人不忍见之。"② 原来，之前给事中魏学曾上奏本，认为朝鲜既然不能抵御倭寇，徒为中国累赘，应该将其一分为二，交给能抵御倭寇者管理。经略宋应昌撤还辽东，将魏学题本拿给接伴使尹根寿看，并说这是朝廷的决议。尹根寿回到京都，没敢启奏魏学题本之事，只是将宋应昌写给朝鲜陪臣的"札付"交付领议政柳成龙。柳成龙以非官方正式文件"咨文"而拒绝拆阅。③ 这次听说大明宣谕使来了，尹根寿考虑到万一提及魏学题本中的话题，国王"不可不先知此意"，于是决定将"誊书题本"上呈宣祖国王。④

本来皇帝敕书中的严词批评已让宣祖感到压力巨大，看到魏学题本内容，宣祖国王的心彻底凉了，他隐隐感觉到明廷中有一股强大的势力希望他退位，于是打算"退避大位"。

虽然遭到柳成龙的强烈反对，但宣祖去意已决，还是在第二天的宴席之上，将之前打算呈给都司张三畏的"退位意向书"亲手交给了宣谕使司宪，请求让位于世子光海君，希望司宪定夺。司宪表示，国王欲效唐明皇传位于唐肃宗，未必不是件好事，不过须"具本奏之天朝，圣皇旨下，与执政相议可否"⑤。司宪的此番表态，很明显有赞成宣祖退位的倾向。让人不能不怀疑他之前对柳成龙所说的"将有新举措"指的正是推动宣祖退位之事。

当时戚金因参与了迎接明朝使臣的活动，从司宪处了解到明廷的想法，便提醒柳成龙说："国王传位当早。"但柳成龙认为，在朝鲜"国势方危"之际，如若轻易变更王位，只能加重祸患。戚金显然没想到柳成龙会

---

① 《宣祖实录》卷四十五，二十六年闰十一月十二日第三条，《朝鲜王朝实录》(22)，第145页。
② 《宣祖实录》卷四十五，二十六年闰十一月十二日第八条，《朝鲜王朝实录》(22)，第147页。
③ 参见〔朝〕申炅：《再造藩邦志(三)》，韩国古典综合DB，https://db.itkc.or.kr，第58页。
④ 《宣祖实录》卷四十五，二十六年闰十一月十二日第四条，《朝鲜王朝实录》(22)，第151页。
⑤ 《宣祖实录》卷四十五，二十六年闰十一月十四日第四条，《朝鲜王朝实录》(22)，第151页。

如此说道，很是诧异，但他熟知朝鲜危急的情势，也了解王位后继者光海君的威望远不如宣祖国王，于是很快便认同了柳成龙的看法。当晚即与司宪沟通，费尽口舌，终于做通了司宪的工作，答应将朝鲜方面的意见上报明廷。戚金连夜又将司宪回心转意这一情况通报给柳成龙。戚金这一举动，凸显了他对朝鲜王室的理解与尊重，以及为维护中朝传统友好关系所做出的不懈努力，让柳成龙感到很是暖心。

两天后，戚金又询问宣祖欲退位的真正原因，柳成龙回答说，宣祖自流亡以来，自以为于国家有罪，多次想担责退位。戚金隐约感到宣祖欲退位当与敕书有关，便安抚说："天使极赞贵国王，圣旨严切，不过警敕耳，万无他患。"接着又掏出记事本让柳成龙看，其中有一条写道："朝鲜为必救之国。昔成祖文皇帝，定鼎燕京，以宣府、居庸等关为背，以防北胡，以山东、朝鲜为左臂，以遏海寇。若朝鲜不救，则帝京不安。"戚金举史实力证"朝鲜为必救之国"，为的是给朝鲜王室吃定心丸，让其相信大明绝不会弃之不顾。柳成龙被戚金以诚相待、处处为朝鲜着想的言行所深深打动，对宣祖国王感慨道："艰难之际，幸得此人。"①"其欲救我国者，终始不替，甚可嘉尚。"② 这说明，朝鲜王室对戚金在朝鲜期间的作为非常满意，其开诚布公的处事态度和欲救朝鲜于危难的一贯姿态得到了朝鲜方面的高度评价。

其实，戚金在给小西行长的信中，也曾表达过"朝鲜必救"的意思。他在给柳成龙的信中写道："不谷昨有书示行长云：'朝鲜受我天朝正朔，乃吃紧东藩，是必争之国也，虽调兵百万，征讨百年，必要朝鲜安枕而天朝方肯息肩。'"③ 戚金强调指出，大明与朝鲜为唇齿相依的关系，朝鲜有难，大明必定不惜一切代价全力相救，以期打破日本征服朝鲜的美梦。戚金将这段话转告柳成龙，也是为了给朝鲜打气，鼓励朝鲜要坚定必胜的信心。

此外，《宣祖实录》二十六年闰十一月十七日第十二条还记载了戚金写给柳成龙的三张纸条内容：

> 戚总兵书示三纸。一，天使君，连日极口称赞国君，青年老成，可兴之主，复命之后，定有敕奖。兵事者，独责成公一人而已，当竭

① 《宣祖实录》卷四十五，二十六年闰十一月十六日第三条，《朝鲜王朝实录》（22），第152页。
② 〔朝〕柳成龙：《西厓集》卷七《与戚总兵问答书启》，《韩国文集丛刊》（52），1990年，第138页。
③ 〔日〕朝鲜总督府：《朝鲜史料丛刊第四——唐将书帖》第三封信，韩国国立中央图书馆藏本，1934年。

力以任，庶不负天使君举也。一，天使云："光海君年幼，当使之早赴全罗，历练调度，以仰答圣谕。"此当早行，万不可违可也。贵国君，四十二岁，与不佞同年生也。一，恐有苛政，当除之，以苏民氓。此天使语也。①

戚金向柳成龙转达了宣谕使司宪的三条意见以及本人的一些附加叮咛。第一条意见是，宣祖国王"青年老成"，是"可兴之主"，能够担当起复兴朝鲜王国的重任。戚金补充说，军事方面的事情，天使只要求成公（指柳成龙）你一人负责，因此你要尽心竭力，以不负天使之举荐。第二条意见是，王子光海君尚年轻，还需要进一步历练，应该让他到抗倭前线全罗道一带去建功立业。戚金强调这件事应该早做安排，千万不可违背了天使的意思。戚金还说，宣祖国王与我"同年生"，都是"四十二岁"。"四十二岁"，应指虚岁，因为两人都生于壬子年（1552）。意思是说，宣祖国王正是年富力强、担责干事的好时候，不应退位。第三条意见是，如果存在"苛政"之嫌，应该废除，以减轻百姓负担、恢复民生。戚金在这里显然是想说明，他所看重的同时也是对明朝使者产生影响的是前两条意见。戚金对宣祖国王的坚定支持，不仅有利于当时朝鲜政局的稳定和全民抗倭，也进一步拉近了与宣祖国王之间的距离、增进了两人的感情。

明军与倭军和谈后，万历二十二年正月，明军主力撤离朝鲜。撤离之前，朝鲜方面希望能留下万余名南兵继续驻防朝鲜半岛，在给明朝的奏章中写道："今且为之经营善后之图，斟酌留守之兵。以万数千为数，而川浙者居多。"进而提出，希望能留下戚金等南兵将领："吴惟忠、骆尚志、戚金、宋大斌诸人也，此皆前日已试之胜兵，邦人所慕之贤将。而得之诚足以壮虎豹在山之威，绝鲸鲵出海之患。"② 因为戚金等均属"浙兵"，即在平壤攻城战中抢先登上城头的明军部队。前面提到，"浙兵"，亦称"南兵"，同时也是嘉靖年间戚继光创建的"戚家军"的代称。《明史》有"戚将军练浙兵，闻天下"③ 的记载。朝鲜的奏章既印证了戚金和浙兵在抗倭援朝战争中的英勇表现，也说明了戚继光留下的军事遗产在万历抗倭援朝战争中发挥了重大作用。

---

① 《宣祖实录》卷四十五，二十六年闰十一月十七日第十二条，《朝鲜王朝实录》（22），第 155 页。
② 〔朝〕崔岦：《简易集》卷五《槐院文录·奏谢恩》，《韩国文集丛刊》（49），1990 年，第 357 页。
③ （清）张廷玉等撰：《明史》卷二百九十二《忠义传四》，北京：中华书局，2000 年，第 5012 页。

三、将十四卷本《纪效新书》赠予朝鲜

戚金在明代抗倭援朝中的另一大贡献，则是将十四卷本《纪效新书》赠予朝鲜，为戚继光军事思想在朝鲜半岛的传播奠定了基础。据《汉阴文稿》载：

> （万历二十一年十月）上在肃川时，募兵教练卫扈帐前。还都后（还都，在十月初一日），命设训练都监。公从游击戚金，得戚太师继光《纪效新书》。继光在嘉靖间，御倭浙江，创设新法，以此能得全胜，诚御倭之良法。遂启进是书，请依此教练。上许之，以西厓公为提调，以公副之，以赵儆为大将。公协心规画，张大其事，设法募丁，逐日操练。置阵制器，皆仿浙法。置把总哨官，演习三手之技，数月而成军容。此后都监军，常宿卫扈从，国家赖之。①

"汉阴"即李德馨，字明甫，号汉阴，历官兵曹判书、吏曹判书、右议政、领议政等职。万历二十一年闰十一月，李德馨任兵曹判书。"戚太师"，即戚继光，官至太子少保。这段文字明确告诉我们，掌管朝鲜军务的兵曹判书李德馨是从戚金那里得到《纪效新书》的。另据《宣祖实录》记载：

> 戚游击揭帖："往年以兵革，从事贵邦，得接光仪，足慰平生至愿，继而贼势小炽，敛卒西归。荷辱深恩，执手叮咛，眷眷不舍。而又承沿途赤子，勒石记名，使不肖揽辔东顾，恋恋不忍去，国主爱之深，而诸士庶感之笃也。但倭贼情形不测，金亦知有变诈状，故临别时，以《纪效新书》，为别后赠，欲贵邦知此书而教此法，富国强兵以拒贼耳。近闻倭贼又犯，而盍国文谟武略者，想皆奋志，以报昔恨，此上天欲速此贼之自灭也，指日矣。兹因材官之便，肃此以代，惟天慈垂察焉。名具正幅。裕后。"②

这是万历二十六年二月，戚金托再度赴朝参战的明军千总朱文彩带给宣祖国王的信函。通过信函内容可以再次确认，戚金在万历二十二年正月率部回国前将随身所带的《纪效新书》赠送给了朝鲜。这里需要强调的

---

① 〔朝〕李德馨：《汉阴文稿·附录》卷一《年谱》，《韩国文集丛刊》(65)，1991年，第 483 页。
② 《宣祖实录》卷九十七，三十一年二月二十一日第五条，《朝鲜王朝实录》(23)，第 390 页。

是，戚金是主动将《纪效新书》赠送给朝鲜王室的。在信函中，戚金还交代了赠书的动因：一是因为与朝鲜君臣结下了深厚的友谊。依依惜别之时，不仅宣祖国王"执手叮咛，眷眷不舍"，朝鲜百姓也"勒石记名"，感谢他为朝鲜做出的贡献。而戚金也为朝鲜君臣百姓的真情所打动，频频勒马回首东望，恋恋不忍离去。这样的心境之下，留下珍爱之物，以感谢这份深情厚谊，是再自然不过的事情。二是因为他已料到侵略成性的倭军不会善罢甘休，希望朝鲜能依《纪效新书》之法练兵强将，防止倭军再次入侵。作为戚家军的老将，作为东南沿海抗击倭寇的亲历者，戚金对《纪效新书》在指导练兵强将方面的神奇功效是了然于心的，他比谁都清楚《纪效新书》对于急于练兵的朝鲜王朝的重要价值。

其实，在戚金赠书之前，宣祖国王已经设法拿到了十八卷本的《纪效新书》。前面提到，《纪效新书》是宣祖国王密令朝鲜译官从明军提督李如松部将那里高价买来的。至于究竟是哪位明将，却因缺乏相关的记载而无从得知。但是宣祖得到《纪效新书》的时间应该不晚于万历二十一年九月二十一日，因为宣祖是同年八月十八日傍晚到达海州，九月二十二日一早离开海州的①，而在海州期间，宣祖让柳成龙为其讲解《纪效新书》中难解的专业术语等。而就在离开海州几天后，宣祖于九月二十五日在延安府特令人快马加鞭追上已经出发上路的冬至使许晋一行，传令让其购买十四卷本的《纪效新书》："戚继光所撰《纪效新书》数件，贸得而来，但此书有详略，须得王世贞作序之书贸来。"② 我们知道《纪效新书》有两个版本，即十八卷本和十四卷本。其书原本为十八卷本，而有明末著名文学家、史学家王世贞作序的十四卷本系戚继光于万历十二年（1584）在广东任总兵官时，"复取《纪效新书》雠校，梓于军中"③ 的，正文部分将其在镇守蓟镇时撰写的《练兵实纪》的有关内容纳入其中。所以说，十四卷本的《纪效新书》包含着《练兵实纪》的核心内容，是在十八卷本和《练兵实纪》二书的基础上"雠校""删定"而成④，因而十四卷本《纪效新书》比十八卷本《纪效新书》的价值更高。⑤ 宣祖下令购买王世贞作序的

① 参见《宣祖实录》卷四十二，二十六年八月十八日、九月二十二日条，《朝鲜王朝实录》(22)，第 77、102 页。

② 《宣祖实录》卷四十二，二十六年九月二十五日第五条，《朝鲜王朝实录》(22)，第 103 页。

③ （明）戚祚国汇纂：《戚少保年谱耆编》卷十二《孝思词祝文》，北京：中华书局，2003 年，第 418 页。

④ 参见葛业文：《〈纪效新书〉十八卷本与十四卷本的相互关系》，《滨州学院学报》2014 年第 4 期。

⑤ 参见（明）戚继光撰，范中义校释：《纪效新书》（十四卷本），北京：中华书局，2001 年，"前言"第 3 页。

《纪效新书》，说明他最初入手的那本应该是修订前的十八卷本，后来他得知还有价值更高的新版本，所以才下购买令的。

而戚金所赠《纪效新书》，极有可能正是宣祖国王渴望得到的由王世贞作序的十四卷本，根据有五：其一，冬至使许晋似乎未能购得十四卷本的《纪效新书》。万历二十二年三月十日，许晋归国述职，宣祖国王对本次出使十分满意，下令为其升职加薪："且冬至使，多贸军器而来，至为可嘉，冬至使加资，书状官升迁，有功通事加资事，言于大臣。"① 宣祖特别提到冬至使买回诸多军用器械，却并未提及令其购买由王世贞作序的《纪效新书》一事。对此，最合理的推测应该是许晋一行没能完成购书任务，否则，如此渴望得到此书的宣祖国王不会只字不提。其二，同月二十日，宣祖询问兵曹判书李德馨是否读懂了《纪效新书》，李德馨回答说尚未全懂。② 前面提到，万历二十一年九月二十一日之前，宣祖国王已经得到了十八卷本的《纪效新书》，并委托柳成龙为其讲解难懂之处，因此这里所说的《纪效新书》，应该是李德馨从戚金那里得到的十四卷本《纪效新书》。其三，又过了二十天，即四月十一日，训练都监向宣祖国王报告军队训练事宜，在谈到操练规模时，引用了《纪效新书》中的一段话："故《纪效新书》亦云：'合众之操，顷刻完事目，力不能遍及，不如小操为亲切。'"在谈到练将的重要性时，又说："此《新书》所以既言练兵，而以练将终之者也。"③ 这里所引"合众之操"，"不如小操为亲切"的论述，只见于十四卷本的《营阵篇》，而以《练将篇》结尾的也是十四卷本。这说明，此时，训练都监已经入手十四卷本的《纪效新书》，且熟练掌握了其中的相关内容，而训练都监的实际负责人正是兵曹判书李德馨。从时间上来看，此时离戚金回国刚三个月，训练都监所掌握的十四卷本《纪效新书》，极有可能正是戚金所赠予的那本。其四，万历十二年，戚继光在广东总兵官任上"复取《纪效新书》雠校，梓于军中"时已经失势，在当时，十四卷本的《纪效新书》并不像十八卷本那样普及、那样有影响力，因此恐怕东征军将领手中鲜有十四卷本的《纪效新书》，但戚金与戚继光关系特殊，其手中握有十四卷本的《纪效新书》再正常不过了。也正是因为戚金清楚十四卷本《纪效新书》的价值，所以才在归国前，在明知朝鲜已经在依照十八卷本的《纪效新书》练兵的情况下，依然郑重其事地将其赠给了李德馨，希望朝鲜能按照十四卷本《纪效新书》来操练兵马。其

---

① 《宣祖实录》卷四十九，二十七年三月十日第三条，《朝鲜王朝实录》(22)，第 236 页。

② 参见《宣祖实录》卷四十九，二十七年三月二十日第一条，《朝鲜王朝实录》(22)，第 239 页。

③ 《宣祖实录》卷五十，二十七年四月十一日第三条，《朝鲜王朝实录》(22)，第 250 页。

五，如上所述，训练都监是按照戚金所赠《纪效新书》进行练兵的，而据后来朝鲜以训练都监那套《纪效新书》为蓝本改编而成的《纪效新书节要》《兵学指南》《武艺诸谱》三大兵书的相关内容可以断定，朝鲜训练都监正是以十四卷本《纪效新书》为军事训练和军队建设教科书的，这也是戚金所赠《纪效新书》为十四卷本的最有力的证据。

总之，《纪效新书》传入朝鲜的路径不一，有朝方主动索取的，也有明军将领自愿赠予的。虽说朝鲜方面最先入手的是十八卷本的《纪效新书》，但在指导朝鲜练兵与军队建设方面，包含《练兵实纪》核心内容在内的十四卷本《纪效新书》则发挥了主要作用。而将十四卷本《纪效新书》无私献给朝鲜王朝的明军副总兵戚金，为戚继光军事思想在朝鲜半岛产生深远影响创造了条件，从而为中朝军事教育合作与交流，为明、朝联军夺取万历朝鲜战争的最后胜利做出了不可磨灭的贡献。

除了留赠《纪效新书》以外，戚金还在助力练兵、教授施放鸟铳、指导制造六合炮、传授毒药和解药制作方法等多个方面发挥自己的特长和优势，为提高朝鲜军队战斗力做出了积极贡献。

关于助力朝鲜练兵，朝鲜后期著名学者黄胤锡（1729～1791，字永叟，号颐斋）在《书〈兵学指南〉后》一文中有所言及："宣庙既西幸，领议政柳文忠成龙建选丁壮，往学火炮、狼筅、枪剑诸用于天朝东援浙兵参将骆尚志及戚金等。金即继光族孙云。"① 也就是说，早在训练都监设立之前，戚金同骆尚志一样，就应朝鲜方面请求，开始教练前来军营接受培训的朝鲜新兵，既教授狼筅、枪剑等冷兵器，也传授鸟铳、虎蹲炮等火器的操作方法。

如前所述，壬辰倭乱初期，倭军之所以能以咄咄逼人的气势碾压朝鲜军队，在很大程度上得力于鸟铳的巨大威力。虽然在此两年前，日本曾送来两支鸟铳，但被朝鲜王室锁进了军械司，别说是一般将士了，就连都巡边使申砬也不知鸟铳为何物。他在达川战败自杀前曾写下"绝命书"，其中写道："青烟起处，有声如雷，不知何物，人死如麻。"② 其实说的正是倭军手中的鸟铳。直到大明援军到来，朝鲜才学会了施放鸟铳，而密授"铳丸引放之法"的还是明军将领戚金和骆尚志。据黄胤锡记载，"天兵既东援，柳成龙、李德馨等，始因游击戚金、参将骆尚志密授铳丸引放之

---

① 〔朝〕黄胤锡：《颐斋遗稿》卷十三《书〈兵学指南〉后》，《韩国文集丛刊》（246），2000 年，第 286 页。

② 〔朝〕黄胤锡：《颐斋乱稿》卷十五，庚寅六月初八日条，韩国数码藏书阁，https://jsg.aks.ac. kr，第 83 页。

法，我国此技于是精矣"①。结合上述两人助力朝鲜练兵一事可以断定，密授"铳丸引放之法"正是在这期间完成的。

戚金还曾依照《纪效新书》所定形制指导朝鲜试造"六合炮"，这在柳成龙的《记火炮之始》中就有记载：

> 《纪效新书》有六合炮，其制以木六片相辏为之，用以摧破墙壁舟舰，而未详其制造之法。癸巳（万历二十一年，1593）甲午（万历二十二年，1594）间，唐将戚金，乃戚继光亲侄，自言晓解其制，余请教之。既成而试之，炸裂不堪用。欲更造，而未几戚西去未果。②

上述记载说明，戚金指导朝鲜研制了《纪效新书》所载"六合炮"，然而初试并未成功，就在其查找原因尝试再造之时，却奉命归国，留下了一大遗憾。朝鲜方面也只好另寻他法，转而按照《纪效新书》所定规格制式，摸索着改造"子母炮"以用于实战。

由于戚金擅长制作毒药和解药，宣祖国王指示要向戚金学习制作方法："戚总兵毒矢之制，亦不可不及时学得。……或恳请于戚将，或征问于他天朝人，使之传习。"③ 虽然没能查找到戚金向朝鲜传授制作毒药和解药的具体记载，但结合他在朝鲜半岛的一贯表现及其与朝鲜方面的亲密关系，我们有理由相信，戚金极有可能如朝鲜所愿完成了传授。

四、"戚总兵之持身清谨，一毫不取"

戚金在朝鲜期间，除了在战场和练兵场上的突出表现为朝鲜方面所称道外，在其他方面，其人格魅力同样赢得了朝鲜方面的赞赏。万历朝鲜战争期间任朝鲜知中枢府事兼黄海道都巡察使的李廷馣，字仲熏，号四留斋。他曾对戚金、骆尚志、吴惟忠等浙兵将领做出过恰如其分的评价，其中对戚金的评价为："戚总兵之持身清谨，一毫不取。"④

与戚金有过交往的朝鲜辅国崇禄大夫（正一品）、领中枢府事的郑琢在《龙湾闻见录》中记载："游击都指挥戚金，为人节俭爱人，以道义自持。李提督如松东征倭贼时，率众亦从。行李萧然，其所经过，秋毫不

---

① 〔朝〕黄胤锡：《颐斋乱稿》卷十五，庚寅六月初八日条，韩国数码藏书阁，http://jsg.aks.ac.kr，第 83 页。
② 〔朝〕柳成龙：《西厓集》卷十六《记火炮之始》，《韩国文集丛刊》(52)，1990 年，第 321 页。
③ 《宣祖实录》卷四十八，二十七年二月二日第一条，《朝鲜王朝实录》(22)，第 214 页。
④ 〔朝〕李廷馣：《四留斋集》卷七《送皇朝谭都司诗序(乙未)》，《韩国文集丛刊》(51)，1990 年，第 310 页。

犯，严戢士卒，勿令挠害地方，深有古将之风。"① "深有古将之风"，是说戚金文武兼备、善于治军，这是对一位将领的极高赞赏。

朝鲜王朝中期学者、义兵将郑庆云（1556～1610），字德顒，号孤台，万历朝鲜战争爆发时，在咸阳召集义兵协助官军与倭军作战，曾参加晋州城保卫战。在其记录义兵活动的《孤台日录》中有这样的记载："四日甲申，夫将戚总兵金牌文到郡，金（戚金）先是领军驻砺山，御众仁明，秋毫不犯。砺人为立清德碑。至是以倭奴豕突于咸安故将结阵于晋州以遏凶锋故也。"② "牌文"，亦称"牌票"，旧时官方为某具体目的而填发的固定格式的书面命令，差役执行时持为凭证。砺山，指全罗道砺山郡，位于全罗道东北部。此条记载告诉我们，明军总兵戚金曾率部驻扎砺山郡，他御下仁爱明察，军纪严明，<u>丝毫不侵犯百姓利益</u>，砺山郡人感念其德，为其立清德碑（郑庆云曾亲眼见过此碑）。

柳成龙与戚金多有交往，对戚金的为人与行事风格颇为了解。一次，他在和宣祖国王谈到戚金时说："总兵不治边幅，吐露心肝，欢若平生，有同一家之意也。"③ 戚金视朝鲜如一家，能像老朋友一样吐露心声。这对于渴望同情与理解的朝鲜君臣而言是难能可贵的。

当宣谕使司宪询问明军是否存在"扰害生民"现象时，柳成龙如此作答："师之所处，荆棘生之，岂无此事？然刘綎、戚金在此，今无此弊矣。"④ 柳成龙的回答很艺术，通过强调如今的刘綎、戚金所部南兵没有扰民之弊，含蓄地揭露之前的北兵确有侵扰百姓之实。

戚金回国后，仍与朝鲜官员保持着书信往来。万历朝鲜战争期间曾任兵曹佐郎、仁祖朝官至左议政的李廷龟（1564～1635）曾两次收到戚金的来信。他在一封回函中写道："大人为小邦，两年驱驰，尝尽勤劬，留爱在人，清名在石，追挹高芬，令人起敬。况新书妙诀，实是韬钤指南。要使恬嬉积衰之习，一变至于节制，敝邦之受赐多矣。"⑤ 李廷龟先是感慨戚金在朝两年间转战各地、历尽艰辛，把大爱留在朝鲜君臣百姓心中；接着赞扬《纪效新书》是"用兵谋略""兵学指南"，是用来让军纪松弛的军队一变为节制之师的法宝，朝鲜从中受益匪浅。一句"敝邦之受赐多矣"，再次佐证了戚金赠予朝鲜的是十四卷本《纪效新书》这样一个事实。在另

---

① 〔朝〕郑琢：《药圃集》卷六《龙湾闻见录》，《韩国文集丛刊》(39)，1989年，第527页。

② 〔朝〕郑庆云：《孤台日录》卷一，万历二十一年闰十一月初四条，南冥学研究院译注，韩国坡州：太学社，第108页。

③ 《宣祖实录》卷四十四，二十六年十一月三十日第七条，《朝鲜王朝实录》(22)，第133页。

④ 《宣祖实录》卷四十五，二十六年闰十一月十四日第二条，《朝鲜王朝实录》(22)，第148页。

⑤ 〔朝〕李廷龟：《月沙集》卷二十四《回揭戚参将金》，《韩国文集丛刊》(69)，1991年，第517页。

一封回函中，李廷龟写道："牙旌西迈，已阅星岁。……况如高明曾临敝服，跋涉荒墟，冲冒锋镝，辛勤劳苦，万倍乎他。……岂料兹者得接尺素于累千里之外，而复蒙高明轸念下邦，查拨漂到人民，致之再生之地。非我高明勤厚之意，何以及此？其为感荷，实难容喻。"① 此封回函主要是为了感谢戚金将漂流至中国东南沿海一带的朝鲜人送回朝鲜一事。这说明，回国后任江南吴淞总兵的戚金仍十分关心朝鲜的事情，当得知有一众朝鲜人漂流到此，十分同情其不幸遭遇，在确认其身份后，将其悉数送归朝鲜，同时致信时任朝鲜兵曹佐郎的好友李廷龟，对此事做了交代。李廷龟回函感谢戚金为朝鲜又做了件实实在在的大好事。

　　抗倭援朝胜利两百年后，朝鲜人民对戚金的功绩仍津津乐道。朝鲜英祖和正祖两朝官员、文献学家、诗人李德懋（1741～1793）于己酉年（1789）十一月，召集能诗之人为国王卫队"壮勇营"创作春帖，他本人一口气创作了一百联，其中一联为："六丁驱没茅游击，万甲森罗戚总兵。"② "春帖"，又称"春帖子""春端帖""春端帖子"，是一种在立春之日剪贴在门帐上的书有诗句的帖子。此春帖大意为：能役使"六丁"驱逐倭鬼的是茅游击，而指挥千军万马军纪严明的则当数戚总兵。道教认为，六丁（丁卯、丁巳、丁未、丁酉、丁亥、丁丑）为阴神，为天帝所役使，能行风雷，制鬼神。道士则可用符箓召请，以供驱使。"六丁驱没"，是指借六丁之力驱逐倭鬼。"茅游击"，是指浙兵将领游击将军茅国器，后文将辟专节细述。李德懋创作这幅春帖的时候，离戚金、茅国器在朝鲜半岛抗倭已近两百年了，朝鲜军营里还在张贴歌颂两人的春帖，由此也可见戚金等浙兵将领在朝鲜王朝的深远影响。

　　上述朝鲜官员对戚金的评价，只是就某一方面，或就其所见所闻有感而发的议论，虽然侧重点有所不同，却都凸显了戚金身上闪闪发光的优秀品质。尤其是他所展现出的"古将之风"，应是戚继光长期以身作则和言传身教的结果，同时也闪现着戚继光当年威武的身影。朝鲜官员对戚金这些优秀品质的歌颂，让我们再次认识到戚金为朝鲜人民的解放事业、为传承中朝友好关系、为传播戚继光军事思想所做出的重要贡献。

① 〔朝〕李廷龟：《月沙集》卷二十五《回揭戚参将》，《韩国文集丛刊》(69)，1991年，第530页。
② 〔朝〕李德懋：《青庄馆全书》卷二十，《韩国文集丛刊》(257)，2000年，第292页。

第四节　游击将军王必迪

王必迪，浙江义乌人，号吉吾，亦是当年跟随戚继光南征北讨的浙兵将领。据明末崇祯《义乌县志》卷十《人物表·武职表》记载，王必迪为将门出身，其父瑥廿六公是随戚继光入闽的抗倭将领，兄弟五人：必进、必遇、必周、必达、必迪。二兄必遇为钦授把总，四兄必达为福建哨总，均阵亡于福建抗倭前线。王必迪本人也以战功得授金华守御所千户，后随戚继光镇守北方。义乌地方资料记载："王必迪是义乌王阡人，后改姓楼，……是嘉靖三十八年（1559）戚继光来义乌招兵时第一批招去的抗倭勇士。戚继光剿灭浙、闽、广三省倭之后北上修长城，这些抗倭将领也随同北上。万历二十年支援朝鲜抗倭，又从守长城的南兵中招四千兵去朝鲜。"[1] 据《戚少保年谱耆编》记载，明隆庆二年（1524）戚继光镇守蓟镇时，曾上书朝廷要求"往募南兵鸟铳手三千赴蓟"[2]，得到了朝廷批准。《明史·戚继光传》也记载："隆庆初……征浙兵三千，请专属继光训练。帝可之。"[3] 据此推断，王必迪应是这一时期到了北方，再次成为戚继光的部下。

王必迪在《义乌方志》中被称为"楼必迪"，据清光绪年间刊印《铜峰王阡楼氏宗谱》卷五中《世行传》记载："必迪，吉吾，任蓟镇三屯营统领南兵正总兵官，袭金华守御所千户……生于嘉靖二十年辛丑（1541）七月初十日寅时，卒于天启元年（1621）辛酉三月三十日。"之所以称楼姓，是因王必迪的曾祖楼澄三因姑亲王全一无嗣，过继为子，改名王珪一，至王必迪已传四代。王必迪在抗倭援朝战斗中立功回国后，请准恢复原姓楼氏，故称楼必迪。

王必迪同骆尚志一样，随明军第一次大规模入朝参战，虽说在朝鲜的时间仅有一年多，但同样很好地传承了戚家军的优良传统，获得了朝鲜方面的高度赞誉。

一、"平壤之战，异绩尤著"

关于王必迪入朝参战时的情况，柳成龙在《记壬辰以后请兵事》一文

---

① 张敏杰：《义乌文化的海外影响》，上海：上海人民出版社，2014年，第89页。

② （明）戚祚国汇纂：《戚少保年谱耆编》卷七，北京：中华书局，2003年，第237页。

③ （清）张廷玉等撰：《明史》卷二百一十二《戚继光传》，北京：中华书局，2000年，第3741页。

中有所记载:"(壬辰)十二月。天朝发大兵。……提督李如松为大将,率三营将李如柏、张世爵、杨元及南将骆尚志、吴惟忠、王必迪渡江。"① 另据《宣祖实录》记载:"天兵各营领兵数目:……统领南兵游击将军王必迪,领步兵一千五百名。"② 这说明,王必迪是壬辰年,即明万历二十年第一批大规模援朝明军南兵(浙兵)将领之一,其身份是游击将军。而朝鲜仁祖朝官至领议政的申钦在《天朝先后出兵来援志》中称,壬辰年间入朝参战的明军将领吴惟忠、王必迪均为"副总兵"③。这同前面提到的游击将军吴惟忠一样,是指入朝参战因战功擢升后的职务。

王必迪入朝后即参加了平壤攻城战,同样有不俗的表现,柳成龙于癸巳(1593)三月写给王必迪的信函中就提道:

> 老爷总统南兵,自平壤之战,异绩尤著,表表在人耳目。远近之人以及稚童贱妇,莫不以老爷为依归,引领矫首曰:庶几乎活我者。岂徒然哉?诚以南军之宣力最多。而老爷之诚心恻怛,所以怜悯小邦者,特出于寻常万万故耳。④

柳成龙称赞王必迪不仅在平壤大捷中战绩尤为显著,而且还救助了许多朝鲜难民,战乱中的妇女儿童都渴望得到他的保护。之所以如此,这一方面是因为南兵在战场上奋不顾身、勇往直前,另一方面是因为作为曾经戚家军的一员,王必迪有一颗同情百姓疾苦的恻隐之心,所以才能救助和保护这些弱者。

柳成龙对王必迪的评价,一是战绩突出,二是关爱百姓。这两点同前面提到的吴惟忠、骆尚志、戚金一样,都得力于当年戚继光的言传身教,是戚继光的优良品德在抗倭援朝战争中的发扬光大。戚家军的锤炼,铸就了王必迪英勇顽强、不怕牺牲的战斗作风,这在万历二十一年十月的安康之战中也得到了很好的体现。关于安康之战,在其写给柳成龙的信函中有所言及:"十月初三日,倭犯安康,本营防守庆州,势不容于不援,距州北三十里许,遇贼截杀,众寡不敌,彼此多伤。本营阵亡官兵二百一十六员名,丁壮之夫横罹锋刃,情实可惨。第不能代贵国歼灭贼寇,久戍于

① 〔朝〕柳成龙:《西厓集》卷十六《记壬辰以后请兵事》,《韩国文集丛刊》(52),1990年,第307页。
② 《宣祖实录》卷三十四,二十六年一月十一日第十六条,《朝鲜王朝实录》(21),第602页。
③ 〔朝〕申钦:《象村稿》卷三十八,《韩国文集丛刊》(72),1991年,第258页。
④ 〔朝〕柳成龙:《西厓集》卷九《答王游击必迪书》,《韩国文集丛刊》(52),1990年,第190页。

此，只增汗颜。"① "安康"，指安康县，今韩国庆尚北道庆州市安康邑，位于庆州城北三十里。安康当时是朝鲜转运军粮的必由之路，如果被倭军占领，那么庆州城也将不保，驻防朝鲜南部的明军和朝鲜军队就失去了后勤保障，后果将不堪设想。王必迪在给柳成龙的信函中，既为阵亡的二百余名官兵感到痛惜，也对没有保护好朝鲜百姓表达了愧疚之情。尽管自己的部属伤亡惨重，但让王必迪牵肠挂肚的仍然是朝鲜百姓的安危和作为明军将领所肩负的驱除倭寇的责任。

由于安康处在战略交通要道上，十一月初三日，倭军调集数万兵力再度进犯安康。② 当时情势十万火急，通过朝鲜官员李好闵（1553～1634）写给浙兵将领吴惟忠的信函便可略知一二。

> 十二月初二日，贼数万余，分三路进抢，直至安康县。安康乃庆州属县，在府治北三十余里，本道输运军粮、接济大军，皆由此路。此路若失，则粮道断绝，而庆州在贼围中，其危甚矣。小邦将兵官高彦伯、朴毅长等，各率赢兵，连日血战，抵敌不住，告急之报，相望于道。大人乃与总兵骆、游击王，从长计议，以为贼已绕我军后，犹不出兵，制其狂逞，则以单兵坐毙孤守，非得计也。遂抄发诸营兵千数百余人，出城迎战，杀伤相当。毕竟贼势浩大，难以赌胜，官军颇有损折。而贼亦力疲，经夜遁归。庆州得免丧败，而左道及江原沿海州县，尚未瓦解者。实此一战之功也。③

上述记载说明，在倭军大举进逼、安康县危在旦夕之时，驻守庆州的南兵将领吴惟忠、王必迪、骆尚志统一认识，派兵出城迎战。由于敌众我寡、力量悬殊，南兵多有伤亡，但还是逼退了倭军，保住了安康县，从而也保住了庆州，同时还鼓舞了周边地区军民反击倭军的斗志。

关于第二次安康之战的发生日期，《宣祖实录》中的多处记载与前述骆尚志给柳成龙的书信中均明确记载为"十一月初三日"，而李好闵所言"十二月初二日"却不见其他史料，故似为误记。

---

① 〔日〕朝鲜总督府：《朝鲜史料丛刊第四——唐将书帖》第二十三封信,韩国国立中央图书馆藏本,1934年。

② 刘总兵接伴使徐渚驰启曰："初三日晌午,塘报儿自庆州回来说称,倭贼分三路,犯庆州安康县……凶贼不有天兵,未及一月,再度来犯。"《宣祖实录》卷四十四,二十六年十一月十九日第九条,《朝鲜王朝实录》(22),第126页。

③ 〔朝〕李好闵：《五峰集》卷十三《吴游府（惟忠）前揭帖》,《韩国文集丛刊》(59),1990年,第521页。

王必迪在给柳成龙的另一封信函中曾提及:"本营三千官兵,除各死亡外,见在二千三百余人。……不佞扶病奔驰,将已半载,更二舍侄,均病死于此异域,征夫每为伤感,贱恙转增。"① 由此得知,万历二十一年夏,王必迪率兵驻守庆州时,麾下将士有三千人,可半年下来只剩下了"二千三百余人",伤亡六百多人,其中包括王必迪的两个侄子;王必迪为此极为伤感,病情也因之加重。"征夫",指出征的兵将,这里指王必迪自己。这也再次反映了王必迪爱护士兵、待士兵如同亲人的良将品质。这里记载的"三千人",与前面所引《宣祖实录》记载的"统领南兵游击将军王必迪,领步兵一千五百名"并不矛盾,因为后者是王必迪入朝时带领的士兵人数,而前者则是到了朝鲜后统领的士兵人数,两个数字不一定一致,前面提到的骆尚志也有同样的情况。

二、据理力争,维护官兵切身利益

王必迪既是一位善于带兵打仗的将领,也是一位有着军人血性虎气的将领,下面一段《宣祖实录》的记载,将其耿直的性格展现得淋漓尽致。

> 提督独还开城,即谕王必迪曰:"南兵功多,而独为劳苦,宜速还来。"……提督至开城,诸将游击以下,皆跪而听令,王必迪独立而言曰:"老爷不智、不信、不仁如此,而可能用兵乎?"提督怒曰:"何谓也?"必迪曰:"平壤攻城之日,不令而战,故军士不及炊食。为将者不念军士之饥,而遽使攻城,是谓不仁也。围城之日,俺在军后闻之,老爷驰马城外,督战曰:'先上城者,与银三百两,或授以都指挥金使。'今者先登者众,而三百两银何在?指挥金使,又何在焉?是谓不信也。大军不为前进,只率先锋往击,一有蹉跌,大军挫气而退,以是言之,非不智而何?如此而可以攻城耶?"提督闻其言,即出银给南兵云。②

碧蹄馆之役折兵损将,提督李如松锐气受挫,放弃攻打王京倭军的计划,不顾朝鲜官员极力劝说,执意退兵开城,主动放弃平壤大捷后形成的进攻态势。战争也随之进入和谈阶段。"王必迪抗争"事件正是发生于这样的大背景之下。

① 〔日〕朝鲜总督府:《朝鲜史料丛刊第四——唐将书帖》第三封信,韩国国立中央图书馆藏本,1934年。
② 《宣祖实录》卷三十五,二十六年二月二十日第二条,《朝鲜王朝实录》(21),第639页。

上述王必迪与李如松的对话可以说明这样几点：一是明军入朝参战以来，南兵劳苦功高，而王必迪所部南兵付出的辛劳最多。二是王必迪明辨是非、仗义执言，传承了戚家军言行一致、爱惜士兵的优良传统。戚继光教导领兵的将军要"常察士卒饥饱、劳逸、强弱、勇怯、材技、动静之情，使之依如父母，则和气生。气和则心齐，兵虽百万，指呼如一人"[1]。王必迪跟随戚继光多年，爱惜士兵的观念早已深入骨髓。正因为有着在戚家军多年养成的这样一种军事素养，王必迪才敢于坚持真理，对提督李如松"不念军士之饥"而下令攻城、对许诺的奖赏不兑现等行为公开进行尖锐的批评。三是反映了南兵（浙兵）将领不惧权贵、刚正不阿的优秀品质。四是王必迪批评李如松不仁、不信、不智，应该是传到了李如松那里，随后他便兑现了给南兵的奖赏。

王必迪刚强正直的性格及其对打败倭寇的坚定信念，赢取了朝鲜王室的好感与信任。柳成龙在《记壬辰以后请兵事》中记叙了与王必迪合谋突袭倭军一事。

十九日贼兵弃城南去。二十日，提督大军入京城。先是余贻书王必迪言："贼方据险固，未易攻，大兵当进驻东坡、坡州，蹑其尾，选南兵一万，从江华出于汉南，乘贼不意，击破忠州以上列屯。尚州以下之贼，疑天兵大至，必望风遁逃。京城之贼，归路断绝，必向龙津而走。因以后兵覆诸江津，可一举扫灭。"必迪击节称奇策，拨侦探军三十六名，驰往忠清道义兵将李山谦阵，察贼形势。时贼精兵皆在京城，而后屯皆羸疲寡弱。侦卒踊跃还报，云："不须一万，只得二三千可破。"李提督北将，是役也痛抑南军，恐其成功，不许。[2]

上述记载反映出当时朝鲜王朝高层对南兵，即以浙兵为主的南兵极其信赖与倚重。另外，材料也说明入朝参战南兵数量在一万以上。时任副提学、专门负责给明廷撰写奏章的李好闵，后历官判义禁府事、礼曹判书、弘文馆大提学、艺文馆大提学、知经筵春秋馆成均馆事、五卫都总府都总管，是身兼多个要职的朝鲜重臣。他在万历二十四年（1596）四月代表朝鲜王室写给明廷的《请兵粮奏文》中写道："复破此贼，非得浙兵不

① （明）戚继光撰，邱心田校释：《练兵实纪》卷二，北京：中华书局，2001年，第53页。
② 〔朝〕柳成龙：《西厓集》卷十六《记壬辰以后请兵事》，《韩国文集丛刊》(52)，1990年，第310页。

可。"① 朝鲜王室坚信，要想再次击垮倭军侵略者，必须倚重浙兵，否则是万不可能的。这说明"浙兵"在当时朝鲜王室心目中占据着十分重要的地位。如此看来，柳成龙殷切希望"南兵"能乘平壤大捷之际追击南逃的倭军，也就不足为怪了。柳成龙能与王必迪商讨如此重要的军事计策，说明他对王必迪是极其信任的。为了更好地支持和落实柳成龙提出的剿灭南逃倭军的计划，王必迪派出多名侦探到作战现场考察地形，同时联络当地的义兵将领，准备采取联合行动，给倭军以致命一击。但柳成龙提出的断绝倭军退路、被王必迪赞为"奇策"的作战计划，却遭到明军统率、提督李如松的否决，结果丧失了一次重创倭军的绝佳机会。对此，柳成龙给出的结论为：作为北兵将领的李如松忌惮南兵以此建功，故而否决了他的提议。柳成龙的观点是否客观，这里不做评述，但在万历朝鲜战争期间，援朝明军中南、北兵将领不和却是不争的事实。我们在这里不妨大胆假设一下，如果当时南兵执行了被王必迪称为"奇策"的作战计划，给倭军以沉重打击，那么也许日本就没有胆量或没有能力在万历二十五年再次大规模入侵朝鲜了。当然，历史无法重来，这只是一种美好的愿望罢了。但有一点是可以肯定的，那就是如果柳成龙的作战计划得以实施并取得成功，无疑会在浙兵抗倭援朝功勋簿上留下浓墨重彩的一笔。

王必迪刚直不屈，眼里容不得沙子，特别是当麾下士兵受到不公正待遇时，他总会挺身而出、直言抗争，为其讨回公道。万历二十一年四月，倭军撤离汉城一路南下，分屯海边，自蔚山西生浦至巨济一字展开十六处屯居点，"十六皆依山凭海，筑城掘壕，为久留计"。而明军则在岭南地区分兵驻屯，构筑了一条互为犄角的东西防线。其时，刘绖驻屯星州，吴惟忠驻屯善山、凤溪，李宁、祖承训、葛逢夏驻屯居昌，而王必迪与骆尚志共屯庆州。② 而庆州离蔚山不到百里，是名副其实的最前沿阵地，驻防于此的王必迪所部承受着巨大压力，付出了莫大的牺牲。王必迪在给柳成龙的信中写道："今我南兵驻守庆州，与贼伊迩，兵寡力疲，不堪屡战，况日夕哨伏，无时休息。毋论先后阵亡将四百人，感病物故贵国者已二百余人矣。"③ 由于王必迪所部"兵寡力疲"，且减员严重，于是吴惟忠、骆尚志便率部前来增援。《宣庙中兴志》对此有所记载："（癸巳）八月，时岭南左道，贼势尤炽。吴惟忠、骆尚志，移屯庆州，与王必迪及左兵使高彦

① 〔朝〕李好闵：《五峰集》卷十三《请兵粮奏文》，《韩国文集丛刊》（59），1990年，第503页。

② 参见《宣祖修正实录》卷二十七，二十六年五月一日第一条，《朝鲜王朝实录》（25），第639页。

③ 〔日〕朝鲜总督府：《朝鲜史料丛刊第四——唐将书帖》第三封信，韩国国立中央图书馆藏本，1934年。

伯等连兵。"①

然而，其间发生了一件事情，让王必迪再也按捺不住心里的火气，直接向朝鲜领议政柳成龙提出了抗议："昨承惠布，骆爷兵四百余人，每名得分布二疋，本营三千官兵，除各死亡外，见在二千三百余人，五六名不得分布一疋。彼此均系南兵，共成一营，而受惠有厚薄之殊。官兵多有愤懑而不平者，庆州天将吴、骆泊不佞止三人耳，地方官供应馈送之类，每每厚薄有无不一，同为贵国而分等第、别厚薄，恐非所以服人心也。"②

阴历八九月，天气由凉转寒，而东征将士"身无厚衣盖体"③。朝鲜方面筹集了一批棉布，分发给刘綎、吴惟忠等部将士作为冬衣布料。然而在配给过程中，却出现了厚此薄彼的情况：骆尚志所部将士分得的布匹比王必迪所部将士多出好几倍。同样是南兵，且在同一战壕里并肩战斗，待遇却相差如此悬殊，也难怪王必迪所部官兵愤愤不平了。朝鲜方面是出于敬慕"骆千斤"英名而有意为之，还是因疏忽了各部人员数量差异而造成失误，我们不得而知，但是不管是何种情况，如此做法的确是有失公允的。王必迪将实情反映给朝鲜领议政柳成龙，是希望朝鲜方面引以为戒，以后不要再发生此类问题，因为如果这样的问题一再发生，不仅会使自己旗下将士寒心，而且还会造成"南兵三营"互相猜忌与不和，从而影响南兵的形象和整体战斗力，而后一条的危害更甚，也是王必迪最为担心和顾忌的。

三、巧用战地书信，传递暖心嘱托

《唐将书帖》为万历朝鲜战争期间东征将领写给朝鲜领议政柳成龙的书信和公文集，成书于1594年，分乾、坤两册，乾册收录十九封（缺第八封内容，实际为十八封），坤册收录二十五封，实际共收录四十三封。其中，署名王必迪的有七封，数量最多，分别为第二、三、四、十三、十六、二十三、三十五封。另有第十一封虽无署名，但从内容上可推断亦当为其所作。如此说来，《唐将书帖》中共有八封为王必迪所作。④ 这说明，

① 《宣庙中兴志》卷四癸巳，转引自〔韩〕李炯锡：《壬辰倭乱史（别卷）》，韩国首尔：韩国自治新闻社，第1530页。
② 〔日〕朝鲜总督府：《朝鲜史料丛刊第四——唐将书帖》第三封信，韩国国立中央图书馆藏本，1934年。
③ 《宣祖实录》卷四十一，二十六年八月二十六日第三条，《朝鲜王朝实录》(22)，第82页。
④ 据杨海英教授考证，《唐将书帖》中，南兵参将骆尚志的书信亦为八封，明确署名的有三封，另有五封亦可断定为骆尚志所作。杨海英：《书〈唐将书帖〉后》，《中国社会科学院历史研究所学刊》第七集，北京：商务印书馆，2011年，第417页。

王必迪很善于利用书信这一沟通感情的纽带，和朝鲜权臣柳成龙建立互信与合作关系，以便更有效地解决实际问题。

王必迪八封书信的内容，涉及军需、劝农、作战、激励等多个方面。除了前述因朝方配给冬衣面料不公而向柳成龙提出抗议的第三封外，有关军需方面的信件还有三封。其中，被标注为第十一封信的主要内容如下："本营客戍已久，数月以来，风雨暴露，俱患伤寒痢疟，死者接踵。感事兴悲，不胜刿剜。乞垂念官兵之苦，有盐酱惠赐一二，感当何如？"① 此信没有署名，但是被标注为第二封信的信中提道："又承垂念本营之苦，馈以盐品，并赐绌果于不佞。"② 据此可以断定，《唐将书帖》的第十一封信，亦出自王必迪之手。该信的落款日期为"八月廿后四日"，其时，王必迪所部驻守庆州，生活环境十分恶劣。由于长期露宿野外、暴露在风雨之中，大部分士兵都患上了伤寒、痢疟，"死者接踵"，即便如此，还是连最基本的生活必需品食盐和酱菜都得不到保障。面对如此困境，王必迪知道靠坐等解决不了问题，便直接给朝鲜领议政柳成龙写信请求支援，希望朝鲜方面能体恤明军将士疾苦，提供些许食盐和酱菜。关于明军露宿野外的情况，在前面论及吴惟忠、骆尚志时已有提及，赴朝参战的明军特别是南兵，宁宿野外，不进民房，从不惊扰朝鲜百姓。但长期露宿野外，必然会对将士身体造成极大的损害。柳成龙在回信中，坦陈了朝鲜方面的现实困难："倭奴屯据海上，戎事结末，未卜远近，而民生日困，财力日竭。"同时提道："将鹿绸四端、茶食二百叶，奉呈行囊，而盐六包，略备营中支给之需。"③ 可见，经过王必迪的努力争取，军中缺盐少酱的情况得到了一定程度的缓解。

王必迪给柳成龙的另一信函，则显示了他能设身处地为朝鲜着想的博大胸怀。

> 尔国遭此大难，又兼兵马蹂踏地方，居民困苦，不忍见闻，良为叹息。承惠牛八只，又返其原价，足仞大义，谢谢。查得应付驮载军器四十余只内，有无主跟随者十一只，皆瘦弱不堪，以八只留犒三军，三只完璧，希查收发票为照，其余牛只，通候事完之日发还，特

---

① 〔日〕朝鲜总督府：《朝鲜史料丛刊第四——唐将书帖》第十一封信，韩国国立中央图书馆藏本，1934年。

② 〔日〕朝鲜总督府：《朝鲜史料丛刊第四——唐将书帖》第二封信，韩国国立中央图书馆藏本，1934年。

③ 〔朝〕柳成龙：《西厓集》卷九《答王游击书》，《韩国文集丛刊》(52)，1990年，第191页。

此示知，见存牛四十五只。①

从上述信函可以看出，王必迪对朝鲜人民遭受的苦难深表同情，对朝鲜方面在如此艰苦的条件下所给予的大力协助表达了感谢之意。他非常珍惜这份来之不易的"厚礼"，对朝鲜方面提供用来"驮载军器"之牛，包括"无主跟随者十一只"在内，如何使用、何时奉还都一一记录在案，并开具发票为证。这些看似细枝末节的小事，却彰显了王必迪认真负责的态度和严谨细致的作风。

王必迪心里装着朝鲜百姓，关心他们的冷暖疾苦，看到平壤以东大片荒芜的土地后心急如焚，当即致信柳成龙："平壤迤东地土荒芜殊甚，去年虽被残害，居民苦楚至极，今春趁此兴其农业，不佞谆谆劝谕者为抚民首务，幸速图之勿迟。"② 从"去年虽被残害"一句可以推断出，此信当写于万历二十二年早春。王必迪深知粮食生产的重要性和季节性，一旦错过节令，将会严重影响农业生产，因此再三叮咛柳成龙要高度重视春耕生产，不要误了农时，并强调说这是治理民众的首要事务。

此外，向朝方举荐人才，也是王必迪书信的一个主题。早在万历二十一年二月，王必迪就曾致信柳成龙，向其举荐忠清道义兵将李山谦。如前所述，"碧蹄馆之役"后，朝鲜战局进入明军与倭军的和谈阶段。倭军趁机提出七条要求：和亲、割地、求婚、封王、准贡、龙衣、印信。极力反对和谈的朝鲜王室认为和谈是经略宋应昌一手操弄的，便决定不拘一格地选拔富有才智和忠义之人，前去说服他回心转意，取消和谈。在讨论人选时，柳成龙奏道："李之菡之孽子山谦，为忠清道义兵将，二月间来开城府，见王必迪、吴惟忠，则王将通简于臣，大赞山谦曰：'何由培养此忠肝义胆之人乎？'臣见之，则极陈讲和之不可。此乃好底人，臣以为如此人宜率去。"③ 柳成龙对宣祖国王说王必迪曾在信中大赞李山谦为"忠肝义胆之人"。虽然《唐将书帖》没有收录王必迪的这封举荐信，但是王必迪的另一封信却可印证此事："道途咫尺，无由一晤，心怀宁想……李山谦营中事体，昨已具禀。……倘江边事情，希勿吝一一报闻，何如？"④

---

① 〔日〕朝鲜总督府：《朝鲜史料丛刊第四——唐将书帖》第三十五封信，韩国国立中央图书馆藏本，1934年。

② 〔日〕朝鲜总督府：《朝鲜史料丛刊第四——唐将书帖》第四封信，韩国国立中央图书馆藏本，1934年。

③ 《宣祖实录》卷四十四，二十六年十一月二十一日第六条，《朝鲜王朝实录》(22)，第127页。

④ 〔日〕朝鲜总督府：《朝鲜史料丛刊第四——唐将书帖》第十三封信，韩国国立中央图书馆藏本，1934年。

通过书信内容可以断定，此信应是万历二十一年二月王必迪驻防开城时所写。彼时，柳成龙在坡州，离开城很近。而"江边事情"，当指临津江防线动态。

万历朝鲜战争期间，柳成龙作为都体察使、领议政，在军事、外交、经济等诸方面都起着举足轻重的作用，其精神面貌和意志品质深刻影响着朝鲜政局。通过观察了解及书信交流，王必迪对柳成龙的人品和能力大为赞赏，多次在信中鼓励柳成龙要发挥聪明才智，肩负起领导朝鲜军民驱除倭寇、重建家园的历史重任。其中，万历二十一年八月二十九日，王必迪在信中写道："足下以旋转雄才撑持国是，倭难一日未靖，贤劳一日未已，丁此多艰之会，脱非忠荩之臣，则垂亡之祚何以维之？用是贵国以铨衡重任界之足下，古云：不遇盘根错节无以别利器，良有以也。乃今抱疾征进，百艰萃体，万钧之担即欲一释而不可得。昔范蠡种辈，俱以其身任国家安危，故卒能起沦没之国，而复不世之仇。矧今足下之贤又迈越臣之上，则今日虽遭困踬，而翌时之雄据诸国又未必非此变基之也。国以一人而兴，以一人而亡，足下多材厚德，植国本于千百年之固，有繇然矣。"[1]王必迪推心置腹地对柳成龙说，国家危难之时，须有舍生取义的忠臣方可维系，既然肩负着国家重任，就应当充分展示自己的才能；同时鼓励柳成龙要向范蠡等人学习，忍辱负重、转祸为福，夯实强国之基。

受命回国的前一天，王必迪在告别信中又写道："足下学裕经纶，才堪振起，国虽残破，而爱养元元，光复旧物，不过一转移之力耳！不佞虽别去，亦拳拳有厚望焉。……初三日渡江，军冗猬集，百尔私衷，不尽觊缕。"[2]此信的落款日为"季春朔后二日"，即阴历二月初二日。"元元"，这里指平民百姓。"初三日渡江"，说明王必迪是万历二十二年二月初三日渡过鸭绿江归国的。渡江之前，军务缠身，但王必迪于百忙之中仍不忘致信道别，殷切希望身为领议政的柳成龙发挥聪明才智，让黎民百姓早日恢复家园，并表示归国之后，会一如既往地关注朝鲜动态。

在共同抗击倭寇侵略的斗争中，王必迪与柳成龙肝胆相照、推诚相与，结下了深厚的友谊，这也许正是《唐将书帖》中王必迪的信函数量居首的原因。一封封真挚的战地书信，承载着热情与厚望，传递着信任与嘱托，在两人之间架起了一座跨越时空、超越国界的友谊桥梁，也将王必迪

---

① 〔日〕朝鲜总督府：《朝鲜史料丛刊第四——唐将书帖》第二封信，韩国国立中央图书馆藏本，1934年。

② 〔日〕朝鲜总督府：《朝鲜史料丛刊第四——唐将书帖》第十六封信，韩国国立中央图书馆藏本，1934年。

高尚质朴的家国情怀展现得淋漓尽致。

第五节　指挥使黄应阳

说到参加过万历朝鲜战争的戚继光的老部下，有一个人物不能不提，那就是在明廷出兵救援这一攸关朝鲜生死存亡的重大历史事件中，发挥了重要作用的指挥使黄应阳。

黄应阳，字复初，浙江永嘉人，为明代大学士黄淮第四代孙①，明军指挥使，曾是戚继光麾下参谋。万历二十年七月初一日，与其一道察视朝鲜的指挥徐一贯向前来迎接的朝鲜左议政尹斗寿自报家门说："吾等三人，皆抗（应为'杭'）州人。黄则参谋，我则赞画，与军师一般，黄则为间谋者也。昔年谭纶戚继光征倭经略时，黄参政是参谋。"② "参谋"，是军队中参与谋划和具体制定作战计划的僚佐，类似于现代军队中的参谋一职。据此可知，当年戚继光在中国东南沿海征伐倭寇时，黄应阳曾担任参谋，是戚继光信任的部下和幕僚。

黄应阳（朝鲜史料亦记作"黄应旸"）似乎与朝鲜有着不解之缘，他一生中有五次踏上朝鲜半岛，尤其是在万历年间的两次大规模抗倭援朝活动中，均能见到其活跃的身影。无论是前期在宋应昌标下，还是后期在杨镐帐中，黄应阳担任的都是军中参谋这一官职不大却十分重要的角色，这说明他熟知古今兵法、通晓战略战术。其间，黄应阳与朝鲜王室建立了极为密切的关系，成为最受宣祖国王欢迎的明军将官之一。而这一切均源于万历二十年七月的那场察视之行，黄应阳确认了朝鲜王室对大明的事大之诚，回国后极力为朝鲜奔走，积极推动明廷发兵救援，令命悬一线的朝鲜王室感激涕零。

一、被宣祖国王赞为"其高义，小邦仰之"

战争爆发初期，即使在军队节节败退、国家危在旦夕的情况下，朝鲜王室却并未选择在第一时间向明朝通报敌情并寻求帮助，而避难义州的朝鲜国王是假国王的传闻甚嚣尘上，再加上朝鲜之前曾与日本私下通信联络，种种不寻常的迹象难免引起明朝的警觉。明廷怀疑朝鲜与日本相互勾

---

① 参见〔韩〕朴现圭：《壬辰倭乱时期明军搜集和编撰韩国文献的活动》，邵毅平编：《东亚汉诗文交流唱酬研究》，上海：中西书局，2015年，第65页。

② 《宣祖实录》卷二十八，二十五年七月一日第六条，《朝鲜王朝实录》(21)，第509页。

结，甘愿充当日本进犯中原的马前卒。万历二十年七月，明廷在多次派人前往朝鲜实地考察而犹未得出明确结论的情况下，为彻查真相，兵部尚书石星差遣黄应阳、夏时、徐一贯三人，以侦探倭情和考察朝鲜军备状况为由前往朝鲜勘疑。

黄应阳一行是万历二十年七月初一入境朝鲜的。朝鲜方面安排礼曹判书尹根寿出面迎接。尹根寿事先征得宣祖国王同意，拿出之前（六月十一日）倭军先锋小西行长和对马岛主宗义智留在大同江边的两封书信。其中一封是写给吏曹判书李德馨的，另一封则是写给朝鲜三议政（领议政、左议政和右议政）的。两封书信中，日本欲假道朝鲜侵攻中原的狼子野心昭然若揭。黄应阳等看了日本留书，却故意说是假的，声言如能再拿出类似的书信方可信其真。尹根寿只好又拿出了一封由庆尚道转送而来的倭军书信，该信是都承旨李恒福预先带到义州以备不时之需的。黄应阳见到此信方说道："果倭书也。"① 随后塞进衣袖带走了。

七月初二，宣祖国王在义州龙湾馆接见了黄应阳一行。起初因怀疑黄应阳等为"反侧之人"（与倭同谋者），宣祖国王并不打算出面接见，便以黄应阳一行并非为传皇帝圣旨而来，恐怕出面接见有不当之嫌为由，指使承旨朴崇元征求廷臣们的意见。可廷臣们一致认为，黄应阳一行为明朝兵部所遣，国王理应接见。宣祖国王这才不得已接见了黄应阳一行。谁知正是这次情非得已的接见，黄应阳给宣祖留下了极好的印象。当听宣祖国王说因拒绝日本假道才惨遭荼毒蹂躏时，黄应阳当即捶胸痛哭道："为贼所迫不变臣节，而中国不知，乃反疑之。"② 黄应阳很是为坚守事大之义反而为明廷所疑的朝鲜王室抱不平。宣祖国王听黄应阳这么一说，忍不住失声痛哭起来，一旁的廷臣们更是泪流满面、泣不成声。

从后面发生的事情来看，黄应阳的捶胸痛哭绝不是装出来的，而是为朝鲜的事大至诚所深深打动后的一种真情流露。黄应阳一行原本打算到平壤去会会"真倭"，可如今亲眼见到两封倭书，知道倭军入侵朝鲜已是板上钉钉之事。鉴于事态紧急，第二天会见一结束，黄应阳一行便匆匆踏上了归程。据《宣祖实录》记载："其后闻之则应阳持其倭书，驰去旬日之间抵北京，且其所带画师潜写御容而归。自此中朝知其无他，遂大发兵，来救云矣。"③ 事后朝鲜方面听说，黄应阳携带着倭书快马加鞭日夜兼程，仅用十天的时间就到达了北京，将朝鲜实情上报朝廷，并呈上令画师暗中

---

① 《宣祖实录》卷二十八，二十五年七月一日第十一条，《朝鲜王朝实录》(21)，第510页。
② 《宣祖实录》卷二十八，二十五年七月二日第三条，《朝鲜王朝实录》(21)，第510页。
③ 《宣祖实录》卷二十八，二十五年七月二日第四条，《朝鲜王朝实录》(21)，第510页。

素描的宣祖国王肖像。明廷由此确认朝鲜并无二心，最终决定出兵以救。上述这段记载，虽没有明说，但已将黄应阳据实相报与明廷出兵相援捆绑到一起。次年正月初五日，宣祖国王与廷臣商讨平壤收复之策时，行礼曹判书尹根寿禀告说："华人言于臣曰：'中朝，初不信尔国有倭患，黄应阳入归后，方信。'云。"① 尹根寿所言，进一步证实了正是黄应阳的报告，让明廷确认了倭军入侵朝鲜的事实。对黄应阳勘疑朝鲜这一决定朝鲜王国命运的历史事件，除了正史《宣祖实录》以外，朝鲜诸多名人日记类史料中也有所记载。例如，赵庆男的《乱中杂录》中记载："壬辰春，疏到天朝。朝廷素知我国事大至诚，虽不信疏中之言，而亦未知真伪。告急之使，冠盖相望，而未蒙俞命。及黄应阳往退，后乃即调兵。"② 黄应阳到朝鲜之前，朝鲜派出的告急使络绎不绝，却未获明朝的积极回应，然而黄应阳一返京，明廷则立即做出了出兵的决定。在这里，赵庆男显然将黄应阳入朝勘疑视为明廷出兵的关键性因素。再如，朴东亮在《壬辰日录》中，借明朝兵部相关人员之口，形象地记叙了黄应阳为朝鲜奔走呼号的感人举动。"其后我国使臣到兵部。兵部人曰：'黄应旸还自尔国之后，逐日到兵部见石爷，出则攀辕痛哭，极陈可救之状。石爷亦垂涕。发兵之举，虽爷自初主张，亦黄之力为不少云。'"③ 按照兵部人士的说法，黄应阳回到北京后，每天都赶往兵部求见兵部尚书石星，如逢石星外出，便拽着石星所乘马车车辕哭诉朝鲜可救，其发自肺腑的言语，竟让石星为之动容。因此，明廷最终做出东征的决定。虽然出兵朝鲜得力于石星的坚持，但黄应阳的作用也不可小觑。

万历二十年九月二十二日，黄应阳受兵部尚书石星之命，持火牌驰往辽东，"令杨总兵先发辽兵七八千，急讨平壤贼"④ 朝鲜请援使郑崑寿在北京写给宣祖的状启，本欲让黄应阳带到朝鲜，但石星担心黄应阳因其他公务缠身难保行速，便改为让"夜不收"⑤ 特送。这才有了十月十九日宣祖询问"黄应阳已来耶？天兵亦俱到耶？"一事，因为宣祖通过郑崑寿的状启，已知晓黄应阳的行程和辽东将发大兵的信息。当听说明朝兵马尚未

---

① 《宣祖实录》卷三十四，二十六年一月五日第二条，《朝鲜王朝实录》(21)，第596页。

② 〔朝〕赵庆男：《乱中杂录(一)·辛卯》，韩国古典综合DB，http://db.itkc.or.kr，第109页。

③ 〔朝〕朴东亮：《寄斋史草(下)》《壬辰日录(四)》九月条，韩国古典综合DB，http://db.itkc.or.kr，第50页。

④ 〔朝〕郑崑寿：《栢谷集》卷二《在北京状启》，《韩国文集丛刊》(48)，第428页。

⑤ 明代军队中的哨探，因彻夜在外活动而得名，最初的职责是夜间外出侦察敌情，后扩至袭扰敌军后勤供应、刺杀敌军将帅、营救己方战俘等，类似于现代军队中的特战队员。

抵达,宣祖不免有些失望:"二十一日发程,则其来迟矣。"① 可见,宣祖国王期盼见到黄应阳的急切心情。

黄应阳返京后奔走呼号,促成了明朝发兵相救,宣祖国王自此对黄应阳态度大变。万历二十六年五月初五日,宣祖在与臣僚谈到明军诸参谋时,将黄应阳着实夸赞了一番:"王通判无将略,予之所见,黄应旸也。当初天朝疑我国反逆之时,力辩之,非用心至诚,不至此也。厥后,感激其恩,赠之以物,则不受,至于同侪,终至禀帖于经略,其为人第一人也。貌虽不扬,古人亦有张良。其上书极好,谋策亦好,戚启(应为'继')光亦待以义士云耳。"② 王通判,指经略宋应昌标下管理钱粮的河间府通判王君荣。上述宣祖国王对黄应阳的称赞,包含三个方面的内容。其一,当初明廷怀疑朝鲜与日本勾结之时,黄应阳极力为朝鲜辩白,如果不是用心至诚,很难做到这一点。其二,朝鲜王室感激黄应阳的救国之恩,每每赠送其礼物,但他从不接受,有时实在推辞不掉,就将礼物分给同僚,甚至禀报给经略宋应昌。宣祖认为,黄应阳摆袖却金,为人最为廉洁。其三,黄应阳虽其貌不扬,但颇有文采,而且善于施谋用计,才能堪比张良。此外,为了佐证自己的看法,宣祖国王还强调指出,听说戚继光也把黄应阳看作义士。

同年闰十一月,宣祖国王又同柳成龙等人谈到了黄应阳的为人和功劳,赞美之情溢于言表。

> 上曰:"黄应旸之功,不下于诸将矣。……黄应旸在江华,赍免死帖,多济民之事,其功大矣。小邦人人,无不感恩,虽为直言无妨。且见戚继光所制书,黄应旸、陶良性,并以义士许之。初见其书,未知何许人,到今见之,继光可谓知人矣。我国与倭谋叛之事,至诚拯救,黄之功不下于李提督矣。……应旸有义气、节操,虽有赠物,辄不受。予使译官,私送于下处,则非但不受,至言于他将官。来此唐官中,此人为最。继光义士之称,信不虚矣。……应旸非但有胆气节操,且以至诚待我,至于裹粮到兵部,以为坐起后告之,则必以先入之言为主,于未坐起前,极陈我国暧昧之情。厥后言于使臣曰:'我虽如是,而朝议如此,不胜慨叹'云。此人之事,予详知矣。"成龙曰:"黄应旸见我国人,至于泣下云矣。"上曰:"然矣,乃

---

① 《宣祖实录》卷三十一,二十五年十月十九日第一条,《朝鲜王朝实录》(21),第555页。
② 《宣祖实录》卷三十八,二十六年五月五日第三条,《朝鲜王朝实录》(21),第702页。

稀贵之人也。"①

宣祖国王先是定调说黄应阳对朝鲜的功劳不在明军诸将之下，然后又具体地论说黄应阳的功劳在李如松之上。论据便是当初明廷怀疑朝鲜与日本串通谋叛之时，黄应阳竭尽全力地为朝鲜奔走疾呼，促成了明朝出兵，从而拯救了朝鲜。如此说来，宣祖国王对黄应阳的评价，虽不无片面拔高之嫌，但站在其一国之王的立场上，得出这样的结论，也在情理之中。

宣祖国王提到，当年戚继光在书中并称黄应阳、陶良性为义士。遗憾的是，笔者没能查到相关史料，但"藕发莲生，必定有根"，宣祖国王或许确实听闻此说。一句"继光可谓知人矣"，既赞扬了戚继光慧眼识人，又印证了黄应阳的品行。

此外，除了赞扬黄应阳有胆气节操外，宣祖国王还列举了他至诚以待朝鲜的事实，使黄应阳为义理而战的形象更具形象性。因担心兵部尚书石星坐堂视事前听到其他先入之言而动摇支持出兵的决心，黄应阳竟揣上干粮，一大早跑到兵部，抢在石星坐堂之前向其汇报朝鲜的事大之诚及其所面临的困境，唤起了石星对朝鲜的同情之心，进而争取到了石星的强有力支持。

万历二十五年十二月十八日，宣祖国王在接见专掌明军军饷的永平府通判陶良性②时，还特地向其探询是否知道黄应阳，并大赞黄应阳："于小邦大有功，其高义，小邦仰之，而不及接待而别，追恨万万。"③ 宣祖国王所言黄应阳之"高义"，指的是黄应阳竭力促成出兵朝鲜一事。在宣祖国王看来，正是得力于黄应阳的多方奔走，明廷才最终决定出兵相救，这对朝鲜来说无疑是丘山之功。作为一国之尊的宣祖国王，能说出"小邦仰之"这样的话，足见其对黄应阳的感激之情。

二、"冒矢石劘战垒，暴露异域，终始劳瘁"

黄应阳分别作为经略宋应昌和经理杨镐标下参谋两次随大军入朝，为军门出谋划策、协调与朝鲜关系之余，在为朝鲜纾困解难以及文化交流等方面，也发挥了积极作用。

早在万历二十年七月初，黄应阳与夏时等到朝鲜勘疑时，就曾提醒朝

---

① 《宣祖实录》卷四十五，二十六年闰十一月二日第三条，《朝鲜王朝实录》(22)，第134页。

② 陶良性，浙江处州府缙云县人，因曾上疏反对与日本讲和，被宣祖国王赞为"好人"。

③ 《宣祖实录》卷九十五，三十年十二月十八日第二条，《朝鲜王朝实录》(23)，第351页。

鲜方面:"必浙江之筤筅、镗钯、火炮等军出来,然后此贼方可击。"① 值得注意的是,黄应阳说这话时,祖承训率领的辽东特遣队虽已屯驻鸭绿江边,但尚未发起平壤攻城战,也就是说,明军还没有跟倭军交过手。在这种情况下,黄应阳敢断言必须等浙兵出援方可击退倭军,说明他了解倭军的实力。黄应阳之所以有如此之说,是因为他早年跟随戚继光在中国东南沿海击退过倭寇,对戚继光针对倭寇创制的"鸳鸯阵法"以及"虎蹲炮"等火器的威力了如指掌,对戚家军过硬的心理素质和超强的作战能力深信不疑。

黄应阳的一句话点醒了朝鲜王室,使其知道了"浙兵"的存在,也才有了后来的请"南兵"之说。据《宣祖实录》二十五年七月二十七日第三条记载:"备边司启曰:'目今粮料,可支三千兵数月之供。请分陪臣三员,杨、祖两总兵及察院处,请炮手南兵数千。'上从之。"② 仅仅过了二十多天,朝鲜方面就将"请炮手南兵"提上了日程,这分明是受了黄应阳的影响。

黄应阳十分同情和体恤战火中的朝鲜百姓,在万历二十一年一月第二次入朝时,带去了万余张"免死帖",以拯救那些迫于倭军淫威而降服倭军的朝鲜平民百姓的性命。对此,《宣祖实录》有如下记载:

> 　　上幸新安馆,接见天将黄应旸、吴宗道、俞俊彦。应旸曰:"俺调兵南方,故不得与大军偕来。……提督辽东人,不辨皂白,只喜杀戮,故俺赍免死帖万余道,专为活民而来。愚氓虽或畏死附贼,而如非向道者,则俺皆给帖安接,许还其本业。如有间路,则幸指示之,使得绕出大军之前。"上曰:"虽有间路,而贼徒充斥,我国人亦不能通行。"应旸曰:"须以向导人二名,马三四匹见赠,则俺有妙策,不患难达矣。闻贵国人当出入于城中云,俺先往京城,变服入城,招抚人民,以图收复。"③

此次会面发生于万历二十一年正月二十三日,此时,李如松指挥东征大军已攻克平壤重创倭军,且兵不血刃地占领了开城,正准备乘胜向汉城进发。黄应阳因前往中国南方调遣南兵,没能随同大军入朝,也没能参加平壤攻城战。但他知道将门出身的提督李如松喜好杀戮,因此,为了拯救

---

① 《宣祖实录》卷二十八,二十五年七月一日第十一条,《朝鲜王朝实录》(21),第 510 页。
② 《宣祖实录》卷二十八,二十五年七月二十七日第三条,《朝鲜王朝实录》(21),第 521 页。
③ 《宣祖实录》卷三十四,二十六年一月二十三日第三条,《朝鲜王朝实录》(21),第 612 页。

那些可能成为李如松杀戮对象的朝鲜降倭民众，他特意带给朝鲜万余张免死帖。黄应阳表示，那些目不识丁的百姓，即使因贪生怕死而一时依附了倭寇，只要不是为倭军做过向导的，一律发给免死帖，准许其重操旧业。他要求朝鲜方面指引通往汉城的偏僻小路，以便能赶在李如松之前先期达到，以招抚京都汉城百姓。即便听宣祖国王说虽有小路，但被倭军把截，就是朝鲜人也难以通行时，黄应阳也毫无惧色，仍自信满满地表示，他自有妙策，只要为其准备两名向导和三四匹马即可。原来他听说朝鲜人可自由出入京都汉城，便想出了乔装打扮入城招抚的妙招。

当然，身为指挥使的黄应阳，尚不具备如此大的决策力，其背后必定有经略宋应昌的支持。对此，《再造藩邦志》中有明确的交代："经略闻平壤之捷，乃遣指挥使黄应旸，持免死帖，将招出京中附倭人民。"① 但无论如何，怀揣朝鲜国王的教书②，冒着生命危险，潜入倭军占领下的京都汉城，招抚羁绊其中的一众百姓，都不失为可歌可泣的英雄壮举。这样的善行义举，既反映出黄应阳对朝鲜百姓的体恤和关爱之情，也彰显了其胆大心细、有勇有谋的形象，无怪乎宣祖国王盛赞其"有胆气节操"。

万历朝鲜战争期间，明军将领在朝鲜修建了多处关王庙。而其中最早的，是万历二十六年春，由游击将军陈寅于汉城崇礼门（亦称"南大门"）外创建的"南关王庙"。因五月十三日是传说中关公磨刀的日子，明军指挥部便决定于此日举行大祭。不料，这个决定却给朝鲜王室出了一道难题，因为朝鲜方面拿不准国王该不该参加，如果参加又该如何行礼。因廷臣意见不一，一时难以定夺，礼曹判书李德馨只好征询黄应阳的意见。黄应阳答曰："关王是假王，虽有尊神之义，国王平时则不必亲拜，差大臣行礼为得体。但今当板荡奔遑之时，中朝小官来此者，国王亦礼貌之，为朝鲜新立之庙，国王一番降屈，未为不可。"③ 黄应阳认为，关羽去世后逐渐被神化，虽被推崇为关王，但毕竟不是真王，所以平时朝鲜国王不必亲自参拜，只委派大臣前往行礼即可。然而，现如今正处于祸乱滔天之时，就连明朝派到朝鲜的小官，宣祖国王都亲自接见、待之以礼，况且刚刚落成的朝鲜首座关王庙，有着非同寻常的意义。在这种情况下，宣祖国王屈尊前往参拜，于情于理都未尝不可。

① 〔朝〕申炅：《再造藩邦志（二）》，韩国古典综合 DB，http://db.itkc.or.kr，第 44 页。
② 朝鲜国王下达的命令书、训谕书、宣讲文等性质的文件。此教书由司宪府执义李好闵所代写。
③ 《宣祖实录》卷一百，三十一年五月十二日第六条，《朝鲜王朝实录》(23)，第 438 页。

在宣祖国王是否应该参拜关王一事上，黄应阳并没有像有的明军将领那样，一味地摆出一副强硬的态度，以致引起朝鲜方面的反感，而是结合实际情况，有理有据地提出了较为公允合理的方案，既能体现对关王的尊敬、安抚明军将士的情绪，又照顾到了朝鲜王室的面子及朝鲜方面的感受，因而得到了朝鲜方面的认可。

万历二十二年初，抗倭援朝告一段落，大批明军撤回国内。二月初七日，即将启程西归的黄应阳，在汉城东郊偶遇两位朝鲜老朋友，一位是兵曹判书李德馨，另一位则是承政院副提调李好闵。三人一起踏雪寻梅、吟诗唱和，在中朝文化交流史上留下了一段佳话。当事人之一的李好闵记载了下来："二月初七日，仆与汉阴偶出东郭，遇黄指挥于道上，相与雪里寻梅。是日，指挥将西归，以白折扇一把求诗。立书一绝以送，笔秃书不端楷，为可恨也。"①

黄应阳当天就要踏上归程，从此天各一方。三位心照神交，怎能舍得就此拜别呢？于是临时起意踏雪寻梅、以慰离别。"二月梅花开，正是探春时。"朝鲜半岛多山地，阴历二月，山中处处可见盛开的梅花，因此该月又有"梅见月"之称。在银装素裹的"底色"之上，点缀着傲雪绽放的红梅，构成了一幅冰清玉洁的美丽图画。然而景色再美，也留不住离人的脚步。依依惜别之际，黄应阳拿出一把白折扇求诗留念。李好闵当即挥毫在其上写下了题为《记梦》的五言绝句："东风芳草路，归去夕阳人。雪里看梅处，年年独自春。"当初，黄应阳潜入汉城招抚朝鲜降倭民众时带去的那封宣祖国王的教书，便是李好闵受王命当场一挥而就的。诗意为：仲春二月，东风和煦，芳草泛绿，一派欣欣向荣的美好景色，然而故人却要迎着夕阳回归故国。自此以后，一同踏雪观梅之处，每年只有春光独自照临，却再也见不到友人同行的脚印。一边是充满生机与希望的春日景象，一边是患难之交依依不舍的离别之情，抗倭胜利的喜悦心情，与友人的离愁别绪相互交织，真实地反映了诗人复杂的心境。

万历朝鲜战争结束后，回到国内的黄应阳仍然关心着朝鲜的事情，并尽心尽力地为朝鲜排忧解难。其中，不远千里登门为杨镐画像，助力朝鲜完成宣祖国王的遗愿，便是一大标志性事件。时任朝鲜领议政的李德馨在《进杨经理肖像启（庚戌）》中讲述了整个事件的来龙去脉：

---

① 〔朝〕李好闵：《五峰集》卷一《五言绝句·记梦》，《韩国文集丛刊》(59)，1990年，第325页。

邢军门回还时，中军戴总兵延春，请各建生祠堂置肖像。先王既以允其请，且以为如建祠置像，则有功劳于我国者，无如杨经理，当求其肖像于中朝以生祠。每赴京使臣之行，至给别人情，以求其真。而杨镐远在河南，无从觅得，徒费人情往返而已。往年臣赴燕时，得逢旧时标下参军黄应阳，语及此事。应阳约以来春，当寻杨经理看花村山斋，此时当写真留待云。去番奏请使译官李海龙之归，启请传致书札觅来矣。李海龙艰难寻得其家，则应阳答称："此画像逼真矣，而纸小无以展画样，须令善画人再摸云。"而传给于臣处。此乃先朝屡求未得者，而李海龙尽心觅来，深为可嘉。其画像当与邢军门一体写置祠堂。敢启。①

在上奏光海君的启状里，李德馨首先交代了朝鲜为明军统帅建"生祠堂"（为尚健在之人建的祠堂）的缘起；接着点出宣祖的决定，认为在东征军将帅中，经理朝鲜军务的杨镐对朝鲜的功劳最大，应求其肖像置于祠堂中；进而提到每当有使臣出使燕京，都会托人情找关系以求杨镐肖像，然而，杨镐当时赋闲在河南商丘老家，离燕京足有千余里，自然是徒费人情而无从获得；最后详述了本次求得杨镐画像的曲折过程：万历三十七年（1609），李德馨出使燕京时，偶遇当年杨镐标下参军黄应阳，向其提及此事。黄应阳允诺说，来年春天，将远赴杨镐老家去拜望他，届时会亲自为杨镐画像。后来奏请使译官李海龙将还自燕京，李德馨便启请光海君致书李海龙让其将杨镐画像带回朝鲜。当李海龙费尽周折找上门来时，黄应阳还不忘提醒说，此幅画像虽然非常逼真传神，然而画幅太小，须找临摹高手重新画一幅大的。

万历三十二年（1604），朝鲜王室就决定配享杨镐，可直到六年后，才在黄应阳的帮助下获得杨镐画像，终于完成了宣祖国王的遗愿。通过这件事情可以看出，黄应阳将朝鲜朋友所托当成分内之事，不遗余力地去完成。当然，这种责任与担当是建立在其与朝鲜王室的深厚友谊之上的。

三、与宣祖国王结下深厚友情

宣祖国王对黄应阳信任有加，不仅多次亲切召见，而且还两度致信问候。下面是两封书信的内容：

---

　① 〔朝〕李德馨：《汉阴文稿》卷九《进杨经理肖像启》，《韩国文集丛刊》(65)，1991 年，第 420 页。

自足下戾敝封，驱驰跋涉，勤悴忧劳，有万其端，而乃顾惓惓为小邦地，终始若一日。足见仁人君子秉心忠厚。恩洪力绵，宜以何报？自晋州城陷，小邦事势日迫，唯日徯之者，只天朝兵力尔，唯左右周旋而曲济之。

·············

阻挹清光，良深忡遡，逮辱敦谕，足想肝膈，载感载慰，曷形称谢。每念高明，辛勤万里，逖临殊服，不惮跋涉，终始周旋。糜躯粉骨，盖所难报。兹者高明，筹划处置，尤出人意表。无亦天相高明，俾佑东土，拯我沦丧耶？羁绁重回，俘掳生还（时两王子被贼所掳，应阳周旋得还），山川改观，品汇昭苏者，固是皇上至德，而亦高明在幙府协赞之力。纵有云云（应阳时中谗），何足介也。至如演武鸠粮，乃今经理大务，耳提面命，不一而足。敢不是究是图，以巩遗业。聊此回申。兼候起居。"①

前一封信应写于"第二次晋州城战斗"之后。万历二十一年六月，庆尚左道晋州遭到数万倭军的围攻，城中六万余军民惨遭屠戮。而朝鲜方面却束手无策，唯有引颈以待明军增派兵力。在计无所出之时，宣祖国王首先想到了经略宋应昌手下的参军黄应阳，便恳请他说服经略等明军高层加大围剿倭军力度，以救朝鲜苍生于倒悬之苦。

"幙府"，即"幕府"，旧时将帅办公的地方，因将帅出征时住帐幕而得名。"殊服"，此处借指异国。"高明"，高明之人，此处代指黄应阳。后一封信则是黄应阳在杨镐帐下做参谋时，宣祖国王给他的回信。在回信中，宣祖称赞黄应阳历尽艰难险阻来到异国他乡，自始至终为朝鲜的事情劳神费心；感谢黄应阳多方奔走，救出了临海君和顺和君两位被掳王子。虽然没有确切的史料佐证这件事情，但朝鲜史家多认定两位王子得以生还是黄应阳周旋的结果。此外，黄应阳在信中曾提醒宣祖国王，经理杨镐当前主抓两件大事：一是练习武艺，二是蓄积粮食。因此要特别上心，以免惹恼了杨镐，对联手抗倭大业造成不利影响。宣祖国王信誓旦旦地表示，一定会牢记黄指挥的教诲，认真筹划，把两件大事抓好，以巩固先祖传下来的基业。

万历二十五年六月，钦差经理朝鲜军务都察院右金都御史杨镐率大军入朝，开启了万历东征的第二阶段战事，可仅仅过了一年，他就因谎报军

---

① 〔朝〕申钦：《象村稿》卷三十七《应制录·与黄应阳书》，《韩国文集丛刊》(72)，1991年，第233~234页。

功等罪名，遭到赞画主事丁应泰弹劾而去职。作为门下参谋的黄应阳也受到牵连，被关进辽阳大狱。万历二十七年正月初六日，宣祖国王亲往龙山慰问粮饷主管赵如梅（山西潞安府壶关县知县）。趁此会面，黄应阳的外甥通过赵知县转呈宣祖国王一纸便笺，请求解救身陷囹圄的舅父。《宣祖实录》详细记载了当时的场景："有一人立于知县之侧，因知县，进一小纸，乃黄应阳妹子云者也。盖以黄也，以杨经理门下官，多有劳于东事，而杨公被参，累及应阳，辽阳分守道张爷禁狱。伏乞大王，推念舅氏微劳，恳于当宁老爷，早脱囹圄，幸甚。知县以其人之意，传告曰：'分守道别无朝廷之命，而擅自囚之。'上曰：'以杨之故，而至囚黄应阳云，不祥之甚也。此事当留心。'"①

"妹子"，此处为"妹妹的儿子"之意。"舅氏"，即"舅父"。"分守道"，为大明布政使司派出机构，主要负责地方财政税收方面的事务。"当宁"，原指"皇帝"，在此指明军门。对于黄应阳外甥之请，宣祖国王当即表示将关注此事，随后便命司译院都提调尹根寿代为修书一封，请求明朝兵部尚书兼蓟辽总督邢玠出手相助。尹根寿当年接待过黄应阳，详知黄应阳察视朝鲜、力推出兵的来龙去脉，因而由其执笔再合适不过了。

> 近日不审辕门动止何似。小邦横被构捏，不能自明，其于为人辨诬，固知不暇，而至如事由敝邦，絓于丹籍，则不可不痛陈其冤。窃闻原任参谋黄应阳自上年八月，囚系辽阳，迄未见释。盖以宣力小邦，仍招怨诟，未免抵讳，将陷大罪，迫可闷也。不谷于壬辰之岁，猝被倭祸，敝邦兵力极弱，无以抵敌凶贼，惟有出奔西路，以迩父母之邦，请出师拯救而已。贼锋将迫汉江，不谷避到平壤；其渡临津也，不谷又至义州，无非为此计者，其情诚可悲矣。其间乃有流言沸腾，或谓不谷引倭，要犯上国之计，或谓在义州者乃假称，而非真国王。传讹眩听，靡有纪极。而不谷自信累世事上之忠，全不知人言若此。乃于其时，应阳同夏游击，以兵部差官出到义州，非特探知贼势，又察小邦之情。不谷备陈当初因秀吉所送之使，以大义责其欲犯上国，拒绝其借兵假道，遂深触其怒，以速凶锋之状。应阳闻此，声泪俱下曰："忠而被疑一至此乎？"回到兵部，力陈我国实情，至写不谷之真，以证其非假，且上书请速驰援。石尚书始审其然，题请发兵。前后天兵之来救小邦者，实权舆于此。则不谷之感戴于应阳而欲

① 《宣祖实录》卷一百一，三十二年一月六日第一条，《朝鲜王朝实录》(23)，第554页。

为道地者，宁有纪乎？此外又有再次南下，冒矢石蹦战垒，暴露异域，终始劳瘁之功者乎。未预叙功之本，孰寝谤书之筐。贝锦无停，骇机倏加者，特以陪随杨抚台之故耳。历岁圜墙，含冤莫白，恐遂不免为塞外缧绁之鬼。言之良可于邑。应阳于不谷，非亲非旧，情势邈不相干，而乃不惮绝险千里，以救小邦为心者，盖激于义理而然也。夫人立心如此，斯已奇矣，未劝为善而终及于祸，此固仁人之所宜动心者。夫以台尊之明而少赐加察，则应阳之有罪无罪，不待辞之毕而决矣。诚愿亟与昭雪，特解冤枉，毋使有功无过之人，饮恨于泉壤。则不但应阳之幸，不谷之幸，而其为后来义士之劝者，殆无穷矣。情悃所发，敢冒台严，一味悚息，伏幸台亮。不宣。①

"丹籍"，此处当指犯人花名册，因古代犯人花名册用红色写的，故称。揭帖首先阐明了为他人辩诬的正当理由：一方面，出于本国的原因，有人无辜受到牵连，所以不能不为其述说冤情。另一方面，黄应阳被关押，完全是因其一心为朝鲜着想而招致小人的怨恨和诽谤，这着实令人痛心。然后用大量的笔墨叙述了黄应阳当初如何入朝鲜查验，后来又如何为朝鲜呼吁，以及在朝鲜期间的种种超凡表现，进而感叹道：黄应阳遭此大难，祸根正是随杨镐大人来援朝鲜，身陷囹圄已逾年，却含冤莫白，即将成为塞外监牢里的冤死鬼，让人如何不痛心！而接下来的一段话，最能打动人心。宣祖国王说黄应阳与自己非亲非故，却不畏艰难险阻，一心想要拯救朝鲜，这应是为正义和公理激奋所然。最后请求邢玠明辨善恶，为黄应阳昭雪沉冤，以免使有功之人饮恨九泉。那样的话，不仅对黄应阳来说是万幸之事，对朝鲜同样也是万幸之事，而且还会对后世恪守大义之人产生激励作用。

由尹根寿代笔的这篇《邢军门前揭帖》，围绕着一个"义"字展开全文，不但思路清晰、逻辑缜密，而且入情入理、感人至深。遗憾的是，笔者没有查到邢总督解救黄应阳的相关史料。但是，"递书救舅"事件之后，仅仅过了三个多月，黄应阳就再次出现在宣祖国王面前。这或许就是邢玠发力干预的结果。据《宣祖实录》三十二年三月二十六日第一条记载：

> 黄指挥应阳（壬辰西幸之初，中国讹言相传，以为鲜王，乃假王非真王也。应阳曾随王、赞二使而来，知国王面目，故自请往视，因

---

① 〔朝〕尹根寿：《月汀集》卷五《邢军门前揭帖》，《韩国文集丛刊》(47)，第262~263页。　　　273

肖像而去。于是天朝乃知真王，始议致兵救之，应阳多有力焉。是故上待之特厚，于其去也，手书"存心养性、明道诚身"八字赠之）至时御所，上行接见礼。上曰："大人以非罪，久滞辽阳，不谷心常不宁。今得奉拜，不胜欣幸。"应阳曰："人臣以国事为己任，横逆之来，不必论也。今以善后事，因经理分付，再来贵国，而年衰多病，将欲西归矣。"因以玉杯献之曰："此物，自汉时流传之宝也。"应阳因以所献玉杯，崇酒而进曰："凶贼既遁，太平有期，请以此为寿。"酒半，曰："惜乎！中国昔有谭尚书。此人若在，倭贼不复忧矣。"以七言律书呈，上曰："当十袭珍藏，永以为宝。"①

通过上述记载可知，黄应阳被释放后，曾受杨镐吩咐回到朝鲜处理善后事宜。事毕归国前，特向宣祖国王辞行。当宣祖国王为黄应阳因强加之罪而久被关押鸣不平时，黄应阳以一句"人臣以国事为己任，横逆之来，不必论也"来应答，尽显慷慨豪迈之气。虽遭受了牢狱之灾，但他那份对责任的坚守依然坚如磐石。黄应阳之所以能做到这一点，应该是跟随戚继光的那段峥嵘的岁月，为其打下了坚实的精神底子。临别之际，黄应阳拿出一个传自汉代的玉杯，亲自斟满酒献给宣祖国王，以此祈愿朝鲜盛世太平、国王寿比南山，并挥毫写下一首七言律诗，以感谢宣祖国王的知遇与解救之恩。

宣祖国王郑重表示，黄应阳的这份厚礼要珍藏起来，作为传国之宝一代一代传下去，并当场手书"存心养性、明道诚身"八个大字作为回赠。不难看出，"专心致志、修养身心、明白大义、至诚立身"，正是黄应阳在朝鲜期间心怀义理、不辞辛劳的真实写照，所以，这八个大字与其说是宣祖国王对黄应阳的殷切期盼，不如说是宣祖国王对黄应阳的高度评价。

此外，值得特别注意的是，在祝酒的过程中，黄应阳叹息道，如果谭尚书还在世的话，就不用担心倭患了。"谭尚书"，指谭纶，1572～1577年任兵部尚书，并在任上去世。谭纶满怀治国安邦的抱负，且具雄才大略。他熟悉兵事，知人善任，从浙江按察副使，到福建巡抚，再到蓟辽总督，直至兵部尚书，作为戚继光的顶头上司与莫逆之交，谭纶给予了戚继光充分信任和支持。黄应阳在宣祖面前突然提到谭纶，绝非酒后乱语，定是有所指的。作为军门参谋，他见识了文武之间的权力掣肘、南北之间的互相猜忌，因而更加怀念恢宏大度、唯才是举的谭尚书，渴盼

① 《宣祖实录》卷一百一十，三十二年三月二十六日第一条，《朝鲜王朝实录》(23)，第 592 页。

谭戚那样的将相和。

就在与黄应阳见面的第二天，宣祖国王在备忘记中留下了这样一段文字："昨见黄应阳所制诗中，有写梅之语。予素闻应阳善画。令事知译官通之曰：'昨陪大人，惠以佳篇亲笔，不胜感激。其中有写梅之语。愿大人乘闲暇日，写梅、竹、兰各十余幅惠我，当十袭珍藏，永以为宝，他日披见，如对大人之清仪馨德也云云。'"① 宣祖国王见黄应阳所写七言律诗中有描写梅花的诗句，联想到早就听说黄应阳擅长作画，便让译官转告黄应阳，希望他于闲暇之时，分别画梅、竹、兰各十余幅相赠，以便日后睹画思人。宣祖国王向黄应阳索画，绝不仅仅是出于喜爱那么简单，而是想作为纪念，让黄应阳的大德高义永留朝鲜大地。

几年后，得知宣祖国王去世的消息，黄应阳写下挽词十绝以抒发悲伤之情，后来又趁到朝鲜巡检之机，提出参拜宣祖陵寝的请求。可是由于没有先例可依，朝鲜礼曹不知该如何处置，便提请朝臣定夺。领议政李德馨奏曰："臣德馨赴京时，黄应阳见臣言曰：'闻先王之讳音，为制挽词十绝，西向再拜，插香以哭。'云，其情非偶然说道者，今来欲拜于陵寝，亦出诚意。在彼欲尽其情，则在我当从其言，何可以无旧例而拒之？临时听其所言，斟酌善处似宜。"② 李德馨认为，黄应阳对宣祖的深厚感情是由来已久的，而提出参拜宣祖陵寝③亦是出于诚意，朝鲜不能以无先例为借口无情拒绝。

关于黄应阳巡检朝鲜一事，朝鲜史料《续杂录（一）》中有如此记载："万历四十年，辽东遣指挥使黄应阳巡检本国。应阳到京，因巡视两南而还。所检八事：军务修否，要害守否，号令行否，士卒练否，粮饷储否，人心和否，器械整否。"④ 万历四十年（1612）八月，黄应阳受巡抚杨镐之命巡检朝鲜南部沿海一带，"哨探边务，不惮跋涉之劳"，受到了朝鲜国王光海君的盛情款待。黄应阳对朝鲜南方水路兵马齐备表示满意，同时也提出募兵屯田等建议，并表示要帮助朝鲜解决南方硝黄不足难题。他深情地对光海君说道："俺自先大王时，屡蒙眷爱，故于东国之事，靡不尽心周旋。"⑤

正如他自己所言，黄应阳对待朝鲜的事情，自始至终尽心尽力、无怨

---

① 《宣祖实录》卷一百一十，三十二年三月二十七日第二条，《朝鲜王朝实录》(23)，第592页。
② 《光海君日记》（重抄本）卷十九，四年八月十日第三条，《朝鲜王朝实录》(27)，第476页。
③ 即穆陵，位于今韩国京畿道九里市仁仓洞。
④ 〔朝〕赵庆男：《续杂录（一）·壬子》，韩国古典综合DB，https://db.itkc.or.kr，第105页。
⑤ 《光海君日记》（重抄本）卷二十一，四年十一月六日第五条，《朝鲜王朝实录》(27)，第557页。

无悔。这其中应该有报答宣祖国王知遇之恩的成分，但更多还是他那以国事为己任的家国情怀，以及坚守宗藩大义的责任担当。而正是这样的家国情怀与责任担当，让他拥有了开阔的眼界与格局，能够站在朝鲜的立场上考虑问题，也使其平添了勇闯虎穴的胆气，能够始终保持高风亮节，展现出高尚的人格魅力，从而赢得了朝鲜王室的尊重与信任。而这一切又都与其多年来接受戚家军优良传统的熏陶和洗礼分不开。

第六节　游击将军叶鲠

援朝明军将领中，游击将军叶鲠也曾是戚继光的部属，他虽然没有像前述吴惟忠等浙兵将领那样在朝鲜战场上与倭军短兵相接、白刃相拼，但同样很好地传承和发扬了戚继光的优良品德与军事思想。

一、"清谨之操，终始如一"

据申钦《天朝诏使将臣先后去来姓名，记自壬辰至庚子》记载："叶鲠以军门委差，丙申（万历二十四年，1596）正月出来，丁酉（万历二十五年，1597）二月回。"[1] 叶鲠于万历二十四年正月受明朝经略朝鲜的兵部侍郎孙鑛之命进入朝鲜，检查朝鲜备战情况，以防倭军再次来犯。叶鲠在朝鲜一年有余，做了大量的有益工作，经过深入细致的实地考察，给朝鲜提出了多条切实可行的建议，在指导朝鲜国防建设方面发挥了重要作用。

据《宣祖实录》二十九年六月十三日第二条记载：

> 备边司（领议政柳成龙、左议政金应南）启曰："今日臣等往见叶游击……游击又曰：'观国王所穿御衣，只是一件。此亦俭德，无非为民而然也。'臣等拱手称谢。又出家丁数人，试剑、三枝枪、棒，踊跃挥霍，移时而罢。仍曰：'吾随戚（继光）总兵有年，颇熟军机。往年浙江，亦被倭祸甚酷，赖戚爷得以扫荡。不然则其祸与此处何异？'臣等对曰：'小邦升平百年，不习兵革，以至于此。今虽欲依仿操练，而难于成就，奉老爷来此，深得戚爷妙法。若蒙提诲，则兵曹

---

① 〔朝〕申钦：《象村稿》卷三十九《天朝诏使将臣先后去来姓名，记自壬辰至庚子》，《韩国文集丛刊》（72），1991年，第279页。

等官，自当进听分付，得以教练军卒，尤为幸甚.'游击亦喜而有许意。"①

据上述记载可知，叶鲲曾跟随戚继光多年，熟悉戚继光的军事思想，知道如何对付倭寇。朝鲜官员称"游击将军浙江叶鲲"②，意指叶鲲是浙江人，或来自浙江。叶鲲还让几位家丁演示"剑、三枝枪、棒"等技艺，并答应帮助朝鲜"教练军卒"，按照当年"戚家军"的模式进行操练。叶鲲说自己"颇熟军机"，并非虚夸之语，这一点通过下面对叶鲲的进一步介绍可以得到印证。上述记载还提到，叶鲲对宣祖国王一心为民的"俭德"赞不绝口。这一切都说明，叶鲲深受戚继光的影响，不仅对遭受倭军蹂躏的朝鲜人民表达了深切的同情，也对朝鲜王室能与人民同甘共苦给予了真挚而诚恳的赞赏。与此同时，叶鲲在朝鲜巡查期间，以自己的言行诠释了戚家军将士勇于担当、敬业奉献的英雄风范，深深地感动和影响了朝鲜人民。

关于叶鲲进入朝鲜之前的一些经历，与戚继光齐名的明代抗倭名将、杰出的军事家谭纶在上奏朝廷的《举劾大小将领以饬边备疏》中曾提道："千总叶鲲体貌修扬，性资纯雅。早岁业儒，颇知经术。壮年就武，亦习韬钤。节省佛朗机料，价一千余两，毫发不苟。督造虎蹲炮三百余位，委用称能。多艺多材，任怨任事。操练各提战阵，能转弱以为强。监督总镇标游，皆知方而有勇，管督三路敌台。"③ 据此可知，叶鲲不仅饱读诗书、娴习韬略，而且多才多艺、有勇有谋，除督造大批性能优良的虎蹲炮外，还善于操练队伍演练战阵。此外，叶鲲还清正廉洁、一介不取，在负责仿制西式火炮佛狼机时，将节省下来的银两全部上缴、不失毫厘。综合叶鲲任千总时的诸多表现不难看出：戚继光的言传身教，影响并塑造了叶鲲清廉的品格，而升为游击将军的叶鲲又把这些优秀品德带到了朝鲜，奉献给了朝鲜人民反抗侵略、保家卫国的斗争。

叶鲲为帮助朝鲜解决实际问题可谓是呕心沥血、殚精竭虑，令陪同视察的朝鲜接待都监官员深受感动，上书建议将叶鲲的感人事迹通报给明军门。

---

① 《宣祖实录》卷七十六，二十九年六月十三日第二条，《朝鲜王朝实录》(23)，第 10 页。
② 〔朝〕李光胤：《瀼西集》卷三《次游击将军浙江叶鲲劝励歌双韵》，《韩国文集丛刊(续)》(13)，2006 年，第 254 页。
③ (明)谭纶：《谭襄敏奏议》卷十《举劾大小将领以饬边备疏》，影印文渊阁《四库全书》第 429 册，上海：上海古籍出版社，1987 年，第 819 页。

接待都监启曰："叶游击，清谨之操，终始如一，经过各邑，无毫发求取。且作《劝励歌》，以谋军粮，巡历都城，改筑女墙等事，无非为我国尽力。求诸天将，鲜有其比。令承文院，移咨于军门何如？"传曰："知道。依启。"①

报告中提到的叶鲶感人事迹有三：其一，到朝鲜各地巡视，没有借机谋取任何私利，始终保持清正廉洁的操守；其二，发挥文学才能创作《劝励歌》，以真情实意打动民心，帮助朝鲜解决军粮短缺的燃眉之急；其三，指导朝鲜都城城墙改造以增强防御能力。朝鲜接待都监认为叶鲶贡献突出，理应将其事迹通报给明军门。"求诸天将，鲜有其比"，如此高的评价，说明叶鲶的所作所为获得了朝鲜方面的高度赞赏和认可。

二、作《劝励歌》，"义言激烈扶颓纲"

对叶鲶作《劝励歌》募集军粮一事，《宣祖实录》中有较为详细的记述：

领事金应南曰："昨见叶游击，则所言皆兵粮措备之事。其意以为，我国有可措之路，而托以无有，故反复言之。稍待新谷之登，可以收合，而今则无助办之力，极为悯望云云。"上曰："新谷若登，则三万三千余兵所食之粟，出乎？"应南曰："不可必也。游击将有久住之计云云。"上曰："为甚事而来乎？"应南曰："专为粮饷而来矣。且闻游击招聚市井人，广颁《劝励歌》，而使之出米助饷，市井之人皆为叩头谢礼。游击色喜，仍馈之茶曰：'此国，文献之邦，而俺粗劣武人也。劝励之歌，岂可以观之哉？'"②

从上述记载可以看出，叶鲶到朝鲜的任务是考察朝鲜的粮饷供应情况。倭军大肆烧杀抢掠，导致朝鲜物资极度匮乏，不仅援朝明军的粮草要从中国调运，就连朝鲜军队及灾民所需粮食也要靠中国接济。朝鲜国王李昖曾向明朝求援："小邦生谷之源已绝，生灵无路救济……趁余民之未尽死，（天朝粮食）及时输到，庶可接济万一。"③然而大批粮饷运往朝鲜，不仅加重了明朝的财政负担，也给长距离运输带来了很大压力。正是在此背景之

---

① 《宣祖实录》卷七十八，二十九年八月九日第一条，《朝鲜王朝实录》(23)，第41页。
② 《宣祖实录》卷七十六，二十九年六月十四日第一条，《朝鲜王朝实录》(23)，第11页。
③ 《宣祖实录》卷四十九，二十七年三月十五日第一条，《朝鲜王朝实录》(22)，第237页。

下，叶鲹受命赴朝实地考察，希望朝鲜方面至少能解决好本国军队的粮饷供应问题。叶鲹在朝鲜认真了解"兵粮措备之事"，召集当地的商家和居民，号召他们以实际行动为捍卫家园贡献力量。朝鲜百姓为叶鲹的《劝励歌》所深深打动，纷纷出米助饷。一个中国将领，能在异域他乡拥有如此大的号召力，与当时紧密而友好的中朝关系不无关系，而叶鲹自身的人格魅力，及其《劝励歌》超强的感染力在其中起着更为重要的作用。叶鲹自称是"粗劣武人"，不会舞文弄墨，所写《劝励歌》，在有"文献之邦"美誉的朝鲜实在是摆不上台面。虽说这是叶鲹自谦之辞，但《劝励歌》在朝鲜能有那么大的影响，主要还是因为它说到了朝鲜人民的心坎上，点燃了他们的爱国热情，这也印证了叶鲹对朝鲜人民同情，这充分展现出叶鲹迎难而上、舍我其谁的自信和担当。

叶鲹能想到作歌劝粮，在很大程度上应该是受了戚继光的影响。戚继光当年就十分重视诗歌对士兵的教育作用，在《愚愚稿》（上）中作过具体论述："歌诗不独可行于经生学子，行伍中遇阴雨客邸之日，择好忠义激烈戎言戎诗歌之，感发意气，愤悱志向，使司忠主庇民之道，亦一教也。"[1] 戚继光没有仅仅停留在理论层面上，而是将理论付诸实践。嘉靖四十一年八月，戚家军一举攻克横屿，凯旋路上，全军将士曾月下小憩。为缓解疲劳、提振士气，戚将军即席创作了一首名为《凯歌》的军歌："万人一心兮太山可撼，惟忠与义兮气冲斗牛。主将亲我兮胜如父母，干犯军法兮身不自由。号令明兮赏罚信，赴水火兮敢迟留。上报天子兮下救黔首，杀尽倭奴兮觅个封侯。"[2] 鉴于士兵文化水平普遍较低，戚继光以通俗的语言，晓之以忠义和法令，动之以情感与名利，并配以军乐，亲自教授，收到了"一唱三和，声震林木。兴逸起舞，上下同情。抵掌待旦，浩然南征"[3] 的良好效果。在传统儒教文化背景之下，"博取功名、光宗耀祖"正是年轻人所梦寐以求的最高理想境界，因而能最大限度地激发将士们的报国热情和雄心壮志。叶鲹对戚继光所作军歌的教育意义和震撼效果是有真情实感的，所以当目睹朝鲜面临的军粮难筹困局时，便毫不犹豫地仿效戚将军，作《劝励歌》以打动朝鲜民心，结果也正如其所愿，军粮短缺问题得以缓解。《劝励歌》原文如下：

① （明）戚继光撰，王熹校释：《止止堂集》，北京：中华书局，2001年，第265页。
② （明）戚继光撰，王熹校释：《止止堂集》，北京：中华书局，2001年，第19页。
③ （明）戚继光撰，王熹校释：《止止堂集》，北京：中华书局，2001年，第19页。

朝鲜素为礼义邦，羞称武事尚文章。

当年岛夷肆纵横，崩沙破竹入平壤。

国君颠越在草莽，王子系累去扶桑。

王京一炬半尘垆，赤地千里惨日光。

追思切齿恨何长，不共戴天仇岂忘？

毋言有志力未遑，事由人尽鉴由苍。

君不见，

卧薪尝胆沼吴疆，枕戈运甓辅晋强。

又不见，

壮士有怒白虹长，匹夫敢勇众难当。

男儿气节等霄壤，七尺躯宜振纪纲。

发愤修政励庙堂，慕义勤王起郊荒。

同心上下相激昂，耇看威武自奋扬。

援师洸洸共勘勋，扫荡倭贼如驱羊。

铜驼王气正未央，勿效开门揖虎狼。

种桃栽棘果孰良，瓦全玉碎认谁香？

一言从古可兴邦，我今歌向丈夫行。

愿得猛士起四方，永清东海无波扬。①

　　"羞称武事"，是指朝鲜不重视国防建设。这一点也是当时朝鲜官方的共识："（朝鲜）升平二百年，民不知兵，郡县望风奔溃。"②自1392年李成桂建立朝鲜王朝二百年间没有大的战事，因而当倭军大举来犯之时，各地守军无不闻风丧胆，毫无招架之力。

　　"岛夷"，古指中国东部近海一带及海岛上的居民，这里指入寇朝鲜的倭军。"入平壤"，指倭军攻下平壤城。倭军于万历二十年四月十四日在朝鲜东南沿海重镇釜山登陆，五月初三日即占领京都汉城，六月十五日又攻克朝鲜北部重镇、素有"西京"之称的平壤。仅仅两个月，连克汉城、开城、平壤，朝鲜三京尽没。

　　"国君颠越在草莽，王子系累去扶桑"，指倭军在忠州一举击垮朝鲜主力部队后进逼汉城，朝鲜国王李昖被迫弃京西逃至中朝边境的义州，而临海君、顺和君两位王子则为倭军所俘，被掠至日本。"扶桑"，指日本。

①　〔朝〕李光胤：《漾西集》卷三《次游击将军浙江叶鲦〈劝励歌〉双韵》，《韩国文集丛刊（续）》（13），2006年，第254页。

②　《宣祖实录》卷二十六，二十五年四月十三日第一条，《朝鲜王朝实录》（21），第483页。

"毋言有志力未遑，事由人尽鉴由苍"，意为不要说什么心有余而力不足，只要大家尽力而为，苍天就会作出公正的评判。

"卧薪尝胆沼吴疆"，指中国春秋时期，越王勾践为吴国所俘后忍辱负重，获释回国后卧薪尝胆、励精图治，最终灭了吴国。

"枕戈运甓辅晋强"，说的是中国东晋时期官至太尉的名将陶侃在任地方官时，每当闲来无事，便会将砖块搬进搬出，怕悠闲惯了，将来成就不了大事。后来，陶侃为稳定东晋政权立下了赫赫战功。

"庙堂"，这里指朝鲜王室。"铜驼"，铜铸的骆驼。多置于宫门寝殿之前，常借指京城、宫廷，这里指朝鲜王廷。"未央"，西汉时期的大朝正殿名未央宫，后常以"未央"代指宫殿，这里指朝鲜宫廷。

"愿得猛士起四方"，这里借用汉朝开国皇帝刘邦《大风歌》中的诗句"安得猛士兮守四方"，意在号召朝鲜人民自觉行动起来保卫家园。"东海无波扬"，应是借用了戚继光的诗句"但愿海波平"①的意境，意指朝鲜东海再无倭患。叶鲿是跟随戚继光多年的部属，对这句表达戚继光抵御外侮的坚定决心与期望和平的美好愿望的诗句，应是十分熟悉。

叶鲿《劝励歌》的主题，是号召朝鲜人民在国破家亡的危难时刻，不气馁、不放弃，以"卧薪尝胆""枕戈运甓"的精神和毅力，团结一心、众志成城，将倭寇逐出国门。《劝励歌》语言朴实、情感真挚、扣人心弦，因而在朝鲜引起了强烈反响，不仅"市井之人皆为叩头谢礼"，就连宣祖国王也深受感动，下令"誊书传示诸道"②，大加宣扬。另据《瀼西集》记载："大提学李公德馨，奉上旨，以天将游击叶鲿劝励歌和制事，抄文荫官能诗者十人，刻日督赋，先生被选。"③ 万历二十四年八月，大提学李德馨曾奉国王旨意，组织十位擅长赋诗作词的文官，在限定时间内依叶鲿《劝励歌》之韵作诗酬和。官员李光胤入选其中。李光胤（1564～1637），字克休，号瀼西，时任礼曹佐后郎，后历官舒川、草溪郡守、星州牧使等职。④ 其和诗《次游击将军浙江叶鲿劝励歌双韵》，内容如下：

> 皇穹遍覆大小邦，最我东藩承宠章。
> 生憎溟渤蛟鳄横，一朝冲波卷箕壤。
> 哀哉畿甸变林莽，极目千里无耕桑。

---

① （明）戚继光撰，王熹校释：《止止堂集》，北京：中华书局，2001年，第13页。
② 〔朝〕赵庆男：《乱中杂录（三）·丁酉》，韩国古典综合DB，https://db.itkc.or.kr，第34页。
③ 〔朝〕李光胤：《瀼西集·年谱》，《韩国文集丛刊（续）》（13），2006年，第210页。
④ 〔朝〕李光胤：《瀼西集·年谱》，《韩国文集丛刊（续）》（13），2006年，第209页。

> 天河虽已洒氛埃，海岳未复当时光。
>
> 寡君尝胆忧思长，必报之仇宁暂忘。
>
> 年来训聚日不遑，血诚分明盟彼苍。
>
> 将军衔命入我疆，闷兹兵财难自强。
>
> 腰间有剑铦且长，错节不容他人当。
>
> 一篇虹光耀天壤，义言激烈扶颓纲。
>
> 军民誓死气堂堂，居围从兹无卒荒。
>
> 纵横神算任低昂，给饷自底兵威扬。
>
> 相期协力靖狂勷，一虎可以当群羊。
>
> 行看白日照中央，道途永绝豺与狼。
>
> 扶倾实赖牖民良，草木皆知名字香。
>
> 天心端欲福我邦，愿公勿遽旋朝行。
>
> 兴言欲从恨无方，日夕徒自思清扬。①

李光胤的和诗，除描述倭军入侵给朝鲜带来的深重灾难外，主要是赞誉明军游击将军叶鲠为朝鲜人民所做出的贡献。第七、第八两行交代了叶鲠作《劝励歌》的背景：叶鲠奉命入朝考察粮饷供应情况，当他了解到朝鲜军队因粮饷不足战斗力低下的实情后，心情十分沉重，想到自己既然是腰佩利剑的钦差大臣，便义不容辞地承担起募集军粮这个艰难而繁杂的任务。自第九行至第十三行热情洋溢地赞美了《劝励歌》及其出乎意料的惊人效果：《劝励歌》如同一道美丽的彩虹闪耀在天地之间，慷慨激昂的言辞匡正了衰败的纲纪，激发了朝鲜军民保家卫国的热情，无论是城镇还是边陲，从此再无祸连荒结；正如叶鲠神机妙算的那样，自从筹集的粮饷抵达军营，士兵们也生龙活虎起来，个个斗志昂扬、意气风发。十四、十五两行则表达了作者对将要回国的叶鲠的恋恋不舍之情：危局得破全赖叶将军对百姓的劝导，朝鲜的一草一木都记住了叶将军的大名，这是上天要福佑我邦啊，但愿将军不急于回国。

当时为叶鲠《劝励歌》作和诗的还有朝鲜著名文臣崔岦。崔岦（1539～1612），朝鲜明宗十四年（1559）文科状元，诗文"为宣祖朝第一大家，朝鲜著名的三部汉诗总集之一的《箕雅》收其七绝三首，五律四首，七律一五首，七古一首"②。《箕雅》，系朝鲜肃宗朝著名诗人南龙翼（1628～1692）编纂的诗歌总集，收录了自新罗诗人崔致远至肃宗朝诗人金锡胄八

---

① 〔朝〕李光胤：《瀼西集》《年谱》，《韩国文集丛刊（续）》（13），2006 年，第 254 页。

② 赵季、张景昆：《〈箕雅〉五百诗人本事辑考》，北京：人民文学出版社，2013 年，第 690 页。

百年间共计 490 位诗人的 2252 首汉诗,几乎囊括了韩国优秀汉诗。崔岦能有如此多的汉诗入选其中,足见其在朝鲜文学史上的地位和影响。崔岦的和诗《依韵和叶游府〈劝励歌〉(元韵杂用,故变体以类之)》内容如下:

将军实来吊我邦,

将军实来吊我邦,当年欲说泪成行。

蛇豕食人骨如莽,方数千里夷耕桑。

君王马后灰尘块,西近天朝依末光。

岂不见天兵克平壤,

岂不见天兵克平壤,星象夜动弧射狼。

元戎督战日未央,破竹不许飞走遑。

稍复山河气郁苍,只残数垒东南方。

岂不闻枢筦运筹长,

岂不闻枢筦运筹长,又况开府临封疆。

羁縻且完目前当,反复宁保无狂勴。

善后之议纷竖横,饷具兵先乃大纲。

将军关虑即一堂,复亲历览田多荒。

谓言民志在矫昂,募助亦足当富强。

我人何不为奉扬,

我人何不为奉扬,旨哉将军劝励章。

君父羞辱切毋忘,临难免同见豺羊。

谁能畏病忽药良,至言感心如兰香。[1]

　　崔岦的和诗由四段组成,第一段形象地描述了朝鲜遭受倭军入寇后的惨状,以及国王连夜弃京城西逃中朝边境的紧迫情况。第二段概述了明军一举攻克平壤,扭转了战局,逼迫倭军退守朝鲜半岛东南沿海。第三段是全诗的核心,铺叙了叶鲿作《劝励歌》的背景与经过,大意如下:早就听闻作战参谋善于策划用兵、指挥作战,这次又奉命前来朝鲜察看军饷筹备情况。羁縻之策只是权宜之计,怎能保证反复无常的倭军不恣意妄为?对于如何妥善处理变乱后的遗留问题可谓是众说纷纭,然而无论如何,请兵之前确保军粮才是头等大事。叶将军深切关心军粮之事,除拜见朝鲜国王与之相商外,还亲自视察荒芜的土地,认为只要激励百姓使其奋发,募集

---

① 〔朝〕崔岦:《简易集》卷六《乱后录》,《韩国文集丛刊》(49),1990 年,第 410～411 页。　　　283

军粮亦可富国强兵。"枢筦",常指中央政务,这里指叶鎈受明朝经略朝鲜的最高官员委托,代表明廷前来朝鲜视察军务。"开府",指高级官员成立府署处理相关事务。"一堂",意为"庙堂",在此指朝鲜国王。第四段表达了朝鲜百姓响应叶将军号召的坚定决心:《劝励歌》写得如此之棒,我们有何理由不听从叶将军的号召?我们不会忘记大王所受的耻辱,不会像豺狼面前的羊群那样逆来顺受。良药苦口利于病,将军的肺腑之言我们永远铭记在心。"君父",特称天子,在此指宣祖国王。

当时参与为叶鎈的《劝励歌》写和诗的还有官员李廷馣。前面提到,李廷馣在宣祖朝时官至中枢府知事(正二品)。其《和赠叶游击〈劝励歌〉》原文如下:

> 将军英气殿天邦,余事笔下擒云章。
> 腰间跃跃一剑横,义气凛凛弥天壤。
> 心伤属国作榛莽,为人忠谋极苞桑。
> 征袍不惜冒氛块,匹马东驰争电光。
> 忧之深矣思之长,东人感戴何日忘。
> 休嫌六载困栖遑,倚伏昭昭关上苍。
> 　　君不见
> 封豕长蛇食楚强,天心久厌夫差强。
> 　　又不见
> 苻坚自詑马鞭长,违时逆众怨难当。
> 分封自古有划壤,何况圣朝恢天纲。
> 豼貅百万阵堂堂,一怒无间绥要荒。
> 老夫髦矣尚轩昂,伫看我武之惟扬。
> 君臣誓天效助勷,郑伯徒尔劳牵羊。
> 北来旗旐正央央,莫道岛夷劲如狼。
> 由来板荡识忠良,青史要留名字香。
> 谁挽将军驻我邦,强作狂歌歌周行。
> 向风长叹遡西方,灭没天际孤鹰扬。①

李廷馣的和诗从内容上看,前五行是全诗的核心,是对叶鎈及其《劝励歌》的赞美,大意是:将军的英伟气概镇抚朝鲜,公务拨冗之余创作出

---

① 〔朝〕李廷馣:《四留斋集》卷五《和赠叶游击〈劝励歌〉》,《韩国文集丛刊》(51),1990年,第299页。

文采斐然的诗篇；腰佩长剑行四海，一身正气立天地；痛心属国惨遭倭军蹂躏，为朝鲜精心谋划奠定了坚实基础；将军对朝鲜的思深忧远，朝鲜人民感之德并将铭记在心。“东人”，这里指朝鲜人。朝鲜当时自称东国，意指中国东边的国家。最后三行则表达了诗人对即将踏上归程的叶将军依依不舍之情，大意是：谁来挽留将军继续驻留朝鲜？我勉力作诗，纵情歌颂叶将军为朝鲜指明了正确的方向；自古板荡识忠臣，将军的英名必将永留青史；当我为将军的离去迎着西风长叹之时，将军的快马早已远去，唯见一只苍鹰在天际间展翅翱翔。“周行”，指大道、大路，或大道、大路的方向。出自《诗经·小雅·鹿鸣》：“人之好我，示我周行。”

诗作主要歌颂了叶鳌以解救饱受战争折磨的朝鲜人民脱离战争灾难为己任，为朝鲜的长治久安呕心沥血、出谋献策的无私奉献精神，表达了朝鲜官民希望叶鳌能长留朝鲜的愿望，以及对即将离开朝鲜的叶将军的恋恋不舍之情。

以上和诗中的诗句，虽说是文学语言，不免有些夸张，但从中可见叶鳌和他的《劝励歌》在当时朝鲜的巨大影响。崔岦等朝鲜著名文臣，高度赞扬叶鳌及其《劝励歌》，必定会进一步提升叶鳌及《劝励歌》在朝鲜的知名度，激发朝鲜人民的斗志，从而为反击侵略、保家卫国贡献自己的力量。

三、“九条”建议，“皆凿凿可行之策”

叶鳌在朝鲜期间，除创作垂留青史的《劝励歌》外，还向朝鲜王室上陈九条建议，同样引起了较大的反响。《宣祖实录》二十九年六月二十五日第七条记载：

> 备边司回启曰：“就见叶游击所陈九条，其于我国今日之势，大概几尽揣摩，而所言，皆凿凿可行之策。可知中朝人物，虽在将帅之中，而见识自别也。如此至诚告戒之言，苟能行之，则利益必多。其中第一条所言，修葺京城，计垛拨兵，以固根本者，诚是切要之策。至于网罗遗才，各尽所长者，亦甚美论。……唐将此言，亦必目有所见而然也。其他多备火器、水战便策、措置粮料、保守全罗鸟岭、劝民收粟、禁拆房屋，皆可行之条。最后王京以西，使大臣巡行体恤，抚流垦土，招兵买马，搜罗贤士，酌赋均徭，皆为善语。至如平安夫、马兑换开城事，必见开城府残破无人，不得倒换刷马人夫，而有是言也。此虽今日事势之所难猝举，亦不可置之于相忘也。各项辞

缘，令各该司详察举行，以无负惓惓之意，且以此意，回帖致谢何如?"传曰："依启。"①

备边司向宣祖国王报告"叶游击所陈九条"，说明已经对叶鲣的九条建议进行了认真分析，故而才能谈出对九条建议的具体意见。笔者没有查找到叶鲣九条建议的原文内容，只能依据朝鲜备边司的评价，从中窥探九条建议在当时引起的反响。

备边司认为，叶鲣发自肺腑的九条建议均是切实可行的好计策，如果能得到落实，将给朝鲜带来诸多益处。九条建议涉及方方面面，从城防建设到粮饷筹措，从新式火器配备到水师战术战法，从固守战略要地到招兵买马、搜罗贤士等有关国家安全和发展的重大决策，到包括劝民收粟、禁拆房屋、抚流垦土、酌赋均徭在内的诸多民生议题等。备边司不吝以"切要之策""美论""可行之条""善语"等褒扬之词予以定性，说明叶鲣的这些远见卓识，得到了朝鲜高层的充分认同。就拿第一条加强城防建设来说，在前面已有大篇幅提及，当时领议政柳成龙依照"叶游击所筑城堞之制"②，主导和推进了朝鲜各地的城防改造。这说明叶鲣的九条建议有的已得到了落实。

叶鲣是万历二十四年正月进入朝鲜的，而备边司所奏上述内容的时间是六月份，这就意味着，在短短几个月的时间内，叶鲣就提出了得到朝鲜王室高度认可的合理化建议，意味着他进行了深入细致的实地考察，掌握了大量的一手资料，然后又依据跟随戚继光南征北战期间所积累的宝贵经验进行了梳理。如前面提到的"叶游击所筑城堞之制"，其主要内容正是源自《纪效新书·守哨篇》。备边司认为九条建议皆关乎朝鲜时局，相关部门应参照执行，以不辜负叶游击对朝鲜的这份深挚关切之情。这也再一次印证了叶鲣在朝鲜颇具影响力。

叶鲣在朝鲜期间，除了创作激发民众斗志的《劝励歌》、给朝鲜王室提出行之有效的建议外，还曾亲自出马为朝鲜招抚叛军。《宣祖实录》二十九年七月十日第一条记载：

> 备边司启曰："叶游击闻鸿山之变，疑其倭贼，屡伻问之，故令金命元持监司、御史状启往示之，则看过慰喜，仍言：'俺欲为宣谕，庶使革逆从顺于贵国，事体何如?'答曰：'老爷为小邦经理周旋者，

---

① 《宣祖实录》卷七十六，二十九年六月二十五日第七条，《朝鲜王朝实录》(23)，第21页。
② 《宣祖实录》卷八十六，三十年三月三日第三条，《朝鲜王朝实录》(23)，第172页。

无所不用其极。今闻叛民构逆之事，有此招纳之意，尤不胜感激。但乱民心肠，有所难测，老爷不可轻入。设或强为，则令可信标下员役，赍牌文闻谕，似无所妨'云。则曰：'宣谕之意，俺亦深思，必不违拒。会闻变初，义心多出，俺到贵郡，亦欲为义兵。须启知国王，回报便否'云，故敢禀。"上曰："意固感激，事体未稳。"①

上引文告诉我们：当叶鲶得知在忠清道鸿山一带发动暴力骚乱的不是倭军，而是当地的军民后，即向朝鲜方面提出，要亲赴鸿山为朝鲜招抚这些叛乱者，使其归降，加入到抗击倭军侵略的队伍中来。但朝鲜高层以"乱民心肠，有所难测"为由，不同意叶鲶亲冒此险，认为如果非要前往招抚，也只能选派可靠的部下吏员去做。叶鲶却表示，宣谕内容是经过深思熟虑的，叛军定会顺从；进而诚恳地说，听说倭乱之初朝鲜多有义愤之心，自己受命来到贵地，也想成为义兵中的一员。对于叶鲶的义举，朝鲜史家言称"其心忠于为人谋"，大赞叶鲶不顾个人安危、一心为朝鲜排忧解难的奉献精神。

叶鲶虽然不是以浙兵将领的身份到朝鲜带兵打仗的，但他作为曾经戚家军的一员、"浙兵"的代表，以其过硬的人文与军事修养，充分展现了戚家军的精神风貌和优良传统；以其特殊的使命与责任担当，很好地继承和发扬了戚继光的军事思想。

第七节 游击将军茅国器

除吴惟忠、骆尚志、戚金、王必迪、黄应阳、叶鲶这些戚继光当年的部属因亮眼的表现得到了朝鲜王朝君臣百姓的交口称赞外，还有其他一些入朝参战的浙兵将领，也为抗倭援朝做出了重要贡献，同样得到了朝鲜方面的一致好评的，如浙兵游击将军茅国器、叶邦荣等，均是其中的优秀代表。从戎经历看，他们也应是当年戚家军的一员，或多或少地受到过戚继光直接或间接的影响，从他们身上同样可以看到戚继光和戚家军的影子。

一、"律己捡下"，"儒雅风致"

关于茅国器入朝参战的情况，申钦在《天朝诏使将臣先后去来姓名，

---

① 《宣祖实录》卷七十七，二十九年七月十日第一条，《朝鲜王朝实录》(23)，第30页。

记自壬辰至庚子》中有简单记载：

> 茅国器，号行吾，浙江绍兴卫人，武进士出身，以钦差统领浙胜营兵游击将军都指挥同知，领步兵三千一百，丁酉（万历二十五年）九月来，己亥（万历二十七年）十月回去。住星州时，招谕流民，屯田练卒。①

上述记载说明，浙胜营游击将军茅国器于万历二十五年九月率"步兵三千一百"入朝、于万历二十七年十月归国，在朝鲜半岛抗倭两年有余。他率部驻扎星州（今韩国庆尚北道星州郡）时，曾召集当地流离失所、无家可归的难民，使其边开荒种地边投入训练，既解决了难民问题，又增强了当地的军事力量。

茅国器在朝鲜半岛期间，多是和身为副总兵的浙兵将领吴惟忠一起并肩作战，朝鲜方面也常常把两人放在一起评价。如前面提到，万历朝鲜战争期间积极组织乡兵抗倭的金大贤曾撰文指出：

> 东征将士律己捡下，以吴惟忠、茅国器为首。国器有儒雅风致，其行师虽冱寒，必于野次过夜。宿荣川南郊，士人多往见之。求草书则挥洒不辞，笔法豪健。见年少儒生则尤爱之，相对谈话淡如也。荣倅请见，辞曰："方与儒生等讨话，太守不宜干人。"惟忠、国器经过之地，皆竖碑颂德。②

在金大贤看来，入朝参战的明军中，吴惟忠和茅国器所部军纪最为严明。即使是酷寒难耐，也必在野外扎营过夜，从不惊扰百姓。因而，凡是他们的军队驻扎或经过的地方，当地百姓都会树碑称颂其德。记载中还提到，茅国器擅长草书，"笔法豪健"，有读书人求其墨宝，总是欣然挥毫洒墨；其"儒雅风致"，特别尊重"年少儒生"，常常推心置腹地与之交谈。有一次，当地的官员登门求见，碰巧赶上茅国器与几位儒生在谈笑风生，结果吃了闭门羹。茅国器坚称，即便是太守也不可妨碍他与读书人的雅会。茅国器身上展露出的儒将风范，与前述吴惟忠、骆尚志、戚金一样，无不闪现着戚继光当年的身影。

朝鲜王朝史料中，类似的记载还有多处。如正祖朝官至领议政的蔡济

---

① 〔朝〕申钦：《象村稿》卷三十九，《韩国文集丛刊》(72)，1991年，第288~289页。

② 〔朝〕金大贤：《悠然堂集》卷三《杂著·总叙》，《韩国文集丛刊(续)》(7)，2005年，第529页。

恭（1720～1799）所撰《赠嘉善大夫吏曹参判行通政大夫弘文馆副提学兼经筵参赞官春秋馆修撰官苍石先生李公神道碑铭》中记载："李埈，字叔平，己亥（万历二十七年，1599），拜丹阳郡守，时，天兵大集，折辱守宰，日劫夺人。公至则其礼恭其辞正，泣以告曰：父母而救其子，侵暴之可乎？游击茅国器，作歌诗以谢，戢军卒横者，民乃帖然。"[①] 上述记载说的是，万历二十七年明军回国之前，大部队在朝鲜丹阳郡（今属韩国忠清北道）集结时，个别士兵不尊重当地官员，甚至还发生了抢劫事件。丹阳郡守李埈找到游击将军茅国器诉苦，茅国器作诗谢罪，并严加约束士兵不得扰害地方，朝鲜百姓对茅国器也是心服口服。

再如《忘窝集》记载："金荣祖，字孝仲……二十一年癸巳，先生十七岁，时南乱作，天兵赶倭，南下乡里，皆惊惧避匿。先生以为上国之人，为我国暴露，义不可忽，见辄款接，天兵莫不悦服。天将茅国器赠诗曰：'待得春来龙解蛰，金门应占六鳌头。'其在幼少，见重大国人如此。"[②] 金荣祖（1577～1648），进士出身，仁祖朝官至吏曹参判（从二品）兼艺文馆提学。十七岁那年，适逢明军南下追击倭寇，兵荒马乱之际，百姓唯恐避之不及，而金荣祖却认为明军为援朝而来，不可失礼慢待，便主动出面接待。对此，明军将士都心悦诚服，茅国器更是以诗相赠，祝愿他来年科举考试能独占鳌头。这说明茅国器十分尊重朝鲜的这位书香少年。而金荣祖果不负茅国器所望，终获进士及第。此外，这一段记载还隐含着一条重要信息，那就是茅国器参加了明军第一次大规模援朝军事行动，而且极有可能是随吴惟忠入朝的，因当时的职级较低，所以不见朝鲜正史记载。明军第二次大规模援朝时，吴惟忠已升任副总兵，茅国器也升任游击将军，在朝鲜正史中才有了记载。这也说明，茅国器一直都是吴惟忠的部下，吴惟忠当年跟随戚继光南征北战时，茅国器应该是紧随其后的。

万历朝鲜战争期间，明军两次大规模抗倭援朝均遇到粮草供应不足的问题，由于南、北兵之间存在矛盾，南兵的粮草不足问题尤为严重，常常面临无粮可食的困境。《宣祖实录》三十一年四月二十九日第一条记载："惟忠在永川，粮饷久绝，三日不食，茅国器在星州，亦乏粮，日不再食。"[③] 当时明军副总兵吴惟忠率部驻扎在永川（今韩国庆尚北道南部的永川市）一带。茅国器率部驻守在星州（今韩国庆尚北道西南部的星州

① 〔朝〕蔡济恭：《樊岩集》卷四十七，《韩国文集丛刊》(236)，1999 年，第 361 页。
② 〔朝〕金荣祖：《忘窝集·年谱》，《韩国文集丛刊(续)》(19)，2005 年，第 164 页。
③ 《宣祖实录》卷九十九，三十一年四月二十九日第一条，《朝鲜王朝实录》(23)，第 425 页。

郡）一带。《宣祖实录》对当时明军驻防情况有如下记载："南兵副总管吴惟忠，领兵三千九百余员，驻永川、新宁……浙兵游击茅国器，领浙兵二千九百，又密云兵一千，驻星州、高灵之间。"① 这说明当时茅国器统辖了三千九百名士兵，与副总兵吴惟忠统辖的士兵数量相当。在朝鲜最前线的吴惟忠所部三天没能吃上饭，茅国器所部一天也只能吃一顿饭。即使在如此艰苦条件下，有着戚家军光荣传统的"浙兵"，仍然做到对朝鲜百姓秋毫不犯，不能不说是一个治军的奇迹。然而，在食不果腹、忍饥挨饿的战斗环境中，"浙兵"还时常遭到北兵的打压，除了前面提到的平壤大捷后受到的不公平待遇外，茅国器所部甚至还遭到过北兵的抢掠。《宣祖实录》三十一年四月二十四日第二条记载："前日茅国器军，以其物，被夺于北军之故，争诉于军门前，欲于眼前争辨，军门亦闷迫慰谕，有若残将者然。"② 茅国器所部的物品被北兵夺走，茅国器到明军都督面前辩理，都督也只是私下安慰了茅国器几句，并没有明确的是非态度，令茅国器伤心不已。在无粮可食、时不时遭到北兵欺凌的情况下，茅国器所部仍能保持严明的军纪，并在与倭军作战中冲锋在前、不怕牺牲，更凸显出接受过戚继光教诲和训练的"浙兵"的高尚品格和纪律严明。

二、率死士攻岛山城，"斩馘六百五十"

在抗倭援朝期间，茅国器不仅带领浙兵严守纪律、屡立战功，而且与驻地官员、百姓建立了良好的关系，这在《明史》和朝鲜王朝史料中都有记载。

《宣祖实录》三十年九月二十一日第二条记载：

> 上幸茅游击所馆处（游击名国器）。上曰："再发兵粮，终始拯济，皇恩罔极。大人以小邦之故，万里驱驰，劳苦至此，实深未安。"游击曰："奉命东征，职分内事，何劳之有？"上曰："凶贼逼迫畿辅，小邦亡在朝夕，天兵进剿大捷，凶贼畏天威远遁，皇恩及诸大人之德，尤为罔极。"游击曰："俺兵未来之前，已为遁北，恨不得攻灭彼贼。后头大兵齐集，则当覆巢穴，幸勿疑虑。"③

上述记载是朝鲜宣祖国王与茅国器的一段对话。对话中可以看出，其时刚

---

① 《宣祖实录》卷九十八，三十一年三月二十九日第六条，《朝鲜王朝实录》(23)，第 406 页。
② 《宣祖实录》卷九十九，三十一年四月二十四日第二条，《朝鲜王朝实录》(23)，第 420 页。
③ 《宣祖实录》卷九十二，三十年九月二十一日第二条，《朝鲜王朝实录》(23)，第 300 页。

踏入朝鲜的茅国器不仅把援助朝鲜驱逐倭寇当作分内之事,而且渴望着立即奔赴战场与倭军一战,恨不得将其一举歼灭。在后来与倭军的战斗中,茅国器以实际行动践行了自己的铮铮誓言。

万历二十五年十二月,明军在蔚山(今韩国蔚山广域市)与倭军展开了一场殊死决战,明军一度气势如虹,将倭军逼退至岛山城。《明史·朝鲜传》记载:"倭焚死者无算,遂奔岛山,连筑三寨。翌日,游击茅国器统浙兵先登,连破之,斩获甚多,倭坚壁不出。"① 倭军为固守岛山城,连夜修筑了三个营寨,但第二天就被茅国器率兵拔掉了。《明史·麻贵传》的记载更为具体:"倭悉退屯蔚山……清正退保岛山,筑三寨自固,游击茅国器率死士拔其寨,斩馘六百五十,诸军遂进围其城。"② "清正",指倭军将领加藤清正,当时是侵朝倭军的军事统帅。"茅国器率死士拔其寨",说明战斗极其残酷,茅国器带领浙兵冲进敌寨,斩杀倭军"六百五十"人。在眼看就要活捉或击毙加藤清正的紧要关头,倭寇大批援军赶到,明军无奈后撤,加藤清正才捡回一条性命。否则,茅国器率领的浙兵将夺取抗倭援朝首功。

茅国器在蔚山战役中的表现,朝鲜史料中也多有提及。正祖朝进士、官至兵曹参议的朝鲜后期著名哲学家、文学家丁若镛(字美镛,号茶山、与犹堂)在《日本考·武备志》一文中记载:"蔚山之南为岛山,二山不甚峻,而城依山为固,中有一江可通釜山,其陆路则由彦阳亦可通釜山。麻贵专攻蔚山……遂逼岛山营。游击茅国器又斩获六百六十余,遂密匝四围,困之十日。"③ 这里说茅国器"斩获六百六十余",与《明史·麻贵传》提到的"斩馘六百五十"略有出入,却和《明实录》的记载相符。《明神宗实录》记载:"倭尽奔岛山,于前连筑三寨,翼日游击茅国器统浙兵先登,连破之,获级六百六十一。倭坚壁不出。"④ 朝鲜王朝后期文臣、学者尹愭,在《论壬辰事》一文中对此也有记载:"倭奔岛山。茅国器统浙兵,获六百余级,夺外栅。倭入内城。"⑤ 中朝史料反复记载茅国器在蔚山战役中的功绩,再次说明了浙兵将领及其所部浙兵在朝鲜战场上处处冲锋陷阵、攻坚克难,展现出了超强的战力。

① (清)张廷玉等撰:《明史》卷三百二十《朝鲜传》,北京:中华书局,2000年,第5555页。

② (清)张廷玉等撰:《明史》卷二百三十八《麻贵传》,北京:中华书局,2000年,第4143页。

③ 〔朝〕丁若镛:《与犹堂全书补遗·日本考·武备志三》,韩国首尔:茶山学术财团,2012年,第522页。

④ 《明神宗实录》卷三百一十七,万历二十五年十二月条,台北:"中央研究院"历史语言研究所,1962年影印本,第5912页。

⑤ 〔朝〕尹愭:《无名子集》册十,《韩国文集丛刊》(256),2000年,第417页。

另据《宣祖实录》三十一年一月二十三日第二条记载："茅游击标下千总王子和，中丸致死，备棺子敛之，兼致吊祭。"① 蔚山包围战自万历二十五十二月二十三日发起攻城，至第二年正月初四撤营拔寨驰还庆州，历时十天，最终以失败而告终。此役明军付出巨大牺牲，战死一千四百人、负伤三千余人。② 茅国器麾下千总王子和，正是在蔚山战役中牺牲的，"中丸致死"，说明他冲锋在前，或是断后掩护时，被敌人的鸟铳击中而亡。"千总"，是次于"守备"的军官，可统辖一千余名士兵。千总王子和作为浙兵将领的一个缩影，他在朝鲜战场上的英勇表现，凸显了浙兵将领身先士卒、勇于牺牲的英雄形象。

茅国器所部"浙兵"在蔚山战役中打出了威名。前面提到，朝鲜正祖朝官员、诗人李德懋在为壮勇营创作的春帖中写道，"六丁驱没茅游击"③，鼓励朝鲜壮勇营士兵要像当年茅游击所部"浙兵"一样神出鬼没、驱除倭寇。

正是得力于在朝鲜战场上的英勇表现，当大部队于万历二十七年五月胜利归国时，茅国器所部才得以留下继续协防朝鲜。《明神宗实录》记载：万历二十七年五月十五日，"御倭经略邢玠条陈东征善后事宜十事，一留戍兵是也。议留副总兵茅国器等步兵一万五千，游击季金等水兵一万，副总兵解生等马兵五千，而抚臣标下选兵三千，及巡捕杂流等共计合兵三万"④。从《明实录》的记载中可以看出，此时，副总兵茅国器已荣任留朝步兵统帅。茅国器于万历二十五年入朝时的身份是"游击将军"，而此时是"副总兵"，说明他在抗倭援朝中表现突出，归国前已升任"副总兵"。

万历二十七年十月，茅国器归国在即，宣祖国王亲自前往其住所送行。其间两人的一段对话，让我们认识到茅国器为抗倭援朝所做出的突出贡献，及其与朝鲜方面所建立的良好关系。

> 巳时，上幸茅游击国器馆。上曰："大人以小邦事，多劳海上，而地方残破，支供忽略，每为惶恐。"游击曰："不敢当。"上行酒礼。
> 上曰："大人为小邦，多赐军机等物，其为善后之虑至矣。"游击曰：

① 《宣祖实录》卷九十六，三十一年一月二十三日第二条，《朝鲜王朝实录》(23)，第 370 页。
② 参见〔朝〕申炅：《再造藩邦志（五）》，韩国古典综合 DB，https://db.itkc.or.kr，第 93 页。
③ 〔朝〕李德懋：《青庄馆全书》卷二十，《韩国文集丛刊》(257)，2000 年，第 292 页。
④ 《明神宗实录》卷三百三十五，万历二十七年五月十五日条，台北："中央研究院"历史语言研究所，1962 年影印本，第 6211~6212 页。

"此皆御贼之具，故送呈。今承致谢之教，多拜上。"上曰："大人自海上来，无乃闻贼情乎？如有闻见，请闻其说。"游击曰："今秀吉虽死，其子代立，组练兵马云，数年之间，兵火恐不弭也。贵国得人任将，以为战守之策，幸甚。俺来时，见高灵等处，则民不耕种，饥馑太甚，极为虚疏，是可虑也。前者蔚山之贼，以俺殿后之故，其锋不至于京城矣。"上曰："多谢。"游击曰："自上轸念海上，多造兵船，则贼虽间谍，必谓防备多矣。且贵国水路总兵李云龙、陆路总兵郑起龙，皆是良将，忘身赴敌，无瑜此二人。"上曰："分付多谢。"①

从上述记载可以看出，宣祖国王首先就茅国器镇守濒临日本的朝鲜东南沿海一带时朝鲜方面粮饷供给不及时一事表达了歉意。前面提到，茅国器所部驻守星州一带时，曾遇到过无粮可食的困境。当时援朝明军的军粮来源，主要由明朝负责调集、朝鲜方面负责分发。明朝的粮饷通过山东海运，或辽东陆路运到达朝鲜，多由朝鲜方面接运、分发，驻朝明军粮饷供应的责任主要在朝鲜方面。因此，宣祖国王才会有"支供忽略，每为惶恐"一说。接着，宣祖国王对茅国器在回国前向朝鲜军队赠送"军机等物"表达了谢意。宣祖国王赞颂茅国器为了朝鲜"善后之虑至矣"，意即对明军撤离朝鲜后，朝鲜军队应该如何填补空缺以防倭寇侵扰等事宜考虑得很周全。这也再次验证了茅国器刚进入朝鲜时对宣祖国王所言"奉命东征，职分内事"不是一句空话，即便撤离在即，他仍对朝鲜的安危牵肠挂肚。当宣祖国王询问东南沿海一带的军情时，茅国器趁机提醒朝鲜方面不可放松警惕，要"多造兵船"，重用"良将"，同时还要关注民生，不能让田地荒芜。此外，茅国器还称赞李云龙和郑起龙两位朝鲜将领是"忘身赴敌"的良将，希望二人能得到提拔重用。这些建议均得到了宣祖国王的积极回应，说明宣祖国王对茅国器是充分信任的，而这种信任是建立在茅国器为朝鲜人民的保家卫国事业做出了重大贡献的基础之上的。

三、建关王庙，弘扬关公忠义精神

茅国器于万历二十五年九月渡过鸭绿江，万历二十七年十月回国，在朝鲜两年多时间，是最后一批撤离朝鲜的。在朝期间，除了与倭军展开殊死作战外，茅国器还做了一件有深远影响的大事，那就是在星州修建了一座"关侯庙"②，将关羽信仰传至朝鲜半岛。

---

① 《宣祖实录》卷一百一十八，三十二年十月二日第四条，《朝鲜王朝实录》(23)，第685页。

② 〔韩〕刘成雄(音译)：《古今岛关王庙研究》，《东方学》第32辑，2015年，第367页。

关于茅国器在星州创建关王庙一事，朝鲜史料多有记载："星州关庙在东门外，万历丁酉（1597），天将茅国器所建，有塑像，庙宇三间，庭广二间许。"① "万历丁酉天将茅国器所建，有塑像。"② "星州关王庙，万历丁酉，天将茅国器建。有塑像，甚著灵异。"③ 上述史料明确地告诉我们，茅国器修建星州关王庙的时间是1597年。然而，据韩致奫的《海东绎史》等史料可知，岛山城战役失败后，明军退兵防守，万历二十六年三月，本来是安排驻防全州的茅国器主动向军门邢玠请战，后被改派驻守战略要地星州，是年八月配合明军总攻，进驻高灵、晋州。因而，星州关王庙应建于万历二十六年上半年。柳成龙的杂著《记关王庙》也佐证了这一点。

> 丁酉冬，天将合诸营兵，进攻蔚山贼垒，不利，戊戌正月初四日退师。有游击将军陈寅力战中贼丸，载还汉都调病，乃于所寓崇礼门外山麓，创起庙堂一坐，中设神像，以奉关王。……自是诸将，每出入参拜，皆曰：为东国求神助却贼。五月十三日，大祭庙中，云是关王生日，若有雷风之异，则神至矣。是日，天气清明，午后黑云四起，大风自西北来，雷雨并作，有顷而止。众人皆喜曰：王神下临。既而又于安东、星州二邑建庙。安东则斩石为像，星州土塑，而星州甚著灵异之迹云。④

据上述记载可知，万历二十六年春，在蔚山战役中力战中枪的南兵将领游击将军陈寅在汉城养伤期间，于南大门外创建了朝鲜首座关王庙，朝鲜史称"南关王庙"。自此，出入汉城的明军将领必到此参拜，求关公神助以战胜侵朝倭军。五月十三日是传说中的关公磨刀日，这天，明军将士在关王庙举行盛大的祭祀活动，起初天气清明，没有一点要下雨的迹象，但到了下午，突然自西北刮来一阵大风，刹那间黑云四起、雷雨交加，不过只持续了一会儿，就雨过天晴了。按照民间所说，这天的雷声是关王磨其青龙偃月刀的声音，而雨水则是关王磨刀时溅出的磨刀水。风雨如期而至，象征着关神驾临，因而在场的明军将士一派欢欣鼓舞。就在南关王庙

① 《肃宗实录》卷五十，三十七年一月三日条，《朝鲜王朝实录》第40册，第384页。
② 〔朝〕金镇圭：《竹泉集》卷三十《礼曹古今岛、安东、星州关王庙祭仪磨炼启》，《韩国文集丛刊》第174辑，1996年，第448页。
③ 〔朝〕李圭景：《五洲衍文笺散稿》卷九《关壮缪辨证说》，韩国古典翻译院，https://www.itkc.or.kr，第835页。
④ 〔朝〕柳成龙：《西厓集》卷十六《记关王庙》，《韩国文集丛刊》(52)，1990年，第321页。

建成不久,安东和星州两地也分别修建了关王庙。安东关王庙里的关王是用石头雕刻而成的,而星州关王庙里的关王则是泥塑的,据说非常灵验。由此可见,茅国器所建星州关王庙当在陈寅建南关王庙之后。韩国学者金铎研究发现,安东关王庙为明军真定营都司薛虎臣于万历二十六年所建。此外,明水军都督陈璘于同年七月在古今岛、游击将军蓝芳威于次年二月在南原也各自修建了一座关王庙。①

在中国,关羽是骁勇善战、忠义双全的象征,民间有"文拜孔子、武拜关公"的习俗,戚继光同样也崇拜关羽,福建一带至今还流传着"关公佑祝戚继光南澳平倭"的传说。茅国器等浙兵将领,在朝鲜各地修建关王庙,既激励明鲜将士要学习关羽的忠勇精神,同时也将关羽信仰传入朝鲜半岛。

第八节　游击将军叶邦荣

叶邦荣是浙江义乌人,这一点在朝鲜史料和浙江义乌地方志中都有记载。朝鲜史料《天朝游击将军叶公清德碑铭》记载:"公讳邦荣,金华府义乌县人。"② 据明末崇祯《义乌县志》卷十《人物表·武职表》记载:"叶邦荣,万历二十二年升游击将军加参将衔,万历二十四年任副总兵署都督金事,统领浙兵五千,入朝参战。"可见,叶邦荣第一次入朝参战时,其身份是"游击将军加参将衔",这与《宣祖实录》所记"参游叶邦荣"③相符。这里所说"参游",应指加参将衔的游击将军。但义乌地方志中关于叶邦荣"万历二十四年任副总兵署都督金事,统领浙兵五千"的记载与《宣祖实录》记载不符。在《宣祖实录》的多处记载中,叶邦荣的身份均是"游击将军",所统领的浙兵数量也均为一千余人。除前面提到的"领浙兵一千五百来去"外,《宣祖实录》三十一年一月十四日第六条记载:"叶游击(邦荣),领南兵一千,本月初九日入平壤。"④ 同年三月二十九日第六条记载:"浙兵游击叶邦荣,领兵一千六百驻善山。"⑤ 这都说明,叶邦荣第二次入朝参战时,带领的浙兵数量应是一千余人,其身份仍是游击将军。

---

① 参见〔韩〕金铎:《韩国的关帝信仰》,韩国首尔:新学社,2006年,第50～51页。
② 〔朝〕高尚颜:《泰村集》卷三《天朝游击将军叶公清德碑铭》,《韩国文集丛刊》(59),1990年,第243页。
③ 《宣祖实录》卷三十五,二十六年二月二十四日第七条,《朝鲜王朝实录》(21),第646页。
④ 《宣祖实录》卷九十六,三十一年一月十四日第六条,《朝鲜王朝实录》(23),第364页。
⑤ 《宣祖实录》卷九十八,三十一年三月二十九日第六条,《朝鲜王朝实录》(23),第406页。

　　叶邦荣是浙江义乌人，同吴惟忠、王必迪一样，都是当年戚继光在浙江义乌招募的戚家军成员。义乌地方资料记载："叶邦荣是义乌叶宅人"，"是嘉靖三十八年（1559）戚继光来义乌招兵时第一批招去的抗倭勇士。戚继光剿灭浙、闽、广三省倭之后北上修长城，这些抗倭将领也随同北上。万历二十年支援朝鲜抗倭，又从守长城的南兵中招四千兵去朝鲜"。①这说明，叶邦荣也是戚继光培养出来的浙兵将领，并跟随戚继光征战南北多年。记载叶邦荣入朝参战情况的史料不多，但从仅存的朝鲜史料中也可以看出叶邦荣在朝抗倭期间勇担重任，奋力杀敌，展现了浙兵将领无私无畏的英勇风采。

一、朝鲜百姓为其立"清德碑"

　　关于叶邦荣入朝参战的情况，据《宣祖实录》记载，明军第一次大规模入朝参战时，"统领浙兵游击将军叶邦荣，领马兵一千五百名"②。申钦《天朝诏使将臣先后去来姓名，记自壬辰至庚子》记载，万历二十五年，明军第二次大规模入朝时，游击将军叶邦荣"领浙兵一千五百来去"③。再度入朝参战的叶邦荣刚踏入朝鲜就给朝鲜官员留下了很好的印象。《宣祖实录》三十一年一月十四日第六条记载：

　　　　韩应寅驰启曰："叶游击邦荣，领南兵一千，本月初九日入平壤。下程之礼，固辞不受；支供之物，亦皆不受；迎慰之宴、礼单之物，又皆辞焉。"（梁布政、叶游击，俱以上国之人，受命外国，而片辞一行，足以感激人心，真不负王人之义矣）④

　　上述记载是叶邦荣第二次入朝参战率浙兵进驻平壤后，朝鲜官员韩应寅向宣祖国王汇报接待叶邦荣一行的情况：叶邦荣不但婉拒朝鲜方面准备的"下程之礼"（通常为牛羊肉、酒等），就连本该由朝鲜方面提供的一些生活必需品也没有接受，甚至还谢绝了朝鲜方面的欢迎宴请及所呈礼品。撰写《宣祖实录》的朝鲜史家感动之余也赞叹道："足以感激人心，真不负王人之义矣！"他称赞叶邦荣的行为足以感动朝鲜人心，没有辜负明朝皇帝的"字小"义理。结合前文不难看出，清正廉洁、不居功自傲、将帮

---

① 张敏杰：《义乌文化的海外影响》，上海：上海人民出版社，2014年，第89页。
② 《宣祖实录》卷三十四，二十六年一月十一日第十六条，《朝鲜王朝实录》(21)，第602页。
③ 〔朝〕申钦：《象村稿》卷三十九，《韩国文集丛刊》(72)，1991年，第289页。
④ 《宣祖实录》卷九十六，三十一年一月十四日第六条，《朝鲜王朝实录》(23)，第364页。

助朝鲜人民赶走侵略者看成是自己应尽的职责,几乎是入朝浙兵将领所共有的行为准则和优良品德。

韩应寅的报告无疑也让宣祖国王对叶邦荣产生了良好的印象,因而于一月二十日在看望了在汉城养伤的游击将军陈寅后,紧接着登门拜访了叶邦荣。对此,《宣祖实录》有所记载:"上幸叶游击(名邦荣)所馆处,接见。"① 另据《宣祖实录》三十一年二月三日第五条记载:"军门派分兵马,使之速赴信地。……游击叶邦荣,原部官兵,分住龙宫。"②

综上可知,第二次入朝参战的叶邦荣于万历二十六年一月初九率部进驻平壤,二十日在汉城受到宣祖国王的接见,二月三日便被派驻庆尚道龙宫县。可见叶邦荣及其所部行程安排紧凑,行动十分迅速。

此外,通过宣祖朝官员高尚颜所撰《天朝游击将军叶公清德碑铭》,我们也可大致了解叶邦荣在朝鲜人民心目中的地位。

天朝游击将军叶公清德碑铭

天降丧乱,海寇构逆,将仇上国,先犯小邦。祸结兵连,七载未解。今年春二月某日,游击叶公,分控制之任,荷声援之责,率兵三旅,来屯是县。始至下令曰:吾军教养有素,必不侵牟,居者当安,散者宜归。民闻令下,相继扶携,各还故土。虽行货者杂于居民之间,而闾巷晏然。是缘老爷尚服三壤之化,素蕴不欲之德。一军率以老爷之心为心,而不自各心其心也。噫!十室弊邑,再经兵火,疮痍余黎,仅有孑遗。以重迁之心,返桑梓之旧,归市不止。耕稼遍野,仰父而俯子,左餐而右粥,忧者乐病者喜,秋毫皆老爷之赐也。于戏,有始如此,有终可知。将见扫清大憝,拯苍生于涂炭。策勋麟阁,贻令名于千亿。其德施鸿瓜,岂止一邑而已哉。举县之民,感公之德,既铭其骨,又刊丰碑,刊碑著铭骨也。公讳邦荣,金华府义乌县人。叶氏系出故楚大夫沈诸梁子高,子高食采于叶,因氏焉。铭曰:

> 天旅浑浑,千有五百。孰梗令甲,而敢越厥。
> 民皆按堵,市不易肆。允矣老爷,义尽仁至。
> 昔爷未来,人皆忧惧。今爷来思,若饥得饷。
> 诸葛耕渭,未得专美。曹彬征唐,风斯下矣。

---

① 《宣祖实录》卷九十六,三十一年一月二十日第六条,《朝鲜王朝实录》(23),第 368 页。
② 《宣祖实录》卷九十七,三十一年二月三日第五条,《朝鲜王朝实录》(23),第 377 页。

咸愿竖碑，垂号无穷。秉笔者不愧，君子哉叶公。①

　　高尚颜（1553～1623），字思勿，号泰村，万历朝鲜战争期间，在朝鲜多地担任地方官员，"所至皆有治绩"②。此碑铭是其担任地方官时所作。

　　"三壤"，古时按肥瘠情况将耕地分为上、中、下三等，称为"三壤"。这里指制度秩序。"十室"，指家家户户。"孑遗"，这里指倭军抢掠、破坏后残存的遗迹。"大憝"，指极为人所怨恨憎恶，这里指侵朝倭军。"麟阁"，汉代阁名，汉宣帝时曾将霍光等十一位功臣的画像置于阁上，后人则以"麟阁"或"麒麟阁"指代卓越功勋和最高荣誉。此处意指叶邦荣功勋卓著。"沈诸梁"，芈姓，沈氏，名诸梁，字子高，春秋末期楚国军事家、政治家，担任过楚国宰相，因被楚昭王封到古叶邑（今河南省平顶山市叶县叶邑镇）为尹，故史称"叶公"，后子嗣为叶姓。这里说叶邦荣是沈诸梁的后人。"诸葛耕渭，未得专美"，指三国时期蜀汉丞相诸葛亮最后一次北伐时，在五丈原（今陕西省所辖）与魏将司马懿对垒，因魏军坚壁不出，诸葛亮即分兵屯田于渭水两岸，与当地居民杂处而耕，以备长期作战，但不幸病逝于五丈原，一切努力均化为泡影。这里用以反衬叶邦荣东征的完美结局。"曹彬征唐，风斯下矣"，指北宋开国名将曹彬率军攻灭南唐却不居功自傲。"风斯下矣"，出自《庄子·逍遥游》："风之积也不厚，则其负大翼也无力。故九万里，则风斯在下矣，而后乃今培风。"曹彬灭南唐后，宋太祖要奖赏他，他说自己没什么功劳，是依仗天威和皇上的妙计才取得了胜利。这里是说，叶邦荣是像曹彬一样的人，劳苦功高却能谦虚自律。

　　此碑铭的主要内容是赞颂叶邦荣率领一千五百名浙兵在朝鲜地方（龙宫县）驻扎时，不仅未侵害当地百姓利益，还协助地方维持治安，为当地百姓创造了一个"闾巷晏然"、安居乐业的环境，就连逃离家园的民众也"相继扶携，各还故土"，生产、生活秩序都恢复了正常："耕稼遍野，仰父而俯子，左餐而右粥，忧者乐病者喜。"当地百姓把这一切都归功于叶邦荣，不仅把他的恩德铭记在心，而且还为其树立碑刻，以便让后世人不忘叶将军的大恩大德。

① 〔朝〕高尚颜：《泰村集》卷三《天朝游击将军叶公清德碑铭》，《韩国文集丛刊》（59），1990年，第243页。

② 〔朝〕李光庭：《墓碣铭并序》，高尚颜：《泰村集·附录》，《韩国文集丛刊》（59），1990年，第291页。

二、朝鲜官员"每爱相逢绮语霏"

关于叶邦荣及其所部在朝鲜作战的具体情况，朝鲜王朝史料鲜有记载。据《宣祖实录》记载："娄汝恩，冲锋阵亡，系游击叶邦荣下把总。"[1] 作为叶邦荣手下的一位把总，娄汝恩能够临危不惧、冲锋在前，结合浙兵在抗倭援朝期间的一贯表现，我们有理由相信，继承了戚家军优良传统的叶邦荣及所部浙兵在朝鲜战场上同样有着不俗的表现。

如前述骆尚志和黄应阳一样，叶邦荣也与朝鲜官员结下了深厚的友谊。前面提到的状元出身的文臣崔岦于万历二十二年年冬，以奏请副使（正使为尹根寿，书状官为申钦，向明廷奏请册封光海君为世子以及派兵朝鲜）的身份出使中国，途中在辽东城与故友叶邦荣相遇，遂作送别诗二首，以表达依依惜别之情。

追次台韵，别金台叶参军邦荣

（其一）

积雪朝收复夕霏，明从鹤野振蓑衣。

已来千里吾犹去，又住一年君未归。

老境渐知离别重，神京虽乐晤言稀。

相思此后知多少，但是遥空对落晖。

（其二）

每爱相逢绮语霏，能无沾湿别时衣。

偶然华表同为客，先向金台不是归。

木叶山前行路畏，驹儿河口见人稀。

度关随处堪乘兴，沽酒谁同醉夕晖。[2]

这两首诗歌，被作者收录在《甲午行录》中，说明为甲午年，即万年二十二年所作。"金台"，这里指北京，也指中国或明朝。"叶参军邦荣"，前面提到，叶邦荣第一次入朝参战时，其身份是"游击将军加参将衔"，故称其"叶参军"。

第一首诗，首联大意为：连日大雪，早上好不容易天放晴了，谁知傍晚又飘起了鹅毛大雪，看来明天过鹤野要披蓑衣前行了。"鹤野"，位于辽东北部的原野，今辽阳一带。首联交代了与故友惜别的地点与天气情况，

---

① 《宣祖实录》卷一百二十一，三十三年一月十五日第八条，《朝鲜王朝实录》(24)，第25页。

② 〔朝〕崔岦：《简易集》卷七《甲午行录》，《韩国文集丛刊》(49)，1990年，第424页。

从侧面烘托了离别时的伤感。

领联大意为：我自汉城跋涉千里行到此处，纵然鞍马劳顿还得继续赶路，谁知时间又过了一年，将军竟然还没回还（指返回蓟州）。诗人回想起一年前在此与叶将军偶遇的情景，不禁感叹军旅之路异常艰辛。在此之前，崔岦曾于万历二十一年冬作为奏请使出使过中国，将途中所作诗篇收录在《癸巳行录》中，其中包括《鸭绿江》《料理除夕》《到辽东》《玉河馆》① 等。从这些诗歌题目看，诗人前次出使是越过鸭绿江经由辽东地区去的北京，而除夕夜是在中国境内度过的，也就是说，当诗人一行走到辽东一带时已是万历二十二年的正月。而如前所述，明军第一次大规模撤回正是万历二十二年正月。如此看来，崔岦应该是早在万历二十二年正月就在辽东和刚撤回国内的叶邦荣有过一次邂逅了，而这一次（1594 年深冬）已是第二次不期而遇。弄清楚事情的来龙去脉，"又住一年君未归"也就好理解了。由此可知，第一次班师回国后，援朝明军各部并没有立马返回各自的原驻地，而是就近驻扎在辽东一带，为的是一旦倭寇再犯朝鲜，可以及时出兵相援。

颈联大意为：随着年纪增长越发觉得离别情重，虽说北京城迷人的风光让人目不暇接，可是与之倾心交谈的人却少得可怜。崔岦当时已年近花甲，故称自己处于"老境"。颈联表露出对离别好友的伤感心情，驱除倭寇恢复东亚秩序的共同信念和使命，使毫不相干的两个人相遇相知又相别相离，可经此一别，就不知何日再次相见了。

尾联大意为：此次分别之后，不知又会有多少相思的煎熬呢！天各一方，云水茫茫，只能遥望着天边的夕阳，思念远方的故人。尾联表达了对叶将军依依不舍之情：纵然是千山万水，也无法阻隔对故人的思念。这说明，诗人与叶邦荣虽然相处的时间不长，却已建立起深厚的友谊。同时也说明，叶邦荣凭借援朝期间的出色表现，得到了朝鲜官员的认可与敬重。

第二首诗，首联大意为：每次相逢都相谈甚欢，离别时也少不了泪水打湿衣衫。首联交代诗人与叶将军曾有过知心交谈，这里虽然没有提到交谈的内容，但从诗人感动得泪湿衣衫来看，叶将军的话语应该是说到了诗人的心坎上。而当时能深深打动诗人的，无外乎驱逐倭军的决心和信念，以及尊重、体恤朝鲜百姓的真情实意，这也与前面记载的叶邦荣受到朝鲜官员和百姓称扬与拥戴的事实相符。

领联大意为：偶然在辽东华表柱下再次相逢的两个人，不过是来此地

---

　　① 〔朝〕崔岦：《简易集》卷六《癸巳行录》，《韩国文集丛刊》(49)，1990 年，第 414、416、417 页。

暂住的旅人,我虽比你先向北京出发,却不是归程而是出使大明。"华表",这里指辽东城(今辽阳市区辽阳老城东北隅)的华表柱。诗人于万年二十一年出使中国时,在所作《到辽东》诗中,有"十年三过华表柱"①诗句,说的应是诗人在辽东城华表柱下与刚从朝鲜撤回的叶邦荣首次相遇。

颈联大意为:木叶山路途险峻,驹儿河口人烟稀少。意指离京城尚远、前路十分艰险。

尾联大意为:虽说过了山海关到处都是引人入胜的景色,可是在夕阳的余晖里,我将与谁同醉呢?表达了诗人对叶邦荣将军的恋恋不舍之情。

本章介绍了浙兵将领吴惟忠、骆尚志、戚金、王必迪、黄应阳、叶鳌、茅国器、叶邦荣等人在抗倭援朝期间为朝鲜做出的重要贡献。其中包括在前一章介绍的协助朝鲜练兵的浙兵千总闻愈、千总邵应忠、千总陈良玑、千总叶大潮、千总朱文彩、教练游击胡大受、游击将军许国威等,这些戚继光当年的部属或受过直接影响的浙兵将领,无论是在战场上冲锋陷阵、勇往直前,还是在驻守期间爱护朝鲜百姓、秋毫不犯;无论是依照《纪效新书》指导朝鲜军队建设,还是遵照戚继光的教导严格要求自己、与士卒同甘共苦,他们都以自身的行动维护了中朝之间的传统友谊和东亚秩序,诠释了中国人民反对侵略、捍卫尊严的坚定意志,同时也传承了戚家军的优良传统、传播了戚继光的军事思想,从而为朝鲜运用戚继光军事思想指导军制改革和军队建设创造了条件。戚继光的军事思想之所以能在朝鲜半岛产生如此重大而深远的影响,应该说,援朝明军中的浙兵将领发挥了至关重要的纽带与桥梁作用。

---

① 〔朝〕崔岦:《简易集》卷六《癸巳行录》,《韩国文集丛刊》(49),1990年,第416页。

第五章　咏戚继光诗——戚继光军事思想的深远影响

　　朝鲜王朝时期的官员，留下了多首咏戚继光的诗作，这些创作于不同历史时期的诗作，如同散落在浩瀚的历史长河之中的一颗颗尘封已久的宝石，难以进入国人的视野。本章以创作年代为序，从中选取较有代表性的十位诗人的十首诗作作为考察对象，欲拨开厚重的历史尘埃，用一根主线将其串连起来，使其重新闪耀璀璨的光芒。

　　所选诗歌作者大多没有亲身经历万历朝鲜战争，但他们或为朝鲜王国命臣，或为具有强烈的民族意识的文人，对万历朝鲜战争这段历史是耳熟能详的，对戚继光的《纪效新书》在战争期间及战后所发挥的重要作用有着清醒的认识。因此，他们一旦遇到特定的历史事件或是置身于特定的情景之中，深处的记忆就会被唤醒，创作灵感被点燃，进而以饱蘸激情的笔触，谱写出一首首动人的英雄赞歌。

　　由于诗作者多是朝鲜王朝不同时期颇具影响力的文臣或代表性诗人，因而比起历史典籍来，他们的诗作受众面更广、传播力更强，他们对戚继光及其军事著作的赞颂，也进一步扩大和加深了戚继光在朝鲜半岛的影响。鉴于此，本章结合作者的生平事迹，通过对这些诗作鉴赏分析，考察其产生的时代背景，揭示蕴含其中的歌颂戚继光人格魅力及其军事著作《纪效新书》的主题思想，以期作为本书主题的补充和延伸。

第一节　黄汝一与《望海亭》

望海亭，次石碑戚将军继光韵

紫塞茫茫不尽西，青牛缓缓度关迷。

杯倾沆瀣凭栏吸，笔卷波涛向柱题。

碣石拂云天截漠，琅琊浮海日生齐。

升平何处观周盛，万国于今尽执圭。①

一、作者生平与创作背景

黄汝一（1556～1622），字会元，号海月轩、梅月轩，平海（现韩国庆尚北道蔚珍郡）人，朝鲜王朝中期官员、文学家。黄汝一自幼从父习文，少时即有文名，万历十三年（1585）别试文科及第，任承文院副正，专在"湖堂"（王室图书馆）讲经论史。万历朝鲜战争爆发后，黄汝一投笔从戎，入都元帅权慄军帐为从事官，屡立战功。后历任醴川郡守、成均馆典籍、吉州牧使、东莱镇兵马金节制使（1617 年）等职，有《朝天录》《海月集》传世。

万历二十六年冬，黄汝一以书状官身份随陈奏使右议政李恒福、副使工曹参判李廷龟出使燕京。陈奏使团于十月二十一日从汉城出发，次年四月二十五日回到义州，历时半年之久。黄汝一将期间的见闻和经历以日记的形式记录下来，辑为《银槎日录》。据《银槎日录》所载，使团一行是正月初九日入山海关②的，因当天车辆不发，只得留宿西门外客栈。趁此机会，黄汝一与副使李廷龟策马同游望海亭，见到"长城尽处，斗起谯阁"，堂立有两块诗刻碑，"碑阁左有'天开海岳'额字，碑右有总兵戚继光诗碑"。《望海亭，次石碑戚将军继光韵》正是步韵戚继光碑刻诗所作。由此可推知，该碑刻诗当是戚继光的《山海关城楼》："楼前风物隔辽西，日暮凭栏望欲迷。禹贡万年归紫极，秦城千里静雕题。蓬瀛只在沧波外，

---

① 〔朝〕黄汝一：《海月集》卷九《银槎录诗》，《韩国文集丛刊（续）》(10)，2005 年，第 140 页。

② 山海关，古称榆关，也作渝关，又名临闾关，是明代万里长城东端的重要关隘，素有"两京锁钥无双地，万里长城第一关"之称。山海关为朝鲜王朝使臣陆路出使燕京的必由之路，黄洪宪的《山海关》一诗中便有"银海仙槎来汉使，玉关秋草戍秦兵"的句子。

宫殿遥瞻北斗齐。为问青牛能复度，愿从仙吏授刀圭。"① 镇东楼为山海关东门城楼，即"天下第一关"城楼。此诗为戚继光登临山海关东门城楼时的即景抒怀之作。

为彻底解除蒙古部族的侵扰，明廷于隆庆元年（1567）调遣抗倭名将戚继光出任蓟州总兵，协助蓟辽总督谭纶执掌蓟州、昌平、保定三镇军务。戚继光"因地制宜用险制塞"，在原有城墙上加修障墙、支墙、挡马墙和空心敌台，还增筑入海石城七丈，作为万里长城的东端起点，名曰"老龙头"。对于"老龙头"，黄汝一在《银槎日录》里有如下描写："堂以全石为底，砮岩为筑，熟石为墙，如龙腰鳌首，走入波心，跨截半海。虽洪涛巨浪，日夜震撼天地，而长墙屹然确嵽。"在震撼于"老龙头"的坚固之余，黄汝一更是盛赞戚继光所创防戍之法："长城三里一烟台，一台十名军。五里一小铺，十里一大铺，三十里一大寨。贼来则烟军交臂了望，铺卒各把弓家。中朝防戍之法，亦云周且宏矣。"联想到朝鲜"边防蕞尔斗城，亦不能把守，毕竟无一名军卒"，不禁喟然叹道："诚可哀也已。"②

二、诗作内容与艺术鉴赏

此诗系作者于万历二十七年正月作于山海关望海亭。望海亭亦称"观海亭"，在山海关城南十里长城入海处老龙头的宁海城城台上，可俯瞰大海。

首联"紫塞茫茫不尽西，青牛缓缓度关迷"，叙写了诗人登上望海亭，眺望着蜿蜒西向、气势磅礴的长城，从而联想到老子骑着青牛缓缓出函谷关西去的情景。这里暗指戚继光来此镇守，为山海关带来了祥瑞之气。"紫塞"，长城。"青牛度关"，出自老子骑着青牛西出函谷关的典故。老子西游，关令尹喜望见有紫气浮关，而老子果乘青牛而过也。后以此典指有道之人降临，带来祥瑞。

颔联"杯倾沆瀣凭栏吸，笔卷波涛向柱题"，描绘的是诗人睹物思人，脑海中浮现出戚将军当年挥笔题诗的情景：将军身倚栏杆，手把清露一饮而尽，挥洒风卷波涛之笔，在柱子上题写诗句以抒发胸怀。诗句形象地刻画了戚将军胸有成竹、挥洒自如的儒将风范，凸显了戚将军的博大胸襟和远大抱负。"沆瀣"，夜间的水气，露水，旧谓仙人所饮，后引申为珍贵的饮料，此处当指"美酒佳酿"。

---

① （明）戚继光撰，王熹校释：《止止堂集》，北京：中华书局，2001 年，第 61 页。
② 〔朝〕黄汝一：《海月集》卷十，《韩国文集丛刊（续）》(10)，2005 年，第 162 页。

颈联"碣石拂云天截漠，琅琊浮海日生齐"，描述了诗人站在望海亭上北眺碣石、东望日出所看到的壮丽景观：高耸的石柱直插云霄，将远天与大漠相隔，琅琊漂浮在渤海之上，旭日从海平面冉冉升起。"碣石"，指河北省秦皇岛市昌黎县的碣石山，离山海关很近。"琅琊"，同"琅琊"，此处当指秦始皇所建琅琊台，在渤海间。

尾联"升平何处观周盛，万国于今尽执圭"，抒发了作者触景生情而发的感慨：太平时代从什么地方能看到周代盛世的影子呢？看看现如今万国都执圭来朝（大明）就明白了。"周盛"，周代盛世。"执圭"，以手持圭，圭用来区分爵位等级，使执圭而朝。

此诗先写长城，转而写人物，再回头写海景，最后是感想，由远及近，再由近及远，思绪随景物的变化而层层展开。第二句对戚将军的描写看似突兀，实则是贯穿始终的一条暗线，因为正是有了戚将军的守护，长城才变得雄关似铁、牢不可破，大明才能呈现出一派盛世景象。

黄汝一就这样在"天下第一关"与戚继光"不期而遇"。刚刚亲历了万历朝鲜战争、目睹了国破家亡的惨痛局面，他深知国防建设的重要意义，看到戚继光当年驻守山海关时修建的防御工事及城防体系，再联想到本国粗陋的边防设施，不禁感慨万千。而戚将军诗碑就像是一个引子，一下子点燃了黄汝一的诗情，一股敬意油然而生。透过诗句"杯倾沆瀣凭栏吸，笔卷波涛向柱题"，黄汝一对抗倭英雄戚继光将军的敬仰推崇之意跃然纸上。

第二节　申晸与《感事》

感事

辽阳城外尽黄云，落日时逢牧马群。
燕地百年氛祲满，至今犹忆戚将军。①

一、作者生平与创作背景

申晸（1628～1687），字伯东，号汾厓、艮斋、梦斋，平山（今朝鲜黄海道平山郡）人，朝鲜王朝中期文臣。申晸出身名门望族，自幼聪明机

敏，熟读经书，文学功底深厚，"尤长于诗"，以"格调清绝"① 著称。朝鲜显宗五年（1664）春塘台试文科及第，历官大司谏、大司成、吏曹判书、礼曹判书、艺文馆提学、汉城府判尹、江华府留守，传世之作有《汾厓集》《汾厓遗稿》《壬辰录撮要》等。

二、诗作内容与艺术鉴赏

康熙十九年（朝鲜肃宗六年，1680）六月，申晸以谢恩兼陈奏副使身份出使中国，一路上见景生情、即物起兴，创作二百首诗歌，合为《燕行录》诗集，此七绝诗便是其中之一。

第一、二句"辽阳城外尽黄云，落日时逢牧马群"，描绘的是壮阔苍茫的塞外风光：无尽的天边黄云密布，夕阳余晖里，映入眼帘的是一群群暮归的胡马。"辽阳城"，洪武五年（1372）明军攻克辽阳后，在元旧城之上，用了七年时间修建而成，为东北地区战略要冲，也是明清时期朝鲜使者出使中国的必经之路。"黄云"，边塞之云，塞外常常黄沙飞扬，天空呈黄色，故称。杜甫《佐还山后寄》诗中有"山晚黄云合，归时恐路迷"之句。

第三句"燕地百年氛祲满"，与第一句相呼应，黄云密布，给人一种压抑之感，幽燕大地百年来充满了不祥之气，意指被清朝所占。在这里，诗人深沉地表达了番邦陪臣对中原故主（明朝）的怀念之情。"燕地"，燕国属地，指今河北省北部和辽宁省南部一带。"氛祲"，不祥之气。

第四句"至今犹忆戚将军"，表达了对北御鞑靼的戚继光将军的深深怀念。言外之意是，如果戚将军仍然健在的话，以其对国家忠贞不贰的精神和长于排兵布阵的军事才能，必能阻挡清军问鼎中原，只可惜现在却是物是人非、江山易主、阴霾笼罩。"至今犹忆戚将军"，暗含着诗人面对残酷现实而无可奈何的心情。

作者路经辽东大地，看到满目疮痍的辽阳山河，抑制不住悲愤抑郁的心情。在《辽阳途中》，诗人写道："黄茅尽日人烟断，唯见胡儿牧马还"……"胡笳数拍吹残月，断尽行人一夜肠。"② 可见，申晸虽为出使清朝的朝鲜使者，但内心充满了对明朝的眷恋和对清朝统治现实的不满。在《燕都感怀》中更是写道："旧日山河空在眼，百年天地自无情。伤心海外孤臣泪，说到神宗已满缨。"③ 山河依旧在，朱颜却已改。一提到明

---

① 〔朝〕金寿增:《行状》,申晸:《汾厓遗稿》卷十四,《韩国文集丛刊》(129),1994 年,第 603 页。

② 〔朝〕申晸:《汾厓遗稿》卷五《燕行录》,《韩国文集丛刊》(129),1994 年,第 414 页。

③ 〔朝〕申晸:《汾厓遗稿》卷五《燕行录》,《韩国文集丛刊》(129),1994 年,第 422 页。

神宗，海外远臣伤心的泪水早已打湿了官帽上的缨子。作者单单提到神宗，是因为万历朝鲜战争期间，明神宗两次遣大军东征，终将倭军赶出了朝鲜半岛，对朝鲜来说有"再造藩邦"①之恩。在这样的心境下，作者自然更加怀念雄韬伟略、御倭有方的戚继光将军。在诗人看来，若是戚将军尚在，大明的江山就不会变色，那么幽燕大地也必将呈现出另一种景象与氛围。

第三节　申厚载与《途中怀古》

蓟城是戚少保所筑，途中怀古

清晨发古寺，驱马蓟门东。
远树浮天际，孤烟生野中。
衣冠今日异，障塞旧时同。
不尽沧桑感，仍思少保功。②

一、作者生平与创作背景

申厚载（1636～1699），字德夫，号葵亭、恕庵，平山（今朝鲜黄海道平山郡）人，朝鲜王朝后期文臣。朝鲜显宗元年（1660）文科及第，入职承文院，历任兵曹参议、同副承旨、知制教、兵曹参知、江原道观察使、承政院右承旨、都承旨等职。

据朝鲜中后期实学者李瀷（1681～1763）所撰《汉城府判尹申公墓碣铭》记载，康熙十年（朝鲜显宗十二年，1671），盘踞釜山的倭军提出迁移倭馆的无理要求，朝鲜王室命申厚载为"宾接使"出面应对。面对"露白刃阑入东莱府"的穷凶极恶的倭酋，申厚载大义凛然，毫无惧色，成功挫败了倭人欲借此挑起事端的阴谋。③ 这说明，申厚载对日本觊觎朝鲜的狼子野心有着清醒的认识，对于日方的无理要求敢于据理驳斥。

康熙二十八年（朝鲜肃宗十五年，1689），申厚载以谢恩兼陈奏奏请副使身份出使中国，看到通州一带仓舍之制深受启发，进一步认识到城防

---

① "宣武祠，乃宣祖朝所建也。宣祖以御笔，书'再造藩邦'四字，揭之祠宇。"《仁祖实录》卷三十四，十五年五月十八日第一条，《朝鲜王朝实录》(34)，第 691 页。
② 〔朝〕申厚载：《葵亭集》卷五，《韩国文集丛刊（续）》(42)，2007 年，第 330 页。
③ 参见〔朝〕李瀷：《星湖全集》卷六十，《韩国文集丛刊》(200)，2007 年，第 34 页。

建设的重要性。回到朝鲜后，擢升为江华留守的申厚载"殚心守御之备"，向肃宗国王进言加修江都城："江都傍海之墩，为四十八。而皆前面高几二丈，后面低或六七尺。当初监筑者之意，盖以为前面向海故高筑，后面向城故防备稍缓，而殊不知敌既下陆，则前后无异也。后面之最低者，不可不加筑。"① 先后建造伏波楼、谢潮堂、镇海寺，"设大炮、造巨舰"，建造储、放水工程，并在"甲串"② 修建上下仓库，在粮仓上方设置换气孔，以便长期储存，储备军粮数万石。③ 关于申厚载在江华建仓库之事，《肃宗实录》也有提到：当听说忠清道的"杨津仓"因地势低洼多湿气，不宜储存谷物，需要搬迁时，兵曹判书闵宇道禀告说："江都新造仓舍，其制甚好，谷气疏通，可支累年。盖留守申厚载赴燕时，见通州仓舍之制，仿而为之云。"肃宗大王下令"依其制移建"④。上述记载说明，申厚载在甲串一带建造的可储粮几年而不变质的粮仓，是仿照通州粮仓构造而建成的。应该说，申厚载执意加修江都城，是受了戚继光当年在蓟门一带加修长城、建仓备战的启发，而建造结构合理的粮仓，则是他出使大清期间留心观察学习的结果。

二、诗作内容与艺术鉴赏

此五言律诗，便是作者于康熙二十八年（1689）十一月于出使大清途中所作。首联"清晨发古寺，驱马蓟门东"，交代了使者一行清晨从古寺出发，策马匆匆的行旅。"驱"，古同"驱"。"蓟门"，原指古蓟门关，唐代以关名置蓟州后亦泛指蓟州（今天津市蓟州区）一带。颔联"远树浮天际，孤烟生野中"，以"远树"和"孤烟"两大意象，描绘了一幅冬天的蓟州原野空旷无边、大漠孤烟的荒凉景色。"浮天际"，漂浮在天边。戚继光的《过文登营》一诗中就有"遥知夷岛浮天际，未敢忘危负岁华"的诗句。颈联"衣冠今日异，障塞旧时同"，以对比的手法，凸显了江山依旧在，只是朱颜改的残酷现实。"衣冠"，这里以百姓服饰的变化暗喻明清政权更替。而原野上那一处处残存的防御城堡，说不定正是戚将军当年指挥

① 《肃宗实录》卷二十二，十六年五月十三日第二条，《朝鲜王朝实录》(39)，第222页。
② "甲串"，位于今韩国仁川广域市江华郡江华邑海岸东路1366号。关于"甲串"地名的来历，有一个很有意思的传说，相传高丽时期蒙古军企图穿过这里，但未能成功，于是便感叹说，我们的士兵应该脱下盔甲，用其填满大海，以便穿过海峡。
③ "使燕还，又升嘉义阶，由礼曹参判除江华留守，殚心守御之备，创伏波楼、射潮堂、镇海寺，置甲串上下仓，储峙谷数万石，上开天窗以泄气。设大炮造巨舰，蓄水抒水，各有其具。"李瀷：《星湖全集》卷六十《汉城府判尹申公碣铭》，《韩国文集丛刊》(200)，2007年，第35页。
④ 《肃宗实录》卷二十三，十七年闰七月十三日第一条，《朝鲜王朝实录》(39)，第249页。

修筑的。尾联"不尽沧桑感，仍思少保功"，抒发了对戚将军的无限怀念之情。诗人面对物是人非的现实情景，一种沧桑巨变之感油然而生，感慨之余不禁深深怀念起了戚继光将军的丰功伟绩。而申厚载这里所说的"功"字，其内涵应是十分丰厚的，既包含了戚继光戎马一生所立赫赫战功，也包括他为后世留下《纪效新书》《练兵实纪》等军事著作之功，还包括他开创性地修筑城防工程、系统性地练兵强军之功。除此之外，也许还包括申厚载在通州所见、回国后仿造的粮仓建制开发之功在内。

第四节　金时敏与《大报坛亲祭》

大报坛亲祭，谨用先君子甲申韵

画像杨经理，兵书戚继光。
中原久胡玺，下国此皇觞。
义渐王春晦，恩难万历忘。
崇坛岁一祭，我后缵宁王。[①]

一、作者生平与创作背景

金时敏（1681~1747），字士修，号东圃，安东（今庆尚北道安东市）人，朝鲜后期文臣、学者。有志于"为己之学"的金时敏，五十二岁始以荫补出仕缮工监役，此后历任社稷署令、宗庙署令、狼川县监（1735年）、仪宾都事、珍山郡守等职。金时敏对宋明理学有深入的研究，特别是对古体诗创作独具匠心。"喜为诗，自少发语多惊人。晚与李槎川，并峙对垒，为一时宗盟。"[②]"所攻诗律，博搜旁稽，工积力久，才思颖发，词韵圆融，而所造既深，各体俱备。"[③] 担任珍山郡守期间，金时敏大力振兴文教事业，培养了大批后学晚辈，告老还乡时，当地百姓为其建祠堂以颂其德。有《东圃集》传世。

此诗应为担任宗庙署令的金时敏在随同肃宗大王参加"大报坛"国祭时，依其父当年所作诗韵创作而成。

---

① 〔朝〕金时敏：《东圃集》卷五，《韩国文集丛刊（续）》(62)，2008 年，第 420 页。
② 〔朝〕金元行：《渼湖集》卷十三《〈东圃集〉跋》，《韩国文集丛刊》(220)，1998 年，第 266 页。
③ 〔朝〕赵明履：《墓碣铭》，金时敏：《东圃集·附录》，《韩国文集丛刊（续）》(62)，2008 年，第 486 页。

　　"大报坛"，意为"大报恩之坛"，是朝鲜王朝于康熙四十三年（朝鲜肃宗三十年，1704）为报答明朝开国皇帝明太祖、两度派兵相救的明神宗以及明朝末位皇帝明毅宗（崇祯）的恩德，在昌德宫后苑修建的祭坛。朝鲜正祖二十年（1796），"原任阁衔"徐荣辅参加了大报坛春祭，并受命写下了"三后昭临奏假亲，每年豆币荐皇春"① 的诗句，说的是肃宗之后，景宗、英祖、正祖，朝鲜三朝国君都亲临大报坛主祭；朝鲜后期著名学者洪直弼（1776～1852）在明毅宗殉国日所作诗中也写到国王亲祭之事："此日知何日，先皇殉社辰。有光洪武烈，无愧礼经文。正气凌千古，仁心及八垠。吾王大报意，坛上裸将亲。"② 由此可见，直到十八世纪中期，在明毅宗殉国之日由朝鲜国王献祭大报坛已成定规，朝鲜君臣百姓对大明的再造之恩仍心存感激。

　　"亲祭"，指国王亲自主持祭祀。"先君子"，是对已故父亲的称呼。"甲申"，此处应指1704年，恰是崇祯帝自缢殉国六十周年。当年"大报坛"落成之时，金时敏的父亲金盛后③即以此为题留下过诗作。

二、诗作内容与艺术鉴赏

　　首联"画像杨经理，兵书戚继光"，以"画像"和"兵书"两个意象高度概括了朝鲜"丁酉再乱"时明军援朝抗倭主帅杨镐和中国抗倭英雄戚继光为朝鲜建立的丰功伟绩。"杨经理"，指杨镐。万历二十五年，继"壬辰倭乱"之后，日本再度大举侵朝，朝鲜史称"丁酉再乱"。杨镐被明神宗任命为右金都御史以经略朝鲜军务，"杨经理"之称源于此。在倭军长驱直入，朝鲜京都汉城危在旦夕之际，杨镐"自平壤兼程疾驰，直入京城，指挥诸将，分道击贼，贼遂败逃"④，为朝鲜"恢复疆土"打下了坚实的基础。为缅怀杨镐功绩，宣祖国王于万历三十二年（1604）七月，下令配享杨镐于"宣武祠"，并令冬至使设法求得杨镐画像，以奉安于宣武祠。"画像杨经理"说的正是此事。而"兵书"，则是指戚继光的《纪效新书》和《练兵实纪》。

---

① 〔朝〕徐荣辅：《竹石馆遗集》册一《御制大报坛亲享，敬次两朝御制诗，以贱臣忝原任阁衔，下示命赓进，感惶谨制》，《韩国文集丛刊》（269），2001年，第333页。

② 〔朝〕洪直弼：《梅山集》卷一《三月十九日，即毅宗皇帝殉社之辰也，不胜悲愤，情见于辞，奉示颖荷两座下》，《韩国文集丛刊》（609），2009年，第295页。

③ 金盛后（1659～1713），字仲裕，号蕉窗，朝鲜后期诗人、学者，官至户曹正郎。性格豪爽洒脱，喜与文人墨客交游，不仅诗歌造诣颇深，而且擅长琴棋。虽官位不高，但为地方官时，施行仁政，深受百姓敬服。

④ 《宣祖修正实录》卷三十八，三十七年七月一日第一条，《朝鲜王朝实录》（25），第694页。

　　首联的意思是说，杨镐在万历朝鲜战争中为朝鲜立下了赫赫战功，以至于宣祖命使臣远赴中原摹画其肖像奉安于宣武祠；而说到御倭之兵书，则当首推戚继光的《纪效新书》。

　　颔联"中原久胡玺，下国此皇觞"，以对比的手法，突出了当时中原大地与朝鲜半岛完全不同的情势。"胡玺"，胡人称帝，这里暗指大清政权。"皇觞"，皇帝为国而死。中原为清朝所占已经很长时间了，作为番邦小国的朝鲜却仍在祭奠自缢殉国的崇祯帝。

　　颈联"义渐王春晦，恩难万历忘"，以春意渐浓的自然法则来反衬朝鲜君民抑制不住的悲愤心情，抒发了对万历皇帝和大明的恩惠难以忘怀的感激之情。"万历"，这里指万历皇帝朱翊钧。

　　尾联"崇坛岁一祭，我后缵宁王"，先是铺叙了朝鲜国王年年拜祭崇祯皇帝这一事实，接着表达了朝鲜的子子孙孙必将继承武宁王徐达的意志，将反清复明大业进行到底的决心。"崇坛"，指大报坛。"宁王"，指武宁王徐达。徐达作为明朝开国第一功臣，为明朝建立了不朽的功勋，死后被封中山王，谥号武宁。

　　此诗以"大报坛亲祭"为题，通过朝鲜国王亲祭大报坛这一历史事件，阐明了即使在大明亡国已近百年之时，朝鲜王朝仍在坚守"尊明排清义理"，依然对大明当年的"再造之恩"刻骨铭心这样一个主题。首联"画像杨经理，兵书戚继光"看似有游离主题之嫌，但实际上是"下国此皇觞"的前提。在诗人看来，如果没有经略朝鲜军务的杨镐及大明援军的英勇奋战，没有戚继光的《纪效新书》及其军事思想对朝鲜军制改革和军队建设所发挥的重大推动作用，明朝的"再造之恩"只能是空中楼阁。因此，杨镐和戚继光为朝鲜王朝所建立的伟大功勋必将彪炳史册。前面提到，万历朝鲜战争期间，宣祖将《纪效新书》作为军队建设的教科书，大大提高了朝鲜军队的战斗力。万历朝鲜战争结束后，朝鲜王朝仍然非常重视《纪效新书》和《练兵实纪》在军队建设中的指导作用，金时敏所处的朝鲜英祖时期，不仅把在《纪效新书》基础上修订的《兵学指南》作为军队训练的主要教材，还参照《纪效新书》的城建标准进行城防建设。① 戚继光的《纪效新书》对朝鲜王朝的军制改革和军队建设起到了至关重要的作用。因此，作者站在朝鲜的立场盛赞戚继光及其《纪效新书》既符合史实又合乎情理。

　　① 参见《英祖实录》卷一一四，四十六年闰五月二十六日第二条，《朝鲜王朝实录》(44)，
　　　第 356 页。

第五节　柳得恭与《云岩破倭图歌》

云岩破倭图歌（节选）

（梁青溪大朴，万历壬辰，以义兵将破倭于云岩之野，后孙参议周翊作图请歌）

······

试问古来征倭之将谁最贤？

中朝戚少保，狼筅蛮牌练十年。

我朝李统制，虎符龟舰镇三边。

伟哉梁将军，义旅才盈千。①

一、作者生平与创作背景

柳得恭（1749～1807），字惠风、惠甫，号泠斋、泠庵、歌商楼、古芸堂、古芸居士、恩晖堂等，黄海道文化郡（今朝鲜黄海南道信川郡文化面）人，朝鲜王朝晚期著名诗人、史学家、北学派实学家。

柳得恭幼年丧父，在其叔父实学家柳琏的引导下，青年时期的柳得恭得以与洪大容、朴趾源等诸多北学派人士交游，并结成"白塔同人"诗会。柳得恭同李德懋、朴齐家、李书九被称为"朝鲜汉文新派四大家"，在朝鲜文学史上占有重要地位。四人的初期诗选集《韩客巾衍集》（亦称《四家集》或《四家诗》）和柳得恭本人的叙事诗《二十一都怀古诗》分别被其叔父和友人随使团带到燕京，受到了中原文人学者的一致好评。朝鲜正祖三年（1779），奎章阁落成，柳得恭被任命为检书，自此踏入仕途，历任县监、郡守、通政大夫、府使等职。有《泠斋集》《泠斋书种》行世。

值得一提的是，柳得恭曾三次游历中国，特别是后两次燕京行，得以与时任礼部尚书纪昀（字晓岚）等众多中原贤士名流交游，开阔了眼界、

---

① 《云岩破倭图歌》全文如下：云岩树色蓊若云，石栈萦纡路微分。谷口长川流涣涣，乱石疑是凫雁群。倭磷烁烁飞草末，倭鬼呷嚘山日曛。破倭者谁梁将军，将军带方之烈士。宝刀千金马千里，洒泣草檄风雨生，破家养士熊虎似。倭子午餐幽箐间，支铛涤瓯聚沙湾。三郎五郎左卫门，个个衣锦綦子斑。有闪镜者蝶舞翩，有摇扇者鸟语喧。怪哉或着铜假面，如鬼如媪丑且奸。将军望见不胜怒，大呼而驰大刀舞。金鼓齐鸣伏尽发，试看山背戴戴旌旗树。我矢蔽天如飞蝗，倭将翻身饮白羽。倭兵蹑屩跟跄奔，抛枪拖剑如崩堵。草薙禽狝荡无垠。云岩之野至今烟莽。试问古来征倭之将谁最贤？中朝戚少保，狼筅蛮牌练十年。我朝李统制，虎符龟舰镇三边。伟哉梁将军，义旅才盈千。〔朝〕柳得恭：《泠斋集》卷五，《韩国文集丛刊》(260)，2001年，第85页。

增长了学识，分别为后世留下了珍贵的史料《滦阳录》和《燕台再游记》。

诗题清楚地交代了创作《云岩破倭图歌》的缘起：万历二十年六月二十五日，义兵将领梁大朴①在云岩（今韩国全罗北道任实郡云岩面）大破倭军。梁大朴的后人兵曹参议梁周翊（1722～1802，字君翰，号无极）以此为主题绘制了一幅《云岩破倭图》以示纪念，请柳得恭为之题诗。据《正祖实录》十九年十一月二十四日第二条记载："仍教曰：前金知梁周翊之疏，言言可嘉。……在外兵曹参议，移除礼议，其代除授，牌招入直。"② 由此可见，梁周翊是 1795 年 11 月由金知转任兵曹参议的。那么，柳得恭所作《云岩破倭图歌》应在 1795 年 11 月之后。据柳得恭《题云岩破倭图》记载，梁大朴为国捐躯后，朝鲜王朝追赠其为大司马，命内阁编辑十卷梁大朴实记，卷首附有《云岩破倭图》。梁大朴后人家中原来藏有一幅《云岩破倭图》，但后来毁于一场大火，只好请人照着《梁大朴实记》卷首上的图重新摹画了一幅。③ 柳得恭所题便是这幅新摹画的《云岩破倭图》。这应是一幅巨幅画作，留有较大的空白。

二、诗作内容与艺术鉴赏

《云岩破倭图歌》是一首长达 36 句、共 252 字的杂言古体长诗，开头四句描绘了朝倭两军交战地"云岩"树木苍郁、乱石遍布的地理环境，接着交代了梁将军在倭军大军压境之时"破家养士"、变卖家产募集义兵的情况；然后用大量的笔墨，形象地描画了倭军"如鬼如媪丑且奸"的丑陋面目，以及遭到梁将军猛烈攻击后狼狈逃窜的场景。上引七句正是在此基础上，诗人最后发出的由衷感叹。

"蛮牌"，即《纪效新书》所言"藤牌"，由我国南方出产的粗藤制作而成。"狼筅"和"蛮牌"等戚继光所创鸳鸯阵的标配武器，在万历朝鲜战争期间由入朝参战的"浙兵"传入朝鲜。以平壤攻城战为契机，朝鲜王室认识到戚继光的军事著作《纪效新书》的价值，遂以此为教科书，延请浙兵将士为教官，在中央设立"训练都监"，在地方组建"束伍军"，开展

---

① 梁大朴（1544～1592），字士真、松岩、竹岩、青溪道人，号青溪。1592 年壬辰倭乱爆发，以学官身份和儿子梁敬遇一起变卖家产，招募义兵。6 月，高敬天在丹阳聚众起义，遂投其帐下。亲赴全州招募义兵二千余人，因过劳而死于珍山战场。正祖二十二年（1798）追赠兵曹判书，谥号忠壮。梁大朴有诗才，且写得一手好字，有《青溪集》传世。

② 《正祖实录》卷四十三，十九年十一月二十四日第二条，《朝鲜王朝实录》(46)，第 616 页。

③ "梁青溪大朴带方布衣，提满千召募之士，战于云岩之野。……圣上二十年。特赠大司马予谥。命内阁撰次实记十卷。梁氏旧藏《云岩破倭图》，毁于火。重摹卷首，飞腾叱咤，英爽勃勃。"〔朝〕柳得恭：《泠斋集》卷八《题云岩破倭图》，《韩国文集丛刊》(260)，2001 年，第 118 页。

313

大规模的练兵强军活动，这些兵器随即也成为朝鲜军队抗击倭军侵略的利器。

"虎符"，古代帝王授予臣属兵权和调发军队的信物，为虎形。"龟舰"即"龟船"，由朝鲜全罗左道水军节度使李舜臣将军于万历朝鲜战争爆发的前一年（即 1591 年），带领能工巧匠创制而成，结构轻巧而坚固，速度快而火力猛，在闲山岛、鸣梁等海战中发挥了重要作用。

上引七句的大意是，试问自古征伐倭寇的将军中谁最贤能？中国的戚继光将军打造戚家军苦练长枪、蛮牌十余年，取得了彪炳青史的丰功伟绩；朝鲜的李舜臣将军凭借虎符和龟船镇守朝鲜半岛东、西、南三方海域。多么伟大啊！梁大朴将军仅率千余义兵却能在云岩之野大败倭寇。

这是柳得恭作为一名腹有诗书、博古通今的历史学家，站在历史的高度所做出的结论：在长达二百余年的抗倭史中，赤心报国立下不朽战功甚至以身殉国的抗倭将领何其多也，然而最贤能者首推中国的戚继光，其次是朝鲜的李舜臣。诗人在此巧用一"贤"字抛出了命题，"贤"，贤能，有道德的、有才能的。在作者看来，作为一名将帅，骁勇、威武固然不可或缺，但更为重要的是有高尚的品德和出众的才能，只有这样才能聚拢人心、形成合力、打败穷凶极恶的倭寇。接着，作者用自问自答的方式给出了答案：戚继光和李舜臣两位便是最符合条件的，因为二人都具有忧国忧民、体恤兵士、严于律己的高尚情操，而且在抵御倭寇方面都有一套过硬的看家本领。戚继光将军因地制宜地发明了配以狼筅和蛮牌、适应南方山林水田地形的鸳鸯阵；而李舜臣将军则发明了结构精巧、功能强大先进的龟船。这两大制胜法宝在战争中都发挥了极其重要的作用。这样的评价有依有据、令人膺服。至于诗中主角梁大朴将军能够与戚继光、李舜臣相提并论，这已是莫大的荣耀了。

戚继光的御倭战略战术体系博大精深，岂止是"狼筅"和"蛮牌"能概括得了的？不过是限于纸面，无法面面俱到罢了。其实早在柳得恭于1790 年第二次出使中国、在去热河途中经过古北口时就目睹了那一带长城的奇妙设置与严密的守卫建制情况："古北口城在山上，周四里三百一十步，又三里为潮河川守御千户所，川之两旁筑垣立台，台之东西因山为城，参差曲折，千里不绝。其冲处建空心敌台，或四五十步一台，或二百步一台，每台百总一人，五台一把总，十台一千总，每一二里铃铎相闻为一墩，每墩军五人，主了望，每路传烽官一人，有警举烽，左右分传，数百里皆见。大抵皆戚少保继光之遗画。"① 最后一句画龙点睛，说这些大概都是少保戚继光留下的计策。这也从另一个侧面佐证了柳得恭对戚继光的不世之功及其军事思想相当熟悉甚至是有过研究的。

第六节　金鑢与《黄城俚曲》

黄城俚曲

伐鼓鸣锣较一围，常山蛇势铁骢飞。

鞭兜毡笠红绒子，左哨哨官意气归。

（邑操时节次，皆依戚氏指南，与京军门习操彷佛）②

一、作者生平与创作背景

金鑢（1766～1822），字鸿豫、士精，号藫庭、藫士、藫叟、藫翁、归玄子，延安（今朝鲜黄海道延白郡）人，朝鲜王朝后期文人、学者。金鑢十五岁即入成均馆受学，接触到传自中国的"稗史小品体"，后被公认为"小品体"的代表人物。正祖十六年（1792）成均馆试进士及第，有《藫庭遗稿》《藫庭丛书》等传世。

金鑢命运多舛、仕途不顺，正祖二十一年（1797）十一月，受姜彝天"飞语事件"牵连流配富宁，后又因与天主教徒过从甚密而被移配镇海。在镇海生活期间，他乐于与渔夫为伍，悉心观察水族习性，创作了《牛海异鱼谱》（"牛海"为"镇海"的别名）。此书与丁若铨的《兹山鱼谱》被誉为"朝鲜鱼谱双璧"。纯祖六年（1806）十月，十年流放生活终于画上了句号。在汉城三清洞赋闲期间，其与金祖纯、李友信等"老论诗派"领袖人物广泛交游，不仅将 15 名友人的诗文作品辑为《藫庭丛书》，还编写了野史丛书集《仓可楼外史》《寒皋观外史》等。③

金鑢四十七岁方入义禁府为官，经靖陵参奉、庆基殿令、连山县监，直至咸阳郡守。《黄城俚曲》是金鑢为官连山（亦称"黄城"，现为韩国忠清南道论山市）县监期间（1817 年 10 月至 1819 年 3 月）以当地风物、日常公务、情绪变化等为素材创作的七言绝句集，主题多样、内容丰富，

---

① 〔朝〕柳得恭：《滦阳录》卷二上，"古北口"条，韩国国立中央图书馆所藏版本，第 64 页。
② 〔朝〕金鑢：《藫庭遗稿》卷二《黄城俚曲》，《韩国文集丛刊》（289），2002 年，第 408 页。
③ 〔韩〕姜明官：《藫庭金鑢研究》，《教师教育研究》第 9 辑，1984 年，第 332～333 页。

一首一题，共计 204 首。《黄城俚曲》的一大特色是每首诗后都附有说明，为读者了解创作背景、把握诗作内容提供了很大的帮助。

二、诗作内容与艺术鉴赏

第一、二句"伐鼓鸣锣较一围，常山蛇势铁骢飞"，以"鼓"和"锣"两个象征着军队进退的意象，和"常山蛇势""铁骢飞"两个带有动感的画面，描绘出一副锣鼓喧天、声势浩大的操练场景。伐鼓，即击鼓。鸣锣，即敲打铜锣。古时作战以击鼓为进攻号令、鸣锣为收兵号令。常山，位于今韩国忠清北道镇川郡。蛇势，形容弯曲起伏之状。骢，同"骢"，青白色的马，此处泛指骏马。

第三、四句"鞭兜毡笠红绒子，左哨哨官意气归"，描写的是左哨哨官头戴红绒子鞭兜帽，斗志昂扬、意气风发策马归来的样子，暗示着本场地方束伍军操练按部就班地完成了任务。"哨"，朝鲜王朝军队编制单位，军士百名为一"哨"，分中、左、右、前、后五哨。"哨官"，管领一哨的长官。五哨制源自戚继光的《纪效新书》，其《治水兵》篇中就有"哨官见领兵官一跪一揖"的规定。

其实，除了此诗，涉及地方束伍军操练的还有两首。其一：

> 天鹅声动鼓韸韸，聚点官门日正中。
> 束伍牙兵三十队，鸦青快子服装同。
> (本县各项军额、各色牙兵最多。余以初十日聚点，整器械修服色填阙额)①

"天鹅声"，指军号声，有军情时为集结军队而吹响的喇叭声。《纪效新书》曰："吹长声一声，谓之天鹅声，要各兵一齐呐喊。"② "韸韸"，象声词，鼓声和谐。"聚点"，集合队伍点名。"官门"，官府。"束伍"，束伍军，地方军队。"牙兵"，朝鲜王朝后期设置的军兵，即亲兵或卫兵。"鸦青"，鸦羽的颜色，即黑而带有紫绿光的颜色。"快子"，一种军服，下级军官、差役披在外衣上的衣服。

诗的大意：军号嘹亮、锣鼓喧天，正午时分官府门前正在点检部队。地方军三十队兵士，身穿一色的鸦青军服。

---

① 〔朝〕金鑢：《藫庭遗稿》卷二《黄城俚曲》，《韩国文集丛刊》(289)，2002 年，第 409 页。

② (明)戚继光撰，范中义校释：《纪效新书》(十四卷本)卷二《耳目篇》，北京：中华书局，2001 年，第 18 页。

其二：

　　　　一声炮响鼓三通，太守登坛礼数雄。

　　　　白木帐围遮日柱，淡红交椅最当中。

（今春各道水陆大操，皆以歉荒权停，只令本官各于其邑操练）①

　　"鼓三通"，古代三通鼓用于击鼓催征。"登坛"，登上坛场，举行隆重的仪式。"礼数"，古代按名位而分的礼仪等级制度，亦指官阶品级。"日柱"，日光。"交椅"，古时一种能折叠的椅子，行军打仗、狩猎时供地位高者使用。

　　诗的大意：一声炮响击鼓三通，官阶品级最高的太守登上坛场主持隆重的仪式。白木围帐高高竖起遮住了阳光，淡红色的交椅摆在坛场的正中央。

　　这三首描写地方束伍军检点和操练场景的诗作虽浅显易懂，但其信息量还是很大的，特别是作者的补充说明，对了解朝鲜王朝当时地方军队编制及其训练情况很有帮助。通过三首诗作及补充说明，我们可以了解到：一个县的地方武装编制完整，大致有三十队，三四千人；这些地方武装统一着装，每月要进行一次集合点名，整理器械、整治品级服饰、填补缺额；每年各道都要进行"水陆大操"，遇特大灾荒时，改为以县为单位进行操练；《万机要览》载："诸道水、陆军俱有春、秋二操，而城操则一年一操。平安道之清北、咸镜道之北关，虽值禀旨停操之年各邑、镇，冬三朔，必于官门聚点、私操。"② 这便成为金鑴"今春各道水陆大操，皆以歉荒权停，只令本官各于其邑操练"的补充说明。操练仪式由地方最高行政长官太守主持，程序严谨、等级森严；地方军队操练的程序与中央直属部队差不多，都是按照戚继光《纪效新书》的要求进行的。另据《万机要览》载，京城和地方操练分春、秋两季进行，官府或者营门联合清点人数，议政府向国王报告得到允许后方可施行；兵曹负责考核操练水平，如有人员不足、器械毁损、舟楫破损、战马消瘦等情况，或是武臣守令以及边将弓术考核成绩较差者，都要如实记录论罪处罚。③ 由此可见，朝鲜王朝制定了较为健全的考核制度，以确保中央和地方春秋大操的实效性。

---

① 〔朝〕金鑴：《蕙庭遗稿》卷二《黄城俚曲》，《韩国文集丛刊》(289)，2002年，第411页。

② 〔朝〕徐荣辅编：《万机要览》2辑《军政编(一)·西北聚点》，韩国民族文化促进会：《古典国译丛书》第68辑，韩国首尔：大韩公论社，1971年，第27页。

③ "京、外习操春、秋，及官、镇门聚点设行庙堂覆启行会，后，自本曹考察勤慢。军额缺伍、器械朽钝、舟楫破伤、战马疲弱及武臣守令、边将之试射无分者，并草记请推。"〔朝〕徐荣辅编：《万机要览》2辑《军政编(二)·兵曹各掌事例·考察》，韩国民族文化促进会：《古典国译丛书》第68辑，韩国首尔：大韩公论社，1971年，第55页。

金鑢作《黄城俚曲》时，万历朝鲜战争已过去二百余年了，但无论是朝鲜王京还是地方，仍严格遵循《纪效新书》的范式要求，定期操练军队以备不时之需。可见，戚继光的《纪效新书》及其军事思想对朝鲜王朝军队建设产生了深远影响。

第七节　徐荣辅与《杂咏》

杂咏

南则岛夷北接胡，平时备豫理无殊。

如何京外军门法，只讲南塘纪效书。①

一、作者生平与创作背景

徐荣辅（1759～1816），字景在，号竹石，达城（今韩国大邱广域市达城郡）人，朝鲜王朝后期文臣、学者。徐荣辅出身名门，祖父以上三代为相。正祖十三年（1789）文科状元及第，第二年以圣节兼谢恩使书状官出使中国，回国后擢升奎章阁直阁，自此开启了顺风顺水的官场生涯，历任承旨、大司谏、大司成、黄海道观察使、京畿道观察使、大司宪、知中枢府事、判义禁府事、平安道观察使、大提学、水原府留守等要职。徐荣辅不仅长于文辞，而且书法也非常出众，位于水原市的"迟迟台碑"碑文即为其所书，著书有《竹石文集》《枫岳记》等。

徐荣辅长期身居要职，具有强烈的忧国忧民意识，勤于上疏陈述政见，深得正祖与纯祖国王的信任。曾受纯祖之命编撰《万机要览》，分门别类地梳理了十九世纪初朝鲜王朝的财政与军政情况。其中，《军政篇》包括军事机构沿革与功能、形名与操点制度的演变、各地防御设施及规模等内容。

二、诗作内容与艺术鉴赏

徐荣辅所作《杂咏》诗共十首，包括为学、植桑、科举、济人、谏上、教子、军备、棋局、官职、政令等主题，均为维系国家长治久安、社会安定繁荣的重要因素。此诗为其中的第七首。首句"南则岛夷北接胡"

---

　　① 〔朝〕徐荣辅：《竹石馆遗集》册一，《韩国文集丛刊》（269），2001年，第335页。

简明地概括了朝鲜王朝所处的不利的地理位置：南边与日本隔海相望、北边与胡地相接。"岛夷"，指倭寇，含有鄙视意。"胡"，中国对北方游牧民族的称呼，此处当指女真族。第二句"平时备豫理无殊"则承上启下，强调要做好防备工作。不管是半岛南方还是北方，平时必须扎扎实实做好战备。第三、四句"如何京外军门法，只讲南塘纪效书"抛出了一个萦绕作者心头已久的疑问：为什么京外的地方军队，一门心思只讲授学习戚继光的《纪效新书》呢？"军门"，借指军队。"南塘"，戚继光，号南塘。

　　而实际上，朝鲜王朝自建国以来，一直面临来自北方女真族的侵扰。万历朝鲜战争之前，以骑射见长的朝鲜步骑混合军团应对女真铁骑还是占据绝对优势的。例如，万历十二年（1584）二月，女真部族围攻朝鲜咸镜道钟城，时任稳城府使的申砬"驰往救之，以十余骑突击虏解去"[1]。然而，万历朝鲜战争爆发之后，为了战胜以"远则放铳，近则持剑突进"为长技的倭军，朝鲜全面引进《纪效新书》"炮杀之法"，组建以炮手和杀手为主干的步兵军团，发挥了重要作用，然而，这样的步兵阵法却难以抵挡女真铁骑的冲击，万历四十七年（1619）三月初四日，协助明军作战的朝鲜三军营在深河之战中惨遭后金铁骑蹂躏[2]便是很好的例证。其实，早在万历三十九年（1611）三月，副司勇韩峤就曾上疏提出应推行戚继光的"车骑步防胡之法"："诚能讲行《实纪》之法，而若骑若步若车，皆得以练习，则北可以御胡，南可以御倭矣。"[3]　然而，"车骑步防胡之法"不仅要有大量的骑兵，而且还需要持续的战术训练，这都需要大量的军费。第二年，光海君权衡利弊而最终采纳了"守城战法"[4]，即固守城池，以火器防御铁骑冲击的战术，战车制作及训练都被疏忽了。"车骑步防胡之法"没能得到应用。

　　作为《万机要览》的主撰者，徐荣辅对朝鲜王朝的时政及所面临的问题有着较为客观的认识。在他看来，朝鲜半岛南与倭国隔海相望、北与胡地接壤，处于两头受攻的极不安全的境地，平时必须做好防备。南防倭与北御胡，二者同等重要，不可偏废。可时间已经过了百年，朝鲜各地仍然只顾埋头学习用以防倭的《纪效新书》，而没有重视用以御胡的《练兵实

---

①　〔朝〕柳成龙：《惩毖录》卷一，韩国数码藏书阁，http://jsg.aks.ac.kr，第9页。

②　参见《光海君日记》（重抄本）卷四十九，十一年三月十二日第一条，《朝鲜王朝实录》（30），第103页。

③　《光海君日记》（重抄本）卷十四，三年三月二十九日第四条，《朝鲜王朝实录》（27），第133页。

④　〔韩〕许大永（音）：《壬辰倭乱前后朝鲜的战术变化和军事训练专门化》，《韩国史论》，第58辑，2012年，第137页。

纪》，这让通晓历史、具有长远战略眼光的徐荣辅迷惑不解，因而发出了疑问。在这里，诗人反对的不是《纪效新书》本身，只是痛恨安于现状因循守旧的不良倾向。然而，令其心生感慨的朝鲜地方军队一门心思讲授学习《纪效新书》的现象，却有力地佐证了《纪效新书》在朝鲜半岛影响极其深远这样一个事实。

第八节　洪直弼与《达川战场》

达川战场

屹山高漠漠，达野浩茫茫。

地势无夷险，人才有短长。

韩侯传活法，戚帅秘奇方。

将军能舍命，宗国奈天亡。

（韩侯活法，即背水阵。戚继光奇效新书，乃御倭之方也）①

一、作者生平与创作背景

洪直弼（1776～1852），字伯应、伯临，号梅山，南阳（今韩国京畿道华城市南阳邑）人，朝鲜王朝后期著名学者、文人。洪直弼天资颖异，七岁时便能写作汉文文章，"读书必要体察，发言动称圣贤"，十七岁时已对"理学"有较深研究，得到性理学家近斋朴胤源盛赞："吾道有托。"②纯祖二年（1801），"承亲命"参加司马试，但最终没能迈过"会试"这道门槛，转而一心钻研性理学，喜与名士交游，被后学尊为一代儒宗。他自认身处末世，故隐居不仕，以穷理为学问之根本，除六经与诸子百家外，还通晓天文地理与风土人情，支持程子的"心本说"，反对韩元震的"心有善恶说"，是主理派代表人物。有《梅山集》传世。

二、诗作内容与艺术鉴赏

洪直弼喜欢踏访历史遗迹，常以敏锐的洞察力和犀利的笔触，评价历史人物和历史事件，此诗为古战场抒怀之作。

首联"屹山高漠漠，达野浩茫茫"为对仗句，以两个叠字词"漠漠"

---

① 〔朝〕洪直弼：《梅山集》卷一，《韩国文集丛刊》(295)，2002 年，第 62 页。

　② 〔朝〕洪直弼：《梅山集》卷五十三，《韩国文集丛刊》(296)，2002 年，第 610 页。

和"茫茫"形象地描绘了主屹山之高耸和达川原野之广袤，烘托出一种古战场特有的空旷苍凉的氛围。

颔联"地势无夷险，人才有短长"，由眼前的起伏不平的地势联想到人的才能，用一个对比句点出主题："人才有短长"。对于战争胜负来说，地势上没有平坦与险要之别，但对于战争的决定因素，即人的能力来说，那可是有高下优劣之分的。

颈联"韩侯传活法，戚帅秘奇方"，以一个"活"字和一个"奇"字，高度赞扬了韩信和戚继光这两位军事奇才。"韩侯"，指韩信。"活法"，这里指"背水阵"。公元前204年，韩信率军攻打赵国，灵活运用所谓"陷之死地而后生，置之亡地而后存"的心理战术，在井陉口（今河北井陉东）背水列阵迎战二十万赵军。没有了退路，士兵唯有奋勇作战以求死里逃生，结果大获全胜。"戚帅"，指戚继光，"奇方"，指《纪效新书》中的抗倭妙法——鸳鸯阵。

尾联"将军能舍命，宗国奈天亡"，是诗人发出的由衷的感叹：将军虽能甘愿为国捐躯，但天要亡我我奈何？达川发源于忠清北道报恩郡的俗离山，向北绕过弹琴台流入南汉江。

万历二十年四月十三日，倭军自釜山登陆后，兵分三路，以破竹之势向北推进，中路直逼忠州。如若忠州失守，那无异于京都门户洞开，情况十分危急。在此千钧一发之际，汉城判尹申砬临危受命，升任都巡边使，率军迎战。出征前，宣祖国王以佩剑相赠，足见对他的信任与倚重。申砬率金汝岉等武将和数百名禁军驰奔忠州，与事先集结于此的忠清道各地官兵八千余人汇合，初欲守鸟岭，后以道路不畅、骑射不便为由退还忠州，途中遇见自尚州败退而来的巡边使李镒。李镒声言倭军兵多势众难以抵挡，金汝岉等部将一致建议在鸟岭设伏，乘高居险，与敌人决一死战。但刚愎自用的申砬固执己见，在忠州城西北四公里处的弹琴台背靠汉江列阵以待，希望以此激励士气，以精骑冲击敌军。四月二十八日，倭军以小西行长为先锋发起了猛攻。以弓箭为主武器的朝军，招架不住密集的鸟铳射击而陷入倭军重围。申砬一马当先，两次杀入敌阵，却无力挽救败势，只好返回弹琴台，命金汝岉写下绝命书，在拼尽全力砍杀十余名倭寇后，双双投江自尽。而忠州城百姓久闻申砬威名，多数选择相信申将军而留在城中，结果惨遭杀戮。①

申砬的主要败因是不合时宜的战术，而根源则在于他威猛有余而智谋

① 参见〔朝〕宋时烈：《宋子大全》卷一百七十三《都巡边使赠领议政平阳府院君申公墓碣铭》，《韩国文集丛刊》(114)，1993年，第17页。

不足，对倭军鸟铳的威力缺乏了解。就在战争爆发前夕，申砬登门造访柳成龙，还自信满满地说倭军不足为虑。当柳成龙提醒说以鸟铳武装起来的倭军已是今非昔比，万不可轻敌时，申砬竟不屑地说道："即使有鸟铳，岂能百发百中？"① 他根本没有把鸟铳放在眼里。

同样是处于劣势，同样是背水阵法，韩信因势利导大获全胜，而申砬却盲目自信、死搬硬套，结果招致全军覆没，连累了忠州满城百姓。虽然朝鲜王室赞赏其忠勇，追赠谥号"忠壮"，但在诗人看来，韩信所传背水阵法毕竟年代久远，如果不能因地制宜地灵活运用，是难以奏效的，申砬能为国捐躯固然值得敬佩，但城破家亡的残局又该如何收拾呢？正如柳成龙在《倭知用兵》中所论："兵无常势，惟主于胜敌而已。昔武穆亦云阵而后战，兵法之常，运用之妙，存乎一心。若无运用之心，而惟屑屑于古法，则其不为赵括者几希矣。"② 赵括，战国时期赵国将领，虽熟读兵书，但缺乏战场经验，不懂得灵活应变，最终战败被杀。战争胜负在于将帅的指挥才能，兵无常势，贵在运用，一味地照搬古法，只会步赵括的后尘。

诗人脚踏达川古战场，望着远处苍茫的山峦、广袤的山野，脑海中映现出二百余年前在倭军势不可遏的猛烈攻击下，朝鲜将士横尸遍野、血流成河的悲惨场景。他实在是不愿用冷酷的笔触去描绘那场战争的惨烈，诗人痛定思痛，笔锋一转，将一份惨痛而深刻的感悟定格在了纸面上："地势无夷险，人才有短长。"正是基于这样的认识，诗人在诗后自注中顺理成章地得出"戚继光奇效新书，乃御倭之方也"的结论。值得一提的是，《纪效新书》在这里被写成了"奇效新书"，虽说"纪"和"奇"在韩语里的发音和拼写完全相同，容易混淆，但是作为朝鲜"儒宗"的洪直弼不可能犯如此低级的错误，那只能是作者有意为之。因为在他看来，能够彻底扫除骄横妄为的倭寇，戚继光的"御倭之法"堪称"神奇"。我们认为，"鸳鸯阵"的核心战斗力在于其灵活多变的阵形，为应对变化无常的战斗环境提供了无限的可能性。这一点很好地体现了戚继光"或因事异制，或随敌应机"③ 的灵活机动的作战指导思想。因此，这句诗外之语，洋溢着诗人对《纪效新书》及戚继光军事思想的敬仰之情。

---

① 〔朝〕柳成龙：《惩毖录》卷一，韩国数码藏书阁，http://jsg.aks.ac.kr，第9页。
② 〔朝〕柳成龙：《西崖集》卷十六《杂著·倭知用兵》，《韩国文集丛刊》(52)，1990年，第326页。
③ （明）戚继光撰，王熹校释：《止止堂集·誓将》，北京：中华书局，2001年，第226页。

第九节　赵冕镐与《试射西北别付料军官》

越翌日己亥，展礼东庙后，试射西北别付料军官，仍观各营武才

> 至尊起敬美髯公，东庙仪文南庙同。
> 一部春秋何地读，千年犹自赖英风。
> 两厢旗脚揩云光，西北军官试射场。
> 日暮训营呈别技，倭枪倭剑御倭方。

（倭技出戚继光纪效新书中）①

一、作者生平与创作背景

赵冕镐（1803～1887），字明叟、藻卿，号玉垂、怡堂、菱溪居士、三研老人，林川（今韩国忠清南道扶余郡）人，朝鲜王朝晚期官员、诗人、书法家，是秋史金正喜（1786～1856，朝鲜王朝著名的金石学家、诗人）的门生兼侄女婿。道光八年（1828），其叔父赵基谦（1793～1830）以进贺兼谢恩使书状官出使燕京时，赵冕镐以子弟军官身份跟随前往，有幸结识吴崇梁②等名士，接触和体验到中原文化。朝鲜宪宗三年（1837）进士及第，历官三登县令、淳昌郡守、平壤庶尹、户曹参判、知义禁府使等职。赵冕镐擅长诗词，尤以梅花诗著称，留下了多部诗集；同时，他也是朝鲜半岛历代文人中词作最丰的词作家，有《玉垂集》《礼石记》传世。其中《礼石记》被认为是朝鲜后期爱石文化的代表作。此外，他还被公认为是韩国近代最杰出的书法家，留有两幅隶书遗墨，在汉隶的基础上兼具金正喜的运笔风格。

此诗应为赵冕镐随同国王参观西北军官射箭演练时所作。朝鲜人自古善射，朝鲜王朝历来有官员射箭考试的传统。燕山君曾下令"择文武臣，连七日试射，优等者，予当临时论赏"③。连赛七日，足见试射规模之大。据《万机要览》记载，试艺有观武才、赏试射、瑞葱台试射、内试射等形式。其中"内试射"条提到，来自咸镜道、平安道等西北部别付料军官射

---

① 〔朝〕赵冕镐：《玉垂集》卷十六，《韩国文集丛刊(续)》(125)，2011年，第473页。
② 吴崇梁(1766～1834)，字子山，号兰雪，江西东乡人，举人，以内阁中书官贵州黔西知州。工诗，有《香苏山馆全集》。
③ 《燕山君日记》卷五十四，燕山十年七月二日第一条，《朝鲜王朝实录》(13)，第642页。

箭考试每年三月初一举行，先由兵房向承政院提出申请，再由承政院奏请国王。奖励规定如下：柳叶箭十个回合，每回合五支箭，中五箭以上者名单上报。关北、清北、关南、清南四厅，每厅的头名，如果是"闲良"（公子哥儿），则可获得殿试资格；如果是武科出身，则可获晋升官阶或被任命为边防将官。[1] 应该说，朝鲜王朝对军官试射是相当重视的。

该诗诗题较长，交代了观看试射的时间、地点和对象。"展礼"，指行礼、施礼。"东庙"，是东关王庙的简称，坐落在今韩国首尔特别市钟路区崇仁洞 238 番地 1 号，是供奉蜀汉名将关羽的祠堂，被韩国指定为"国宝142 号"。东庙始建于万历二十七年，竣工于万历二十九年，大门、二门和正殿三大建筑坐北朝南，依次纵向排列在一条中轴线上，颇为雄伟壮观。前面提到，万历朝鲜战争期间，浙兵将领在朝鲜半岛修建了多座关王庙，将戚继光崇尚的关公文化传到朝鲜。韩国现存关帝庙 14 处，其中东庙规模最大，占地约 9300 平方米。"试射"，指射箭考试。"别付料军官"，朝鲜总戎厅龙虎营所属武官，选拔自位于半岛西北部的咸镜道和平安道，因所得俸禄出自非常规预算，故得其名。"武才"，军事才干。

二、诗作内容与艺术鉴赏

首联"至尊起敬美髯公，东庙仪文南庙同"，是对关公武神形象的赞美和东庙仪礼的提示，同时隐含着选择东庙作为试射场地的原因：这里是供奉武圣关羽的地方，有着严格的仪礼规范，笼罩着威严肃穆的气氛，承载着"忠义仁勇"的精神。因此，在这里举行射箭考试，对试射者武臣和将官来说，本身就是一种激励与鞭策。"起敬"，产生敬慕之心。"美髯公"，关羽的美称。"仪文"，仪礼形式。"南庙"，亦称"南关王庙"，为援朝明军游击将军陈寅于万历二十六年春所建，位于今韩国首尔特别市龙山区桃洞南大门外。

颔联"一部春秋何地读，千年犹自赖英风"，诗人先给出一个话题：一部《春秋》，其看点在何处？接着便给出了答案：数千年历史所载无不是英武气概。这体现了诗人的英雄史观。"犹自"，尚自。受时代所限，站在维护王朝千秋大业的出发点上，诗人能有这样的认识也不足为怪。

颈联"两厢旗脚掣云光，西北军官试射场"，描写了朝鲜西北军官宏大的试射场面：两旁的战旗随风飘扬、旗尾间闪动着耀眼的日光。"旗脚"，犹旗尾。"掣"，极快地闪过。"云光"，云层罅缝中漏出的日光。

---

① 参见〔朝〕徐荣辅编：《万机要览》2 辑《军政编（二）·内试射》，韩国民族文化促进会：《古典国译丛书》第 68 辑，韩国首尔：大韩公论社，1971 年，第 63 页。

尾联"日暮训营呈别技，倭枪倭剑御倭方"，记述了一场引人入胜、撼人心魄的特技表演，那就是日落时分训练营表演的以倭枪、倭刀抵御倭寇的特技。"别技"，新技能，指御倭之技，即《纪效新书》中的御倭之法。

此诗描写的是朝鲜国王观看西北军官射箭比赛的场景，在东风劲吹、战旗飘飘的东关帝庙前，军官们依次披挂上场搭箭射的，傍晚时分更是上演了一场御倭特技表演，与东关帝庙所展现出的英雄主义气概相映生辉。

其时万历朝鲜战争过去了近三百年，朝鲜王室不忘前车之鉴，严格按照戚继光《纪效新书》中的御倭之技训练军队，定期设场安排地方军官持弓试射，以考察训练效果和作战能力。由此可见，戚继光的《纪效新书》及其所蕴含的御倭战术技法对朝鲜王朝军队建设和国防建设产生了深远的影响。

第十节 李裕元与《戚继光》

戚继光

倜傥负奇好读书，御倭有术定无虚。

《纪效》一编传海左，八般遵袭百年余。①

一、作者生平与创作背景

李裕元（1814～1888），字景春，号橘山、墨农，庆州人，朝鲜王朝末期政治家、文人。宪宗七年（1841）进士及第，哲宗朝历任义州府尹、全罗道观察使、成均馆大司成、司宪府大司宪、刑曹判书、礼曹判书、工曹判书等职，高宗亲政后更是出任领中枢府事、领议政等要职。李裕元博学多才，传世之作有《橘山文稿》《嘉梧稿略》《林下笔记》等。

道光二十五年（1845），李裕元以冬至使书状官身份首次出使中国。三十年后，光绪元年（1875），以王世子册封陈奏兼奏请使（奏请册封高宗和闵妃所生元子"拓"）正使身份再度出使中国。其间，将所见所闻以日记的形式详细记录下来，辑为《蓟槎日录》。归国途中，李裕元托永平府知府游智从中斡旋，打通了与清朝实权人物李鸿章之间长达六年之久的

---

① 〔朝〕李裕元：《嘉梧稿略》册三，《韩国文集丛刊》(315)，2003 年，第 93 页。

书信联系路径，实际上这也是一条秘密的中朝政治外交渠道。李裕元借此了解国际形势变化，学习防范日本策略。[1]

李裕元是一位具有民族忧患意识的政治家，他对中朝历史乃至世界历史均有深入研究和独到见解，常以诗咏史抒怀，点评历史人物，其《史赞》《史咏》《皇明史咏》等诗集皆属此类。其中，《皇明史咏》由45首七言绝句构成，每首诗歌咏一位明朝历史人物，涉及军事、政治、文学艺术、哲学思想等多个领域。其中军事方面的历史人物共24人，占了一大半，包括徐达、常遇春等开国功臣11人，铁铉、黄子澄等反对燕王朱棣篡位的忠义将领5人，戚继光、杨镐等抗倭英雄4人，以及孙承宗、袁崇焕等拥明抗清民族英雄4人。李裕元所选45人均是彪炳史册的杰出人物，而且仅用寥寥数语便对每个人物的丰功伟绩做了高度概括和评价，仿佛就是一部简缩版的明史，因此被冠以"皇明史咏"之名。另外，通过《皇明史咏》中的人物取舍，我们在一定程度上可以了解作者的历史观和价值观。例如，歌颂抵制燕王篡位的忠义将领，反映了作者的宗法观念；赞颂拥明抗清的民族英雄，反映了作者"以大明为中华正朔"的正统思想；而讴歌戚继光、李如松等抗倭英雄，特别是将有争议的杨镐纳入其中，则反映了作者站在本民族立场上审视大明"抗倭援朝"壮举，及其对为"再造藩邦"做出突出贡献的抗倭将帅的感激之情。

二、诗作内容与艺术鉴赏

首句从品行、志向方面入手，称赞戚继光卓越豪迈、胸怀奇志、雅好读书，这些都是值得称道的品质；次句赞颂戚继光抵御倭寇有良策妙计，百战百胜、名不虚传，该句一下子就将戚继光的光辉形象提升到千古民族英雄的高度；三、四句点出《纪效新书》传入朝鲜被奉为圭臬这一历史事实。如上所述，以"平壤大捷"为契机，《纪效新书》被确定为朝鲜的兵学指南，在军制改革、练兵练将、城防建设和武器制造等多个方面发挥了重要作用，以至于原样遵袭代代传承了三百年之久。"海左"，朝鲜别称。"八般遵袭"，成功地揭示了《纪效新书》在指导朝鲜军队和国防建设方面难以撼动的地位。

李裕元十分关心国家安全，在上奏国王的《武才申饬启》中痛心指出："今将家子弟，不娴武技，全昧阵法，六韬三略，不知为何样书，百步七札，不知为何件物。"在他看来，在戚继光《纪效新书》的指导下，

---

① 参见〔韩〕权赫洙（音译），《韩中关系近代转型过程中出现的秘密外交渠道——以李鸿章和李裕元的往复书信为中心》，《韩国学论集》第37辑，2003年，第215～239页。

经过近三百年的不断努力积累，王朝的武器装备和军事设施都有了长足发展，称得上是武器精良、防御设施坚固。然而，在战争中起决定作用的将才的培养却是一大短板。军事设施建设可持续发挥作用，但营中的军人却是一波一波地换，提升军队战斗力要有脚踏实地锲而不舍的坚强毅力。李裕元指出："夫编伍约束，莫如戚继光之《纪效新书》，而我国武事，专靠是书。……惟当日讲其方略，时习其射御，为他日干城推毂之材，实是缓急之可仗。"[①]他强调应时刻按照《纪效新书》的要求进行训练，培养军事人才，以备不虞。李裕元是宪宗、哲宗、高宗三朝元老，他如此推崇《纪效新书》，说明直到朝鲜王朝末期，戚继光的军事思想在朝鲜半岛仍然保持着一定的影响力。

虽说戚继光在世时其英名已传至朝鲜半岛，但是真正震动朝鲜朝野的，却是在其身后，契机便是援朝明军取得的"平壤大捷"，而起关键作用的则是其军事著作《纪效新书》。在平壤攻城战中，多名戚继光当年的部属及其所部浙兵的英勇表现，以及明军提督李如松对取胜原因的分析，让宣祖国王充分认识到戚继光的《纪效新书》对军队建设的重要价值，于是特设"训练都监"，从浙兵中聘请教官，挑选精干力量组建"特种部队"，以《纪效新书》为教科书，严格按照书中所教之法，日夜操习枪法、阵法，大大提升了朝鲜军队的战斗力，从而为朝鲜王朝奠定了三百年的安定局面。

随着《纪效新书》作为朝鲜军队建设教科书的地位日趋巩固，戚继光的生平事迹也逐渐被介绍到朝鲜，成为朝鲜家喻户晓的人物，其抗倭英雄事迹和崇高的人格魅力，也成了朝鲜文人骚客歌咏的对象。本章选取了在朝鲜历史和文学史上有一定影响力的十位文臣的十篇诗作作为考察对象，从一个侧面窥视了戚继光及其《纪效新书》在朝鲜文人心目中所占据的崇高地位，以及其军事思想对朝鲜王朝产生的重大影响。

从内容上看，十篇诗作有的是出使中国时见景生情即兴所作，有的是游览名胜古迹时的有感而发，大致可分为三类。第一类是诗人作为朝鲜使臣出使燕京途中，在蓟辽一带目睹戚继光当年所建城墙、烟台等旧址或戚继光题诗碑刻后，从内心深处生发出来的对戚继光英雄事迹的追忆之情。黄汝一、申晸、申厚载的诗作便属于此类。第二类是诗人亲临邑操、试射现场，目睹上自中央卫军下至地方守军，无一例外地以《纪效新书》为指南进行操练，从而对戚继光及其《纪效新书》发出由衷的赞美之意。金

---

① 〔朝〕李裕元:《嘉梧稿略》册九,《韩国文集丛刊》(315),2003年,第331页。

镱、徐荣辅、赵冕镐的诗作当属于此类。第三类是诗人或亲历明皇国祭，或置身古战场，抑或是站在描绘战争的画卷前，透过浮现在脑海中的那些厮杀鏖战、血肉横飞的战争画面，认清了一个事实：戚继光是功绩卓著的抗倭英雄，其《纪效新书》是不可多得的御倭良方。金时敏、柳得恭、洪直弼的诗作正是此类。而李裕元的诗作则直接以"戚继光"为题，先是赞美戚继光"倜傥""负奇""好读书"，但最终还是落脚到《纪效新书》上来。

从主题上看，歌颂《纪效新书》无疑是这些诗作的主旋律。诗人以朝鲜人的视角审视戚继光，自然而然地将重点放在了为朝鲜王朝带来重大利益的《纪效新书》上，因而《纪效新书》成了重点歌咏与赞美的对象。具体来说，戚继光的伟大之处在于能够因地制宜地修筑军事设施和练兵布阵、创造性地开发新式武器、通过刻苦训练打造有战斗力的军队。这些自然都是诗作绕不开的话题。此外，"崇明"也是一大主题。这样的主题来源于对"再造"之恩的感激之情，更出自根深蒂固的中华正统思想。

从创作年代上看，从万历朝鲜战争刚结束直到朝鲜王朝末期，跨度长达三百年，这也再次证明了戚继光《纪效新书》及其军事思想在朝鲜半岛的影响经久不衰的事实。

参考文献

一、中文论著

《明史》,北京:中华书局,2000 年。

《明神宗实录》,台北:"中央研究院"历史语言研究所,1962 年影印本。

(明)戚继光撰,范中义校释:《纪效新书》(十四卷本),北京:中华书局,2001 年。

(明)戚继光撰,曹文明、吕颖慧校释:《纪效新书》(十八卷本),北京:中华书局,2001 年。

(明)戚继光撰,邱心田校释:《练兵纪实》,北京:中华书局,2001 年。

(明)戚继光撰,张德信校释:《戚少保奏议》,北京:中华书局,2001 年。

(明)戚继光撰,王熹校释:《止止堂集》,北京:中华书局,2001 年。

(明)戚祚国汇纂:《戚少保年谱耆编》,北京:中华书局,2003 年。

(明)宋应昌撰:《经略复国要编》,杭州:浙江大学出版社,2020 年。

(明)谭纶:《谭襄敏奏议》,影印文渊阁《四库全书》第 429 册,上海:上海古籍出版社,1987 年。

(明)诸葛元声:《两朝平攘录》,《续修四库全书》第 434 册,上海:上海古籍出版社,1995 年。

(清)谷应泰撰:《明史纪事本末》,上海:商务印书馆,1933 年。

范中义:《戚继光传》,北京:中华书局,2003 年。

范中义:《戚继光评传》,南京:南京大学出版社,2004 年。

李国祥:《明实录类纂·涉外史料卷》,武汉:武汉出版社,1991 年。

梁晓天:《倭寇战争全史》,北京:中国长安出版社,2014 年。

刘凤鸣:《山东半岛与古代中韩关系》,北京:中华书局,2010 年。

邵毅平编:《东亚汉诗文交流唱酬研究》,上海:中西书局,2015 年。

盛庆斌:《汉魏六朝诗鉴赏》,呼和浩特:内蒙古人民出版社,2008 年。

童银舫、王孙荣主编：《慈溪旧闻》，杭州：浙江古籍出版社，2009年。

阎崇年主编：《戚继光研究论集》，北京：知识出版社，1990年。

杨海英：《书〈唐将书帖〉后》，《中国社会科学院历史研究所学刊》第7集，北京：商务印书馆，2001年。

义乌丛书编纂委员会：《长城有约：义乌与长城的历史对话》，上海：上海人民出版社，2013年。

郁贤皓选注：《李白选集》，上海：上海古籍出版社，2013年。

张德信、王熹：《戚继光研究资料粹编》，烟台：黄海数字出版社，2016年。

张敏杰：《义乌文化的海外影响》，上海：上海人民出版社，2014年。

赵季、张景昆：《〈箕雅〉五百诗人本事辑考》，北京：人民文学出版社，2013年。

赵子平、李玉珂：《爱国诗歌三百首》，石家庄：花山文艺出版社，1987年。

朱亚非：《戚继光志》，济南：山东人民出版社，1999年。

车安刚：《东南沿海抗倭斗争中戚继光的练兵治军思想》，《滨州学院学报》2013年第5期。

丁雪枫：《论戚继光的武德思想》，《伦理学研究》2015年第4期。

范中义：《戚继光的祖籍与卒年》，《江淮论坛》1987年第2期。

范中义：《戚继光建军思想初探》，《军事历史研究》1988年第2期。

葛业文：《〈纪效新书〉十八卷本与十四卷本的相互关系》，《滨州学院学报》2014年第4期。

侯阳：《从〈纪效新书〉和〈练兵实纪〉看戚继光的军事教育思想》，《经济研究导刊》2014年第6期。

祁山：《〈纪效新书〉传入朝鲜半岛的背景及影响》，《山东青年政治学院学报》2013年第5期。

孙卫国、解祥伟：《明抗倭援朝战争初期中朝宗藩间之"信任危机"及其根源》，《古代文明》2017年第1期。

孙卫国：《〈纪效新书〉与朝鲜王朝军制改革》，《南开学报》（哲学社会科学版）2018年第4期。

文时伟：《关公佑祝戚继光南澳平倭的传说》，《东方收藏》2012年第11期。

杨海英、任幸芳：《朝鲜王朝军队的中国训练师》，《中国史研究》2013年第3期。

尹建强：《简论戚继光的治军练兵思想》，《河南师范大学学报》（哲学社会科学版）1999 年第 5 期。

张健荣：《蓟镇防务与戚继光的军事思想研究》，《三门峡职业技术学院学报》2012 年第 2 期。

赵国华：《戚继光军事思想探论》，《理论学刊》2008 年第 5 期。

赵红、朱亚非：《戚继光对孙膑军队建设思想的继承和发展》，《管子学刊》2005 年第 3 期。

朱清泽、童来喜：《论戚继光的军事思想》，《军事历史》1988 年第 1 期。

二、外文论著

〔朝〕柳成龙：《唐将书帖》，日本朝鲜总督府朝鲜史编修会：《朝鲜史料丛刊第四》，韩国国立中央图书馆藏本，1934 年。

〔朝〕《镇管官兵编伍册残卷》，日本朝鲜总督府朝鲜史编修会：《朝鲜史料丛刊第十》，韩国数码藏书阁，http://jsg.aks.ac.kr，1936 年。

《朝鲜王朝实录》，韩国首尔：探求堂，1986 年影印本。

〔韩〕韩国民族文化推进会：《韩国文集丛刊》，韩国首尔：东洋印刷株式会社，1989～2003 年。

〔韩〕韩国民族文化推进会：《韩国文集丛刊（续）》，韩国首尔：东洋印刷株式会社，2005～2012 年。

〔朝〕《兵学指南（丁未新刊壮营藏板）》，韩国数码藏书阁，http://jsg.aks.ac.kr。

〔朝〕丁若镛：《与犹堂全书补遗》，韩国首尔：茶山学术财团，2012 年。

〔朝〕黄胤锡：《颐斋乱稿》，韩国数码藏书阁，http://jsg.aks.ac.kr。

〔朝〕金鑢：《寒皋观外史》，韩国数码藏书阁，http://jsg.aks.ac.kr。

〔朝〕李睟光：《芝峰类说》，南晚星译，韩国首尔：乙酉文化社，1978 年。

〔朝〕柳成龙：《惩毖录》，韩国数码藏书阁，http://jsg.aks.ac.kr。

〔朝〕柳馨远：《磻溪随录》，韩国首尔：明文堂，1994 年。

〔朝〕朴东亮：《壬辰日录》，韩国古典综合 DB，https://db.itkc.or.kr。

〔朝〕申炅：《再造藩邦志》，韩国古典综合 DB，https://db.itkc.or.kr。

〔朝〕徐荣辅编：《万机要览》，韩国民族文化促进会：《古典国译丛书》第68 辑，韩国首尔：大韩公论社，1971 年。

〔朝〕赵庆男：《乱中杂录》，韩国古典综合 DB，https://db.itkc.or.kr。

〔朝〕赵庆男：《续杂录》，韩国古典综合 DB，https://db.itkc.or.kr。

〔韩〕曹英俊(音译):《壬辰倭乱时期朝鲜军火炮研究一考》,庆星大学硕士学位论文,2015年。

〔韩〕车文燮:《朝鲜时代军制研究》,韩国首尔:檀国大学出版部,1977年。

〔韩〕崔斗焕:《壬辰倭乱时期朝明联合军研究》,庆尚大学博士学位论文,2011年。

〔韩〕崔炯国:《兵书,叙说朝鲜》,韩国首尔:人物和思想史,2018年。

〔韩〕郭洛铉:《朝鲜前期习阵和军事训练》,《东洋古典研究》第35辑,2009年。

〔韩〕国防部战史编纂委员会:《兵将说·阵法》,1983年。

〔韩〕国立晋州博物馆:《壬辰倭乱史料丛书》,2012年。

〔韩〕韩国国防军史研究所:《兵学指南演义》,1995年。

〔韩〕洪乙杓:《朝鲜后期对戚继光战法的论争》,《韩日关系史研究》第44辑,2012年。

〔韩〕洪乙杓:《明后期戚继光的战法研究》,江原大学博士学位论文,2013年。

〔韩〕姜明官:《薄庭金鑢研究》,《教师教育研究》第9辑,1984年。

〔韩〕金成恩:《橘山李裕元的开港期对外认识和应对探索》,《东亚人文学》第22辑,2012年。

〔韩〕金铎:《韩国的关帝信仰》,韩国首尔:新学社,2006年。

〔韩〕金明昊:《关于玉垂赵冕镐〈西事杂绝〉前后篇》,《古典文学研究》第20辑,2001年。

〔韩〕金仁圭(音):《橘山李裕元的〈史赞〉〈史咏〉一考》,《汉字汉文教育》第25辑,2010年。

〔韩〕金英珠:《东圃金时敏的文艺观研究》,《东方汉文学》第44辑,2010年。

〔韩〕金振秀(音):《对壬辰倭乱初官军改组和性质的再认识》,《韩日关系史研究》第63辑,2019年。

〔韩〕金钟洙:《壬辰倭乱前后中央军制的变化》,壬辰倭乱精神文化宣扬会:《壬辰倭乱研究丛书(3)》,韩国安东:岭南社,2013年。

〔韩〕李成茂等:《柳成龙和壬辰倭乱》,韩国坡州:太学社,2008年。

〔韩〕李东宰:《梅山洪直弼的诗文学一考》,《汉文古典研究》第34辑,2017年。

〔韩〕李炯锡:《壬辰战乱史》(上、中、下),壬辰战乱史刊行委员会,1974年。

〔韩〕林基中编:《燕行录全集》,韩国首尔:东国大学出版部,2001年。

〔韩〕卢永九:《朝鲜后期兵书和战法研究》,首尔大学博士学位论文,2002年。

〔韩〕卢永九:《朝鲜后期城制变化和华城在城郭史上的意义》,《震檀学报》(88),1999年。

〔韩〕卢永九:《朝鲜增刊本〈纪效新书〉的体制和内容》,《军史》第36号,1998年。

〔韩〕卢永九:《壬辰倭乱以后战法的演变和武艺书的刊行》,《韩国文化》(27),2001年。

〔韩〕卢永九:《宣祖代〈纪效新书〉普及和阵法研究》,《军史》第34号,1997年。

〔韩〕吕运弼:《汾崖申晸的诗世界》,《韩国汉诗作家研究》第11卷,2007年。

〔韩〕朴金洙(音):《朝鲜后期阵法和武艺训练研究》,首尔大学博士学位论文,2013年。

〔韩〕朴现圭:《壬辰倭乱中国史料研究》,韩国坡州:宝库社,2018年。

〔韩〕朴晢晘:《壬辰倭乱和火药兵器》,建国大学硕士学位论文,1995年。

〔韩〕朴钟勋(音):《泠斋柳得恭的早期诗考察》,《古诗歌研究》第23辑,2009年。

〔韩〕权赫洙(音):《韩中关系近代转型过程中出现的秘密外交渠道——以李鸿章和李裕元的往复书信为中心》,《韩国学论集》第37辑,2003年。

〔韩〕徐台源:《朝鲜后期地方军制研究》,韩国首尔:慧眼出版社,1999年。

〔韩〕徐致祥、赵炯来(音):《引进〈纪效新书〉之后的新城制探索》,《大韩建筑学会论文集》第24卷,2008年。

〔韩〕许大永(音):《壬辰倭乱前后朝鲜的战术变化和军事训练专门化》,《韩国史论》第58辑,2012年。

〔韩〕许善道:《朝鲜时代火药兵器史研究》,韩国首尔:一潮阁,1994年。

〔韩〕尹武学:《朝鲜后期兵书编纂和兵学思想》,《韩国哲学论集》第36集,2014年。

〔韩〕尹用出:《壬辰倭乱时期军役制的动摇和改编》,壬辰倭乱精神文化宣扬会:《壬辰倭乱研究丛书(3)》,韩国安东:岭南社,2013年。

〔韩〕赵桢基:《西厓柳成龙的军政思想》,西厓柳成龙先生逝世四百周年追慕事业准备委员会:《西崖柳成龙先生相关资料集》,2006年。

〔韩〕郑长旭:《壬辰倭乱时期的火器研究》,清州大学硕士学位论文,2003年。

后　记

戚继光是我国家喻户晓的抗倭民族英雄，他创建的"戚家军"名震天下，令侵略者闻风丧胆，其撰写的《纪效新书》和《练兵实纪》更是被列入"中国古代十大兵书"，为后代兵家所推崇。然而，对于《纪效新书》在朝鲜半岛产生的广泛而深刻的影响这一史实，却知者甚少。

2018年深秋的一天，我去鲁东大学胶东文化研究院看望刘凤鸣研究员。先生得知我有去韩国访学的计划，建议我做"戚继光的军事思想与万历朝鲜战争"这一课题。当听我说不熟悉这段历史，甚至未曾读过《纪效新书》时，先生鼓励道："你有在平壤留学的经历，而且在韩国学习、工作了十年之久，既有语言优势，又了解韩国文化，只要肯下功夫，相信一定能做好。"

1993年夏天，我有幸被公派朝鲜留学，在金亨稷师范大学研修朝鲜语。两年的留学生活，平壤这座风景秀丽、清洁文明的现代化都市给我留下了深刻的印象。其时，虽然知道平壤是一座经历过多次战火洗礼的历史古城，却未曾想到这座具有反抗外来侵略光荣传统的英雄城市竟然留有"戚家军"的深深印记。

1998年初，应邀赴韩国晋州保健大学讲授汉语，此后在晋州这座位于韩国南中部、有着一千多年历史的文化名城工作、学习、生活长达七年之久。美丽的南江将城市一分为二，而著名的晋州城就建在江北岸的悬崖峭壁之上。万历朝鲜战争期间，晋州城曾遭到倭军屠城，六万余军民惨遭杀戮。为纪念这一惨痛的历史事件，晋州城内建有国立晋州博物馆，里面陈列着与万历朝鲜战争相关的文书、武器、服饰、战图、人物画像、名人日记、文学作品等大量珍贵实物资料。其中就有东征提督李如松的亲笔诗帖、提督麻贵的肖像画、戚家军标配的火器佛郎机与虎蹲炮等。其间，我数次参观该博物馆，虽然就此大致了解到明朝先后两次派东征大军入朝与倭军作战的史实，但由于缺乏历史常识和敏锐的直觉，没能捕捉到诸如虎蹲炮等能体现与戚家军关联性的一些蛛丝马迹。

随着对凤鸣先生呕心沥血收集的相关史料的深入解读，戚继光军事思想在万历朝鲜战争期间对朝鲜王朝军队与国防建设产生了深刻影响的历史脉络在我脑海中越来越清晰。与此同时，一股使命感也油然而生：作为"更历朝鲜半岛南北"的学人，我有责任和义务让更多的人了解到：戚继光的军事思想不仅在国内被广泛应用，而且在域外也曾大放异彩。于是便接下了这个"命题作文"。

此后，在凤鸣先生的指导下，与刘晓东学弟分工合作，制定了切实可行的写作计划，完成了大部分书稿的撰写工作。2019年上半年，利用在韩国蔚山大学访学的机会，多次到大型图书馆查找、核对史料及研究成果，先后到首尔、龙仁、晋州、南海等地踏寻万历朝鲜战争的遗迹，获得了不少珍贵资料，同时也留下了许多难忘的记忆：这其中既有在韩国国立图书馆翻阅馆藏孤本《唐将书帖》时的百感交集，也有在韩国龙仁大学图书馆发现"壬辰倭乱史料丛书"时的兴奋不已，还有在首尔东大门古董街旧书店淘到一套"壬辰倭乱研究丛书"时的喜出望外。

《戚继光军事思想对万历朝鲜战争的影响》在成书过程中，得到了诸位中外专家、朋友的大力帮助。刘凤鸣先生甘为人梯、奖掖后学的高风亮节令人感铭至深，没有他的鼓励和支持，本书的写作根本无从谈起。原中国人民解放军军事科学院战略研究部研究员范中义先生不顾年老体衰拨冗为本书作序，他对书稿的认可与好评，无疑是莫大的激励和鞭策，当然这要感谢牵线搭桥的中国明史学会戚继光分会副会长袁晓春先生。此外，韩国明知大学人文学院院长李美淑教授忙里偷闲，陪同我踏查东关王庙；韩国新丘大学李昌炅教授不厌其烦地为本书核实文献引用标注；韩国全北中国文化院院长宋幸根博士驱车带我参观全州关圣庙；韩国顺天乡大学朴贤圭教授提供了很有价值的研究资料和图片。同时，评审专家也从专业的角度提出了多条宝贵的修改意见。山东大学出版社编辑肖淑辉、朱若翌女士为本书的编辑出版付出了大量的心血。谨此一并致谢。最后，还要对我的爱人崔元萍女士说声"谢谢"，是她帮助我完成了书稿的初校工作。

任晓礼

2023 年 4 月